Einführung
in die
EDV
für
Wirtschafts-wissenschaftler

Von
Dr. Jörg Biethahn
o. Professor für Wirtschaftsinformatik
an der Georg-August-Universität Göttingen

Unter Mitarbeit von Dipl.-Phys. Martin Tietze
und Dipl.-Kfm. Ralf Ike

10., überarbeitete und erweiterte Auflage

R. Oldenbourg Verlag München Wien

Die Deutsche Bibliothek - CIP-Einheitsaufnahme

Biethahn, Jörg:
Einführung in die EDV für Wirtschaftswissenschaftler : auf der Basis von PASCAL und C / von Jörg Biethahn. Unter Mitarb. von Martin Tietze und Ralf Ike. – 10., überarb. und erw. Aufl.. – München ; Wien : Oldenbourg, 2002
ISBN 3-486-25994-6

Rosenheimer Straße 145, D-81671 München
Telefon: (089) 45051-0
www.oldenbourg-verlag.de

Gedruckt auf säure- und chlorfreiem Papier
Gesamtherstellung: Druckhaus „Thomas Müntzer“ GmbH, Bad Langensalza

ISBN 3-486-25994-6

Vorwort zur 10. Auflage

An fast allen Universitäten, Hochschulen, Fachhochschulen und z.T. auch an den Gymnasien und Wirtschaftsgymnasien werden Kurse oder Vorlesungen durchgeführt, in denen den Teilnehmern in relativ kurzer Zeit ein Überblick über die betriebliche Datenverarbeitung vermittelt werden soll. Im Bereich der Wirtschaftswissenschaften sollten diese Vorlesungen für alle Studenten obligatorisch werden.

Früher wurden die Inhalte der Einführungsveranstaltungen von den dafür zuständigen Hochschullehrern für die an der jeweiligen Universität geltende Studienordnung im Hinblick auf das Studienfach Wirtschaftsinformatik in unterschiedlicher Form und Länge zusammengestellt. Aufgrund der Veränderung in den Studienordnungen, nach denen der Stoff der Einführung für alle Studenten obligatorisch wird, besteht diese Freiheit in der zu behandelnden Stoffauswahl nicht mehr. Die Inhalte müssen an immer mehr Universitäten in zwei- bis dreistündigen Veranstaltungen im Grundstudium dargestellt werden und können kaum durch weitere Programmiersprachkurse ergänzt werden. Somit ergibt sich das Problem der Stoffauswahl.

An der Ruhr-Universität Bochum entstand in meiner Arbeitsgruppe das folgende Konzept, das sich auch an der Universität Duisburg bewährte. An der Gestaltung dieses Konzeptes wirkten verschiedene Vertreter von Universitäten, aus der Praxis und von EDVA-Herstellern mit. Wir beschlossen, dass in einer derartigen Veranstaltung folgende Punkte behandelt werden sollten:

- EDV-Anlagen
- Grundlagen der Programmierung
- Anwendungsaspekte einer effektiveren Programmierung.

Diese Gliederung realisierten wir auf der Grundlage der Programmiersprache BASIC. Nachdem aber inzwischen an vielen Hochschulen die CIP-Pools eingerichtet wurden und weitere Sprachen zur Verfügung standen, wurde ab der 7. Auflage die Sprache PASCAL verwendet, die eine günstigere Basis für die Datenorganisation und die systematische Programmierung als BASIC bietet. Die Sprache PASCAL ist außerdem aufgrund ihres didaktischen Konzeptes vergleichsweise einfach zu erlernen. PASCAL hat eine hohe Bedeutung als Programmiersprache für die Lehre an Universitäten, Fachhochschulen und Gymnasien, für die Programmierung bei praktischen Anwendungen wird es aber seltener genutzt. Daher habe ich mich entschlossen, neben der Sprache PASCAL die Sprache C zusätzlich anzubieten. Der Leser hat dadurch die Möglichkeit, sich für eine der beiden Sprachen zu entscheiden oder sie parallel zu erlernen. Auf der Basis dieser beiden Sprachen werden im 3. Kapitel die Grundlagen der Programmierung gelegt.

Aufgrund des technischen Fortschritts sowohl der Hardware als auch der Software war eine Aktualisierung des zweiten Teils erforderlich. Dieser beinhaltet zudem ein Kapitel „Internet und Intranet", welches der hohen Bedeutung des Internets

Rechnung trägt. Auch der dritte Teil dieser Ausgabe wurde, durch die Berücksichtigung der objektorientierten Sichtweise bei der Erstellung von Anwendungssystemen, entsprechend erweitert. Somit entstand in der 10. Auflage eine überarbeitete und erweiterte Einführung in die EDV auf der Basis der Programmiersprachen PASCAL und C.

Es werden folgende Punkte behandelt:

1. **Elektronische Datenverarbeitungsanlagen (EDVA)**, und zwar soweit sie den Anwender aus dem Bereich der Wirtschaftswissenschaften interessieren. Hierbei wird bewusst auf die Punkte verzichtet, die ausschließlich Kerninformatiker und DV-Anlagenhersteller beschäftigen.

2. **Programmierung**, denn jeder Wirtschaftswissenschaftler soll nach der Vorlesung in der Lage sein, ein einfaches Problem mit Hilfe einer Datenverarbeitungsanlage zu lösen. Die Grundlagen der Programmierung werden anhand der einfachen Programmiersprachen PASCAL, PASCAL 8 (DELPHI) und der sehr verbreiteten Sprache C auf Personal Computern dargestellt. PASCAL wurde ausgewählt, da der Anwender vom Verständnis her wenig Schwierigkeiten damit hat und diese Sprache es ihm schnell ermöglicht, mit einer Anlage in den Dialog zu treten und komplette Anwendungsprogramme zu erstellen. C hat dahingegen den Vorteil, dass eine Vielzahl von Software in dieser Sprache erstellt ist. C ist darüber hinaus Basis der modernen objektorientierten Sprache C++, die nach dem Studium der Grundkenntnisse in C in diesem Buch erlernt werden kann. Beide Sprache sind geeignet, **algorithmisches** Denken zu vermitteln. Von vielen Autoren wird auch auf die „objcktorientierte Programmierung" Wert gelegt, die eine völlig andersartige Vorgehensweise bei der Programmierung erfordert. Diese soll exemplarisch an der Programmiersprache PASCAL 8 (DELPHI) gezeigt werden.

3. **Konzepte des "strukturierten Programmierens"**, die es dem Benutzer erleichtern, seine eigenen Probleme einfach und geschickt zu lösen. Diese werden bewusst kurz gehalten, da die strukturierte Vorgehensweise im 3. Kapitel anhand von praktischen Beispielen vorgestellt wird.

4. **Programmiersprachen**. Im Anschluss an eine Klassifikation werden Kriterien entwickelt, mit deren Hilfe gezielt geeignete Programmiersprachen ausgewählt werden können. Hierbei soll der Leser einen Überblick über die gängigsten Sprachen erhalten, jedoch noch nicht auf eine Sprache festgelegt werden.

5. **Anwendungsprogramme**. Anwendungsprogramme dienen zur Lösung fachlicher Problemstellungen. Nach einem Abschnitt über die Erstellung von Anwendungsprogrammen wird die Lösung einer betriebswirtschaftlichen Problemstellung mit Hilfe der Anwendungssoftware EXCEL vorgestellt.

Eine zusammenhängende Darstellung des Stoffes sollte in einem Buch möglich sein. Ein Versuch hierzu wurde in diesem Buch unternommen. (Für Dozenten können vom Autor die zugehörigen Folien und Disketten - auf Selbstkostenbasis - zur Verfügung gestellt werden.)

Nach dem Durcharbeiten dieses Buches sollte der Leser in der Lage sein:

- die einzelnen Komponenten einer EDVA in ihrer Bedeutung einzuordnen,
- zu erkennen, ob ein Problem mit Hilfe der EDV gelöst werden kann,
- einfache ökonomische Probleme auf einer Anlage in den Programmiersprachen PASCAL und/oder C zu lösen und
- andere Programmiersprachen zu beurteilen.

Außerdem sollte es ihm nicht schwer fallen, sich weitere Programmiersprachen anzueignen (und hierzu sollte er motiviert werden). Zusätzlich wird hiermit ein Fundament gelegt, auf dem weiterführende Veranstaltungen zur Wirtschaftsinformatik aufbauen können, wie z.B. "Ganzheitliches Informationsmanagement", das in Göttingen u.a. den Stoff der traditionellen Veranstaltungen "Systemanalyse", "Datenorganisation und Datenbanken" und "Software Engineering" enthält und in den Veranstaltungen Wirtschaftsinformatik I und II gelesen wird.

Falls diese Zielsetzungen erfüllt werden, liegt dies sicher auch an den zahlreichen Anregungen, die von Herrn Prof. G. Meier und Herrn Dr. G. Obelode sowie meinen Mitarbeitern Herrn Dr. H.G. Bordemann, Herr Dr. R. Brockhaus, Herr Dr. D. Fischer, Dipl.-Hdl. U. Kracke, Dipl.-Kfm. F. Aschenbach und Herrn Prof. Dr. R. Gabriel kamen. Ihnen möchte ich hiermit herzlich danken. Ein besonderer Dank gebührt Herrn Prof. Dr. W. Mag, der das diesem Buch zugrundeliegende Skript gründlich durcharbeitete und dabei viele konstruktive Verbesserungsvorschläge machte. Von besonderer Bedeutung war für mich die Diskussion mit Herrn Prof. Dr. M. Schumann und Herrn Prof. Dr. H. Schüle. Besonderer Dank gebührt Herrn A. Ahrens und Herrn Dipl.-Kfm. M. Range für Formatier- und Korrekturarbeiten, sowie Herrn Dipl.-Kfm. A. Hassmann und Dipl.-Kfm. T. Grosse für ihre Hilfe im dritten Teil. Bedanken möchte ich mich auch bei Herrn Dipl.-Phys. M. Tietze und Herrn Dipl.-Kfm. R. Ike für ihre konstruktive Mitarbeit an der Neufassung. Ihr Arbeitsanteil ist so groß, dass sie auf der Titelseite erwähnt werden mussten.

Ihnen allen möchte ich für die vielen Änderungsvorschläge zu dieser Auflage besonders herzlich danksagen. Nicht zuletzt möchte ich auch meiner Frau dafür danken, dass sie die Zusatzbelastung für sich und die Familie akzeptierte.

Dank gebührt auch den DV-Herstellern, denn sie haben mich mit sehr vielen Abbildungen versorgt. Ich habe hierzu alle größeren DV-Hersteller angeschrieben. Besonders viele Fotos von der IBM Deutschland GmbH und Siemens Nixdorf Informationssysteme AG wurden deshalb in das Buch aufgenommen, weil sie mir das umfassendste Bildmaterial schickte.

Mein abschließender Dank gilt Herrn Weigert vom Oldenbourg Verlag für die Zusage, auch die 10., überarbeitete und erweiterte Auflage, wie schon bei allen meinen im Oldenbourg Verlag erschienenen Büchern, wieder bereits zwei Monate nach der Abgabe des Manuskripts auf dem Markt erscheinen lassen zu wollen.

Jörg Biethahn

Inhaltsverzeichnis

1. Kapitel

Einleitung

1.1 Die wirtschaftliche Bedeutung der Elektronischen Datenverarbeitung

Grundlage jeder Entscheidung, die in einer Wirtschaftseinheit getroffen wird, sollen die dem Entscheidungsträger bekannten und verfügbaren Informationen sein. Auf der Erkenntnis der Bedeutung der Informationen beruht z.T. auch ihre Einordnung als vierter wirtschaftlicher Produktionsfaktor neben den traditionellen Faktoren Arbeit, Boden und Kapital. Man könnte sogar behaupten, dass der Produktionsfaktor Information den Faktoren Arbeit, Boden und Kapital übergeordnet ist, da die Information Voraussetzung für jede Kombination dieser Faktoren ist.

Informationen zeichnen sich also dadurch aus, dass sie zu bestimmten Aktionen (Entscheidungen, Faktorkombinationen usw.) führen. Dies trifft auch dann zu, wenn die erwarteten Aktionen nach außen nicht erkennbar sind, da die Entscheidung nicht zu handeln, sondern passiv zu bleiben, eine Aktion ist, die sich auf bestimmte Informationen zurückführen lässt.

Diesen engen Zusammenhang zu Aktionen und Handlungen weisen Daten nicht auf. Technisch gesprochen handelt es sich bei den Daten um eine Zusammenstellung von Signalen unter Berücksichtigung von Vorgaben hinsichtlich der Verständnisfähigkeit dieser Signale durch den Menschen, der mit diesen umgehen soll (also den Regeln der Pragmatik, der Syntax und der Semantik). Erst wenn Daten bei Entscheidungsträgern Aktionen auslösen und so einen pragmatischen Bezug erhalten, werden sie zu Informationen.

Daten und Signale sind also die Transporteure der Information. Von ihrer Qualität hängt auch die Qualität der Information ab, auf der Entscheidungen basieren. Die computergestützte Datenverarbeitung (DV) ist nun in der Lage, den Menschen bei Tätigkeiten der Datensammlung, -verarbeitung und -speicherung zu unterstützen und kann so zu einer Qualitätsverbesserung der Informationen und der daraus folgenden Entscheidungen beitragen. Insbesondere durch die hohe Geschwindigkeit und Zuverlässigkeit der Verarbeitung wird die computergestützte Datenverarbeitung gerne so eingesetzt, dass sich die Entscheidungsträger, von dieser Routinearbeit entlastet, wirklichen Entscheidungsaufgaben zuwenden können.

Die Datenverarbeitung mit Hilfe der DV wurde deshalb in fast allen Bereichen gleichermaßen zu einem Gebiet größter Bedeutung

Da eine vollständige Auflistung aller Bereiche unmöglich ist, werden hier willkürlich einige sehr unterschiedliche aufgeführt:

1. in der öffentlichen Verwaltung (z.B. Meldewesen, Finanzämter),
2. in der Ausbildung (computerunterstützter Unterricht und Planspiele). Abb. 1 zeigt als Beispiel für ein computerunterstütztes Lernprogramm eine Seite des am Institut für Wirtschaftsinformatik, Abt. I der Universität Göttingen entwickelten Systems Teewi, das grundlegende Kenntnisse der Wirtschaftsinformatik vermittelt,
3. in der Literaturverarbeitung,
4. in den Archiven bei den Massenmedien (Zeitungen, Funk),
5. in der Auswirkungsanalyse der Massenmedien (z.B. durch Leseranalysen und Medienanalysen),
6. im Gesundheitswesen, wo die Anwendung sinnvollerweise begrenzt ist durch den Datenschutz, da es sich um personenbezogene, schützenswerte Daten handelt,
7. in Auskunfteien, in denen personenbezogene Daten z.B. für Banken, Kaufhäuser usw. gespeichert werden,
8. im Kredit- und Versicherungswesen (Verwaltung der Kundenkonten einer Bank),
9. in den Buchungssystemen von Reiseunternehmen (die Reisen werden z.B. in Kaufhäusern direkt über Terminals in einen zentralen, weit entfernt stehenden Rechner eingegeben und können dem Kunden gleich bestätigt werden),
10. in den Buchungssystemen auf den Flughäfen (Bestätigung der Flüge),
11. in der Fertigungsplanung und -steuerung, z.B. in der Bestimmung optimaler Produktionsprogramme, in der Ablaufplanung, in der Kapazitätsplanung, in der Bereitstellungsplanung und in der integrierten Fertigung (CIM - Computer Integrated Manufacturing),[1]
12. in der Bestelldisposition, bei der es darauf ankommt, Waren rechtzeitig nachzubestellen (verspätete Disposition kann zu Fehlbeständen, eventuellen Produktionsunterbrechungen und damit zu Umsatzeinbußen führen; zu frühe Disposition führt andererseits zu hohen Lagerbeständen und damit zu unnötiger Kapitalbindung),
13. in der Lagerbestandsführung und -verwaltung; so werden z.B. in vollautomatischen (Hochregal-) Lagern die Waren nach der Annahme über die EDV an ihren Lagerplatz geleitet und von dort später zum richtigen Zeitpunkt auf

---

[1] Vgl. zum Bereich des CIM: **SCHEER, A.W.**: CIM - Computer Integrated Manufacturing. Der computergesteuerte Industriebetrieb, 4., neu bearb. und erw. Aufl., Berlin u.a. 1990.

den Kommissionsplatz gebracht, von dem aus die Ware wieder das Lager verlässt. Der gesamte Vorgang wird von der elektronischen Datenverarbeitungsanlage (EDVA) verfolgt und gesteuert: Es werden zugehörige Wareneingangslisten, Abgangslisten und Rechnungen erstellt; außerdem werden alle Bestände und Bestandsbewegungen ständig auf der EDVA mitverfolgt.

Diese Auflistung von Arbeiten, die bereits auf der EDVA durchgeführt werden, lässt sich noch erheblich verlängern.[2]

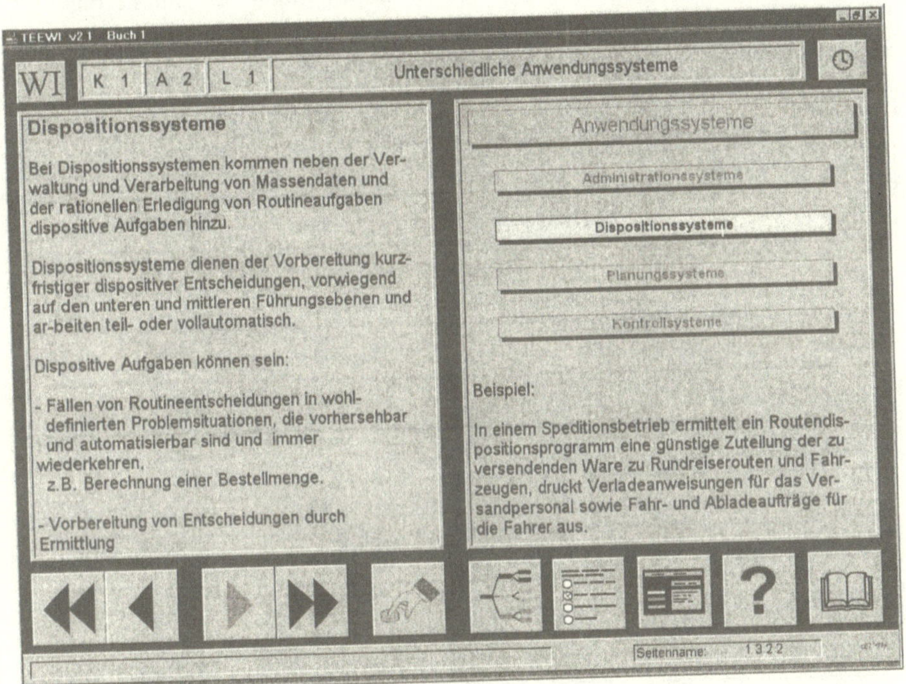

Abb. 1: Bildschirmmaske eines Systems für computerunterstützten Unterricht

Früher wurde die Informationsverarbeitung manuell, z.B. über Ziehkarteien, durchgeführt, jedoch verlangten die immer kapitalintensiveren Produktionsverfahren eine wesentliche Beschleunigung der Informationsverarbeitung. Dies wiederum führte zum Einsatz des Computers in der DV und damit des Einsatzes von Datenverarbeitungsanlagen. Obwohl die erste Elektronische Datenverarbeitungsanlage, die noch über Relais arbeitete, erst um 1940 in Betrieb genommen und die erste dieser Art etwa 1950 auf dem Markt gehandelt wurde, lässt sich heute der

---

[2] Anwendungsbeispiele findet man z.B. bei **BIETHAHN, J.; STAUDT, E.**: Datenverarbeitung in praktischer Bewährung, sowie **MERTENS, P.**: Industrielle Datenverarbeitung 1 - Administrations- und Dispositionssysteme, 12. Aufl., Wiesbaden 2000 und **MERTENS, P.; GRIESE, J.**: Industrielle Datenverarbeitung 2 - Informations-, Planungs- und Kontrollsysteme, 12. Aufl., Wiesbaden 2000.

betriebliche Prozess kaum mehr ohne Computer vorstellen. Dieses soll anhand einiger Zahlen verdeutlicht werden: In der Bundesrepublik Deutschland waren 1974 nach einer Diebold-Studie (Diebold Management Report, Juli 1974) 20.000 Rechner, 1983 ca. 250.000 Rechner mit einem Wert von jeweils mehr als 12.500 Euro und ca. 230.000 Rechner mit einem geringeren Wert installiert. (Der Gesamtwert betrug mehr als 25 Mrd. Euro). Zu Beginn des Jahres 1990 standen 3,8 Mio. Rechner (es wurden nur solche mit einem Verkaufspreis von mehr als 2.500 Euro berücksichtigt) im Wert von über 50 Milliarden Euro zur Verfügung.[3] Die Entwicklung in den letzten Jahren ist davon geprägt, dass die Bedeutung von PCs stark zugenommen hat und weiter steigen wird.

Ausstattung privater Haushalte mit Informationstechnik
Haushalte insgesamt [1]

Gegenstand der Nachweisung	**1998**	**1999**	**2000**
Deutschland Ausstattungsgrad [2] je 100 Haushalte			
Personal Computer	39,8	44,9	47,3
Notebook, Laptop	-	4,9	5,5
Personal Computer	-	43,1	45,6
Modem für Datenfernübertragung	8,6	11,3	14,0
Internet oder Online-Dienste	7,2	10,7	16,4
ISDN-Anschluss	4,2	5,2	7,7
Telefon	-	98,5	98,2
Telefon stationär (auch schnurlos)	96,6	97,7	96,4
Telefon mobil (Autotelefon, Handy)	9,5	16,5	29,8
Anrufbeantworter	35,0	39,3	41,4
Faxgerät	12,3	14,9	14,9

[1] Stand: 1. Januar des jeweiligen Jahres, ohne Haushalte von Landwirten und Selbständigen.
[2] Anzahl Haushalte, in denen entspr. Geräte vorhanden sind, bezogen auf Haushalte insges. der jeweiligen Spalte.

Abb. 2: Ausstattung privater Haushalte mit Informationstechnik[4]

[3] Vgl. **IWD** vom 7.2.1991, S. 6.
[4] Quelle: **STATISTISCHES BUNDESAMT** Deutschland, http://www.statistik-bund.de/basis/d/evs/budtab2.htm, 30.11.2001.

Die Verbreitung und damit der Weltmarktanteil von installierten Rechnern lag 1994 bei ca. 65%. Diese Zahl stieg allerdings in den letzten Jahren exponentiell an. Waren es im Jahr 2000 bereits ca. 500 Millionen, so prognostizieren Marktforschungsinstitute für das Jahr 2005 ca. eine Milliarde installierte PCs.[5] Die Anzahl der in Deutschland insgesamt installierten PCs folgt dieser Entwicklung. Laut Angaben des Statistischen Bundesamtes hat fast jeder 2. Haushalt einen PC und dieser Anteil ist in den letzten 2 Jahren um ca. 20% gestiegen. Gleichzeitig steigt die Tendenz zur Nutzung der Internet-Kommunikation, da sich in den letzten Jahren die Zahl der Anwender dieser Technologie auf fast 16% verdoppelt hat (vgl. Abb. 2). Damit hat in Deutschland im Durchschnitt jeder zweite einen PC, wobei bis zum Jahr 2005 ein Anstieg auf 61% erwartet wird. In den USA liegt diese Zahl aber schon weitaus höher, dort verfügen im Durchschnitt bereits zwei Drittel der Einwohner über einen PC. Die exakte Zahl aller heute verwendeten Rechner ist kaum noch feststellbar, da es bereits Rechner für wenige hundert Euro gibt, die wie Konsumgüter ge- und behandelt werden.

Dabei hat die oben skizzierte Entwicklung der Datenverarbeitung dafür gesorgt, dass die Informationswirtschaft mit Jahresumsätzen von ca. 2 Billionen Euro weltweit der größte Wirtschaftszweig geworden ist. Zukünftig werden auch in diesem Bereich von Marktforschungsinstituten jährliche Wachstumsraten von 9-10% erwartet. Die zunehmende Bedeutung der Informationswirtschaft lässt sich dementsprechend auch am deutschen bzw. internationalen Arbeitsmarkt ablesen. So lassen sich mit stark steigender Tendenz heute schon knapp die Hälfte aller Arbeitsplätze dem Bereich der Informationsverarbeitung zurechnen (vgl. Abb. 3). Folglich bietet der wachsende Bereich der Informationswirtschaft zunehmend ein hohes Beschäftigungspotenzial. Zwar erfolgte durch den Einsatz moderner Informations- und Kommunikationstechnologien ein Abbau von Arbeitsplätzen, jedoch wurden allein im Jahr 2000 durch die in diesem Bereich tätigen Unternehmen ca. 75.000 zusätzliche Stellen geschaffen. Gerade jüngeren bzw. zukünftigen Arbeitnehmern bieten sich damit, entsprechende Qualifikationen vorausgesetzt, enorme Chancen für einen Berufseinstieg in einem IT-Unternehmen. Gerade durch die Aufnahme eines Studiums mit Bezug zur Informatik bzw. Wirtschaftsinformatik können die eigenen Chancen auf dem Arbeitsmarkt zusätzlich gesteigert werden.

---

[5] Vgl. **HANSEN, R.; NEUMANN, G.**: Wirtschaftsinformatik I, 8. Aufl., Stuttgart 2001, S. 51.

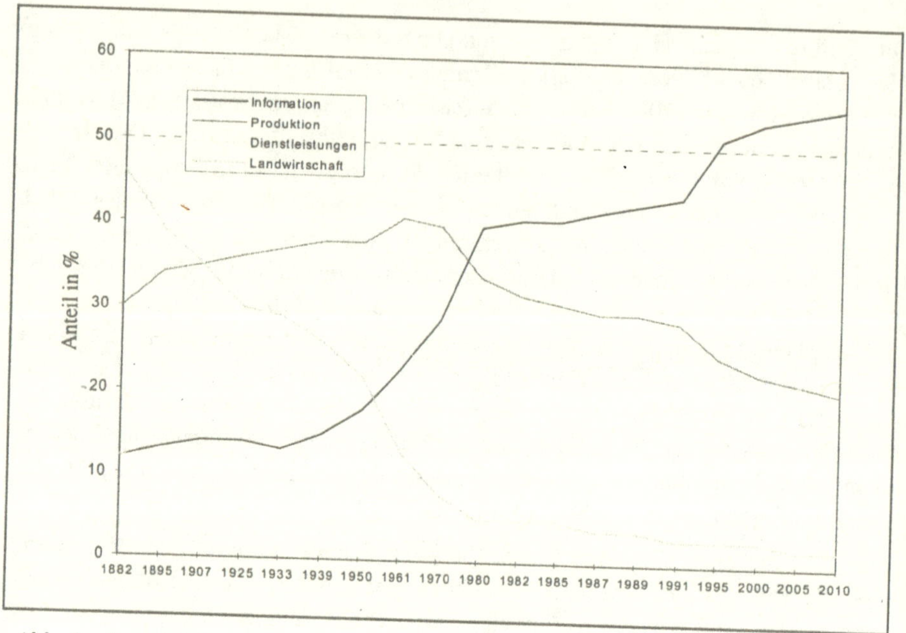

Abb. 3: Vergleich der Entwicklung der Beschäftigten im Bereich der Informationsverarbeitung zu anderen Bereichen[6]

Ein sinnvolles Studium der Wirtschaftswissenschaften ohne Grundkenntnisse der Datenverarbeitung ist jedenfalls heute nicht mehr möglich. Sie werden immer mehr als schon fast selbstverständliche Grundkenntnisse in den Betrieben verlangt.

Die Notwendigkeit dieser Forderung wird offensichtlich, wenn man sich verdeutlicht, welche Bedeutung die Datenverarbeitung für Unternehmen hat. Diese Bedeutung lässt sich anhand der Überlebenszeit der Unternehmen nach einem Totalausfall der EDVA in fast allen Branchen zeigen (obwohl die Bedeutung der Überlebenszeit und die einzelnen Brancheneintragungen recht unscharf sind).[7]

Branche	Überlebenszeit
Banken	2,5 Tage
Handel	2,5 Tage
Industrie	5,0 Tage
Versicherungen	5,5 Tage

[6] Quelle: **BUNDESMINISTERIUM FÜR WIRTSCHAFT UND TECHNOLOGIE**, http://www.bmwi-info2000.de, 10.8.1997.

[7] Vgl. **FRASE, H.-J.**: Katastrophenvorsorge in IT-Bereichen - eine Aufgabe ganzheitlichen Managements, in: Datensicherheitsreport, 9/95, S. 6-9.

Aus der offensichtlichen Notwendigkeit der Beschäftigung mit Fragen der betrieblichen Datenverarbeitung haben sich an fast allen Universitäten Studienrichtungen oder Studiengänge entwickelt, die sich mit der Konzeption, der Anwendung und der organisatorischen Einbindung der betrieblichen Informationsverarbeitung beschäftigen. Dieses Lehrgebiet wird als Wirtschaftsinformatik bezeichnet.

Mit diesem Buch soll eine elementare Grundlage zur Wirtschaftsinformatik gelegt werden.

1.2 Berufe im Bereich der Datenverarbeitung

Mehr als 333.000 der 36 Mio. Erwerbstätigen beschäftigen sich primär und unmittelbar im Rahmen der DV-Kernberufe mit der EDV. Bei den Mischberufen, die neben spezifischen DV-Tätigkeiten auch andere Aufgaben enthalten, waren es 1993 noch 5,5 Mio.[8] Diese Zahlen haben sich seit 1993 durch die Einführung der computergestützten Kommunikation wesentlich vergrößert, so dass im Folgenden auf eine Auswahl entsprechender Berufsbilder eingegangen werden soll.

Durch die Aufzählung und Kurzdarstellung dieser Berufe soll u.a. deutlich werden, dass sich die Benutzer der Anlagen nicht nur aus Personen zusammensetzen, die ein Studium der Mathematik, der Informatik oder der Elektrotechnik absolviert haben, sondern dass hier vorwiegend Leute beschäftigt sind, die sich im ökonomischen Bereich auskennen. Damit soll aber andererseits nicht der Eindruck entstehen, als ob man innerhalb der betrieblichen Datenverarbeitung auf die Informatiker, die Mathematiker und die Techniker verzichten könnte. Vielmehr entwickeln gerade Absolventen dieser Bereiche die Grundlagen, die von den Wirtschaftswissenschaftlern angewandt werden. Insofern setzt sich die Vielzahl der Benutzer der Datenverarbeitungsanlagen auf der Seite der Wirtschaftswissenschaften aus Anwendern von Grundlagen zusammen, die z.B. von Mathematikern, Informatikern und Technikern entwickelt wurden.

Für das Gebiet der Datenverarbeitung im Bereich der Wirtschaftswissenschaften wird zunächst auf Berufe eingegangen, für die ein Studium der Wirtschaftsinformatik sinnvoll erscheint. Nachfolgend erhält der Leser einen Hinweis auf dic Vielzahl der EDV-Anwender, die häufig nur Grundkenntnisse besitzen und die jedoch die eigentliche Informationsverarbeitung in den einzelnen Bereichen und Abteilungen betreiben.[9]

---

8 Vgl. **HEILMANN, H.**: Berufe in der Datenverarbeitung, in: **MERTENS, P.** et al. (Hrsg.): Lexikon der Wirtschaftsinformatik, 3. Aufl., Berlin u.a. 1997, S. 55-57.

9 Vgl. **BIETHAHN, J.; MUCKSCH, H.; RUF, W.**: Ganzheitliches Informationsmanagement - Band 1: Grundlagen, 5. Aufl., München/Wien 2000, S. 172-182 und **MERTENS, P.; KNOLMAYER, G.**: Organisation der Informationsverarbeitung: Grundlagen - Aufbau - Arbeitsteilung, 2., vollst. überarb. Aufl., Wiesbaden 1995, S. 96ff. und **ROHR, S.**: Arbeitswelt Datenverarbeitung, München 1996.

1. Der **Informationsmanager** koordiniert und organisiert sämtliche Beziehungen (incl. Kommunikationsbeziehungen) zur Aufrechterhaltung und zur Pflege der erforderlichen Informationen bzw. Informationsflüsse. Weiterhin ist er für die Nutzung und Weiterentwicklung des betrieblichen Informationssystems mitverantwortlich. Er benötigt hervorragende Kenntnisse im Bereich der Wirtschaftswissenschaften, insbesondere der Organisation und der Datenverarbeitung (Wirtschaftsinformatik).
2. Der **DV-Projektleiter** übernimmt die verantwortliche Leitung von DV-Projekten. Er ist zuständig für einen ordnungsgemäßen Ablauf bei der Entwicklung des neu zu schaffenden Informationssystems, mit dem die betrieblichen Fragestellungen gelöst werden können. Er benötigt fundierte Kenntnisse in der Systemanalyse, in dem Anwendungsgebiet, in der Organisation und der Personalführung. Da der Schwerpunkt seiner Tätigkeit in der Organisation der Problemlösung liegt, wird von ihm vor allem Problemverständnis und Gestaltungsvermögen für die zugrundeliegenden Informationen verlangt. Zusätzlich muss er aber so viel Kenntnisse über Anlagen besitzen, dass er entscheiden kann, wie das Problem prinzipiell gelöst werden kann. Er muss insofern neben DV-Kenntnissen gründliche betriebswirtschaftliche Kenntnisse haben, insbesondere aus dem Bereich der Organisation. Seine Ausbildung ist also die eines Betriebswirts mit zusätzlichen Kenntnissen der Wirtschaftsinformatik.
3. Der **Datenbankadministrator** ist verantwortlich für alle Aufgaben, die durch den Einsatz des Datenbanksystems anfallen. Ein Datenbanksystem ist eine zentralisierte Sammlung von Daten, verbunden mit Programmen zur Verwaltung und zum Zugriff auf die Daten. Er sollte über die Kenntnisse, die im Studium der Wirtschaftsinformatik vermittelt werden, verfügen.
4. Der **Systemanalytiker** entwickelt die Lösungswege mit Hilfe von Programmen über die Anlage und teilt die Ergebnisse dem Auftraggeber mit. Er entwirft den kompletten Lösungsplan für das aufgetretene Fachproblem und kann danach das eigentliche Programm vom Programmierer schreiben lassen (oder es selber schreiben). Er benötigt Kenntnisse sowohl über die Anlage als auch über die Problemstrukturen. Die Anforderungen an seine Ausbildung orientieren sich an den zu lösenden fachlichen Problemen. Handelt es sich um betriebswirtschaftliche Fragestellungen, sollte der Systemanalytiker Wirtschaftswissenschaftler sein oder als ein Wahlfach Wirtschaftsinformatik studiert haben. Viele Systemanalytiker stammen aber auch aus anderen Bereichen, z.B. aus Physik und Technik. Diese haben sich aufgrund des Interesses erst im späteren Studium als Autodidakten der Systemanalyse und wirtschaftlichen Fragestellungen zugewandt.
5. Der **Programmierer** erhält die Aufgaben formuliert vorgegeben, schreibt die Programme für die DV-Anwender und testet sie. Danach übergibt er sie der auftraggebenden Abteilung. Er benötigt also gute Kenntnisse über die zu

verwendende Anlage, in mindestens einer Programmiersprache und die Fähigkeit zum logischen, abstrakten Denken. Bei der heutigen Entwicklung von großen Programmsystemen ist die Bereitschaft zur Diskussion und Teamarbeit unerlässlich. Ein grundlegendes Problemverständnis für das Anwendungsgebiet ist erwünscht.

6. Der **Systemprogrammierer** erstellt Programme, meist im Auftrag von Computer-Herstellern, die für den Betrieb der Anlagen erforderlich sind und die vom Anwender aus dem Bereich der Wirtschaftswissenschaften als gegeben vorausgesetzt werden, z.B. geeignete Programmiersprachen. Von ihm werden Spezialkenntnisse über die Anlage, an der er beschäftigt ist, gefordert.
7. Der **Multimediaexperte** erstellt multimediale Seiten z.B. für das Internet, um das Unternehmen oder die Organisation nach außen hin zu repräsentieren.
8. Der **Anwender** hat seinen eigentlichen Beruf nicht im Bereich der DV. Anwender finden sich in allen Positionen und auch in den verschiedenen Abteilungen innerhalb der Betriebe und versuchen, Informationen mit Hilfe der Anlage auszuwerten, ohne dass sie selbst die Problemlösung hierzu entworfen oder die zugehörigen Programme geschrieben haben. Als Beispiele seien hier genannt: der Bankangestellte, der Überweisungen bucht, oder der Steuerberater, der Informationen über die neuesten Steuererlasse über Datenfernübertragung abfragt. Auch der Sachbearbeiter ist hier aufzuführen, da es kaum noch nicht-EDV-gestützte Sachbearbeiterplätze gibt. Dieser Personenkreis erfasst die Daten, bereitet sie zu Informationen auf und sorgt für deren Verarbeitung. Die Arbeit der ersten Gruppe ist somit Voraussetzung für die der zweiten.

Weitere Berufe, die weniger den Bereich der Wirtschaftswissenschaften tangieren, aber eng mit der Datenverarbeitung zusammenhängen, findet man in der angegebenen Literatur, ebenso die durchschnittlichen Gehälter der einzelnen Berufsgruppen.

Ohne auf die einzelnen Berufe einzugehen, macht Abb. 3 deutlich, wie notwendig heute zumindest DV-Grundkenntnisse sind. Darüber hinaus zeigt sich aus der Abbildung aber auch, dass der größte zusätzliche Arbeitsbedarf der Volkswirtschaft im Bereich der Informationsverarbeitung liegen dürfte.

Nach der Darstellung der Berufsbilder von EDV-Mitarbeitern, mit denen der Wirtschaftswissenschaftler zusammenarbeitet oder deren Positionen er selbst bekleidet, wenden wir uns der Frage zu: Was versteht man unter Elektronischer Datenverarbeitung?

1.3 Begriffliche Abgrenzung

Was versteht man unter EDV (**E**lektronischer oder computergestützter **D**atenver-arbeitung)? Diese Frage lässt sich leichter beantworten, wenn man sie in folgende Teilfragen zerlegt:

1. Wie sind EDVA (**E**lektronische oder computergestützte **D**atenverarbeitungs-**a**nlagen) aufgebaut?

   Diese Frage wird im 2. Kapitel diskutiert. Dabei wird darauf eingegangen, dass es keine typische und für alle Zwecke geeignete EDVA gibt und jedes Anlagensystem zweckorientiert aus Komponenten und anderen Anlagensystemen zusammengesetzt wird. Auch auf die einzelnen Komponenten, deren Vor- und Nachteile bei verschiedenen Anlagenkonfigurationen, wird in Kapitel 2 eingegangen.

2. Wie arbeiten EDVA?

   Hierauf wird nur soweit eingegangen, wie es für das Lösen ökonomischer Probleme erforderlich ist. Auf eine Darstellung der elektronischen Realisationsmöglichkeiten der einzelnen Teilelemente wird bewusst verzichtet. Hierfür sei auf Lehrbücher aus dem Bereich der Elektronik verwiesen.

3. Wie betreibt man EDVA?

   Diese Frage interessiert selten den Wirtschaftsinformatiker: Dieser will wissen, wie er bestimmte Ergebnisse aus der Anlage erhält und nicht, welche Alternativen in der Bedienung bestehen. Deshalb interessiert diese Frage mehr den Systemtechniker, da der Wirtschaftsinformatiker i.d.R. seltener mit der Anlage an sich in Berührung kommt. Wie der Wirtschaftsinformatiker aber mit dem "Computer am Arbeitsplatz" umgehen kann und muss, wird er am besten lernen, wenn er bereits über Grundkenntnisse der betrieblichen Datenverarbeitung verfügt. In diesem Buch wird am Beispiel der weitverbreiteten Personal Computer gezeigt, wie man einfache Probleme mit Hilfe der Programmiersprachen PASCAL und C auf diesen löst.

4. Welche Entscheidungen sind mit Hilfe der EDV möglich?

   Auf diese Fragestellung wird insbesondere im 3. Kapitel eingegangen. Generell unterscheidet man zwischen:[10]

   a) **Administrationssystemen**, die auf Rationalisierung der Massendatenverarbeitung in der Verwaltung zielen. Es wird versucht, eine Kostensenkung durch Entlastung des Personals von Routinearbeiten zu erreichen.

---

[10] Vgl. **MERTENS, P.**: Industrielle Datenverarbeitung 1 - Administrations- und Dispositionssysteme, 12. Aufl., Wiesbaden 2000, S. 6-9.

b) **Dispositionssystemen**, mit denen neben der Disposition menschliche Entscheidungen vorbereitet oder durch solche der Anlage über die automatisierte Entscheidungsfindung ersetzt werden. Hierbei werden z.T. die Verfahren des Operations Research für eine bessere Entscheidungsunterstützung angewandt. Auch bemüht man sich, die Abläufe transparenter und besser überwachbar zu gestalten.

c) **Führungs-/Fachinformationssystemen**, die die Entscheidungsträger mit Fachinformationen versorgen.

d) **Planungssystemen**, mit denen die Weiterentwicklung und die fallweise Entscheidungsfindung unterstützt wird.

e) **Kontrollsystemen**, die der Einhaltung von Plänen dienen und Hinweise für korrigierende Maßnahmen geben sollen.

Der Schwerpunkt liegt in den ersten drei Systemen (a-c). Bei ihnen ist typisch, dass es sich i.d.R. handelt um:

- ständig sich gleichartig wiederholende Prozesse und
- Prozesse, die nach festen, vorher bekannten Entscheidungsregeln ablaufen.

Insofern sind es überwiegend Routineentscheidungen, für die der Einsatz der EDV sinnvoll ist. Hierfür typische Fragestellungen und deren Lösungen werden im 3. Kapitel gezeigt. Neben dieser Art der Aufgaben wird zunehmend der Experte mit seinem Expertenwissen für fallweise Abfragen simuliert. Dieser Bereich der sog. Expertensysteme hat in der Praxis aber noch keine umfassende Akzeptanz gefunden und soll deshalb hier nicht näher betrachtet werden.

5. Für welche Probleme lohnt sich der Einsatz der EDV?

   Die Antwort auf diese Frage ergibt sich z.T. aus der letzten: Der Einsatz von EDV lohnt sich für sehr komplexe Probleme, bei denen ein ständig gleichartiger Informationsverarbeitungsprozess vorliegt. Beispiele hierfür werden im 3. Kapitel behandelt.

6. Welche organisatorischen Voraussetzungen sind für den Einsatz von EDVA zu treffen?

   Zum Lösen ökonomischer Probleme mit Hilfe der EDV empfiehlt es sich, ein Phasenschema einzuhalten, das sich auch auf andere Problembereiche anwenden lässt. Dieses wird im nächsten Abschnitt bereits vorgestellt, aber erst im 3. Kapitel ausführlich behandelt.

Aus der Diskussion dieser Fragen ergeben sich zum einen Fragen, die sich mit der EDVA beschäftigen und wieder andere, die sich auf der Basis von EDVA-Kenntnissen mehr auf die Anwendung von EDVA zur Problemlösung, also auf die EDV konzentrieren. Es ist somit sinnvoll, zwischen EDVA und EDV zu unterscheiden, d.h. zwischen den Fragen, die mit den Komponenten einer Anlage (EDVA) und der Anwendung einer solchen für spezifische Aufgaben zusammenhängen:

Unter **Elektronischer Datenverarbeitung** oder **Informationsverarbeitung (IV)** soll das Lösen von Anwendungsproblemen mit Hilfe **Elektronischer Datenverarbeitungsanlagen** verstanden werden, wobei die Anlagen selbst vorgegeben oder höchstens auszuwählen oder zu konfigurieren, aber nicht zu entwickeln sind.

1.3.1 EDV = Elektronische Datenverarbeitung

Unter EDV wird also weitgehend das Erstellen und Anwenden von Problemlösungen über Folgen von EDVA-Anweisungen verstanden. Solche Anweisungsfolgen bezeichnet man auch als Programm. Sowohl solche selbsterstellten Programme als auch die Menge der für EDVA verfügbaren Programme bezeichnet man als Software. Diese lässt sich unterscheiden in die für den Betrieb von EDVA erforderliche Software, die i.d.R. mit der EDVA gemeinsam gekauft und als Systemsoftware bezeichnet wird, und die Software zur Lösung der individuellen ökonomischen Problemstellungen, der Anwendungssoftware. In diesem Buch werden wir uns mehr mit der zweiten Klasse beschäftigen.

Um zu verdeutlichen, wie wenig derjenige, der EDV im Sinne der Erstellung von Programmen betreibt, vom Inneren bzw. den Komponenten von EDVA und deren Wirkungsweise kennen muss, wird ein grobes Phasenschema für die Erstellung von Programmen, nach dem man vorgehen sollte, vorweggenommen. Dieses Schema soll zum Einen zeigen, in welchen Schritten DV-Problemlösungen erzeugt werden können. Zum Anderen wird deutlich, dass i.d.R. mehr Problemverständnis als Verständnis von EDVA benötigt wird.

Beim Lesen dieser Phasen ist es noch nicht erforderlich, dass man den Inhalt aller Phasen - obwohl sie weitgehend selbsterklärend sind - vollständig versteht. Sie werden im 3. Kapitel ausführlich behandelt.

Die Phasen sind:

1. **Problemspezifikation** oder **Anforderungsspezifikation:** In dieser Phase wird festgehalten, worin das Problem besteht und welche generellen Alternativen zur derzeitigen Lösung bestehen und welche nicht.

2. **Systemspezifikation:** In dieser Phase wird festgelegt, welche Problembereiche für eine Problemlösung vorgesehen werden und welche nicht. Hierbei wird immer von der Unternehmung als Ganzes ausgegangen, um keine Alternativen und deren Interdependenzen zu übersehen.

3. **Systemkonstruktion:** Wie der Name bereits sagt, werden die Lösungsmöglichkeiten mit den zugrunde gelegten Anforderungen festgelegt. Hierbei wird über das **EVA-Prinzip** (Eingabe - Verarbeitung - Ausgabe) konkretisiert, wie und wann über welche Dateneingaben welche Ausgaben erstellt werden können. Dabei werden die hierzu erforderlichen Funktionen festgehalten, woraus sich die zu bewältigenden bzw. zu entwickelnden Programmelemente (oder auch Module) ableiten lassen.

4. **Systemimplementierung, -codierung und -test:** In diesem Schritt sind zunächst die Module selbst und anschließend das gesamte Aufgabenfeld auf Daten- und Funktionskonsistenz zu prüfen. Danach sind alle Module in die spezifizierte Programmiersprache zu übertragen, bevor diese getestet werden können. Hierzu werden die bereits in allen vorherigen Phasen identifizierten und implementierten Daten und Funktionen als auch deren Resultate dokumentiert und entsprechend zur Anwendung gebracht.

5. In der Phase der **Systemverifikation** wird, sofern möglich, das gesamte System mit allen Veränderungen auf Richtigkeit und Vollständigkeit getestet, damit es in der 6. Phase zur

6. **Systemfreigabe und Anwendung** kommen kann.

7. In der Phase der **Dokumentation** besteht die Notwendigkeit zur Erfassung und Zusammenführung aller Dokumentationen, die in den vorangegangenen Phasen kontinuierlich gesammelt wurden.

8. Die **Wartung** eines Anwendungssystems ist notwendig aufgrund der permanent steigenden und sich ändernden Anforderungen an die IV.

Im Falle von Unklarheiten und Verbesserungsmöglichkeiten sollte zu vorgelagerten Stufen zurückgegangen werden. Generell ist das IV-System ein System, das ständig angepasst und geändert werden muss und insofern nie vollständig sein wird.

Dieses Schema zeigt, dass Tätigkeiten, für die genauere Kenntnisse der EDVA nötig sind (wie z.B. beim Schreiben oder Testen des Programms) nur einen relativ kleinen Anteil im gesamten Problemlösungsprozess ausmachen.

Dennoch ist es unumgänglich, dass man, bevor man zur EDV übergeht, sich Klarheit verschafft,

1. aus welchen Komponenten die verfügbaren EDVA bestehen,
2. welche Daten in welcher Form auf welchen Komponenten der Anlage gespeichert werden und
3. in welcher Komponente diese verarbeitet werden.

Aus diesem Grund ist es nötig, den Begriff EDVA für ökonomische Fragestellungen weiter zu klären.

1.3.2 EDVA = Elektronische Datenverarbeitungsanlage

Bei den EDVA unterscheidet man grundsätzlich zwei Arten: **Analogrechner** und **Digitalrechner**. Der Analogrechner verwendet physikalische Größen, wie z.B. die elektrische Spannung, als Rechengrößen. Die Zahl wird im Rechner z.B. als Spannung dargestellt, wobei die Spannungshöhe zu dem Wert der Zahl proportional (analog = im richtigen Verhältnis) ist. Der Digitalrechner erfasst alle Aussagen digital numerisch (Darstellung als Ziffer 0 oder 1). Der Begriff digital lässt sich aus dem lateinischen Begriff Digitus = Finger ableiten. Beim Rechnen mit den 10 Fingern geht man davon aus, dass man einen Finger mitzählen kann oder nicht, dass ein Finger vorhanden ist oder nicht, dass er sich also durch die Zahlen 1 oder 0 darstellen lässt. Beide Zahlen lassen sich selbstverständlich auch durch alle bivalenten Darstellungselemente (Bit): Strom ein - Strom aus, magnetisch positiv - magnetisch negativ u.a. ausdrücken.

Die meisten Datenverarbeitungsaufgaben im Bereich der Wirtschaftswissenschaften bestehen darin, dass große Datenmengen möglichst genau und fehlerfrei bearbeitet werden sollen (wobei diese Mengen aus Speichern schnell abrufbar sein müssen). Für diese Aufgaben ist der Analogrechner vollkommen ungeeignet. Deshalb wird er nicht weiter behandelt, und wenn der Begriff EDVA erwähnt wird, ist stets der Digitalrechner gemeint.

1.4 Geschichte der EDV

Ca. 5000 v. Chr. begann man zu rechnen, und zwar im Fünfersystem. Als Hilfsmittel dienten die Finger einer Hand.

Ca. 1100 v. Chr. wurde das erste Rechenbrett entwickelt, das später von den Römern als "Abacus" (vgl. Abb. 4) bezeichnet wurde, und mit dessen Hilfe man größere Zahlen berechnen konnte. Das Prinzip dieses Rechners basierte auf Kugeln, die auf Drähten oder in einem Brett verschiebbar angebracht wurden. Noch heute findet man im indochinesischen Raum den darauf aufbauenden Suan Pan (vgl. Abb. 5), der in fast allen Geschäften anstelle von Kassen zur Addition und Multiplikation auch in Verbindung mit der EDVA verwendet wird.

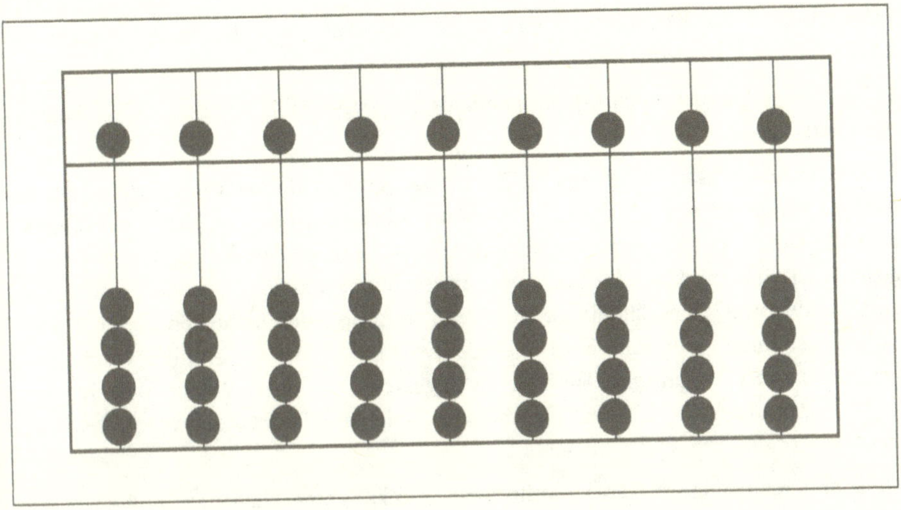

Abb. 4: Römischer Abacus

Abb. 5: Ostasiatischer Suan Pan

500 n. Chr. gelangte das Hindu-Arabische Zahlensystem, das Dezimalsystem, nach Europa, dessen wesentliches Kennzeichen die Stellenschreibweise ist ($1084 = 1 \cdot 10^3 + 0 \cdot 10^2 + 8 \cdot 10^1 + 4 \cdot 10^0$).

1614 erkannte Lord Napier, dass die Multiplikation auf die Addition zurück geführt werden kann und entwickelte die Logarithmen-Tafel.

1642 entwickelte Pascal die erste Rechenmaschine ("Pascaline").

1650 entstand auf der Grundlage der Logarithmen-Tafel der Rechenschieber.

1694 entstand aus dem Versuch, eine Algebra für eine binäre Logik zu entwickeln, die Rechenmaschine von Leibniz.

1801 erfand Jacquard den ersten mechanischen Webstuhl, der durch Lochkarten gesteuert wurde.

1833 wurde die erste mechanische Rechenanlage von Babbage entworfen, deren Aufbau schon eine gewisse Ähnlichkeit mit den heutigen hat, denn sie enthält einen Speicher, ein Rechen- und ein Steuerwerk, eine Ein- und Ausgabe sowie ein gespeichertes Programm. Da alles mechanisch über Zahnräder ablaufen sollte, war eine Realisation zum damaligen Zeitpunkt aufgrund der technisch erreichbaren Toleranzen nicht möglich. Eine Weiterentwicklung dieser Maschine wurde vor kurzem nach fünfjähriger Bauzeit fertiggestellt. Ihr Innenleben besteht aus 4.000 Zahnrädern, Hebeln und Zahnstangen. Die drei Tonnen schwere Maschine steht im Londoner Science Museum.

1890 entwickelte Herrmann Holerith eine Lochkartenmaschine zur Volkszählung in den USA.

1941 baute Zuse den ersten Relaisrechner auf elektromagnetischer Basis (die Z 3), bei dem alle Operationen nacheinander in vorgegebener Folge ausgeführt werden mussten und sich nicht zyklisch wiederholen konnten, da das Programm in Lochstreifen gespeichert war. Sie wurde 1944 im Krieg zerstört, aber ein Nachbau steht heute im Deutschen Museum in München.

1946 entwickelte von Neumann das nach ihm benannte Prinzip. Hiernach werden Programme wie Zahlen im Speicher untergebracht und erst nach der Abspeicherung als Programm interpretiert und ausgeführt. Nach diesem Prinzip arbeiten fast alle in der Wirtschaft eingesetzten Rechner. Deshalb beschränken wir uns auch in diesem Buch, sofern die Anlagen diskutiert werden, ausschließlich auf diese sog. von-Neumann-Rechner. Nach den Aufzeichnungen Zuses[11] ist dieses Konzept bereits 1938 von ihm entwickelt worden. Es wurde jedoch wegen der technischen Voraussetzungen nicht realisiert. Durch dieses Prinzip können Befehlsfolgen, wenn sie einmal gespeichert wurden, beliebig häufig durchlaufen und ausgeführt werden. Da derartige gleichartige Bearbeitungen von Vorgängen besonders häufig in der Wirtschaft vorzufinden sind, hat sich hier schnell ein Hauptanwendungsfeld der EDV ergeben.

Im gleichen Jahr entwickelte Zuse den später veröffentlichten "Plankalkül" zur automatischen Formelübersetzung. Er war ein erster Schritt auf dem Weg in Richtung auf "maschinenunabhängige" und "problemabhängige" Sprachen.

---

[11] Vgl. **ZUSE, K.**: Der Computer - mein Lebenswerk, 2. Aufl., Berlin u.a. 1986, S. 45.

Abb. 6: Röhre, Transistor und Chip

Ebenfalls im Jahr 1946 entstand in den USA die erste EDVA, die ENIAC, die 30 Tonnen wog, über 18.000 Röhren (vgl. Abb. 6) und 1.560 Relais enthielt. Sie verbrauchte mehr als 150 KW, wobei der größte Anteil der Energie für die Kühlung benötigt wurde.

1948 wurde im Bell-Laboratorium der Transistor (vgl. Abb. 6) entwickelt, der die Basis für die gesamte Computerweiterentwicklung über die integrierten Schaltkreise wurde.

1954 entstand der erste Transistor-Computer (NCR 304).

Erst 1954 wurde die erste problemorientierte Programmiersprache, und zwar FORTRAN, angekündigt, zu der das Handbuch 1956 veröffentlicht wurde. Damit wurde es leichter, ökonomische Probleme auf Anlagen zu übertragen, da der Anwender nicht mehr so detaillierte Systemkenntnisse benötigte.

1958 wurden mit der IAL (**I**nternational **A**lgebraic **L**anguage) allgemeine Anforderungen an Programmiersprachen gestellt:

1. Sie sollten sich möglichst eng an die natürliche Sprache anlehnen und leicht lesbar sein (d.h. problemorientiert).
2. Sie sollten zur Beschreibung von numerischen Rechenprozessen in Veröffentlichungen geeignet sein (d.h. selbstdokumentierend).
3. Sie sollten durch den Rechner in die dem Rechner eigene Maschinensprache übersetzbar sein (d.h. anlagenunabhängig).

Ab **1959** entstand die Programmiersprache COBOL, die jedoch zumindest die zweite Forderung unzureichend erfüllt. Danach wurden weitere Sprachen entwickelt, so dass man heute über mehr als 2.000 Sprachen für die verschiedensten Anwendungsgebiete verfügt.

1969 erfolgte die Inbetriebnahme des ARPANETs

1971 wurde von Intel der erste Mikroprozessor entwickelt. Dieses war die Grundlage für preiswertere Computer und die individuelle Datenverarbeitung.

1975 brachte Altair den ersten PC auf Intel 8080-Basis heraus.

1979 entstanden in Japan die Pläne zu den Computern der fünften Generation, durch die "Künstliche Intelligenz" in die Betriebe gebracht werden soll.

1981 brachte IBM den „**P**ersonal **C**omputer" (PC) heraus.

Seit **1990** verstärkte Nutzung unternehmensübergreifender Kommunikation über das Internet.

Die Entwicklung der DV ab den achtziger Jahren lässt sich nicht mehr durch den Wechsel von Rechnergenerationen beschreiben. Es handelt sich vielmehr um eine kontinuierliche Steigerung der Leistungsdaten, wobei sich diese mit einer enormen Geschwindigkeit vollzieht.[12]

[12] Eine Steigerung der Leistungsdaten ist auf eine systematische Verkleinerung der Abstände einzelner Speichereinheiten und die Vergrößerung der Speicherfläche zurückzuführen. Heute sind von dem Unternehmen Infineon Speicher von 1 GBit auf 390 mm^2 Chipfläche untergebracht. Bis zum Jahr 2014 sollen 1,1 Terabit auf einem einzigen Speicherbaustein realisiert werden. Gleichzeitig fallen die Kosten pro Bit auf unter 15 Mikrocent.

So erreichen heutige PCs bei einem Preis von wenigen hundert Euro eine höhere Leistung als damalige Großrechner. Diese Entwicklung ist Voraussetzung für den Wandel zur Informationsgesellschaft, wie er sich zur Zeit bei den hochindustrialisierten Volkswirtschaften vollzieht. Information ist zu einem wichtigen Wirtschaftsfaktor geworden.

Zeit	Technisches Kennzeichen	Packungs-dichte Bit/cm3	Operations-geschwindig-keit	Systembereich	System- Anwen-dungssoftware	Kommerzielle Anwendungen	Typische Hersteller
1941 - 47 0. Generation	Relais Zählräder Lochstreifen	0,1	100 ms	Externe Programm-steuerung	Maschinen-sprache	-	Z3, MARK 1 ENIAC
1947 - 57 1. Generation	Röhre, Magnet-Trommel, Magnetband, gegen Ende: Programme ste-hen im Speicher	0,1 - 50	1 ms	Externe Steuerung, später gespeicher-te Programme im Stapelbetrieb	Maschinen-orientierte Spra-chen und zum Schluß FORTRAN 1	Rechnungs-wesen	ENIAC, UNIVAC 1 IBM 650
1957 - 64 2. Generation	Transistoren Magnetkerne Magnetplatte	50 - 200	100 ms	Stapelverarbei-tung und Stapelfern-verarbeitung durch geeignete Prozes-soren und System-programmierung	zusätzlich ALGOL COBOL	in fast allen Unternehmens-bereichen	IBM 1400 S 2002 TR 4
1964 - 70 3. Generation	Monolithe	100 - 10.000	1 ms	Stapelfern-verarbeitung und Dialogbetrieb	PL 1, BASIC, APL u. Vielzahl an Simulations-programmen	zusätzlich: Datenbanken	IBM 360 S 4004 UNIVAC 9000 UNIVAC 1100 TR 440
1970 - 79 4. Generation	Parallelisierung von Prozessoren, ladbare Mikro-programme, LSI (Large Scale Inte-gration)	10.000 und mehr	100 ns	interaktive Verarbei-tung im Dialogbe-trieb, Real-Time Verarbeitung	systematisches strukturiertes Programmieren, Datenbank-systeme, Anwen-dungssoftware-pakete	Datenbankbe-arbeitung durch Computer am Arbeitsplatz	IBM 370 aufwärts UNIVAC 90 Amdahl 470 CYBER IBM 3030 IBM 4300 Siemens 7700
1979 - heute 5. Generation	Parallelisierung und Spezialisie-rung von Prozes-soren, neuronale Netze	wie 4. Generation	wie 4. Generation	Datenfluß-architektur	Lisp Prolog	Experten-systeme	wie 4. Generation zusätzlich APOLLO, SUN

Abb. 7: Geschichte der neueren EDV (Die bisher nicht definierten Begriffe wie z.B. Stapelverarbeitung werden im 2. Kapitel erläutert)

2. Kapitel

Hardware und hardware-bezogene Software

In diesem Kapitel soll gezeigt werden, wie ein Computer bzw. ein Computersystem[13] arbeitet, welche Komponenten integriert und welche Peripheriegeräte anschließbar sind. Wie bereits erwähnt, wird dabei nur der Anwendungs- und nicht der Entwicklungsgesichtspunkt dargestellt.

Um dieser Zielsetzung gerecht werden zu können, wird zunächst in einem Überblick die generelle Arbeitsweise eines Computers in Analogie zu der eines Menschen als Informationsverarbeiter vorgestellt. Hierbei soll deutlich werden, aus welchen grundsätzlichen Komponenten ein Computer besteht. Auf die verschiedenen Ausprägungsmöglichkeiten dieser Komponenten und ihre Eigenschaften wird im Kapitel 2.2 eingegangen, bevor die Kapitel 2.7 und 2.8 zeigen, wie Informationen als Daten in der Anlage dargestellt und verarbeitet werden.

2.1 Überblick

Der Computer arbeitet in ähnlicher Weise wie der Mensch. Deshalb soll in diesem Abschnitt die Analogie zwischen der Arbeitsweise eines Menschen als Bearbeiter von Arbeitsanweisungen und der eines Computers gezeigt werden (vgl. Abb. 8).

In der folgenden Abbildung erhält der Arbeitsanweisungsempfänger die Arbeitsanweisung in mündlicher oder schriftlicher Form von seinem Vorgesetzten und speichert diese in seinem Gehirn. Nach Erhalt dieser Arbeitsanweisung ist er in der Lage, seiner Funktion als Sachgebietsbearbeiter nachzukommen, wenn er diese Arbeitsanweisung gewissenhaft befolgt. Aufgrund dieser Arbeitsanweisung kann er alle mit ihr zusammenhängenden Tätigkeiten erledigen. Das bedeutet im betrieblichen Alltag, dass er selbständig Vorgänge nach dieser Anweisung bearbeitet. Diese Vorgänge setzen sich aus neu eingehenden Daten, z.B. der Eingangspost, die als Zahlen und Werte beschrieben werden, und den bereits vorhandenen Daten, z.B. denen aus der Produktion (Produktionskoeffizienten), die bereits in Karteien oder Akten gespeichert sind, zusammen. Das Ergebnis dieser Tätigkeit gibt er in schriftlicher Form oder als mündliche Anweisungen weiter. Es unterläuft ihm hierbei kein Fehler, solange er die Arbeitsanweisung strikt befolgt und solange in der Arbeitsanweisung alle möglichen Alternativen von Datenkombinationen vollständig berücksichtigt wurden.

---

[13] Da es heutzutage weitgehend unmöglich ist, Computer und vernetzte Computersysteme voneinander abzugrenzen, werden im Folgenden diese beiden Begriffe synonym verwandt.

In gleicher Form arbeitet der Computer. Der Einfachheit halber wird der Rechner dargestellt als eine Zentraleinheit, in die Werte über Eingabegeräte eingegeben und aus der Werte über Ausgabegeräte ausgegeben werden können. Die Eingabegeräte würden den Augen oder Ohren des Sachbearbeiters entsprechen. Als Ausgabegeräte des Sachbearbeiters könnte man seine Stimme oder seine Hand zum Schreiben bezeichnen. Der Rechner erhält seine Arbeitsanweisung (das Programm) über Eingabegeräte (bspw. Diskette) und legt dieses Programm im Arbeitsspeicher in der Zentraleinheit, die selbst als Central Processing Unit (CPU) bezeichnet wird, ab. Die Steuerung bei diesem Ablaufprozess erfolgt bereits über das Steuerwerk. Das Steuerwerk übernimmt die Ablaufkontrolle des Geschehens im Rechner und entspricht also der Denkfunktion des Gehirns. Das Programm wurde im Speicher abgelegt, dem die Speicherfunktion des Gehirns zugeordnet werden kann.

Nachdem über die Ablaufkontrolle (das Steuerwerk) erkannt wurde, dass die Arbeitsanweisung komplett aufgenommen wurde, kann zur Ausführung übergegangen werden. Hierzu werden über das Eingabegerät die aktuellen Daten, z.B. von Bildschirmarbeitsplätzen, und die bereits vorhandenen Daten, z.B. von Magnetbändern, eingelesen und verarbeitet. Auch diese Ablaufkontrolle übernimmt das Steuerwerk und bedient sich dabei der Funktionen des Rechenwerks, das somit eine Parallele zur Kombinationsfunktion des Gehirns darstellt.

Das Ergebnis dieses Kombinationsprozesses wird dann über Ausgabegeräte, z.B. den Drucker, dokumentiert und festgehalten. Aus dieser Analogie wurde deutlich, dass der eigentliche Rechner (die Zentraleinheit) aus den drei Komponenten Steuerwerk, Rechenwerk und Arbeitsspeicher besteht. Außerdem müssen jedoch Informationen in ihn ein- und ausgegeben werden, deshalb benötigt man zusätzlich Eingabe- und Ausgabewerke (Kanäle), an denen die verschiedenen Eingabe- und Ausgabegeräte angeschlossen sind.

Bei der bisherigen Betrachtung wurde davon ausgegangen, dass der Rechner arbeitsbereit ist, genauso wie der Arbeitsanweisungsempfänger aufnahmebereit vor dem Schreibtisch sitzt. Der Mensch ist aufnahmefähig, sobald er im Büro eintrifft, beim Rechner muss aber zusätzlich eine Einheit vorhanden sein, über die er ein- und ausgeschaltet werden kann und über die er in der Tätigkeit, die er gerade ausführt, unterbrochen werden kann, um auf andere Arbeiten angesetzt zu werden. Zusätzlich muss der Rechner - genauso wie der Sachbearbeiter - die Möglichkeit haben, fehlende Daten, z.B. ein Magnetband oder eine Diskette, vom Bediener anzufordern. Hierfür gibt es am Rechner ein Bedienungsfeld, das meist mit einem Bildschirm für die Rechnermitteilungen verbunden ist.

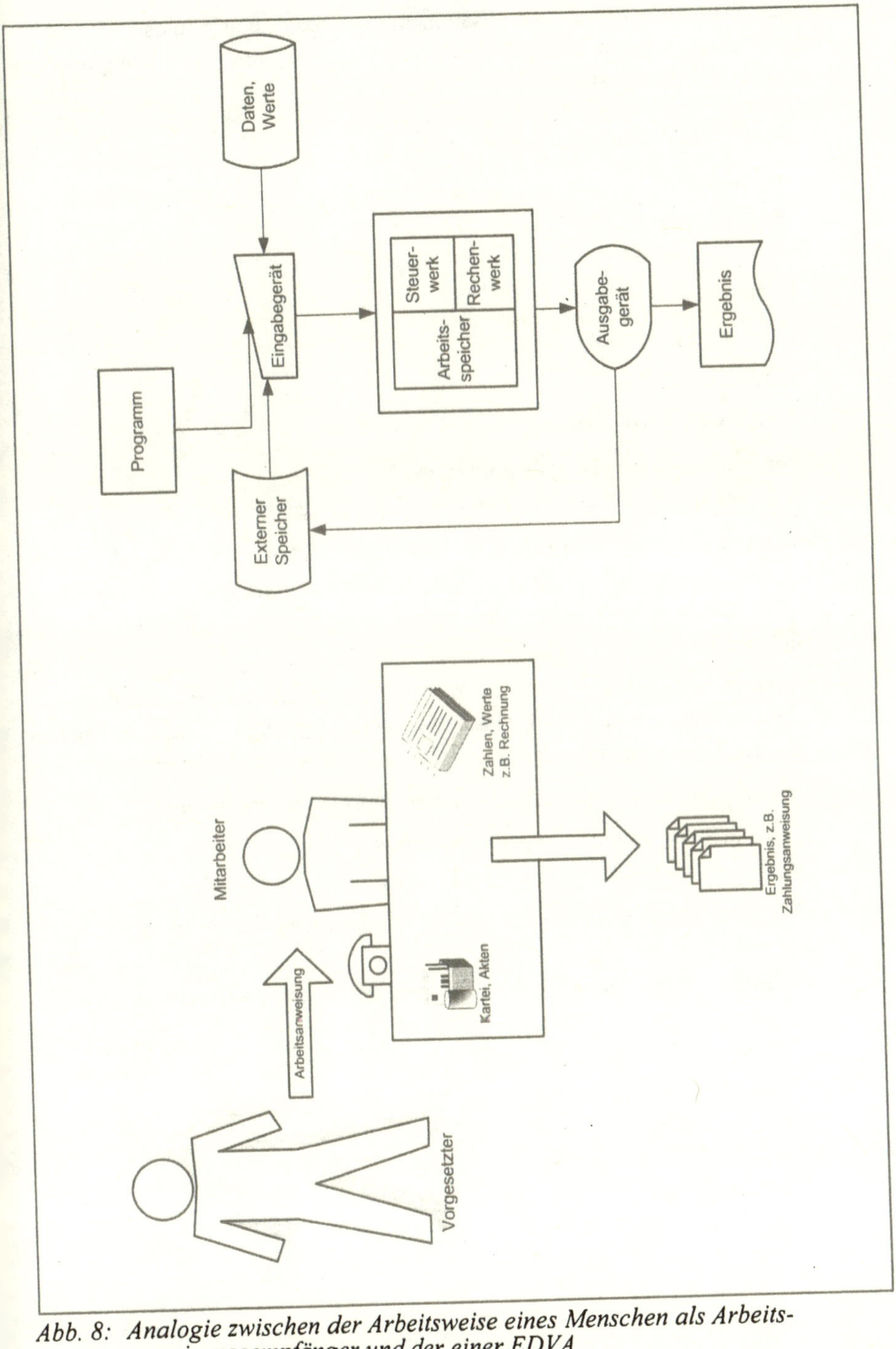

Abb. 8: Analogie zwischen der Arbeitsweise eines Menschen als Arbeitsanweisungsempfänger und der einer EDVA

Aus dieser Darstellung lässt sich zusammenfassen, dass sich grundsätzlich jeder Digitalrechner aus den in der folgenden Abbildung dargestellten Komponenten (vgl. Abb. 9) zusammensetzt:

1. **Zentraleinheit** bestehend aus:
   - Steuerwerk,
   - Rechenwerk,
   - Arbeitsspeicher,
2. **Bedienfeld**,
3. **Ein-/ Ausgabewerk**,
4. **Eingabeeinheiten,**
5. **Ausgabeeinheiten und**
6. **kombinierte Ein-/Ausgabeeinheiten**
   (z.B. für Daten, die auf Bändern oder Disketten gespeichert werden).

Das Programm stellt die Arbeitsanweisung für den Rechner dar, in der festgelegt wird, was mit den speziellen Daten durch den Rechner geschehen soll. Dem Entwurf und der Gestaltung derartiger Programme wenden wir uns im dritten Kapitel ausführlich zu.

Das Programm ist in Form von digitalen Daten im Arbeitsspeicher neben den zu verarbeitenden Daten gespeichert. Das Steuerwerk sorgt dafür, dass der Teil der Daten, der das Programm darstellt, als solches aufgefasst und ausgeführt wird.

Dcr prinzipielle Arbeitsablauf eines Computers besteht also darin, dass

- Daten in den Computer eingegeben werden,
- die eingegebenen Daten durch Programme verarbeitet werden,
- Daten auch längerfristig zur Weiterverwendung gespeichert werden können,
- die Ergebnisse als neue Daten vom Computer ausgegeben werden.

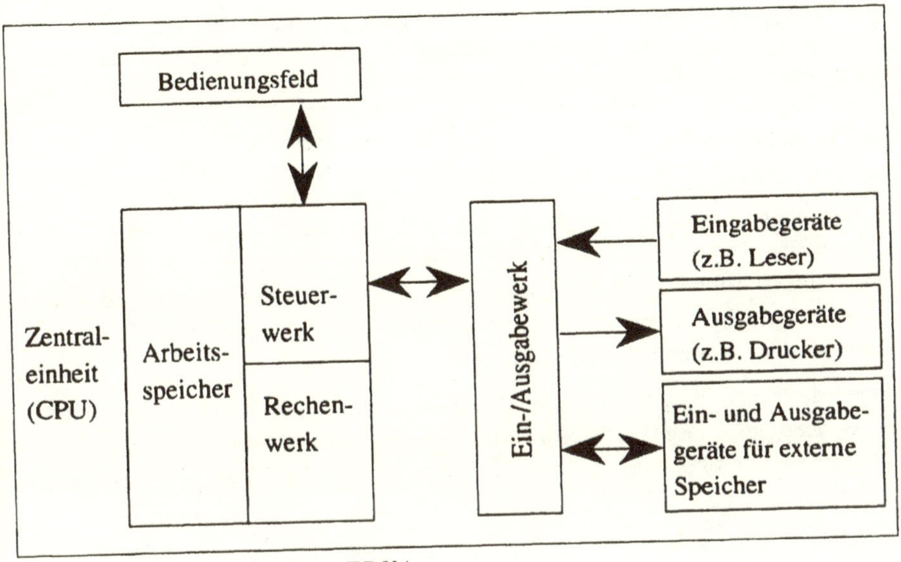

Abb. 9: Grundelemente einer EDVA

Da beim Abschalten des Computers sämtliche Daten im Arbeitsspeicher gelöscht werden und da zusätzlich jeder Arbeitsspeicher aufgrund der mit ihm verbundenen nicht unerheblichen Kosten nur kurzfristig für die einzelnen Aufgaben belegt werden kann, benötigt man zur Zwischen- oder Langzeitspeicherung von Daten neben dem Arbeitsspeicher noch weitere **externe** oder **periphere Speicher**. Diese Speicher (z.B. Magnetplatte oder Diskette) werden ebenfalls über das Ein- und Ausgabewerk angesprochen, denn für den Rechner ist es unwichtig, ob er eine Information auf den Drucker (auf Papier) oder auf eine Magnetplatteneinheit (auf Platte) ausgibt. Ebenso unerheblich ist es für ihn, ob er eine Information über eine Tastatur oder eine Disketteneinheit einliest. Die peripheren Speicher sind also Speicher, die neben dem Arbeitsspeicher bestehen und von diesem Werte übernehmen und an ihn zurückgeben können. Die Steuerung der Ein- und Ausgabe von den peripheren Speichern erfolgt über das Ein- und Ausgabewerk und über das Steuerwerk (vgl. Abb. 9).

2.2 Elemente der EDVA

Der Prozessor, abgekürzt auch als CPU (**C**entral **P**rocessing **U**nit) bezeichnet, ist die Zentraleinheit eines jeden Computers und besteht hauptsächlich aus einem Steuerwerk und einem Rechenwerk. Der Aufgabenbereich einer CPU umfasst sowohl die Ausführung von Befehlen als auch die hierfür notwendige Ablaufsteuerung. Die Ausführung von Befehlen wird in einem bestimmten Takt vorgenommen, wobei diese Taktfrequenz zugleich ein Maß für die Geschwindigkeit des jeweiligen Prozessors darstellt. Aktuelle Prozessoren verfügen über eine Taktfrequenz im Gigahertz-Bereich, ein Ende der Entwicklung höherer Taktfrequenzen und damit immer schnellerer Prozessoren ist nicht absehbar. Neben der im Prozessor vorgenommenen Befehlsausführung kommuniziert die Zentraleinheit mit weiteren Komponenten, die außerhalb der CPU liegen, bspw. Grafik- oder Soundkarten. Dazu wird ein sog. Bussystem als Datenweg genutzt, das durch eine Busschnittstelle die internen Busse des Prozessors mit den externen Komponenten verbindet.

2.2.1 Speicher

Wie bereits bei der Erläuterung des von-Neumann-Prinzips gezeigt wurde, muss der Speicher in der Lage sein, sowohl Zahlen als auch Befehle als Daten aufzunehmen. Im Bereich der Wirtschaftswissenschaften sind sehr große Mengen an Daten unterzubringen, und dazu benötigt man entsprechend große Speicher. Diese Bedingung wird durch viele verschiedenartige Speicher, die auf dem Markt angeboten werden, zu unterschiedlichen Preisen erfüllt.

Neben der Kapazität des Speichers ist auch die Zugriffsgeschwindigkeit von größter Bedeutung. Einige Anfragen müssen durch den Rechner sehr schnell beantwortet werden können, andere dürfen wieder mehr Zeit benötigen. Auch hierin unterscheiden sich die verschiedenen Speichertypen.

Aus diesem Grunde hat der Speicher nicht nur allgemein, sondern auch in seiner Hierarchie bezüglich des Preises pro Speicherplatz, der Zugriffsgeschwindigkeit, aber auch der Datensicherheit für die Wirtschaftswissenschaften eine besondere Bedeutung.

Grundsätzlich unterscheidet man zwischen folgenden Speichertypen:

- den Registern,
- dem Pufferspeicher (Cache),
- dem Arbeitsspeicher,
- dem Mikroprogrammspeicher und
- den sekundären Speichern.

2.2.1.1 Register

Register sind Speicherplätze, die mit besonderen Funktionen ausgestattet sind und i.d.R. auch nur zur Ausführung dieser Funktionen verwendet werden, z.B. das Operationsregister, das Adressregister, die Register des Rechenwerkes und die Indexregister. Wie bei der Darstellung des Steuerwerks noch erläutert wird, ist das Operationsregister dafür vorgesehen, den Operationscode zur Anwendung zu bringen. Das Adressregister selbst beinhaltet stets eine Adresse eines Speicherplatzes und ermöglicht die Schaltung zur Ausführung eines Befehls mit dieser Adresse. Die Register im Rechenwerk (Akkumulatoren) sorgen für eine besonders schnelle Abwicklung der Rechenoperationen. Die Indexregister dienen zum möglichst schnellen Errechnen von Adressen.

Es gibt keine feste Anzahl an Registern, über die eine Anlage verfügen muss. Register sind besonders schnelle Speicher, aber sie sind vom technischen Aufwand her so teuer, dass immer nur wenige in den Anlagen vorhanden sind. Sie werden i.d.R. nach der Benutzung gleich wieder freigegeben, indem man die darin enthaltenen Informationen z.B. in den Arbeitsspeicher überträgt.

Die Register sind Bestandteile des Steuer- und Rechenwerks und gehören meist nicht zum Arbeitsspeicher.

2.2.1.2 Pufferspeicher

Pufferspeicher sind spezielle Speicher zur zwischenzeitlichen Aufnahme von Daten, die zur Übertragung bestimmt sind. Sie stellen - wie bereits der Name sagt -, eine Art Puffer zwischen unterschiedlich schnell arbeitenden Einheiten, wie z.B. Prozessor und Arbeitsspeicher, oder den langsamen peripheren Einheiten und dem Prozessor dar.

Besonders schnell ist das sog. Cache Memory, der Pufferspeicher, der für die Übertragung der Daten zwischen Arbeitsspeicher (s.u.) und Prozessor verwendet wird. Der Begriff ‚Cache' kommt vom französischen Wort ‚cacher' und bedeutet ‚verstecken'. Dies soll die Transparenz dieses Speichers deutlich machen, denn sowohl für den Programmierer als auch für den Anwender ändert sich der Ablauf des Programms nicht, lediglich die Ablaufgeschwindigkeit kann erhöht werden.

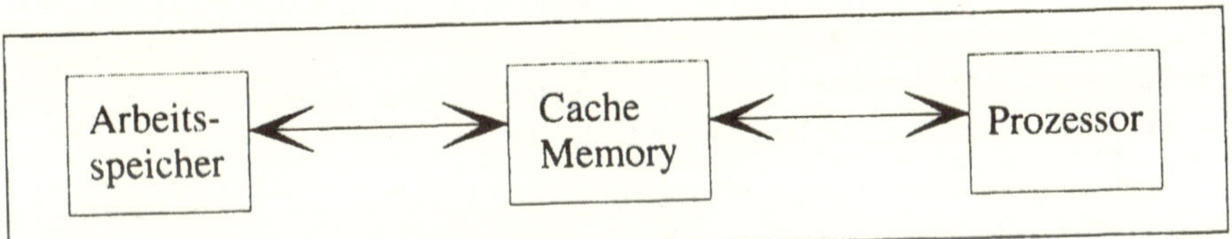

Abb. 10: Funktion des Cache Memory

Bei modernen Rechnersystemen liegt eine Hierarchie verschiedener Caches vor, die nach Zugriffszeit angeordnet sind. So wird heute von sogenannten Level 1- und Level 2-Caches gesprochen. Ersterer ist in der CPU zur Steigerung der Arbeitsleistung zwischen den extrem schnellen Funktionseinheiten und dem vergleichsweise langsamen Arbeitsspeicher integriert. In diesem werden jene Programmbefehle und Daten hinterlegt, die höchstwahrscheinlich für die nächsten Rechenoperationen gebraucht werden (bspw. bei immer wiederkehrenden Befehlen und Arbeitsvorgängen). Sowohl aus Platzgründen als auch aufgrund des den hohen Leistungsanforderungen entsprechenden Preises ist er i.d.R. auch nur einige KB groß. Aktuelle PC-Systeme besitzen 64 bis 256 KB Level 1-Caches. Letztgenannter Level 2-Cache ist nicht direkt in der CPU integriert und kann als Bindeglied zwischen Prozessor und Arbeitsspeicher verstanden werden. Es bleibt allerdings festzuhalten, dass auch hier die CPU-Produzenten tendenziell immer größere Caches integrieren, um die Arbeitsgeschwindigkeit weiter zu erhöhen.

Der Grund für eine Leistungssteigerung durch Caches liegt in einem kontinuierlichen und effizienterem Datenfluss. Der Prozessor prüft in der Reihenfolge Level 1-Cache, Level 2-Cache, Hauptspeicher, ob Instruktionen zur Abarbeitung vorhanden sind. Beim Vorhandensein einer Arbeitsanweisung in einem Cache-

Speicher wird der Prozessor den Speicherinhalt des Caches erst einmal abarbeiten. Die Arbeitsgeschwindigkeit kann hierdurch um 10-20% gesteigert werden.

2.2.1.3 Arbeitsspeicher

Der eigentliche Arbeitsspeicher, mit dem Rechenwerk und Steuerwerk im Dialog stehen, ist ebenfalls Bestandteil der Zentraleinheit. Da auch nur Programme, die im Arbeitsspeicher stehen, zur Ausführung kommen können, sind an ihn hinsichtlich der Geschwindigkeit besondere Anforderungen zu stellen, denn er bestimmt wesentlich die Leistungsfähigkeit der Anlage. Man bezeichnet ihn wegen des Direktzugriffs vom Steuerwerk her auch als Primärspeicher.

Er ist in der Hierarchie der Speicher nach den Registern und den Pufferspeichern der teuerste Speicher. Aber auch bezüglich der Zugriffszeit folgt er unmittelbar den Registern und den Pufferspeichern. Die schnellsten Zugriffszeiten liegen heute im Bereich von ca. 10 nsec (=0,000 000 01 sec). Aufgrund der technischen Entwicklung sind die Baugrößen pro Speicherelement erheblich kleiner geworden und die Preise für Arbeitsspeicher in den letzten Jahren stark gesunken, so dass heute Anlagen mit Arbeitsspeichern für viele Millionen Zeichen normal geworden sind.

Die Anzahl der Speicherplätze wird in K (Kilo = 2^{10} = 1024), M (Mega = 2^{20} = 1.048.576) oder G (Giga = 2^{30} = 1.073.741.824) Plätzen gemessen. Das Fassungsvermögen von Arbeitsspeichern für Kleinstrechner beträgt einige Mega Plätze, das für Großrechner kann schon bei einigen Giga Plätzen liegen.

Wegen des nicht unbeträchtlichen Preises dieses Speichers im Vergleich zu den später aufzuführenden Sekundärspeichern und wegen der großen Menge der i.d.R. zu bearbeitenden ökonomischen Daten ist dieser meist nicht ausreichend, und deshalb ist man auch weiterhin gezwungen, auf Sekundärspeicher zurückzugreifen.

Ein Arbeitsspeicher setzt sich aus einer fest vorgegebenen Anzahl an Speicherplätzen zusammen, die jeweils durch eine Adressnummer angesprochen werden können. Insofern ist der Speicher mit einer langen Straße vergleichbar, bei der jeder Speicherplatz durch ein Haus abgebildet wird. Die Hausnummer entspricht der Speicherplatzadresse. Auch hier sind die Speicherplatzadressen fortlaufend, jedoch von 0 an nummeriert.

Jeder der Speicherplätze selbst ist über diese Adresse direkt erreichbar. Deshalb wird der Speicher auch als direkt adressierbar bezeichnet. Eine andere Bezeichnung des Speichers ist RAM (**R**andom **A**ccess **M**emory) .

Abb. 11: Größenvergleich der Arbeitsspeicher (4 Bit Kernspeicher und 4 MBit Chip)

Man unterscheidet zwischen größeren Speicherplätzen, die i.d.R. eine vielstellige Zahl aufnehmen können, und kleineren, die jeweils zur Speicherung eines Buchstabens vorgesehen sind, die aber miteinander je nach Bedarf gekoppelt werden können, um eventuell auch eine größere Information, z.B. eine größere Dezimalzahl, aufnehmen zu können. Anlagen, die nach dem ersten Konzept entwickelt werden, bezeichnet man als Wortanlagen, und die Speicherplätze, die für eine hinreichend große Informationseinheit vorgesehen sind, bezeichnet man als Wort. Ein Wort besteht aus mehreren Bit. Bit ist die Abkürzung für "**bi**nary digi**t**" und bezeichnet ein zweiwertiges Zeichen, das die Werte 0 und 1 annimmt (Bei Univac 1100 wurden 36 Bit, bei DEC, HP und bei PRIME 16 bzw. 32 Bit, bei CDC sogar 60 Bit für jedes Wort zur Verfügung gestellt).

Das andere Konzept, bei dem in jeweils 8 Bit oder einem Byte zunächst ein Buchstabe oder eine Ziffer in einem bestimmten Code dargestellt wird, bezeichnet man als das Byte-Konzept. Beim Byte-Konzept stehen also unter jeder Speicheradresse 8 Bit oder ein Byte zur Verfügung. Man kann aber auch bei Bedarf mehrere Bytes (in Turbo Pascal bis zu 10 Bytes = 80 Bit) zur Darstellung einer Zahl verwenden. Das Ziel dieses Konzepts besteht darin, eine variable Länge eines Speicherplatzes vorzusehen. I.d.R. können die Byte-Maschinen zusätzlich mit festen Wortlängen arbeiten, die auf die technischen Restriktionen, wie die Breite der Übertragungswege und der Register, abgestimmt sind. Für Anwendungen im Bereich der Betriebswirtschaft haben z.Zt. eigentlich nur die Byte-orientierten Rechner Bedeutung. Auf die Art, wie in diesen Speicherplätzen die Informationen gespeichert werden, wird im Abschnitt 2.7 eingegangen.

Ein Maß für die Arbeitsgeschwindigkeit eines Rechners wird auch durch die Zugriffsgeschwindigkeit des Prozessors auf den Arbeitsspeicher gegeben. Sie gibt an, wie lange der Prozessor benötigt, um den Inhalt eines Speicherplatzes zu lesen. Sie liegt heute bei ca. 10^{-9} sec (1 nsec). Zur Verkürzung dieser Zeit versucht man, mehrere Speicherplätze parallel zu lesen und zu übertragen, d.h. die Übertragungsbreite zu erhöhen. Ein anderer Weg besteht in der Nutzung von Pufferspeichern, auf die im letzten Punkt eingegangen wurde.

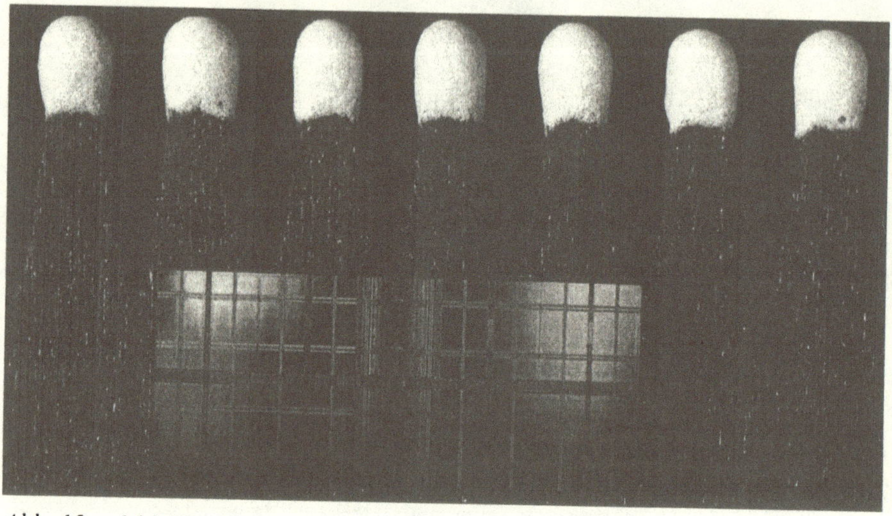

Abb. 12: 16 MBit-Chip im Größenvergleich zu Streichhölzern

Bei den ersten Rechnern für die Wirtschaft kamen als Arbeitsspeicher die sog. Kernspeicher zum Einsatz, bei denen jedes Bit durch die zwei möglichen magnetischen Zustände eines als Ring ausgeprägten Ferritkerns dargestellt wurde. Jeder dieser Kerne musste zur Polarisierung der magnetischen Zustände von 4 Drähten durchzogen werden.

Bei dem heutigen Arbeitsspeicher handelt es sich i.d.R. um einen elektronischen Halbleiterspeicher, der auf der MOS (**M**etal **O**xide **S**emiconductur)-Technik basiert. Er wird in Form von Speicherchips hergestellt, wobei ein Chip eine Größe von weniger als 0,5 cm^2 hat und zwischen 4 und 64 MBit aufnimmt. Jeder dieser Speicherplätze kann beliebig häufig gelesen/beschrieben werden. Den Zugriff auf diesen RAM-Speicher selbst bezeichnet man auch als wahlfreien Zugriff. Die Zeit des Zugriffs ist für alle Speicherplätze gleich groß.

Um die Größenordnung dieser Speicher zu verdeutlichen, wird in Abb. 11 ein 4 MBit-Speicher - als ein Chip gefertigt - zwischen 4 Bit eines Kernspeichers gelegt.

2.2.1.4 Mikroprogrammspeicher

Beim Entwurf von Rechnern wird ein bestimmter hardwaremäßig durch Schaltungen zu realisierender Befehlsvorrat mit festgelegt, der auf den später vorgesehenen Aufgabenbereich abgestimmt ist. Diese Befehle können besonders schnell ausgeführt werden. Doch wird wegen der Vielfachverwendbarkeit der Prozessorchips i.d.R. nur ein kleiner Teil der Instruktionen für einen Prozessorchip hardwaremäßig realisiert. Der größte Teil der Instruktionen für einen Prozessorchip wird mit Hilfe von Mikroinstruktionen erzeugt, die im Mikroprogrammspeicher abgelegt sind.

Der Mikroprogrammspeicher kann auf verschiedene Arten realisiert werden:

- in ROMs (**R**ead **O**nly **M**emories), die vom Hersteller geladen werden und deren Inhalt nicht verändert werden kann. Diese Lösung findet man z.B. im Kleinstrechnerbereich;
- in einem Teil des Arbeitsspeichers. Diese Lösung macht es erforderlich, dass er bei jedem Start des Rechners z.B. von einer Platte oder Diskette nachgeladen werden muss;
- in einem eigenen und besonders schnellen Mikroprogrammspeicher. Diese Lösung findet man vorwiegend bei größeren Rechnern.

Der Vorteil der Nutzung von Mikroprogrammspeichern liegt in einer größeren Einsatzbreite und Flexibilität der Computer, da die Mikroprogramme nachträglich noch geändert werden können.

Der offensichtliche Nachteil besteht darin, dass diese Mikroinstruktionen vor der Ausführung interpretiert werden müssen und somit nicht so schnell wie die Hardwareinstruktionen sind.

2.2.1.5 Sekundäre Speicher

Die sekundären Speicher gehören nicht zur Zentraleinheit. Man bezeichnet sie deshalb auch als periphere oder externe Speicher.

Im Gegensatz zu dem für einzelne Aufgaben nur temporär zu nutzenden Primärspeicher besteht bei den Sekundärspeichern die Möglichkeit, die Daten auch längerfristig zu speichern. Aus diesem Grund muss hinreichend viel Speicherplatz für alle benötigten Daten vorhanden sein. Von der technischen Realisation sind die peripheren Speicher folglich so zu konstruieren, dass

- sie Daten sicher speichern und wiedergeben,
- sie große Datenmengen aufnehmen können (große Kapazität),
- die Kosten pro Dateneinheit nicht zu hoch ausfallen.

Die derzeit wichtigsten sekundären Speicher sind die magnetischen und die optischen Datenspeicher.

Bei den magnetischen Speichern sind die Speichermedien mit einer magnetisierbaren Schicht versehen, auf der durch die Magnetisierung von Zonen die gewünschten Informationen binär codiert dargestellt werden.

Im Bereich der betrieblichen Datenverarbeitung sind derzeit vor allem folgende magnetische Speicher von Bedeutung:

- Diskette,
- Magnetplatte,
- Magnetband,
- Magnetstreifenkarte.

Bei den optischen Speichern sind die

- Mikrofilme,
- optische Speicherplatte,
- optische Speicherkarte

zu nennen.

In dieser Reihenfolge sollen diese Speicher nunmehr auch beschrieben werden.

Abb. 13: Disketten im Größenvergleich (8-, 5 ¼-, 3 ½- Zoll-Disketten)

Gerade bei Computern für den Hausgebrauch und die private Nutzung sind die Diskettenspeicher aufgrund der geringen Kosten für nicht zu große Speichervolumina sehr beliebt. Unter einer Diskette versteht man eine dünne runde Kunststoffplatte, die auf beiden Seiten mit einer magnetisierbaren Schicht versehen ist. Die Informationen werden mit Hilfe eines Schreib-/Lesekopfs, der sich in konzentrischen Spuren bewegen kann, in den einzelnen Spuren aufeinanderfolgend als Bitmuster aufgezeichnet oder von diesem gelesen. Jede dieser Spuren ist nochmals in gleich große Sektoren unterteilt. Will man Informationen erhalten, so muss zunächst die Spur und dann der Sektor gefunden werden, der schließlich in den Primärspeicher übertragen wird und aus dem die Informationen extrahiert werden. Zum Schutz ist dieser Datenträger in eine gepolsterte rechteckige Hülle eingeschlossen.

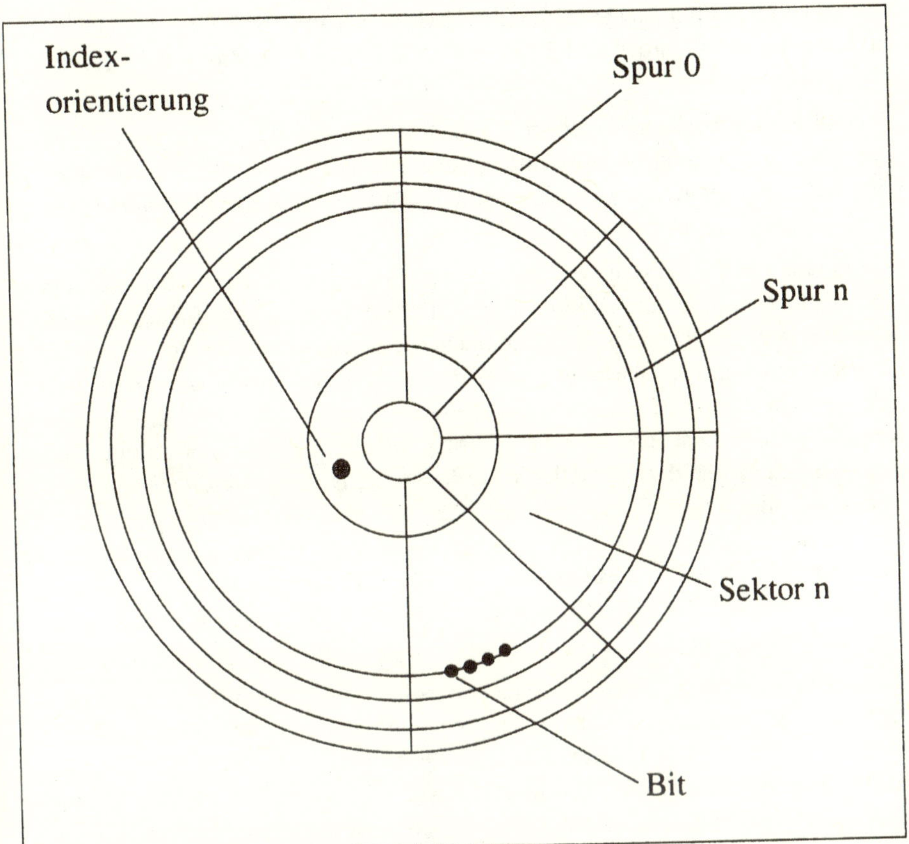

Abb. 14: Informationsdarstellung auf der Diskette

Bezüglich der Art und Größe unterscheidet man

- 8-Zoll-Disketten mit einem Speichervolumen bis zu 1,6 MB. Sie werden kaum noch verwendet.
- 5 ¼-Zoll-Disketten mit einem Bruttospeichervolumen von 360 KB oder 1,6 MB (Netto 320 KB oder 1,2 MB). Auch diese werden nach und nach durch die 3 ½-Zoll-Disketten verdrängt.
- 3 ½-Zoll-Disketten mit einem Speichervolumen von 1,44 bzw. 2,88 MB.
- 2-Zoll-Disketten, die aufgrund der geringen Speicherkapazität von 720 KB sich nicht haben durchsetzen können.

Einen Größenvergleich der Disketten zeigt Abb. 13.

Vor der ersten Nutzung einer Diskette muss diese formatiert werden. Dazu werden die Positionen der einzelnen Sektoren durch die zugehörigen Programme berechnet, und es werden zunächst die Spuren und darauf die Sektoren angelegt. Je nach Art der Diskette gibt es unterschiedlich viele Spuren und Sektoren. So hat z.B. die 3 ½-Zoll-Diskette zwei Seiten mit je 80 Spuren mit einer Dichte von

135 tpi (= **t**racks **p**er **i**nch) und jeweils 18 Sektoren zu je 512 Byte. Daraus ergibt sich das Speichervolumen von 2 · 80 · 18 · 512 Byte = 1,47 Mio. Byte = 1.440 KB = 1,4 MB.[14]

Sowohl Spuranfang und Spurende als auch die Sektoranfänge werden durch Lücken und Sektoridentifikationsfelder gekennzeichnet. In der Spur 0 wird hierfür eine Indexspur eingerichtet, in der ebenfalls die zu überspringenden defekten Sektoren gekennzeichnet sind.

Ein großer Vorteil bei den Disketten besteht darin, dass sie auswechselbar, lösch- und wiederbenutzbar und außerdem selbst für Studentenbudgets finanzierbar sind. Ein gravierender Nachteil konventioneller Disketten ist allerdings die hohe Zugriffszeit, niedrige Übertragungsrate und die geringe Speicherkapazität. Durch den stark gestiegenen Speicherbedarf moderner Software sind teilweise Dutzende konventioneller Disketten zur Speicherung dieser Software notwendig. Daher gehen Bemühungen der Hersteller in die Richtung, Disketten mit höherer Übertragungsrate, niedrigerer Zugriffzeit und höherer Speicherkapazität anzubieten. So gibt es schon Disketten mit der gleichen Form und gleichen Abmessungen wie herkömmliche 3 ½-Zoll-Disketten mit ca. 120 MB Speicherkapazität, wobei die Laufwerke je nach Technik teilweise auch konventionelle 3 ½-Zoll-Disketten lesen und beschreiben können.

Anzumerken ist jedoch, dass das Speichermedium Diskette zunehmend an Popularität verliert. Dies lässt sich damit begründen, dass alternative optische Speichermedien, wie bspw. CD-R (**C**ompact **D**isc **R**ecordable), CD-ROM (**C**ompact **D**isc **R**ead **O**nly **M**emory), CD-WORM (**C**ompact **D**isc **W**rite **O**nce **R**ead **M**ultiple) und DVD (**D**igital **V**ersatile **D**isc), ein wesentlich günstigeres Preis-/Leistungsverhältnis aufweisen als herkömmliche Disketten (auf die optischen Speicherplatten wird zu einem späteren Zeitpunkt innerhalb dieses Kapitels eingegangen).

Plattenspeicher

Beim Plattenspeicher stehen die Daten ebenfalls (wie bei der Diskette) in bit- und byte-serieller Folge auf konzentrischen Spuren einer schnell rotierenden, mit einer Magnetschicht versehenen Aluminiumplatte, die von beweglichen Schreib-/Leseköpfen abgetastet wird (vgl. Abb. 15). Pro Platte können derzeit auf einigen tausend Spuren Daten gespeichert werden (die wie bei der Diskette in Sektoren untergliedert sind). Der Durchmesser der Platten ist unterschiedlich. Während man bei Großrechnern oft 14 oder 10,8-Zoll-Platten zum Einsatz bringt, sind es bei den kleineren mehr die 5 ¼- und 3 ½-Zoll- oder noch kleinere Platten. Allerdings gibt es in letzter Zeit verstärkt Bemühungen, die preiswerteren Geräte aus dem Mikrorechnerbereich auch für Großrechner einzusetzen. Dadurch entstand die RAID (**R**edundant **A**rray of **I**nexpensive **D**isks)-Technik, bei der mehrere kleine, d.h.

---

[14] Ein Speichervolumen von 1,44 MB ergibt sich, wenn 1 MB = 1.000 KB gesetzt wird.

5 ¼- bzw. verstärkt auch 3 ½-Zoll-Platten, in einer besonderen Art und Weise zusammengefasst werden, so dass je nach Konfiguration (sog. RAID-Level) Redundanzinformationen mit aufgezeichnet werden, wodurch die Sicherheit durch erhöhte Schreib-, Lese-, Zugriffsperformance und Plattenspiegelung (jede Information wird auf zwei Platten parallel gespeichert) verbessert wird. Moderne Konfigurationen beinhalten z.T. Kombinationen dieser genannten Sicherheitsmaßnahmen und werden bei besonderen Hochverfügbarkeitsanforderungen durch eine oder mehrere zusätzliche im Normalzustand nicht benutzte Platten im Standby-Modus ergänzt. Die gebräuchlichsten RAID Levels sind:

- **Linear Mode**
  Zusammenfassung von zwei oder mehreren Festplatten, bei der die Daten nicht parallel aufgezeichnet werden. Ist die eine Platte voll, wird mit dem Beschreiben der nächsten begonnen (abhängig von der Schreibstrategie des Betriebssystems). Die Datenblöcke einer Folgeplatte stellen im Prinzip eine Verlängerung der Vorgängerplatte dar. Bei diesem RAID-Level werden keine Redundanzinformationen angelegt. Fällt eine Festplatte aus, sind in der Regel alle Daten verloren. Die Schreib-/Leseperformance oder Zugriffsgeschwindigkeit wird nicht erhöht, es sei denn, in Multiuserbetriebssystemen greifen die Nutzer gleichzeitig auf Daten verschiedener Platten zu.

- **RAID-0 (Data Stripping)**
  Hier werden die zu speichernden Datenblöcke parallel auf die zum Array (vorgesehener zusammengefasster Datenbereich) gehörenden Festplatten aufgezeichnet. Dabei wird ein Datenblock auf eine Platte aufgezeichnet und der nachfolgende Block auf die nächste. Während eine Festplatte mit der Schreib- oder Leseoperation beschäftigt ist, kann bei einer anderen die Datenübertragung zum Controller stattfinden. Der Schreib-/Lesedurchsatz ergibt sich annähernd aus der Summe der Durchsätze der einzelnen Platten. Wie im Linear Mode werden auch hier keine Redundanzinformationen mit aufgezeichnet. Bei Ausfall einer Platte sind damit alle Daten verloren.

- **RAID-1 (Drive Mirroring)**
  Dieses ist das erste RAID-Level, das Redundanzinformationen erzeugt und speichert. Es werden auf alle zusammengehörigen Festplattengruppen die gleichen Informationen aufgezeichnet (sie werden entsprechend häufig gespiegelt). Daraus folgt, dass alle Platten (bzw. Partitionen) gleich groß sein müssen. Fallen alle Platten bis auf eine aus, bleiben die Daten intakt. RAID-1 Arrays können durch Paare von Ersatzfestplatten ergänzt werden. Im Fehlerfall startet dann automatisch ein Rebuild. Die Leseperformance beträgt etwa Plattenanzahl×Einzeldurchsatz, da die Daten parallel gelesen werden können. Die Schreibperformance liegt je nach Situation geringfügig unter dem Wert einer einzelnen Platte, weil der Controller mehrere Platten beschreiben muss.

Neben den oben genannten existieren weitere zusätzliche RAID-Level, bspw. RAID 0+1 bzw. RAID-30, auf deren detaillierte Darstellung wird hier allerdings verzichtet.

Bei den Platten sind sowohl die Ober- als auch die Unterseite beschichtet. Im Allgemeinen fasst man bei größeren Rechnern 6 bis 12 Platten in einem Plattenturm zusammen, von denen aber bei Wechselplatten die oberste und unterste Fläche als Schutzfläche dient und nicht zur Datenaufnahme verwendet wird. Die Schreib-/Leseköpfe aller Platten eines Turms werden gemeinsam mit dem Zugriffskamm zwischen den Platten bewegt.

Um Daten zu finden, muss der Schreib-/Lesekopf zur gesuchten Spur bewegt werden, und anschließend wird nach durchschnittlich einer halben Umdrehung die gewünschte Information gefunden.

Die Zugriffszeit setzt sich dementsprechend zusammen aus:

1. Bewegungszeit des Schreib-/Lesekopfs auf die gewünschte Spur,
2. Beruhigungszeit des Arms (Fixieren auf die gewünschte Spur) und
3. Auffinden der gewünschten Information (im Mittel nach 1/2 Umdrehung).

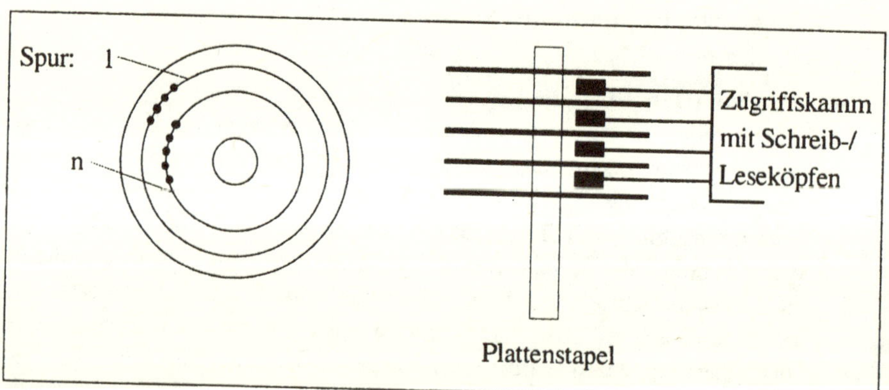

Abb. 15: Funktionsweise eines Plattenspeichers

Abb. 16: Geöffnete Festplatte (Hard Disk) eines PCs

Man kann also nicht die Daten direkt wie aus dem Arbeitsspeicher erhalten. Andererseits ist durch die Möglichkeit der Positionierung des Schreib-/Lesekopfs auf eine Spur auch ein vollständiges, sequentielles Suchen auf der Platte überflüssig. Man bezeichnet diesen Zugriff deshalb als halbdirekt. Die mittlere Zugriffszeit beträgt derzeit knapp unter 10 msec und ist damit weit unter der einer Diskette. Da der größte Teil dieser Zeit sich aus der Bewegungs- und Beruhigungszeit des Arms ergibt, ist es ein Bestreben, die Daten so zu speichern, dass sich der Zugriffsarm möglichst wenig bewegen muss. Dies lässt sich u.a. dadurch erreichen, dass man nacheinander die gleichen Spuren aller Plattenoberflächen - sie werden auch Zylinder genannt - beschreibt. Bei konsequenter Anwendung dieses Zylinderkonzepts der Datenorganisation (Vermeidung von Bewegungen des Zugriffskamms) liegen die Zugriffszeiten von Platten und den früher verwendeten Trommeln, bei denen jede Spur einen eigenen Schreib-/Lesekopf hatte, nicht weit auseinander.

In letzter Zeit werden vor allem Platten nach der Winchester Technologie angeboten. Bei diesen ist wegen der Staubfreiheitsforderungen und des erforderlichen geringen Abstands zwischen Platte und Lesekopf (z.T. kleiner als 1 µm = ein millionstel Meter) die Platteneinheit in einem dichten, mit Edelgas gefüllten Gehäuse untergebracht.

Das Speichervolumen eines Plattenturmes hat sich aufgrund der Verdichtung der Informationen pro Spur und der Spuren selbst erheblich erhöht. So fasst z.B. ein Plattenturm heute bis zu 130.000 MB = 130 GB, und es wird mit weiteren Erhöhungen gerechnet. Es gibt Magnetplatteneinheiten mit festen und solche mit auswechselbaren Platten. Man spricht von Fest- bzw. Wechselplatten.

Besondere Verbreitung im PC-Bereich haben sogenannte proprietäre Wechselplatten gefunden, bei denen die Datenträger mit integrierter Platte auswechselbar sind, der Zugriffsmechanismus jedoch im Gerät verbleibt. Die Laufwerke kosten nur wenige hundert Euro, erreichen aber nicht ganz die Leistungsdaten herkömmlicher Festplatten.

Magnetbandspeicher und Streamer

Der Magnetbandspeicher ist von den bisher erwähnten Speichern das langsamste Speichermedium. Magnetbänder bestehen aus einer mit einer magnetisierbaren Schicht versehenen, ca. 12,7 mm breiten und bis zu 730 m langen, auf Spulen aufgerollten Folie. Auf diesem Band werden nebeneinander auf 9 Spuren Daten gespeichert. Die nebeneinander liegenden Bits einer Position des Bandes (Sprosse) sollen in der Lage sein, mindestens eine semantische Informationseinheit zu speichern.

Die Zahl 9 wurde deshalb gewählt, weil man damit pro Sprosse in einem Lesevorgang parallel 1 Byte (8 Bit) und ein Parity Bit lesen kann. Das Parity Bit ist so gesetzt, dass die Anzahl der mit 1 gesetzten Bits einer Sprosse entweder stets gerade oder stets ungerade ist. Auf diese Art lassen sich schnell und zuverlässig Fehler lokalisieren.

Für die Aufzeichnung von Daten verwendet man zwei Verfahren, und zwar zum einen das ältere Start-Stop-Verfahren und in letzter Zeit zunehmend das Verfahren nach dem Datenstrommodus. Beim Start-Stop-Verfahren werden die Daten blockweise sequentiell mit Schreibdichten von 64 Bit/mm - 1.600 **B**it **p**er **i**nch (bpi) - bis zu 248 Bit/mm - 6.250 bpi - aufgezeichnet. Zwischen den in Blöcken zusammengefassten Daten müssen Brems- und Anlaufstrecken von bis zu 15 mm vorgesehen werden, da das Band beim Lesen und Schreiben eines Blocks konstante Geschwindigkeit haben muss. Da die Blocklängen unterschiedlich lang sein können, lässt sich kein festes Speichervolumen eines Bands angeben.

Beim Datenstromverfahren versucht man zum Einen auf den Start/Stop-Mechanismus zu verzichten und des Weiteren der veränderten Aufgabe des Bandes als Sicherungsmedium gerecht zu werden. Bei diesem Verfahren läuft deshalb das Band kontinuierlich und wird permanent mit Daten beschickt. Durch diese Form lässt sich auch bei den heute doch recht umfangreichen Datenbeständen auf den Platten eine effektive Datensicherung erreichen, indem hiervon Kopien (Backups) angelegt werden. Auch für die Archivierung von nicht mehr aktuell benötigten Daten ist das Band hervorragend geeignet.

Seit Mitte der 80er Jahre werden gerade für die Datensicherung bevorzugt Bandkassetten verwendet, da die verwendeten Kassetten erheblich handlicher sind als die Spulen. Üblich sind 18 oder 36 Spur-Bänder, die jeweils in einer Sprosse 2 Byte bzw. 4 Byte aufzeichnen. Die zur Zeit leistungsfähigsten Magnetbandlaufwerke verwenden Magnetbandkassetten mit 128 Spuren. Mit diesen Einheiten lassen sich die Aufzeichnungsdichten erheblich erhöhen, es sind Aufzeichnungsdichten bis über 300.000 bpi möglich.

Magnetbandkassetten haben die Eigenschaften von Bändern, nur dass sie erheblich kleiner sind und dass das Band mit beiden Spulen in einem Kassettengehäuse untergebracht ist. So ist das Rückspulen beim Bandwechsel nicht immer notwendig (vgl. Abb. 17).

Von der Breite und der Gehäusegröße ist vor allem das 0,25-Zoll-Band verbreitet. Die Kassetten werden auch zunehmend bei Kleinstrechnern zur Datensicherung eingesetzt. Die dazu erforderlichen Bandgeräte bezeichnet man als Streamer. Solche Streamer arbeiten ausschließlich im Datenstrombetrieb. Dabei sind vor allem 0,25-Zoll-Bänder, die auch QI-Cartridges heißen, verbreitet. QIC ist die Abkürzung für **Q**uarter-**I**nch **C**artridge Drive Standards, einer Organisation, die seit Anfang der 80er Jahre Standards für 0,25-Zoll-Bänder festlegt. Daneben kommen auch noch DDS (**D**igital **D**ata **S**torage)-Streamer zum Einsatz, die sich an der DAT (**D**igital **A**udio **T**ape)-Technologie orientieren, aber einen zusätzlichen Fehlererkennungs- und -korrekturmechanismus besitzen.

Abb. 17: Magnetbandkassetteneinheit mit Kassettenmagazin

Magnetstreifen- und Chipkarte

Ein weiterer Speicher, der nicht nur von unmittelbaren DV-Anwendern genutzt wird, ist die Magnetstreifenkarte. Beispiele hierfür sind die Euroscheck-, Kredit- und Versichertenkarten der Krankenkassen. Sie haben auf der Rückseite einen

Magnetstreifen, auf dem die Kapazität von fast 1.400 Bit vorhanden ist und auf dem die kunden- und kontenbezogenen Daten gespeichert sind, die für die Anwendung der Karten notwendig sind. Ziel der Anwendung ist das Point of Sale Banking (d.h. Belastung des Kontos durch eine Transaktion am Verkaufsort), durch das die Nutzung von Bargeld weitestgehend überflüssig wird.

Die Chipkarte, die im Folgenden vorgestellt wird, ist eigentlich nicht den magnetischen, sondern den elektronischen Datenträgern zuzuordnen. Sie wird hier aber vorgestellt, da sie eine Weiterentwicklung der Magnetstreifenkarte ist, bei der die benötigten Daten in einem auf der Karte befindlichen Chip gespeichert werden. Es besteht die Möglichkeit, einen Mikroprozessor im Chip zu integrieren und mehr Speicherplatz - realisiert durch RAM, ROM oder EEPROM (**E**lectrically **E**rasable **P**rogrammable **ROM**) - nutzen zu können. Die Speicherkapazität liegt üblicherweise bei einigen KBs. Chipkarten werden heute schon in vielen Bereichen verwendet, beispielsweise für entsprechende Versichertenkarten der Krankenkassen (vgl. Abb. 18), als Zugangslegitimation zu Räumen oder als elektronisches Zahlungsmittel.[15]

Abb. 18: Chipkarte mit Lesegerät

Nach der Abhandlung der magnetischen Speicher wenden wir uns nun den optischen Speichermedien zu.

Mikrofilme

Ziel der Mikroverfilmung ist es, möglichst viele Informationen (sowohl textlicher als auch bildlicher Art) direkt vom Magnetband unter Umgehung des Druckers in einer Form auszugeben, dass der Mensch diese Informationen auch lesen kann.

---

[15] Vgl. **PILLER, E.**: Chip-Karte, in **MERTENS, P. u.a.** (Hrsg.): Lexikon der Wirtschaftsinformatik, 3., vollst. neubearb. und erw. Aufl ., Berlin u.a. 1997, S. 79.

Bereits seit mehr als 10 Jahren hat sich hier das COM-Verfahren (**C**omputer **O**utput on **M**icrofiche) bewährt. Als Datenträger hat sich weitgehend der DIN A6 große Mikrofiche durchgesetzt, auf dem in 14 Zeilen und 16 Spalten 224 Bilder oder Seiten untergebracht werden können.

Der COM-Recorder, mit dem die Mikrofiches hergestellt werden, arbeitet intern mit einer Kathodenstrahlröhre als Bildschirm. Die auszugebenden Zeichen und Zeichnungen werden aus den bisher in digitaler Form vorliegenden Darstellungen in analoge Darstellungen überführt, auf die Kathodenstrahlröhre projiziert und von dort anschließend, wenn das Bild fertig ist, verfilmt.

So überzeugend die Platzersparnis durch den Mikrofiche auch sein mag, so sollte nicht übersehen werden, dass sich die Anwendung für kleine und mittlere Unternehmen aufgrund der Anfangsinvestition und des hohen Aufbereitungsaufwands nur selten rentiert.

Optische Speicherplatte

Bei der optischen Speicherplatte werden die Informationen ebenfalls auf einer rotierenden Platte in Spuren und Sektoren aufgebracht. Jedoch werden die Informationen mit einem Laserstrahl auf die Oberfläche geschrieben und zum Lesen wieder mit einem Laserstrahl abgetastet. Je nach Aufzeichnungsart unterscheidet man zwischen

- CD-ROM (**C**ompact **D**isc - **R**ead **O**nly **M**emory), bei denen die Informationen beim Hersteller bereits aufgebracht werden, indem von einer Master CD aus Glas Kopien erstellt werden. Sie eignen sich für die Speicherung von umfangreichen Dateien, die von vielen benötigt und verwendet werden können. Die übliche Speicherkapazität liegt heute bei ca. 700 MB (vgl. Abb. 19).
- CD-R (**C**ompact **D**isc **R**ecordable), die mit Hilfe eines CD-R-Recorders einmal beschreibbar sind. Sie eignen sich zur sicheren Archivierung von großen Datenmengen. Die Maße und die Kapazität entsprechen denen einer nicht beschreibbaren CD-ROM.
- WORM (**W**rite **O**nce, **R**ead **M**ultiple)-Platten, bei denen die Informationen vom Anwender auf die Platte gebracht werden, wobei je nach Größe bis zu 15 GByte auf einer Plattenseite Platz finden. Diese Platten haben danach permanenten Charakter und sind nicht mehrfach zu beschreiben.
- Als Weiterentwicklung der CD-ROM lässt sich die DVD (**D**igital **V**ersatile **D**isc)-ROM ansehen, die ebenfalls eine optische Speicherplatte darstellt. Durch zwei übereinander liegende Speicherschichten lassen sich pro Platte bei einseitiger Aufzeichnung 9,4 GB speichern, bei doppelseitiger werden es sogar 17 GB sein. Auch hierbei handelt es sich um unveränderbare Daten.

- Magneto-optische Platte, die eine Kombination von optischer und magnetischer Platte darstellt. Der Vorteil besteht darin, dass beliebig oft geschrieben und gelöscht werden kann. Beim Schreibvorgang wird der zu schreibende Bereich durch einen Laserstrahl stark erhitzt. Nur an dieser Stelle lässt sich dann durch ein Magnetfeld die Richtung der Magnetisierung ändern. Lesen erfolgt durch einen Laserstrahl mit geringerer Intensität. Die Speicherkapazität pro Platte liegt bei maximal 2,6 GB.

Optische Speicher bieten sich also heute vor allem für permanent zu speichernde Massendaten an.

Abb. 19: Geöffnetes CD-ROM-Laufwerk mit CD-ROM

Neben diesen bisher erwähnten Speicherverfahren und Speichermedien könnte man prinzipiell Daten sauber auf Papier ausdrucken und bei Bedarf mit Hilfe von Scannern (Lesegeräten) einlesen. Diese Form ist jedoch aufgrund des Aufwands von vornherein abzulehnen und hat deshalb auch keine wirtschaftliche Bedeutung erlangt. Sie ist nur in Sonderfällen (z.B. falls keine andere Speicherung der Daten auf geeigneten Medien vorliegt) anzuwenden.

Beurteilungskriterien für Speicher

Grundsätzlich können alle Speicher nach folgenden Kriterien beurteilt werden :

1. **Speicherkapazität:** Darunter versteht man das Fassungsvermögen eines Speichers. Zum Beispiel kann eine Platteneinheit bis zu 10 GB aufnehmen.
2. **Zugriffszeit:** Das ist die Zeit, die zum Aufsuchen und Lesen einer gespeicherten Information benötigt wird. Das langsamste der gebräuchlichsten Speichermedien, der Magnetbandspeicher, kann eine mittlere Suchzeit von ca. 2 ½ Minuten haben (die Hälfte der Verarbeitungsdauer eines Bands).

3. **Direkter, halbdirekter oder serieller Zugriff:** Beim direkten oder wahlfreien Zugriff können alle Daten innerhalb des Speichers direkt angesprochen werden. Diese Zugriffsart ist nur im Arbeitsspeicher möglich. Unter halbdirektem Zugriff versteht man die Zugriffsart, bei der nur ein ganzer Informationsblock, z.B. Spur oder Sektor, aber nicht das gewünschte Datum unmittelbar angesprochen werden kann. Beim seriellen Zugriff müssen immer auch die gesamten Daten gelesen werden, die vor den abzurufenden Daten gespeichert sind.
4. **Permanente oder temporäre Speicher:** Sind Daten durch den Nutzer generell nicht mehr veränderbar, spricht man von permanenten, im anderen Falle von temporären Speichern.
5. **Flüchtige oder nichtflüchtige Speicher:** Gehen die Daten im Speicher beim Ausschalten der Anlage oder beim Ausfall der Betriebsspannung verloren, handelt es sich um einen flüchtigen Speicher, ansonsten ist er ein nichtflüchtiger Speicher. So sind die elektrischen Speicher wie Arbeitsspeicher und Register flüchtige Speicher, dagegen die magnetischen und optischen Speicher nichtflüchtige Speicher.
6. **Auswechselbare und nichtauswechselbare Speicher:** Der Arbeitsspeicher ist grundsätzlich nicht auswechselbar, es gibt aber evtl. die Möglichkeit, Magnetplatten und Bänder auszuwechseln und die Informationen darauf zu belassen (evtl. auch zur Archivierung).
7. **Kosten pro Bit:** Sie dienen u.a. zur Beurteilung der Wirtschaftlichkeit der verschiedenen Speichermedien.
8. **Transferrate:** Die Datentransferrate ist eine Maßzahl, die beschreibt, wie viel MB Daten pro Sekunde kontinuierlich vom externen Speicher in den Arbeitsspeicher transferiert werden können.
9. **Sicherheit:** Bei diesem Beurteilungskriterium berücksichtigt man die Möglichkeit, Fehler in den Informationen zu erkennen und ggf. beseitigen zu können. Zu diesem Zweck enthält das Magnetband meist ein zusätzliches Bit pro Zeile. Zusätzliche Prüfbits können darüber hinaus zur Fehlerkorrektur verwendet werden.

Einen Überblick über die Speicher gibt Abb. 20.

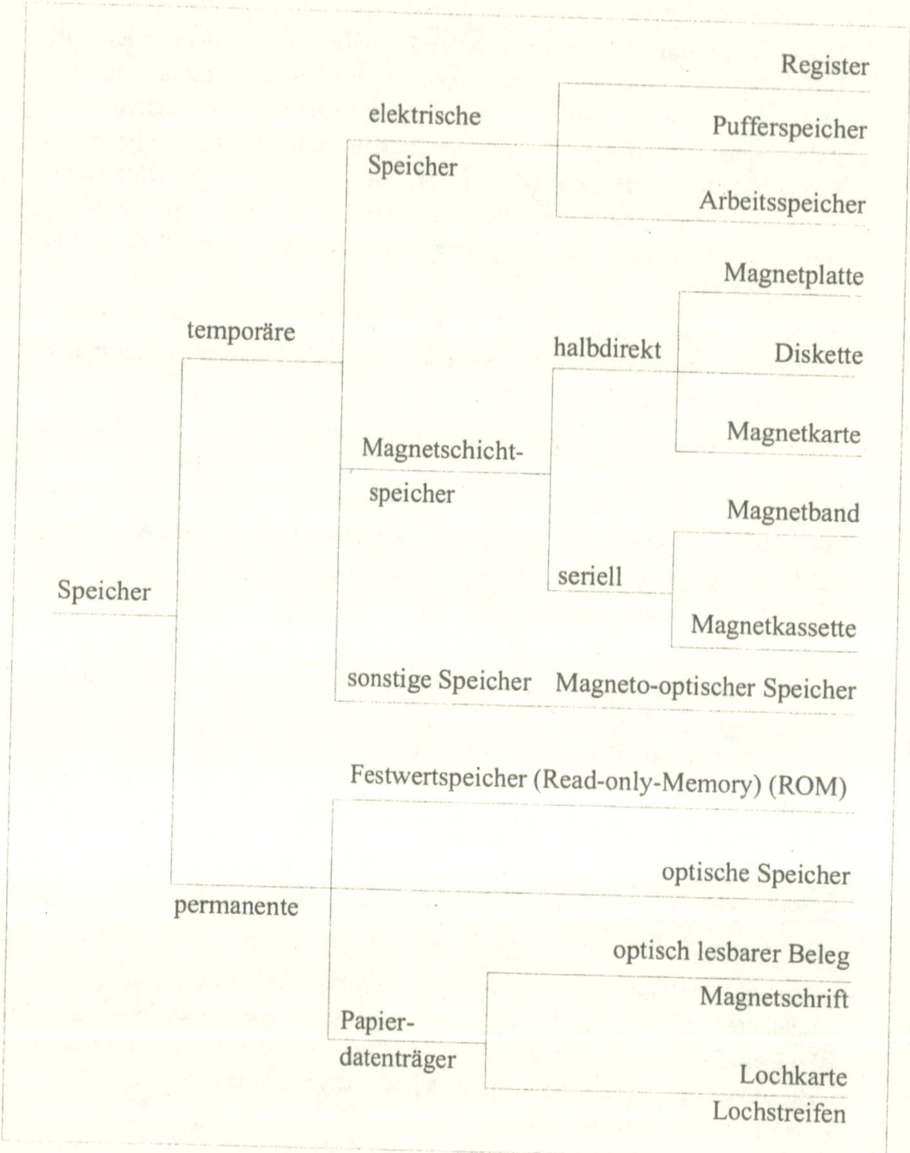

Abb. 20: Überblick über die Speicher

2.2.2 Steuerwerk

Wie bereits im Überblick über den Aufbau des Computers gezeigt wurde, besteht die Aufgabe des Steuerwerks in der Steuerung und Kontrolle aller dem Rechner übertragenen Aufgaben hinsichtlich der zeitlichen Reihenfolge und des logischen Ablaufs.

Es ist wohl die komplizierteste Grundeinheit innerhalb des gesamten Rechners. Da es gemeinsam mit dem Rechenwerk und einigen besonderen Speicherplätzen (Registern) für den Ablauf sämtlicher Vorgänge im Rechner sorgt, werden das Steuerwerk, das Rechenwerk und die Register häufig auch als eine gemeinsame Einheit, als Prozessor, bezeichnet (die CPU besteht also aus dem Prozessor und dem Arbeitsspeicher).

Wie bereits erwähnt, wurde 1971 der erste in einem Chip zusammengefasste Prozessor entwickelt. Abb. 21 zeigt den häufig in PCs verwendeten Prozessor Intel Pentium.

Durch die heute übliche enge Bauweise sind über die damit verbundenen kurzen elektrischen Wege extrem schnelle Geschwindigkeiten möglich.

Abb. 21: Der Pentium-Prozessor von Intel

Grundsätzlich gibt es für den Rechner folgende Steuerungsarten:

1. Die Steuerung durch den Operator (Externsteuerung).
2. Steuerung durch festverdrahtete Programme. Selbst die schnellsten Befehle innerhalb eines Anwendungsprogramms, wie z.B. die Operation "vergleiche 2 Zahlen miteinander", machen eine Folge an Elementarfunktionen erforderlich, die nach einem fest vorgegebenen Schema (festverdrahteten Programm) ablaufen können.
3. Steuerung über "Mikroprogramme". Als Mikroprogramm (z.B. für die Multiplikation) bezeichnet man eine Folge an fest vorgegebenen, entweder fest gespeicherten oder ladbaren Elementarschritten des Rechners, mit denen die im Programm wiedergegebene Operation realisiert werden soll (vgl. Kap. 2.2.1.4). Bei der Informationsdarstellung in Kapitel 2.3 wird gezeigt, dass z.B. eine Multiplikation auf eine Folge von Additionen zurückgeführt werden kann. Derartige Mikroprogramme waren in älteren Rechnern festverdrahtet vorgegeben. In neueren Rechnern ermöglicht man es z.T. selbst dem Benutzer, über die Mikroprogrammierung Einfluss auf die dem Steuerwerk zur Verfügung stehenden Instruktionen zu nehmen. Auf

diese Art kann man aus dem einfachen Digitalrechner einen Universalrechner machen, der alle Arten von Programmen interpretieren kann. Eine derartige Einflussnahme auf die Mikroprogrammierung sollte aber nicht durch den Normalprogrammierer erfolgen.

4. Steuerung über ein gespeichertes Anwendungsprogramm. Dieses Anwendungsprogramm besteht aus einer Folge an Befehlen, die in aufeinander folgenden Speicherplätzen (jeder Speicherplatz ist durch seine aus einer Nummer bestehenden Adresse eindeutig definiert) im Arbeitsspeicher liegen. In dieser Steuerungsart wird ein Programmbefehl nach dem anderen entsprechend dem logischen Ablauf ausgeführt.

Zur Befehlsverarbeitung hat das Steuerwerk mindestens ein Operationsregister, ein Adressregister und ein Befehlszählregister. Die Adresse des nächsten auszuführenden Befehls steht im Befehlszählregister. Das Steuerwerk holt den Befehl, dessen Adresse im Befehlszählregister steht, aus dem Arbeitsspeicher ins Steuerwerk. Dort wird er zerlegt in den Operationsteil und den Adressteil, wobei der Operationsteil im Operationsregister und der Adressteil im Adressregister gespeichert wird. Der Operationscode, der nunmehr im Operationsregister steht, gibt an, welche Operationen mit den Daten ausgeführt werden sollen, deren Adresse im Adressregister steht. Hierzu stehen folgende Befehlsarten zur Verfügung:

Lade- und Speicherbefehle: Diese Befehle dienen der Datenübertragung von Speicherplätzen im Arbeitsspeicher zu speziellen Speicherplätzen, den Registern, mit denen das Rechenwerk Operationen ausführen kann.

Arithmetische Befehle (+, -, *, /): Mit ihnen kann man arithmetische Operationen mit Operanden ausführen, die entweder beide in Registern stehen oder von denen einer in einem Register steht, der zweite in dem Speicherplatz, dessen Adresse im Adressregister und zugleich im Adressteil des auszuführenden Befehls gespeichert ist. Diese Operationen lösen meist eine Folge an Mikroinstruktionen aus, die je nach Anlage fest verdrahtet oder auch mikroprogrammiert vorliegen.

Sprungbefehle: Diese Befehle ermöglichen es, unter bestimmten Bedingungen (z.B. wenn der Wert eines festgelegten Speicherplatzes einen bestimmten Wert annimmt) nicht mit dem nächsthöheren Befehl in der Reihenfolge der Befehle fortzufahren, sondern den Inhalt des Befehlszählregisters auf eine andere Adresse zu setzen. Auf diese Art ist es möglich, den Inhalt des Befehlszählregisters, das die Adresse des nächsten ausführbaren Befehls enthält, zu erhöhen oder zu erniedrigen. Im Falle einer Erniedrigung werden die bisher ausgeführten Befehle evtl. mit anderen Speicherplatzinhalten wiederholt. Im Falle einer Erhöhung werden bestimmte Programmschritte übersprungen.

Bei den Sprungbefehlen unterscheidet man zwischen unbedingten Sprüngen (bei denen immer eine Veränderung des Befehlszählregisters erfolgt und damit einige Befehle wiederholt oder übersprungen werden) und den bedingten Sprungbefehlen, bei denen das Befehlszählregister nur dann verändert wird, wenn ein angegebener Speicherplatz einen bestimmten Wert erreicht hat, z.B. wenn dieser Speicherplatz die Personalnummer des letzten Mitarbeiters enthält, dann soll das Programm abgebrochen werden, d.h., es wird dann zur Abbruchroutine verzweigt.

Durch die Möglichkeit der Verwendung von Sprungbefehlen wird der Einsatz von Computern im Bereich der Wirtschaftswissenschaften erst sinnvoll, da es hiermit möglich ist, eine Vielzahl an gleichartigen Vorgängen mit unterschiedlichen Daten schnell hintereinander zu bearbeiten. Für eine einmalige Anwendung der Programmschritte, ohne Verwendung des Mehrfachdurchlaufens von Schritten, ist die Erstellung eines Programms meist so aufwendig, dass man diese Operationen schneller mit einem Tischrechner erledigt.

Verschiebebefehle: Mit ihnen ist es möglich, den Inhalt von vorgegebenen Registern um eine fest vorgegebene Anzahl an Bit nach links, nach rechts oder auch zyklisch zu verschieben. Diese Operation ist z.B. für das Zerlegen eines Speicherplatzes in seine einzelnen Bit für Adressrechnungen und für Textmanipulation unerlässlich (z.B. kann man durch Verschieben eines 16 Bit-Registers um 7 Bit nach links und dann um 15 Plätze nach rechts den Inhalt des 8. Bits erhalten). Der Verschiebebefehl wird i.A. nicht unmittelbar dem einfachen Anwender, der sich in problemorientierten Sprachen ausdrücken will, zur Verfügung gestellt, da Arbeitsspeicher zunehmend preiswerter werden und Einzelinformationen nicht zusammengefasst, sondern in einzeln adressierbaren Speicherplätzen abgelegt werden.

Darüber hinaus wird schon hier darauf aufmerksam gemacht, dass eine Verschiebung um eine Stelle nach links gleichbedeutend mit einer Multiplikation des Registers mit 2 und eine Verschiebung des Registers nach rechts gleichbedeutend mit einer Division ohne Rundung durch 2 ist. Diese Eigenschaft wird später bei der Multiplikation von ganzen Zahlen im Dualsystem benötigt. Darauf wird entsprechend im Kap. 2.3 eingegangen.

Ein- und Ausgabebefehle: Die Operationen der Ein- und Ausgabe sind besonders schwierig zu verwenden, da die verschiedenen Ein- und Ausgabeeinheiten unterschiedlich schnell arbeiten. Deshalb wird meist bei den Ein- und Ausgabeoperationen zunächst der Befehl in Gang gesetzt, und es wird anschließend immer gefragt, ob dieser Befehl nun abgeschlossen ist. Erst nach Abschluss des Befehls kann mit der Ausführung des Programms fortgefahren werden.

Nach der Darstellung einiger wesentlicher Register und der Befehlsarten soll nun gezeigt werden, wie ein Anwendungsprogramm, das sich aus einer endlichen Folge an Befehlen zusammensetzt, ausgeführt wird. Dazu wurde zunächst das Befehlszählregister auf die Adresse des ersten ausführbaren Befehls gesetzt. Danach erfolgt die Verarbeitung in den folgenden Phasen a bis f:

a) Hole den Befehl des Programms aus dem Arbeitsspeicher, dessen Adresse im Befehlszählregister steht.

b) Zerlege den Befehl: Jeder dieser Befehle enthält - wie erwähnt - einen Operationsteil und i.A. einen Adressteil. Im Operationsteil steht digital verschlüsselt die Information über die Art des auszuführenden Befehls, z.B. Speicherbefehl, und im Adressteil ist der Ort im Speicher angegeben, mit dem die im Operationsteil genannte Operation ausgeführt werden soll. Bei der Entschlüsselung wird also jeder Befehl in den Operationsteil und den Adressteil zerlegt und jeder dieser Teile in den zugehörigen Registern gespeichert.

c) Entschlüssele den Operationscode im Operationsregister.

d) Handelt es sich um einen bedingten Sprungbefehl und ist die Bedingung erfüllt oder handelt es sich um einen unbedingten Sprung, so ändere den Inhalt des Befehlszählregisters auf den Inhalt des Adressregisters ab, so dass als nächstes der Befehl, dessen Adresse im Adressregister stand, ausgeführt werden kann. Danach gehe zu a).

e) Handelt es sich um einen bedingten Sprungbefehl und ist die Bedingung nicht erfüllt, so erhöhe den Inhalt des Befehlszählregisters um 1, so dass mit dem nächsten Befehl fortgefahren werden kann. Gehe dann zu a).

f) Handelt es sich um einen mit dem Rechenwerk ausführbaren Befehl, so erzeuge über den im Operationsregister stehenden Operationscode Impulse an das Rechenwerk, so dass die zugehörigen Operationen mit dem Inhalt des Rechenregisters und dem Speicherplatz, dessen Adresse im Adressregister stand, ausgeführt werden. Erhöhe anschließend den Inhalt des Befehlszählregisters um 1, so dass mit dem nächsten Befehl fortgefahren wird. Gehe dann zu a). Entsprechend werden auch Ein-/Ausgabebefehle behandelt.

Nach der Darstellung der Arbeitsweise des Steuerwerks und den analogen Arbeitsweisen des Sachbearbeiters und der EDV wird deutlich, dass jedes Programm Eingabedaten bearbeitet und daraus Ausgabedaten erzeugt, die wieder Eingabedaten für ein eventuell anderes Programm sein können. Auf diese Bestandteile kann der gesamte Prozess der Datenverarbeitung zurückgeführt werden, denn es wird alles auf eine systematische Ablaufsteuerung durch das Steuerwerk zurückgeführt.

Dieser Prozess wird im Folgenden noch einmal am Beispiel der Abarbeitung eines Anwendungsprogramms verdeutlicht: Soll ein als Zeichenfolge von Buchstaben und Ziffern auf einer Diskette vorliegendes Anwendungsprogramm ausgeführt werden, ist es zunächst erforderlich, dass es in eine für den Rechner verständliche Form übersetzt wird. Dieses wird in der Form initiiert, dass man ein bereits im Rechner gespeichertes Programm (i.d.R. Teil des für diese Aufgabe vorgesehenen Übersetzungsprogramms) hierfür startet. Mit diesem Programm werden die Zeichenfolgen der aufeinander folgenden Anweisungen des zu übersetzenden Programms zunächst als Daten eingelesen und im Arbeitsspeicher abgelegt (von-Neumann-Prinzip). Anschließend werden diese Zeichenfolgen übersetzt (transformiert), damit der Rechner sie auch ausführen kann. Das Ergebnis dieses zweiten Schritts ist die Umwandlung der eingelesenen Daten in ein neues Datenpaket, das vom Rechner als Programm aufgefasst und ausgeführt werden kann. Dieses wird schließlich ausgeführt oder für eine spätere Ausführung in einem Sekundärspeicher abgelegt.

Derartige Programme, mit denen man aus einem Anwendungsprogramm ein ausführbares Programm erzeugt, bezeichnet man als Übersetzer. Sie werden i.d.R. vom Computer-Hersteller mit der Anlage gemeinsam erworben oder von Softwarehäusern als anwendungsneutrale Software oder Systemsoftware speziell für den Computer entwickelt.

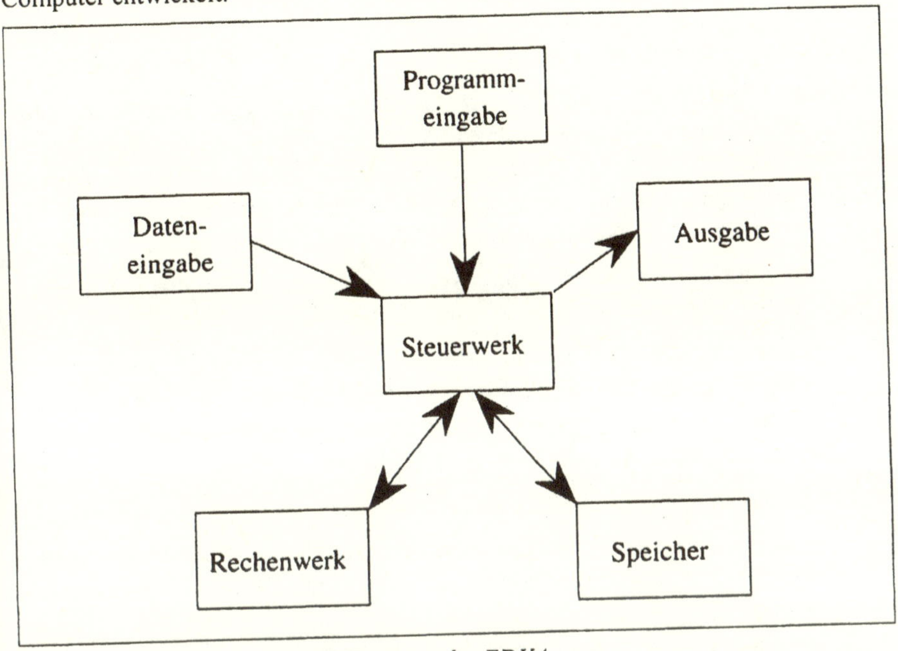

Abb. 22: Das Steuerwerk als Zentrum der EDVA

Nachdem nunmehr aus den Daten des Übersetzers ein ausführbares Programm erzeugt wurde, wird, wenn das Programm auszuführen ist, das Befehlszählregister auf die erste auszuführende Adresse dieses Programms gesetzt, das dann die Steuerung übernimmt und eventuell weitere Daten in den Speicher lesen, dort verarbeiten oder von dort ausgeben lässt. Insofern lässt sich der Prozess vom Einlesen eines Programms bis zum Ausführen grob in folgende Phasen zerlegen:

1. Einlesen des Programms von der Eingabestation in den Arbeitsspeicher mit Hilfe eines bereits vorhandenen Programms.
2. Übersetzen dieses eingelesenen Programms in ein für den Rechner ausführbares Programm, das danach ebenfalls im Arbeitsspeicher steht.
3. Ausführen des derart erzeugten Programms, indem die Adresse des ersten auszuführenden Befehls des neuen Programms in das Befehlsregister gespeichert wird. Danach erst übernimmt das neu eingelesene Programm die Steuerung des Rechners.

Auch an diesem Ablauf wird deutlich, dass das Steuerwerk für den rechtzeitigen Einsatz aller Funktionen des Rechners sorgt (vgl. Abb. 22).

2.2.3 Rechenwerk

Das Rechenwerk, ein Teil des Prozessors, führt alle arithmetischen und logischen Operationen aufgrund der Anweisungen des Steuerwerks aus. Dabei können, wie bei der Informationsdarstellung noch gezeigt wird, alle arithmetischen Operationen auf Additionen zurückgeführt und über diese ausgeführt werden.

2.2.4 Interne Verbindungswege

Zwischen Arbeitsspeicher und Prozessor bedarf es eines regen Datenaustauschs. Hierfür wurden eigene besonders schnelle Wege geschaffen. Die Geschwindigkeit und Übertragungsbreite dieser Wege (8 Bit, 16 Bit, 32 Bit, 64 Bit, die jeweils parallel übertragen werden) ist entscheidend für die Arbeitsgeschwindigkeit des Rechners. Bezüglich der Nutzung derartiger Wege unterscheidet man zwischen

- individuellen Wegen, die von zwei Komponenten ausschließlich genutzt werden, und den
- gemeinsamen Wegen, die von mehr als zwei Komponenten in Anspruch genommen werden können. Während bei den größeren Computern die individuellen überwiegen, sind bei den kleineren die gemeinsamen Wege, die man auch als Busse bezeichnet, gebräuchlicher.

Bei den Bustypen unterscheidet man zwischen dem

- Datenbus (bei den PCs mit den Prozessoren 8086 und 80286 16 Bit, 80386, 80486 32 Bit, ab 80586 überwiegend 64 Bit breit), auf dem Daten zwischen Speichern und Prozessor transportiert werden. Bei diesem Bus kann wieder unterteilt werden in den internen Bus, der für die Kommunikation innerhalb des Prozessors, also zwischen Steuerwerk, Rechenwerk und den Registern zuständig ist, und den externen Bus, der als Ein-/Ausgabewerk den Prozessor sowohl mit dem Arbeitsspeicher als auch mit den Ein-/Ausgabeschnittstellen zu peripheren Geräten verbindet. Als Beispiel eines modernen externen Busses soll hier der sogenannte **U**niversal **S**erial **B**us (USB) dienen. Dieser Standard wurde entwickelt, um den Anschluss von Peripheriegeräten an einen PC zu vereinfachen. Zudem werden Datendurchsätze bis zu 12 Millionen Bits pro Sekunde unterstützt, wodurch dieser Bus als Ersatz für serielle, parallele und ähnliche Schnittstellen externen Geräten wie Mäusen, Tastaturen, Scannern und Druckern zur Datenübertragung dienen soll. An einem solchen Bus sind derzeit bis zu 127 Geräte gleichzeitig anschließbar. Jüngste Entwicklungen lassen das Bestreben erkennen, den derzeitigen Standard USB 1.1 auf USB 2.0 zu erweitern, wodurch die Datenrate auf bis zu 480 MBit/s gesteigert werden könnte. Durch dieses Geschwindigkeitspotenzial steht der Univeral Serial Bus in direkter Konkurrenz zu einem anderen externen Bus, dem sogenannten Firewire (IEEE 1394). Auch dieser Bustyp mit entsprechender Schnittstelle wurde speziell geschaffen, um den Anschluss von Geräten, die eine große Datenübertragungsrate benötigen, an ein Computersystem zu ermöglichen. Bei beiden Anschlussarten ist es möglich, während des laufenden Betriebs Peripheriegeräte anzuschließen und auch abzukoppeln (sog. hot plugging).

- Adressbus, auf dem die Adressen der auszuführenden Befehle übertragen werden. Bei einigen Kleinstrechnern ist er nur 16 Bit breit, womit der Adressraum auf 216 = 65.536 Plätze beschränkt ist; beim 8086/80286 ist er 20 Bit breit, womit ein Adressraum von 1 MB erreicht werden kann, beim 80386, 80486 und Pentium ist er 32 Bit breit, womit theoretisch 4 GB adressierbar sind. Mit dem Pentium Pro lassen sich bei einer Adress-busbreite von 36 Bit sogar 64 GB adressieren.
- Steuerbus, auf dem ausschließlich Steuersignale an die Funktionseinheiten versandt werden.

Bei Großrechnern findet man ähnliche (meist jedoch breitere) Bussysteme.

2.2.5 Ein- und Ausgabewerk

Über die Ein- und die Ausgabegeräte - meist Geräte mit mechanischen Elementen - wird der Datenaustausch zwischen der Außenwelt und dem Speicher durchgeführt. Diese Endgeräte haben eine geringere Arbeitsgeschwindigkeit als der Prozessor. Würde man die Anlage an die Geschwindigkeit der Endgeräte anpassen, könnte sie kaum ausgelastet werden. Deshalb wurden zur Datenübertragung Ein-/Ausgabewerke mit eigenen Ein- und Ausgabeprozessoren entwickelt (sog. Kanäle), an die die Ein-/Ausgabegeräte direkt angeschlossen werden, deren Aufgabe darin besteht, den Datentransfer ohne Belastung des Steuerwerks durchzuführen. Die Ein-/Ausgabewerke übernehmen also die Aufgaben des in der Einführungsanalogie genannten Ein-/Ausgabewerks, wobei jedoch zu beachten ist, dass entsprechend dem verwandten Speichermedium automatische Code-Transformationen notwendig sind. Im Beispiel wurden die gesprochenen Anweisungen in Befehle übersetzt oder transformiert. Hier ist z.B. die Darstellung der Daten im Arbeitsspeicher in eine Darstellung für das Band zu übertragen (Aufteilung in Blöcke, Einfügung von Kontrollinformationen, Einfügung des Parity Bits). An den verschiedenen Ein-/Ausgabewerken gibt es wieder unterschiedliche Kanäle, an die die Ein-/Ausgabegeräte direkt angeschlossen werden. Bei großen Computern unterscheidet man folgende Kanäle:

a) Selektorkanäle, die jeweils eine externe Einheit (einschließlich der externen Speicher) so lange allein bedienen, bis der Übertragungsprozess beendet ist. Sie werden aufgrund der Kosten kaum noch genutzt.

b) Multiplexkanäle, die in gleichmäßigem Rhythmus mehrere externe Einheiten (z.B. Bildschirme von Anwendern) versorgen, indem die Gesamtzeit auf alle Einheiten "quasi gleichmäßig" verteilt wird, z.B. wird zunächst Eingabeeinheit 1 (EE1) 1/100 sec versorgt, danach EE2 usw., und nach der letzten wird wieder mit EE1 begonnen. Ein Multiplexkanal kann z.B. 30 Terminals oder Datensichtgeräte betreuen.

c) Blockmultiplexkanäle, die die Zeit nicht gleichmäßig an die externen Einheiten verteilen, sondern von der Aufgabenstellung ausgehen und somit eine Mischform der beiden ersten Kanäle darstellen.

Zu Beginn einer Übertragungsaufgabe gibt das Steuerwerk an das Ein-/Ausgabewerk bzw. an den Kanal den Befehl, diesen auszuführen. Danach wird meist an einem anderen Programm weitergearbeitet. Nach Abschluss des Datentransfers teilt der Kanal dem Steuerwerk mit, dass der Prozess beendet ist, die Daten bereitstehen und das Steuerwerk mit ihnen weiterarbeiten kann.

2.2.6 Ein- und Ausgabegeräte

Im Grunde sind auch die peripheren Speicher Ein- und Ausgabegeräte. Hier werden aber nur solche Geräte behandelt, die neu erhobene Daten oder Programme in den Rechner übertragen oder aus ihm erhalten, und dabei wird meist Papier als Datenträger (permanente Speicher) verwandt. Im Bereich der Wirtschaftswissenschaften werden folgende, z.T. durch Bilder dargestellte Eingabegeräte und Ausgabegeräte, verwendet (wobei die ersten beiden kaum mehr vorhanden sind und nur aus historischen Gründen erwähnt werden):

Lochstreifenleser - Lochstreifenstanzer

Lochstreifenleser wurden häufig verwendet, um automatisch (z.B. mit Eingangswaagen) erhobene oder über Fernschreiber erstellte Daten eingeben zu können. Sie haben Lesegeschwindigkeiten bis zu 60.000 Zeichen pro Minute (Lochkombinationen einer Zeile). Lochstreifenstanzer schaffen aufgrund der mechanischen Beanspruchung der Stanzstempel nur bis zu 9.000 Zeichen pro Minute.

Lochkartenleser - Lochkartenstanzer

Früher wurde die Lochkarte als wesentlicher Datenträger zur Eingabe von Informationen in den Computer verwendet. Auch heute noch findet ein Teil des Datenverkehrs über die Lochkarte statt. Deshalb bemüht man sich, möglichst schnelle Lochkartenleser zu entwickeln. Heute werden Lesegeschwindigkeiten bis zu 2.000 Karten pro Minute erreicht. Das entspricht einer Leseleistung von 160.000 Spalten oder Zeichen pro Minute. Bei Kartenstanzern erreicht man nur ein Viertel dieser Leistung. Auch diese Geräte werden nur der Vollständigkeit und wegen des Verständnisses der verschiedenen Codierungen der Daten aufgeführt. Sie haben meist ihren Platz im Museum.

Magnetband-, Magnetplatten- oder Diskettenerfassungsgeräte

Zunehmend wird in der Praxis das einmal verwendbare Speichermedium Lochkarte durch das Magnetband, die Magnetplatte oder die Diskette ersetzt. Entsprechend dem zur Aufzeichnung von Daten auf Lochkarten verwandten Kartenlocher sind es heute i.d.R. die PCs, Mikrorechner oder andere Bildschirmeingabemöglichkeiten, mit denen die Daten auf die magnetisierbaren Speicher übertragen werden (vgl. Abb. 23). Für die Eingabe derart auf Speichermedien gehaltener Daten in die Anlage werden dann die bereits behandelten Speichereinheiten verwandt.

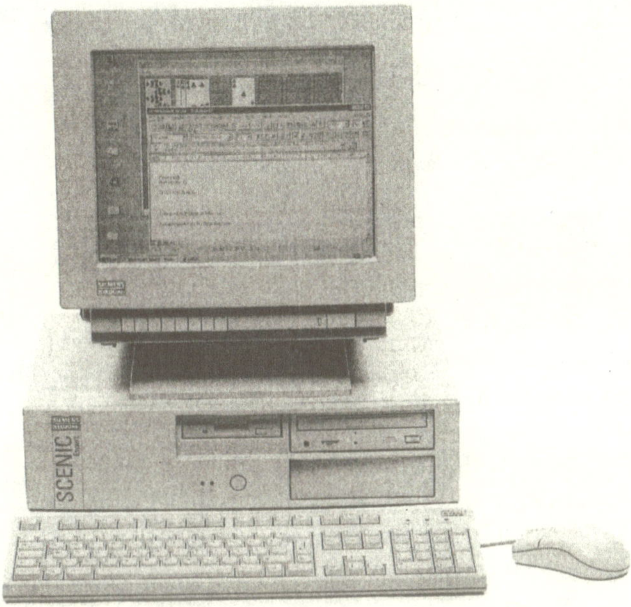

Abb. 23: PC als Datenerfassungsgerät zur Erfassung von Daten auf Diskette und im Netz

Belegleser

Bei Beleglesern unterscheidet man Klarschriftleser, Magnetschriftleser und Markierungsleser, die jeweils für verschiedene Anwendungsbereiche in unterschiedlichen Ausführungen angeboten werden.

Klarschriftleser lesen selbst die menschliche Handschrift in normierter Form. Dadurch ist es möglich, die Daten am Entstehungsort (z.B. im Lager) gleich in computer-lesbarer Form darzustellen. Damit ist ein zusätzlicher Übertragungsprozess, bei dem vom Originaldatenbeleg in die Anlage abgeschrieben wird, vermeidbar. Solche zusätzlichen Prozesse sollten nicht nur wegen der damit verbundenen Kosten vermieden werden. Von fast größerer Bedeutung sind die damit verbundenen zusätzlichen Fehler, die hierbei entstehen können. Jedoch sollte beachtet werden, dass diese Urbelege sehr schmutzanfällig sind. Die Leseleistung liegt bei 12.000 bis 18.000 Zeichen pro Minute.

Zu den Klarschriftlesern gehören auch die **OCR-Schriftleser** (**O**ptical **C**haracter **R**ecognition), die mit größerer Geschwindigkeit alle Ziffern und Buchstaben (alphanumerische Zeichen) in OCR-Schrift lesen können. Beispiele der OCR-Schrift findet man auf Schecks (vgl. Abb. 24), auf denen die Schecknummer, Kontonummer und Bankleitzahl in dieser Schrift eingedruckt werden:

Abb. 24: Beispiel von Scheckdaten in OCR-Schrift

Markierungsleser überprüfen die Markierungsbelege an fest vorgegebenen Stellen daraufhin, ob das entsprechende Feld gekennzeichnet wurde. Sie eignen sich somit zur Auswertung von Multiple Choice-Aufgaben.

Eine weitere Anwendung von Markierungslesern, die eine strichcodierte Schrift, die **UPC-Schrift** (**U**niversal **P**roduct **C**ode), lesen können, findet man heute in immer stärkerem Maße an Kassen, um die auf Konsumgütern in großen Teilen Europas aber auch in den USA und Japan einheitlich angebrachte Europäische Artikel-Nummer (EAN) automatisch zu lesen (vgl. Abb. 25). Die Kasse ist dann ein Computer, der mit den übrigen Kassen an eine Rechneranlage mit einem Speicher angeschlossen ist, der alle Bestands-, Preis- und Sortimentsdaten enthält und aus der aufgrund der gelesenen Artikelnummer der Preis durchgegeben wird. Wird gleichzeitig eine automatische Bestandsfortschreibung und -nachbestellung aufgrund einer Sortimentspolitik über die EDV getätigt, so bezeichnet man das hierzu erforderliche Gesamtprogramm als sog. Warenwirtschaftssystem.

Abb. 25: Beispiel einer EAN in UPC-Schrift

Magnetschriftleser lesen Zeichen, die mit einer magnetisierbaren Tusche auf Papier aufgetragen wurden. Zu den Schriften für Magnetschriftleser gehört die CMC7-Schrift, bei der jedes alphanumerische Zeichen durch die 6 Zwischenräume zwischen 7 senkrechten Linien ausgedrückt wird. Hierbei unterscheidet man nur zwischen schmalen und breiten Zwischenräumen. Insofern gibt es zwei verschiedene Größen für jeden der sechs Zwischenräume, also gibt es $2^6 = 64$ verschiedene Darstellungsmöglichkeiten, mit denen sich alle Ziffern und Großbuchstaben abbilden lassen. Die Anwendung dieser Schrift wird allerdings immer seltener.

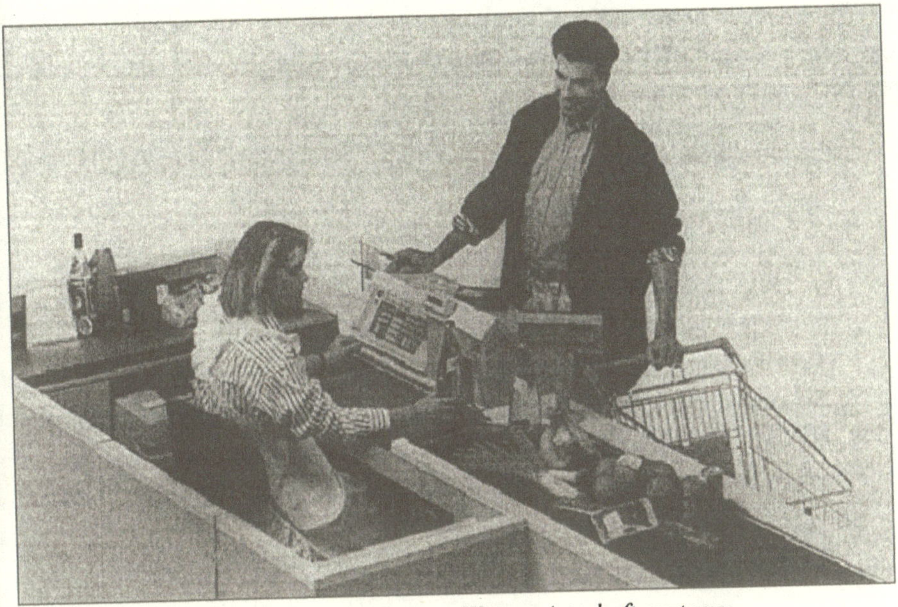

Abb. 26: Kassensystem innerhalb eines Warenwirtschaftssystems

Scanner

Scanner sind Bildeingabegeräte, mit denen ein Bild oder ein Text zeilen- und punktweise abgetastet wird. Die Punktaufzeichnungen können mit Hilfe zusätzlicher Programme Ähnlichkeitsanalysen - wie auch bei den Klarschriftlesern - durchführen und Textinformationen wieder in die einzelnen Textzeichen und diese wieder in die normalerweise für Zeichen übliche Darstellung innerhalb eines Bytes übertragen. Andererseits können die punktweise aufgenommenen Bilder auch entsprechend als Bild manipuliert werden (z.B. Vergrößerung/Verkleinerung, Modifikation der Helligkeit).

Abb. 27: Scanner

Drucker

Bei den Druckern gibt es viele verschiedene Ausprägungen, nach denen unterschieden werden kann:

a) Art des verwendeten Papiers: Normalpapier oder beschichtetes Papier, Einzelblatt oder Endlosformat.

b) Druckmenge pro "Anschlag":
   - Ein Zeichen wird nach dem anderen wie bei der Schreibmaschine auf das Papier gebracht (serielles Verfahren).
   - Eine komplette Zeile wird pro "Anschlag" abgebildet.
   - Eine komplette Seite wird auf einmal gedruckt.

c) Schriftqualität: mindere Qualität für Zwischenaufzeichnungen, geeignetes Druckbild oder Korrespondenzschrift.

d) Preis: von wenigen hundert Euro ausgehend sind nach oben kaum Grenzen gesetzt.

Eine Übersicht über die verfügbaren Drucker liefert Abb. 28.

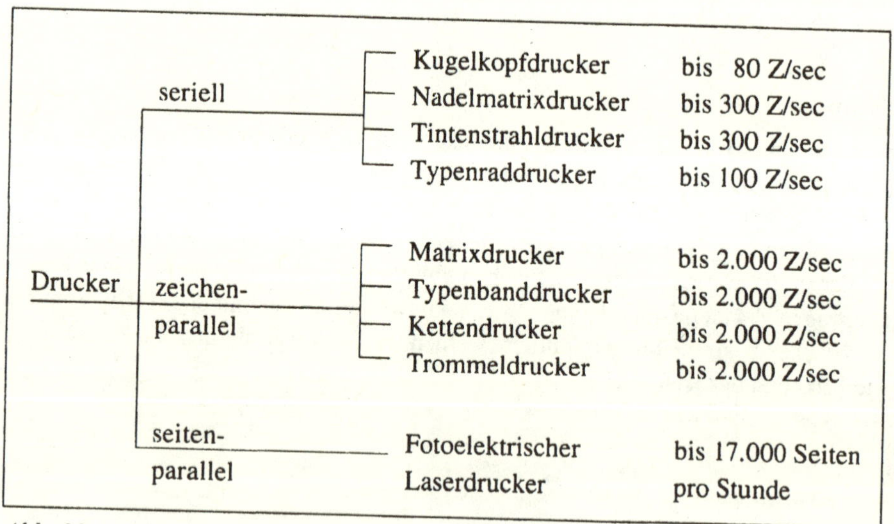

Abb. 28: Drucker - Ausgabegeräte

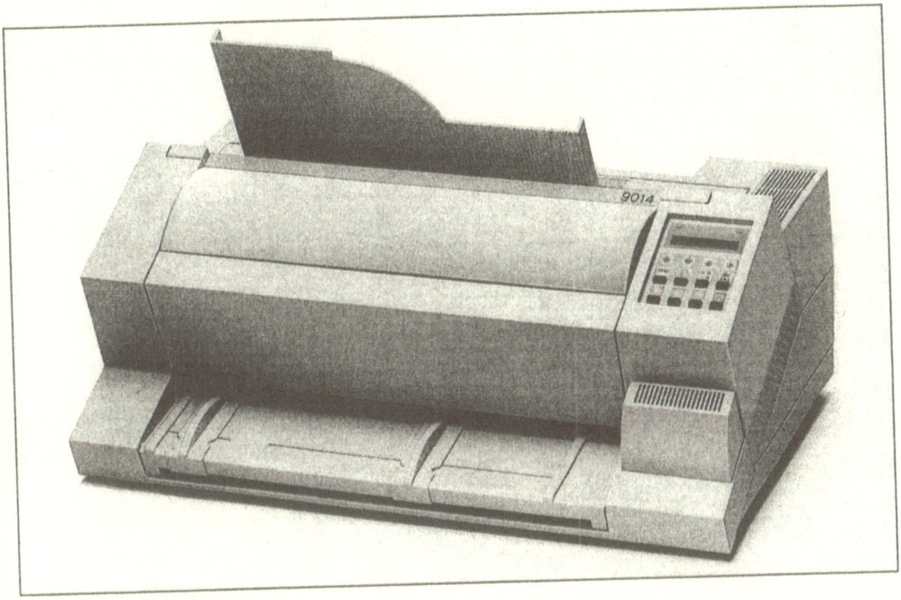

Abb. 29: Matrixdrucker

Die gebräuchlichsten Drucker sind heute die

a) **Tintenstrahldrucker**, bei denen die einzelnen Elemente durch gezielt auf das Papier geschleuderte Tintentröpfchen erzeugt werden. Bezüglich des Schriftbildes handelt es sich um sehr feine Matrixdrucker (jedoch ohne die mechanische Realisierung). Der Vorteil dieser Drucker besteht in einem fast geräuschfreien Betrieb und einer recht guten Schriftqualität. Zusätzlich liegen die Preise nicht sehr hoch.

b) **Laserdrucker**, bei denen jeweils eine gesamte Seite für den Output geplant sein muss. Die auf dieser Seite auszugebenden Symbole werden mit einem Laserstrahl auf eine (mit einer lichtempfindlichen Schicht versehene) rotierende Trommel projiziert, die dadurch elektrostatisch aufgeladen wird. An diesen aufgeladenen Stellen nimmt anschließend die Trommel Farbteilchen auf, die danach auf das Papier übertragen werden. Zum Schluss werden diese Farbteilchen auf dem Papier festgebrannt. Der Vorteil dieser Drucker besteht in der hohen Leistung, der guten Schriftqualität und in den verschiedenen verfügbaren Preisklassen für alle Rechnerklassen (vgl. Abb. 30-32).

c) **Matrixdrucker**, bei denen die zu druckenden Elemente (Zeichen und Symbole für Normaldruck und Linien für Zeichnungen) aus einer Matrix von Punkten zusammengesetzt werden, wobei jeder Punkt durch eine Nadel realisiert wird. Durch das gleichzeitige Anziehen der ein Darstellungselement repräsentierenden Nadeln, die dann ein Farbband gegen das Papier drücken, wird das Zeichen auf Papier gebracht.

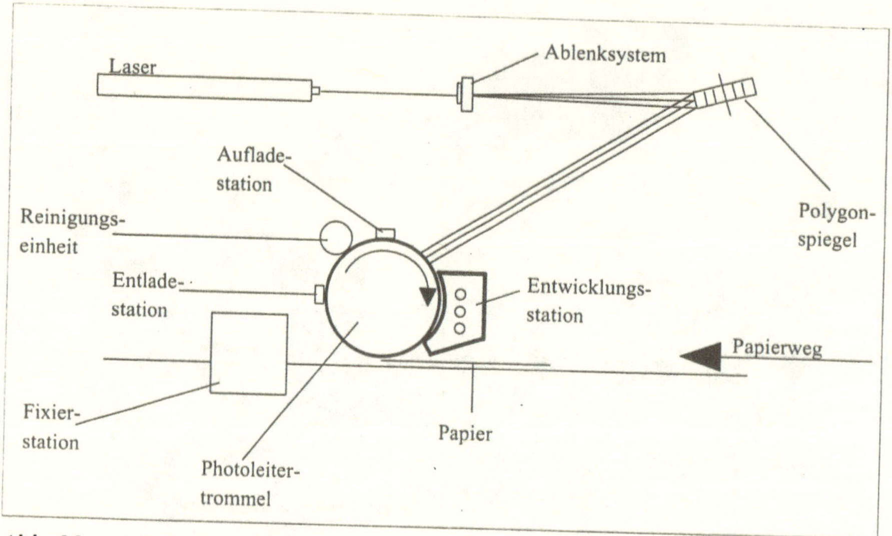

Abb. 30: Arbeitsprinzip des Laserdruckers

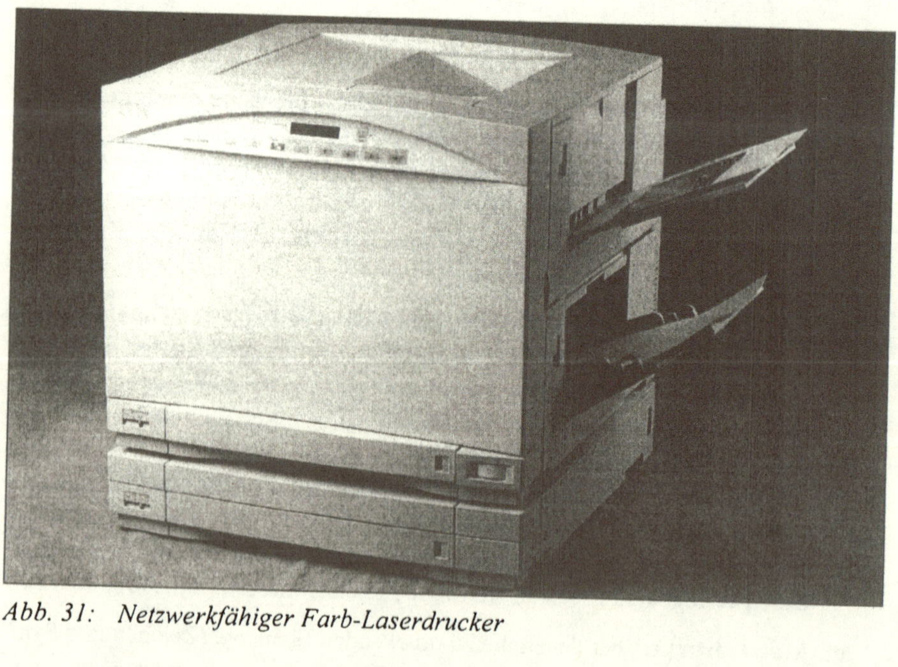

Abb. 31: Netzwerkfähiger Farb-Laserdrucker

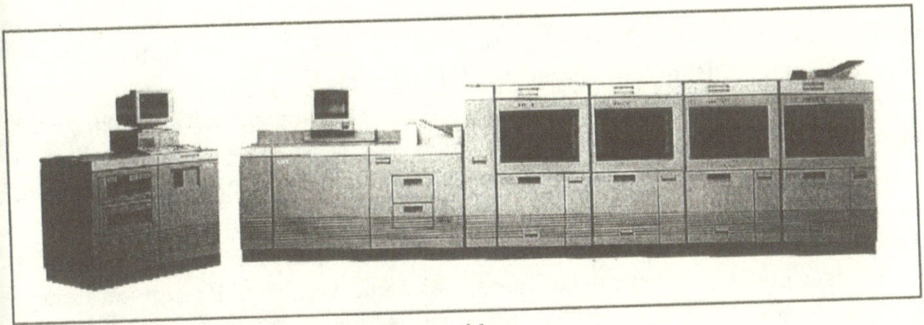

Abb. 32: Höchstleistungs-Laserdrucker[16]

Bisher wurde der Drucker als das primäre Papierausgabemedium dargestellt. Doch will man groß angelegte technische Zeichnungen oder Karten (eventuell auch in mehreren Farben) ausgeben, empfiehlt sich der Plotter.

Plotter

Durch den Plotter lassen sich Zeichnungen über einen Tuschestift erzeugen, der durch ein Programm gesteuert wird. Aus der Kombination von horizontaler Bewegung (Stift) und vertikaler Bewegung (Drehung der Plottertrommel beim Trommelplotter oder Bewegung des Horizontalbewegungsarms beim Tischplotter) lassen sich alle Zeichenrichtungen kombinieren. Plotter spielen heutzutage vor allem bei großen Bildformaten und bei speziellen Anwendungen eine Rolle.

Bildschirm

Der Bildschirm ist ein Ausgabegerät, mit dem sich viele Informationen darstellen lassen. Mit der Tastatur zusammen ist er inzwischen zum beliebtesten Ein-/Ausgabegerät geworden, da im Dialog (Eingabe: Tastatur mit eventueller Kopie auf dem Bildschirm - und Ausgabe: Bildschirm) gleich alle Fragen beantwortet werden können. Durch diesen Vorteil dringt der Computer immer dichter an den Arbeitsplatz, denn über die Möglichkeit der schnellen unmittelbaren, kostengünstigen Informationsaufbereitung kann man neben beliebigen Daten auch komplett beschriftete Zeichnungen am Bildschirm erhalten. Farbige Darstellungen, verbunden mit guter Benutzerführung und der Möglichkeit des Umgangs mit dem Lichtstift oder der Maus zur Lokalisierung bestimmter Bildschirmpunkte oder am Bildschirm erscheinender Daten, motivieren bei den Anwendungen. Wie bei allen peripheren Geräten steigt auch die Vielfalt der Bildschirme ständig. Vom kleinen Monochromschirm bis zum Großbildschirm für das **C**omputer **A**ided **D**esign (CAD) sind viele Varianten und Preislagen möglich.

Herkömmliche Röhren-Bildschirme weisen allerdings auch erhebliche Nachteile auf, wie bspw. die kontinuierliche Strahlenabgabe und der von ihnen benötigte relativ große Platzbedarf. So verwundert es nicht, wenn sich die aus heutigen No-

---

[16] Vgl. http://www.rankxerox.de, 10.08.2001.

tebooks und anderen mobilen Geräten bekannte LCD-Technik (**L**iquid **C**rystal **D**isplay) auch bei Bildschirmen für den Privatgebrauch durchsetzen. Das entsprechende Verfahren arbeitet nicht mit einer Bildröhre, sondern mit aktiven, selbst leuchtenden Flüssigkristallen (LCs), die durch elektrische Felder in ihren optischen Eigenschaften beeinflusst werden. Aktuelle Flüssigkristall-Bildschirme arbeiten mit einer besonderen Form des LCD-Verfahrens, nämlich der sogenannten TFT-Technik (**T**hin-**F**ilm-**T**ransistor). Bei TFT-Bildschirmen werden die einzelnen Bildpunkte durch ein zusätzliches horizontales und vertikales Raster von Leiterbahnen angesteuert. Dabei verfügt jede einen Bildpunkt darstellende Flüssigkristallzelle über einen eigenen Transistor. Dieser ermöglicht es, die elektrischen Felder zur Polarisation an jeder einzelnen Zelle gezielt ein- und auszuschalten. Die so erreichte Ladung der einzelnen Zellen sorgt für ein kontrastreicheres und schärferes Bild, als es bei den herkömmlichen Röhren-Bildschirmen möglich ist.

Abb. 33: Multifunktionaler Bildschirmarbeitsplatz

Abb. 34: Bankkundenbildschirm

Nach der Darstellung der wesentlichsten Komponenten der EDVA soll nun gezeigt werden, in welcher Form diese Komponenten zu Rechenanlagen zusammengesetzt werden.

2.3 Konfiguration von EDV-Anlagen

In diesem Abschnitt werden nur solche Computer behandelt, die über die in den letzten Abschnitten dargestellten Grundkomponenten

- Zentraleinheit,
- Bedienungsfeld,
- Ein-/Ausgabewerk,
- Ein-/Ausgabeeinheiten

in unterschiedlichen Ausprägungen verfügen. Man unterscheidet:

- Mikrorechner,
- Minirechner,
- Großrechner,
- Superrechner.

Mikrorechner oder vollprogrammierbare Kleinrechner, die die Klasse der PCs und der Arbeitsplatzrechner ausmachen, bestehen aus einem Mikroprozessor (Steuerwerk und Rechenwerk mit den zugehörigen Registern), einem internen und externen Bus (Kanal) zur Daten- und Befehlsübertragung, einem Arbeitsspeicher und einem Nurlesespeicher (ROM), Disketten- oder Festplattenspeicher(n) sowie Tastatur, Maus, Bildschirm und Drucker als Ein-/Ausgabegeräte. Heutzutage verfügen sie auch oft über ein CD-ROM- bzw. DVD-Laufwerk.

Generell können diese Mikrorechner als "Stand alone“ (Einzel-) Geräte, als Mehrplatzgeräte (mehrere Bildschirmarbeitsplätze an einem Gerät) oder als über lokale Netzwerke verbundene Systeme betrieben werden. Immer weiter an Verbreitung gewinnen mobile Computer, wie die Laptops und Notebooks, die durch ihre kompakten Abmessungen und das vergleichsweise geringe Gewicht von wenigen Kilogramm leicht mitgenommen werden können.

Abb. 35: Innenansicht eines Personal Computers

Die Mikrorechner finden ihren Einsatz auch im privaten Bereich. Der Begriff Workstation für einen Arbeitsplatzrechner wird normalerweise nur beim Vorliegen bestimmter Mindestleistungskriterien für spezielle Aufgabenstellungen des zu versorgenden Arbeitsplatzes verwendet (z.B. CAD-Workstations müssen ausgereifte Grafiksysteme mit hinreichender Geschwindigkeit bedienen können).

Abb. 36: Notebook

Abb. 37: Workstation IBM RS/6000

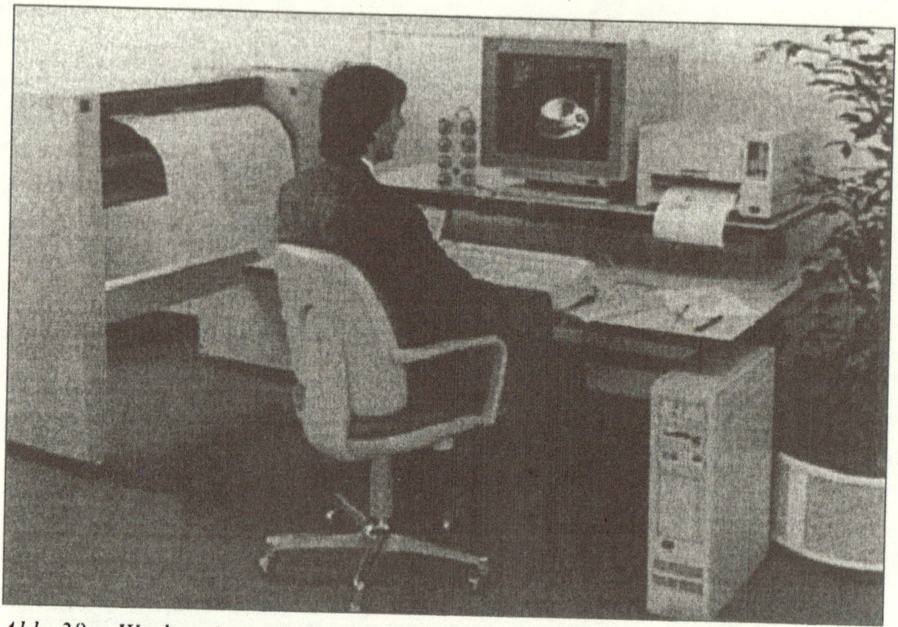

Abb. 38: Workstation Arbeitsplatz zum CAD

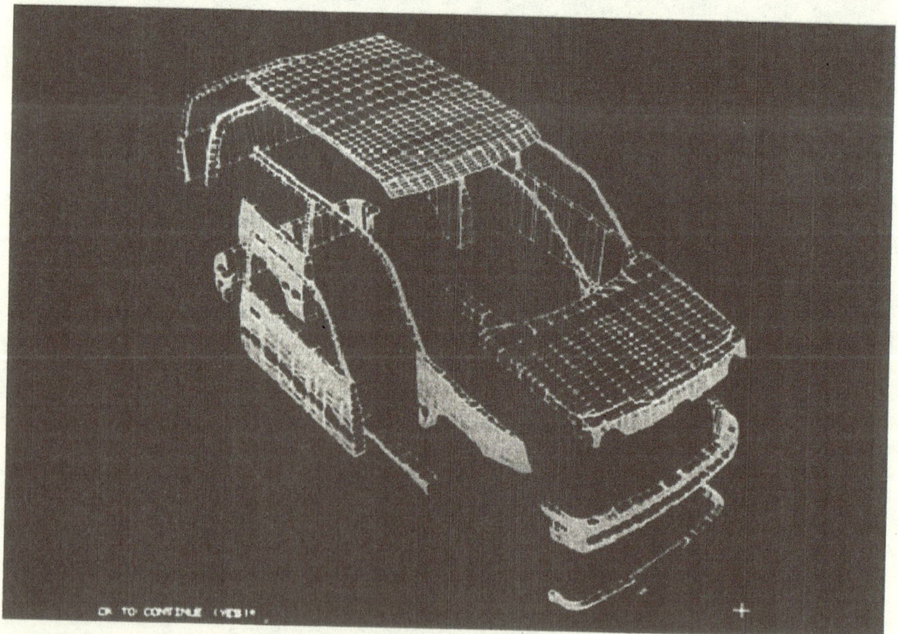

Abb. 39: Output eines CAD-Arbeitsplatzes

Die **Minirechner** oder Rechner der mittleren Datentechnik sind Computer, die sich nicht aus unbedingt den gleichen Komponenten zusammensetzen. Sie werden so konfiguriert, dass sie sich möglichst gut und ohne großen Organisationsaufwand in ein Unternehmen einfügen und dort die Routinearbeiten übernehmen. Sie müssen einfach in der Handhabung sein, da sie meist vom Anwender selbst bedient werden. Die zugehörigen Programme werden vom Hersteller mitgeliefert, da der Anwender kaum über eigene Programmierer und Systemanalytiker verfügt. Entsprechend dieser Aufgabenstellung werden diese Rechner meist aus folgenden Komponenten zusammengestellt: einer Zentraleinheit, auf der zu jedem Zeitpunkt mehrere Benutzer "parallel" arbeiten können (vgl. Kap. 2.8), mit Bildschirm und Tastatur (für Administration), einer eventuell größeren Anzahl an Bildschirmarbeitsplätzen, einem meist leistungsfähigen Drucker, einer Plattenspeichereinheit und eventuell einem Tape Streamer zur Datensicherung.

Zu den Minirechnern gehören aber auch die durch Spezialprozessoren besonders leistungsfähig gemachten Rechner, die als Arbeitsplatzrechner für besonders anspruchsvolle Aufgaben, wie z.B. CAD, eingesetzt werden.

Großrechner als Universalrechner und **Superrechner** für Sonderfunktionen (z.B. für Vektoren- und Matrizenoperationen) stehen meist in Rechenzentren zur Versorgung einer Vielzahl von Nutzern. An ihnen sind fast alle erwähnten Komponenten angeschlossen. Zu diesen Rechnern existieren wegen der Nutzer- und Aufgabenvielfalt große, komfortable Verwaltungsprogramme, die nur für den richtigen Ablauf der Programme sorgen und die erlauben, auch wechselseitig an verschiedenen Programmen zu arbeiten. Sobald z.B. ein Programm Daten über einen Kanal benötigt, erhält dieser den Auftrag zum Datentransfer, und der eigentliche Prozessor arbeitet zwischenzeitlich an einem anderen Programm weiter. Derartige Verwaltungsprogramme sind erheblich umfassender als die der Minis und Mikros. Allgemein werden solche Verwaltungsprogramme als **Betriebssysteme** bezeichnet (auf Betriebssysteme wird auch in Kap. 2.8 eingegangen).

Insofern sind Großrechnerkonfigurationen Rechnersysteme, bei denen fast alle peripheren Einheiten vorhanden sind und die über ein ausgereiftes, komfortables Betriebssystem verfügen.

Superrechner wurden dagegen für Spezialaufgaben geschaffen und werden i.d.R. nur in sehr kleinen Stückzahlen produziert (z.B. die Cray-Rechner).

Alle diese bisher genannten Systeme lassen sich in sog. Rechnernetze einbinden, bei denen Mikro-, Mini- und/oder Großrechner zur Bewältigung gemeinsamer Aufgaben gekoppelt werden, um die speziellen Eigenschaften der einzelnen Rechner besser nutzen zu können. Zur Kopplung von Rechnern zu Rechnernetzen und zur Versorgung der einzelnen Rechner mit den richtigen Informationen werden teilweise besondere **Datenübertragungsrechner** eingesetzt.

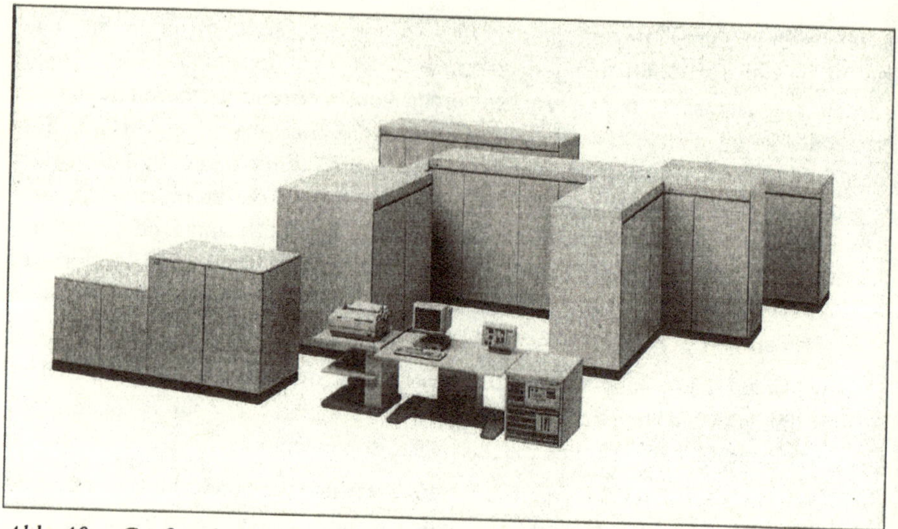

Abb. 40: Großrechenzentrum (Siemens H 130)

Rechnerkopplungen strebt man aus unterschiedlichen Gründen an:

- **Datenverbund:** Sofern eine Zugriffsberechtigung vorliegt, kann auf alle Daten von allen angekoppelten Rechnern zugegriffen werden.
- **Nachrichtenverbund:** Es können zwischen allen Nutzern Informationen ausgetauscht werden.
- **Programmverbund:** Alle Programme können gemeinsam genutzt werden, so dass Mehrfachauflagen z.T. überflüssig sind.
- **Lastverbund:** Bei Überlastung von einzelnen Einheiten im Netz kann auf andere ausgewichen werden.

Bei der Kopplung unterscheidet man zwischen folgenden Netzformen:

- LAN (**L**ocal **A**rea **N**etwork): Sie befinden sich auf betriebseigenem Gelände ohne Nutzung öffentlicher Leitungen. Da diese von den Betrieben selbst gestaltet werden können, sollen sie im nächsten Gliederungspunkt etwas detaillierter dargestellt werden.

Neben dem LAN gibt es:

- WAN (**W**ide **A**rea **N**etwork): Kopplung von Einheiten, die geographisch weiter entfernt stehen. Bis Mitte 1996 mussten die öffentlichen Leitungen der Deutschen Telekom gemietet werden. Seit diesem Zeitpunkt können private Anbieter den Datentransport für Firmen übernehmen, seit Januar 1998 können diese auch über ihre eigenen Netze Sprache und Daten sowohl für Unternehmen als auch für private Haushalte transportieren.

Eine Sonderform der WAN ist das sog.

- GAN (**G**lobal **A**rea **N**etwork), mit dem die Kopplung von Einheiten z.T. unter Nutzung von Satellitenstrecken weltweit realisiert wird. Als Beispiel sei hier das Internet (vgl. Kap. 2.5) genannt.

Zur Kopplung von Rechnern ist es notwendig, die Aufgaben der einzelnen Rechner genauer festzulegen. In den siebziger Jahren waren Terminals (Endgeräte) an einen Großrechner angeschlossen, wobei das Leistungsvermögen dieser Endgeräte klein war und daher sämtliche Ausgaben vom Großrechner durchgeführt wurden. Mit den heute zur Verfügung stehenden leistungsfähigen Mikrorechnern hat sich die Situation geändert. Werden diese Mikrorechner als Endgeräte verwendet, so sind sie durchaus in der Lage, eigene Aufgaben, wie z.B. Berechnungen oder Ein- und Ausgabeüberprüfungen zu übernehmen. Aufgrund dieser Entwicklung hat sich eine neue Kooperationsform zwischen den einzelnen Kommunikationspartnern (z.B. Großrechnern und Mikrocomputern) gebildet, die sogenannte **Client-Server-Architektur**. Diese gilt zur Zeit als dominierendes Konzept. Dabei werden die Aufgaben zwischen den verbundenen Rechnern aufgeteilt, um die einzelnen Systeme optimal nutzen zu können. Es werden vom Serversystem Dienste zur Verfügung gestellt. Diese können vom Client aufgerufen werden. So stellt beispielsweise ein Datenbankserver Daten zur Verfügung, die vom Client abgerufen werden können. Die Verarbeitung dieser Daten kann auf den Clientsystemen erfolgen. Üblicherweise werden Server durch Workstations, Minirechner oder auch Großrechner, die Clients durch Mikrocomputer realisiert. Dabei sind Client-Server-Archintekturen nicht auf lokale Netze beschränkt, sondern können auch über große Entfernungen aufgebaut werden.

Abb. 41: Vernetzte PC-Bürolandschaft

2.4 Lokale Netzwerke

Lokale Rechernetze sind bekanntlich Netze, die vollständig der Zuständigkeit eines Anwenders unterliegen und auf das Gelände des Anwenders beschränkt sind.[17] Mehrere lokale Netze können wiederum zu einem lokalen Netz zusammengefasst werden.

Wie bereits erwähnt, greifen WANs und GANs auf Verbindungseinrichtungen wie die der Deutschen Telekom zurück, um größere Entfernungen zu überbrücken.[18]

Die Verbindung von Rechnern dient insbesondere[19]

- der Nutzung von Geräten, die allen Rechnern des Netzes gemeinsam zur Verfügung gestellt werden, z.B. zentraler Drucker (Geräteverbund),
- der Nutzung von speziellen Funktionen, z.B. von spezieller Software, die nur auf wenigen Rechnern vorhanden ist und auf die alle Netzrechner zugreifen können (Funktionsverbund),
- der Nutzung von Datenbeständen, die von mehreren Arbeitsplätzen benötigt und im Netz an einer zentralen Stelle gespeichert werden (Datenverbund),
- dem Austausch von Nachrichten über die Rechner (Kommunikationsverbund).

Der Betrieb eines Rechnernetzes erfordert sowohl spezielle Hard- als auch Softwarekomponenten. Grundlage eines Netzes ist die physische Verbindung der Endgeräte (Rechner). Die Verbindungsstruktur wird auch als **Topologie** bezeichnet.

Die wichtigsten Topologien sind

- Stern-,
- Ring- und
- Busstruktur.

Eine **Sternstruktur** ist gegeben, wenn jedes Endgerät mit einem Zentralrechner verbunden ist, der die Netzverwaltung übernimmt, zwischen den Endgeräten jedoch keine Verbindungen bestehen.

Im Gegensatz zu Sternnetzen kommen Ring- und Busnetze ohne einen zentralen Rechner aus. Bei der **Ringstruktur** sind die Endgeräte untereinander verbunden, so dass sich ein geschlossener Kreis ergibt. Die Übertragung der Daten erfolgt

---

[17] Vgl. **STAHLKNECHT, P.; HASENKAMP, U.**: Einführung in die Wirtschaftsinformatik, 10., überarb. und aktual. Aufl., Berlin u.a. 2001, S. 141 f.

[18] Zu den unterschiedlichen Klassen von Rechnernetzen vgl. **KAUFFELS, F.-J.**: Personal Computer und lokale Netzwerke: Architektur von Rechnernetzen, Aufbau und Wirkungsweise lokaler Netze, Software-Standards, Kommunikation unter UNIX und OS/2, ausführliche Tests von mehr als 10 LANs, inklusive IBM-Token-Ring, 3., überarb. u. erw. Aufl., Haar bei München 1989, S. 19-21.

[19] Vgl. **STAHLKNECHT, P.; HASENKAMP, U.**: Einführung in die Wirtschaftsinformatik, a.a.O., S. 147 f.

(i.A. in einer Richtung) von Rechner zu Rechner. Bei der **Busstruktur** sind die Endgeräte mit einem gemeinsamen Übertragungsmedium verbunden, über das die Nachrichten direkt vom Sender zum Empfänger gesendet werden.

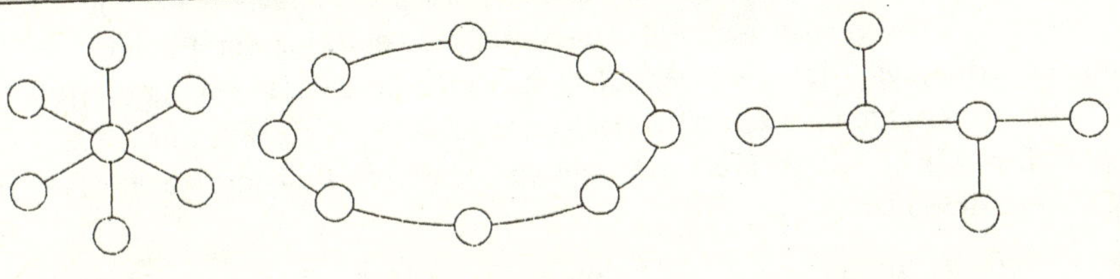

Abb. 42: Netztopologien

Aufgrund des Fehlens eines Zentralrechners müssen Ring- und Busnetze die Übertragung von Nachrichten und den Zugriff von Rechnern auf das Netz selbst steuern. Zu diesem Zweck gibt es verschiedene Übertragungs- und Zugriffsverfahren. Für die Übertragung der Daten ist festzulegen, ob die Zeichen

- nacheinander oder zu mehreren parallel (Übertragungsverfahren: bitseriell, Basisband - bitparallel, Breitband),
- analog oder digital,
- ausschließlich in eine, abwechselnd oder gleichzeitig in beide Richtungen (Simplex-, Halbduplex-, Vollduplexverfahren)

übertragen werden.

Mögliche Zugriffsverfahren sind das

- Token-Verfahren und
- das CSMA/CD-Verfahren (**C**arrier **S**ense **M**ultiple **A**ccess/**C**ollision **D**etection).

Das **Token-Verfahren** kann bei Netzen mit Ring- und Bustopologie angewandt werden. Ein Steuerzeichen (Token) wird mit hoher Geschwindigkeit von Station zu Station weitergeleitet. Es zeigt an, ob das Netz momentan durch eine Nachricht belegt oder frei ist. Erhält eine sendebereite Station das Frei-Token, markiert sie es als belegt und sendet im Anschluss an das Token die Empfangsadresse und die Nachricht. Jeder Rechner entscheidet selbst, ob die Nachricht für ihn bestimmt ist oder an den nächsten Knoten weitergeleitet werden muss. Die Empfangsstation kopiert die gesendeten Daten, die Sendestation erhält wieder die gesendete Nachricht, nimmt sie vom Netz und markiert das Token als frei. Es befindet sich i.A. nur eine Nachricht im Ring. Das Verfahren ist deterministisch, da die Reihenfolge des Netzzugriffs durch die Endstationen fix ist.

Beim **CSMA/CD-Verfahren** hören alle sendewilligen Stationen das Übertragungsmedium ab. Eine sendewillige Station kann senden, wenn das Medium frei ist. Senden zwei oder mehr Stationen gleichzeitig, kommt es zu Kollisionen, und das Senden muss nach einer nach dem Zufallsprinzip gewählten Wartezeit wiederholt werden. Im Gegensatz zum Token-Verfahren sind nur die Rechner an der Kommunikation beteiligt, die Nachrichten senden oder empfangen, da die Weitergabe von Nachrichten entfällt. Die Nachrichtenübertragung erfolgt in beide Richtungen. Das Verfahren ist nicht-deterministisch, da die Reihenfolge des Netzzugriffs unbestimmt ist.

Den Vorteil der Sterntopologie bildet die einfache Verbindung von Netzen durch die Verbindung der Zentralen. Nachteilig ist die Abhängigkeit aller Endgeräte von der Zentrale. Ein Ausfall der Zentrale bedeutet i.A. einen Ausfall des gesamten Netzes.

Der Vorteil der Ringtopologie ist das gleichmäßige Verhalten des Netzes auch unter hoher Belastung. Bussysteme mit CSMA/CD weisen ab einer bestimmten Größe ein extrem schlechtes Verhalten auf, da die Kollisionen und damit auch die Verzögerungen bei der Nachrichtenübertragung mit zunehmender Anzahl der Endgeräte exponentiell ansteigen. Es müssen bei Ringnetzen technische Vorkehrungen getroffen werden, die verhindern, dass bei Ausfall eines Rechners im Netz das gesamte Netz ausfällt. Eine Möglichkeit bilden Relais, die die unterbrochene Verbindung zwischen zwei Rechnern überbrücken.

Der Vorteil der Bustopologie liegt im niedrigeren Vernetzungsaufwand als bei Stern- und Ringnetzen, da der Rechner nur an das Übertragungsmedium angeschlossen werden muss. Die Gefahr des Gesamtnetzausfalls bei Ausfall eines Netzrechners ist nicht gegeben. Im Gegensatz zum Ringnetz müssen nicht relativ kurze Distanzen von Rechner zu Rechner überbrückt werden, sondern die Nachricht eines Rechners muss grundsätzlich in der Lage sein, alle Rechner zu erreichen. Da die dazu notwendige Sendeleistung nicht beliebig erhöht werden kann, sind der räumlichen Ausdehnung eines Busnetzes Grenzen gesetzt.

Zur physischen Verbindung der Rechner werden hauptsächlich Kupferkabel oder Glasfaserkabel verwendet. Kupferkabel übertragen elektrische Signale, Glasfaserkabel übertragen Lichtsignale, die aus elektrischen Impulsen abgeleitet wurden und nach der Übertragung wieder in elektrische Impulse zurückverwandelt werden.

Glasfaserkabel sind den Kupferkabeln hinsichtlich der Kosten, der Abhörsicherheit und der Unempfindlichkeit gegenüber elektromagnetischen Feldern überlegen, allerdings relativ teurer. Die Rechner werden über spezielle Adapterkarten (Netzwerkkarten) angeschlossen, die in den Rechner gesteckt werden.

Um ein Netz betreiben zu können, bedarf es neben der Hardware auch spezieller Netzwerk-Software. Auf diesen Punkt wird im Rahmen der systemorientierten Programme eingegangen.

Das immer noch weit verbreitete Betriebssystem DOS ist nicht für den Betrieb eines Rechners im Netz ausgelegt. Um mit einem DOS-Rechner aber dennoch in einem Netz arbeiten zu können, muss das Betriebssystem erweitert werden. Diese Aufgabe übernimmt die Netz-Software. Bei anderen Betriebssystemen wie Windows 95/98/ME oder Windows NT/2000/XP (vgl. Kap. 2.8) ist eine solche Netz-Software schon integriert.

2.5 Internet und Intranet

Das Internet ist ein weltweiter Zusammenschluss von Rechnernetzen. Viele einzelne Teilnetze werden dabei durch das Internet zu einem globalen Adressraum zusammengeschlossen. Die über das Internet verbundenen Rechner werden dadurch zu einem weltumspannenden Client-Server Daten- und Nachrichtenverbund gekoppelt. Diese Verbindung ermöglicht es weltweit, vorhandene Informationsangebote zu nutzen und selbst Informationen bereitzustellen.

Alle Rechner im Internet sind über das Kommunikationsprotokoll TCP/IP (**T**ransmission **C**ontrol **P**rotocol/**I**nternet **P**rotocol) verbunden. Ein solches Kommunikationsprotokoll beinhaltet Konventionen, die festlegen, wie die Kommunikation zwischen den verbundenen Rechnern durchzuführen ist. Unter anderem werden mit einem Netzwerkprotokoll die Übertragungsgeschwindigkeit, das Datenformat, die Kodierung und Betriebsarten festgelegt. Weiterhin können in einem Protokoll Funktionen, wie bspw. Fehlererkennung und Zugangskontrolle, definiert sein. Aufgrund seiner hohen Akzeptanz kommt dem TCP/IP die Bedeutung eines Industriestandards zu und ist für fast alle Rechnertypen verfügbar. Das Internet ist damit hersteller- und plattformunabhängig.

Auf dem TCP/IP setzen die Dienste des Internets auf. Zu den klassischen Diensten des Internets gehören:

- Elektronische Post (Electronic Mail, kurz: E-Mail). Jeder Benutzer im Internet ist über eine E-Mail-Adresse eindeutig und weltweit adressierbar. Per E-Mail können Textnachrichten, aber auch elektronische Dokumente, z.B. die Datei einer Tabellenkalkulation oder Textverarbeitung, als "elektronische Anlage" übertragen werden.
- **F**ile **T**ransfer **P**rotocol (FTP) ermöglicht die Übertragung von Dateien zwischen Rechnern, die über das Internet verbunden sind. Der Zugriff auf die Dateien kann über Zugangsberechtigungen gesteuert werden.
- Terminalemulation (Telnet) dient der Fernbedienung von Rechnern über das Internet. Es ist damit bspw. möglich, das Anwendungsprogramm eines Großrechners von einem Client im Internet aufzurufen und zu steuern. Dieser Dienst erfordert eine Zugangsberechtigung für den "fernbedienten" Computer.

- Elektronische Diskussionsforen (News). Die Diskussionsbeiträge werden thematisch gegliedert über das Internet verbreitet und können von allen Interessierten weltweit gelesen werden.

Das **W**orld **W**ide **W**eb (WWW, W3) hat als einer der erfolgreichsten Dienste des Internets maßgeblich zur starken Verbreitung des Mediums beigetragen. Es handelt sich um ein verteiltes, Client-Server-basiertes Hypermedia-System. Ein Hypermedium besteht aus Informationsknoten, die sich dem Benutzer als Bildschirmseiten präsentieren, und Kanten, die auf andere Knoten verweisen. Das WWW stellt dem Benutzer textuelle, graphische und auditive Informationen sowie Möglichkeiten der Interaktion auf WWW-Bildschirmseiten zur Verfügung. Über Verweise (auch: "links" oder "Hyperlinks") werden dem Benutzer referenzierte Bildschirmseiten angezeigt, so dass sich der Nutzer durch die verschiedenen Informationsseiten in Abhängigkeit der gewählten Seiten navigieren kann. Ihre Aktivierung erlaubt den Zugriff auf diese multimedialen Dokumente und die Anzeige als Bildschirmseite.

Die Dokumente des WWW werden mit Hilfe der **H**yper**t**ext **M**arkup **L**anguage (HTML) erstellt. HTML ist eine Seitenbeschreibungssprache, welche die Struktur und die Formatierung eines Dokuments allgemein beschreibt. In HTML werden auch die Links realisiert, über die der Benutzer dann von einer WWW-Seite zur nächsten gelangt. Die Verweise referenzieren weltweit eindeutige Adressen, die sich aus den Informationen Dienstprotokoll://Rechnername/Pfadname/Dokumentname[20] zusammensetzt. Eine solche WWW-Adresse nennt man **U**niform **R**esource **L**ocator (URL).

Das WWW erschließt sich dem Benutzer durch einen Browser. Ein Browser ist eine Software, welche die WWW-Dokumente am Bildschirm darstellt. Moderne Browser bieten heute auch die Möglichkeit, E-Mails zu senden und zu empfangen, Dateien per FTP zu übertragen sowie an elektronischen Diskussionsgruppen teilzunehmen. Damit entwickelt sich die Browser-Software zunehmend zu einer Benutzerschnittstelle für die wichtigsten Dienste des Internets.

Die Programmiersprache Java erweitert die Möglichkeiten der WWW-Technik. Es handelt sich um eine objektorientierte, plattformunabhängige Programmiersprache, die sich „nahtlos“ in WWW-Seiten integrieren lässt und eigenständige Applikationen ermöglicht. Dadurch werden sich zukünftig komplette betriebliche Client-Server-Anwendungssysteme mit Internet-Technologie realisieren lassen.

Der Zugang zum Internet erfolgt über einen **I**nternet-**A**ccess-**P**rovider (IAP) oder über Online-Dienste. Ein Internet-Access-Provider ist eine Unternehmung oder eine Institution, die ein Teilnetz des Internets betreibt und gegen Entgelt einen Zugang bzw. Übertragungskapazitäten zum/vom Internet bietet. Online-Dienste

---

[20] Unter der URL „http://www.wi1.wiso.uni-goettingen.de“ ist beispielsweise die Startseite (Homepage) des WWW-Informationssystems der Abteilung I des Instituts für Wirtschaftsinformatik der Universität Göttingen zu erreichen.

ermöglichen lediglich einen indirekten Zugang zum Internet. Sie bieten ihren Kunden primär ein geschlossenes Informationsangebot, auf das nur registrierte Benutzer mit einer speziellen Zugangssoftware zugreifen können und sekundär die Möglichkeit des Zugangs zum Internet.

Das Internet etabliert sich, entsprechend der genannten Dienste und der hieraus resultierenden Möglichkeiten, zunehmend als Medium für Präsentation, Kommunikation und Information. Die Anzahl der Unternehmen, die das Internet als kostengünstiges Substitut für traditionelle Medien der Werbung und des Marketings nutzen, wächst exponentiell.[21] Der wirtschaftliche Nutzen des Internets geht jedoch weit über die genannten Einsatzmöglichkeiten hinaus. Der hohe Durchdringungsgrad der Internet-Technologie schafft eine neue Infrastruktur, die das Internet zu einer einheitlichen Plattform für die Realisierung komplexer Geschäftsbeziehungen werden lässt. Im Folgenden sollen dementsprechend einige betriebliche Anwendungsmöglichkeiten des Internets kurz dargestellt werden.

Als Pool von Informationen kann das Internet zur Informationsbeschaffung genutzt werden, um die betriebliche Versorgung mit dem Produktionsfaktor "Information" zu verbessern. Dabei können prinzipiell alle Unternehmensbereiche von einer Informationsbeschaffung über das Internet profitieren. Neben der Informationsbeschaffung kann über das Internet zunehmend auch online bestellt werden. Beispiele für Informationen aus dem Internet: Aktuelle Wirtschaftsnachrichten und Wertpapierkurse, Bilanzen und Unternehmensprofile, elektronische Job-Angebote sowie Auskunfts- und Reservierungsdienste.[22]

Der Einsatz des Internet im Marketing und Vertrieb erfolgt hauptsächlich im Rahmen der Produkt-, Distributions- und Kommunikationspolitik eines Unternehmens. Zu nennen sind hier insbesondere Produkt- und Unternehmenswerbung, Vertriebsunterstützung, Distribution immaterieller Güter und Dienstleistungen (Online-Vertrieb), Support sowie Öffentlichkeitsarbeit. Da derzeit nur wenige Endverbrauchermärkte und Märkte für den Handel zwischen Unternehmen vollständig über das Internet erschlossen werden, können traditionelle Marketingmethoden und Vertriebskanäle durch das Internet i.d.R. nur ergänzt werden.[23]

Wird die Internet-Technologie in einem betrieblichen LAN eingesetzt, spricht man von einem Intranet. Ein Intranet ist ein betriebliches Informations- und Kommunikationsystem auf der Basis der Internet-Protokolle und -Standards. Durch die Kopplung der Intranets von Geschäftspartnern entsteht aus den einzelnen Intranets

---

21 Vgl. **SCHMID, B.; ZIMMERMANN, H.D.**: Eine Architektur elektronischer Märkte auf der Basis eines generischen Konzeptes für elektronische Produktkataloge, in: Information Management 12/1997, S. 38-43.

22 Vgl. **HOPPE, U.; KRACKE, U.**: Möglichkeiten der Nutzung der Internet-Technologie aus betrieblicher Sicht, Arbeitspapiere der Abteilung Wirtschaftsinformatik I, Universität Göttingen, Nr. 10/1997, S. 15-21.

23 Vgl. **HOPPE, U.; KRACKE, U.**: Möglichkeiten der Nutzung der Internet-Technologie aus betrieblicher Sicht, a.a.O., S. 21-24.

ein betriebsübergreifendes Extranet. Internet, Intranet und Extranet unterscheiden sich damit lediglich bezüglich ihrer Zugangsmöglichkeit für die Benutzer, die zugrunde liegende Technologie ist identisch. Die Einsatzmöglichkeiten von Intranets/Extranets sind vielfältig. In der Praxis kristallisieren sich jedoch typische Informations- und Kommunikationssysteme auf der Basis der Internet-Technologie in Unternehmen heraus. Hierbei handelt es sich um das Intranet als Frontend für (konventionelle) betriebliche Anwendungssysteme, die innerbetriebliche Informationsverbreitung/-suche über multimediale Dokumente und einfache Groupware-Anwendungen.[24]

2.6 Datenschutz und Datensicherheit

Durch die Einsatzmöglichkeiten der modernen Informations- und Kommunikationstechnik, insbesondere des Internets und seiner globalen Verfügbarkeit, werden Unternehmen und Individuen in zunehmendem Maße sowohl mit rechtlichen Gegebenheiten als auch mit den Auswirkungen der genannten Technologien konfrontiert. Konsequenterweise ergibt sich dadurch die Notwendigkeit, einige ausgewählte Aspekte im Folgenden zu erläutern.

2.6.1 Aspekte der Datensicherheit

Der Begriff der Datensicherheit umfasst verschiedene Gebiete, die sich jedoch ergänzen. Zum Einen fällt darunter der Datenschutz, in dem geregelt wird, wie personenbezogene Daten vor dem Missbrauch durch Unbefugte zu schützen sind. Dies wird durch das **B**undes**d**aten**s**chutz**g**esetz (BDSG) und die **L**andes**d**aten**s**chutz**g**esetze (LDSG) der einzelnen Bundesländer geregelt. Zum Anderen wird die Datensicherung bedacht, durch die der Schutz von Hard- und Software und sämtlicher Daten vor Spionage, Missbrauch, Manipulation und Diebstahl gewährleistet werden soll.

Zusammengefasst lässt sich festhalten, dass durch Maßnahmen zum Datenschutz und zur Datensicherung das Ziel der Datensicherheit erreicht wird. Diese wird erreicht, indem folgende Ziele der IV verfolgt werden:

- Vertraulichkeit
- Integrität
- Authentizität
- Verbindlichkeit
- Verfügbarkeit

---

24 Vgl. **HOPPE, U.; KRACKE, U.**: Möglichkeiten der Nutzung der Internet-Technologie aus betrieblicher Sicht, Arbeitspapiere der Abteilung Wirtschaftsinformatik I, Universität Göttingen, Nr. 10/1997, S. 33-38.

Vertraulichkeit

Informationen und Nachrichten sollen nicht von Unbefugten gelesen werden können. Um dies sicherzustellen, können kryptographische Verfahren eingesetzt werden. Hierbei wird der Text mittels eines Verschlüsselungsalgorithmus und eines Schlüssels unleserlich gemacht. Der Kommunikationspartner benötigt den entsprechenden Schlüssel, um den Text entschlüsseln und somit lesen zu können.

Bei den kryptographischen Verfahren ist zwischen den symmetrischen und den asymmetrischen Methoden zu unterscheiden. Bei der symmetrischen Verschlüsselung werden die Daten mittels eines geheimen Schlüssels ver- bzw. entschlüsselt. Der Schlüssel muss dabei sowohl dem Sender als auch dem Empfänger bekannt sein und zu diesem Zweck vorher persönlich ausgetauscht werden. Als Beispiel für einen bekannten symmetrischen Verschlüsselungsalgorithmus kann hier der sogenannte DES (**D**ata **E**ncryption **S**tandard) genannt werden. Die asymmetrische Verschlüsselung basiert auf der Verwendung eines zusammengehörenden Schlüsselpaars, wobei ein Schlüssel zur Ver- und einer zur Entschlüsselung genutzt wird. Beim sogenannten Public Key Verfahren wird einer der Schlüssel veröffentlicht und kann von jedem Sender dazu genutzt werden, eine Nachricht an den Empfänger zu verschlüsseln. Nur der Empfänger, welcher in Besitz des zweiten privaten Schlüssels ist, kann die Nachricht dann entsprechend entschlüsseln. Ein Vertreter der asymmetrischen Verschlüsselungs-Algorithmen ist bspw. der RSA Algorithmus, der nach seinen Entwicklern Ron **R**ivest, Adi **S**hamir, Leonard **A**dleman benannt wurde.

Der Verschlüsselungs-Aspekt ist besonders wichtig für den Datenschutz, da somit sensible personenbezogene Daten digital übermittelt werden können, ohne das Recht der betroffenen Person auf informationelle Selbstbestimmung zu verletzen.

Integrität

Daten müssen unversehrt bleiben, sollen also vor gewollter oder ungewollter Veränderung geschützt werden.

Dazu müssen Zugriffe auf DV-Anlagen beschränkt werden und bei Übertragung über unsichere Medien, wie z.B. das Internet, können Verfahren mit Prüfsummen verwendet werden. Hierfür wird aus dem zu übertragenden Text mittels bestimmter mathematischer Verfahren eine Prüfsumme ermittelt. Der Empfänger bildet diese auch. Stimmen beide Summen überein, so besteht eine hohe Wahrscheinlichkeit, dass der Text nicht geändert wurde. Auch hierfür bieten sich die genannten kryptographischen und hier insbesondere die asymmetrischen Verfahren an. Da mit ihrer Hilfe digitale Signaturen erstellt werden können, in deren Zuge auch ein Prüfwert ermittelt wird, wird somit auch das Ziel der Integrität erfüllt.

Authentizität

Der Sender einer Nachricht soll nachvollziehbar sein. Somit ist es ausgeschlossen, dass ein Unbefugter eine Identität vortäuscht. Auch für das Erreichen der Authentizität ist das asymmetrische Verfahren geeignet. Da bei dem Verfahren ein Schlüsselpaar für jeden Teilnehmer generiert wird und der eine Schlüssel geheim gehalten wird, ist nur die betreffende Person in dessen Besitz. Der Sender setzt mit dem geheimen Schlüssel eine digitale Signatur unter den Text. Der Empfänger kann nun mit dem zugehörigen öffentlichen Schlüssel die Gegenprobe machen. Wenn diese glückt, so kann der Empfänger sicher sein, dass der Sender wirklich derjenige ist, der er vorgibt zu sein, da nur er im Besitz des geheimen Schlüssels ist und somit nur der Sender in der Lage ist, diese digitale Signatur zu leisten.

Verbindlichkeit

Auch die Verbindlichkeit kann mit Hilfe der asymmetrischen Verschlüsselung erreicht werden. Gemeint ist damit die Nachweisbarkeit des Absendens von Nachrichten. Dies ist wichtig für den geschäftlichen Datenverkehr über das Internet. Wenn z.B. Bestellungen über das Netz getätigt werden, so ist es für den Empfänger der Nachricht wichtig zu wissen, dass der Sender wirklich diese Bestellung tätigen wollte.

Da durch die digitale Signatur eine elektronische Unterschrift geleistet wird, ist somit die Bestellung unterschrieben und zwar wirklich vom Sender, da nur er mit dem geheimen Schlüssel die digitale Signatur tätigen kann. Und da mit der digitalen Signatur Informationen zum Sender und zum Text mitgeschickt werden, kann der Empfänger davon ausgehen, dass der Sender die Bestellung vorsätzlich abgeschickt hat.

Verfügbarkeit

Im geschäftlichen Datenverkehr ist es besonders wichtig, dass auf die Daten jederzeit zugegriffen werden kann. Hierfür muss gewährleistet werden, dass die DV-Anlagen und die darauf laufende Software störungsfrei arbeiten und dass die benötigten Daten unversehrt vorhanden sind.

Innerbetrieblich können auf alle drei Komponenten Zugriffsbeschränkungen erfolgen, so dass nur ein kleiner Kreis von Zuständigen Zugriff hat. Um auch unbefugte Zugriffe von außen zu verhindern, können z.B. Firewalls oder sog. **V**irtuelle **P**rivate **N**etzwerke (VPN) eingesetzt werden, mit deren Hilfe nur bestimmte externe Verbindungen zum Unternehmensnetzwerk zugelassen werden können.

2.6.2 Datenschutz und gesellschaftliche Auswirkungen der Informationsverarbeitung

Durch immer neue technologische Entwicklungen werden Prozesse vereinfacht und effizienter gestaltet. Somit ergeben sich immer neue Erleichterungen für den Menschen. Darüber darf aber nicht vergessen werden, dass sich auch immer neue Gefahren bilden.

Durch die Übernahme von Routineaufgaben durch DV-Anlagen besteht die Gefahr, dass der Mensch in seinen persönlichen Rechten eingeschränkt wird. Dies ist z.B. der Fall, wenn personenbezogene Daten unkontrolliert verbreitet oder übermittelt werden.

Durch die Aufzeichnung der digital zurückgelegten Wege hinterlässt der Internetanwender Spuren, die es Unbefugten erleichtern können, persönliche Interessen und Vorlieben zu filtern und somit z.B. personenbezogene Werbung zu gestalten.

Läuft die gesamte Kommunikation sowohl im privaten als auch im beruflichen Bereich über digitale Kommunikation ab, kann das dazu führen, dass der Mensch seine sozialen Kompetenzen vernachlässigt und somit eine gewisse Abhängigkeit von elektronischen Medien aufbaut. Diese Abhängigkeit besteht schon in beruflichen Bereichen, in denen die gesamte Datenbearbeitung elektronisch abläuft. Bei Ausfall einer Komponente kann im schlimmsten Fall gar keine Bearbeitung stattfinden.

Andererseits eröffnet der Einsatz elektronischer Medien auch neue Chancen. Die Bearbeitungsprozesse in Unternehmen können effizienter und schneller gestaltet werden, redundante Datenhaltung kann reduziert und die Arbeitseinteilung kann flexibler gehandhabt werden.

2.7 Informationsdarstellung und -bearbeitung in der EDVA

Bei der Darstellung des Speichers wurde bereits erwähnt, dass der kleinste adressierbare Speicherplatz zur Aufnahme einer Information das Wort oder das Byte ist. Dieses setzt sich wieder aus einer Anzahl an Bit zusammen. Jedes Bit ist ein Speicher zur Aufnahme einer Binärstelle, da es jeweils durch zwei binäre Werte: elektrisch (Spannung) positiv oder negativ, magnetisch positiv oder negativ, Strom ein oder aus, dargestellt wird. Diese binären Werte werden im Folgenden einheitlich als 1 oder 0 wiedergegeben. Wie mit Hilfe dieser Bits Informationen dargestellt werden, ist Gegenstand dieses Abschnitts.

Es gibt verschiedene Möglichkeiten, einen Buchstaben oder eine Zahl mit Hilfe von Binärstellen darzustellen. Diese Darstellungen bezeichnet man als Codes. Es hat sich als sinnvoll erwiesen, sogar innerhalb einer Anlage für eine Information verschiedene Codes für verschiedene Zwecke zu wählen. Aus diesem Grund sind auch innerhalb der Anlage ständig Codetransformationen notwendig. Auch haben die Daten in der Zentraleinheit und der angeschlossenen externen Einheiten z.T. unterschiedliche Codes.

Als Beispiel seien hier zwei Darstellungsmöglichkeiten der Zahl 1 in einem Byte angeführt:

0 0 0 0 0 0 0 1	1 1 1 1 0 0 0 1
Rechner-Code	**Drucker-Code**

Mit der ersten Version, dem Rechner-Code, lässt sich besonders gut als Zahl mit dem Wert 1 im Dualsystem rechnen, während bei der zweiten Version, dem Drucker-Code, der Code für den Drucker wiedergegeben wird, bei dem die Zahl 1 als Folge von 8 binären (0-1) Stellen angegeben wird, über die der Ausdruck der Ziffer 1 (als alphanumerisches Zeichen oder Textzeichen) gesteuert wird.

Soll also eine Information, z.B. eine Zahl, in den Rechner eingegeben werden, so muss sie zunächst auf einen Datenträger übertragen werden. Hier wird die Lochkarte gewählt, da sie für diesen Zweck besonders anschaulich ist, denn die Codierung ist optisch nachvollziehbar. Auf der Lochkarte wird die für den Rechner lesbare Zahl dadurch dargestellt, dass in den entsprechenden Zeilen jeweils ein Loch gestanzt ist. Die Lochung der Zahl 1024 hat dann folgende Gestalt:

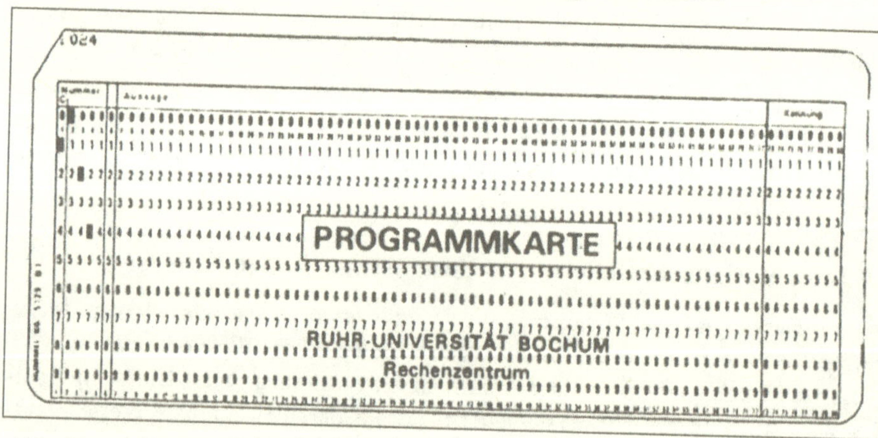

Abb. 43: Darstellung der Zahl 1024 als Lochkombination auf der Lochkarte

Auf der Diskette würde die Zahl z.B. durch vier Bytes mit entsprechenden Bitkombinationen für die jeweiligen Ziffern wiedergegeben. Die Übertragung einer Zeichenfolge in die zugehörige Lochkombination (Bit-Folge) auf der Karte ist die 1. Codetransformation. Jedes Zeichen wird durch Einfach- (Ziffern), Zweifach- (Buchstaben) oder Mehrfachlochung (Sonderzeichen) einer Spalte wiedergegeben (12 Zeilenlochmöglichkeiten).

Nachdem die Zahl 1024 in dieser Form (in der Ziffernfolge) eingelesen wurde, liegen zunächst je Spalte 12 binäre Informationen darüber vor, ob in der zugehörigen Zeile gelocht wurde oder nicht (= 12 Bit). Mit diesen im Lochkartencode vorliegenden Verschlüsselungen der Dezimalziffern kann man schlecht rechnen. Hierzu wird es erforderlich, dass man über mindestens eine weitere Codetransformation aus den in verschiedenen Speicherplätzen gespeicherten Dezimalziffern oder Zeichen für den entsprechenden Anwendungszweck geeignete Darstellungen erzeugt. Bei der ganzen Zahl 1024, die nunmehr in den verschlüsselten Dezimalziffern 1, 0, 2 und 4 gespeichert vorliegt, bietet es sich an, für den Fall, dass man mit dieser Zahl rechnen will, eine Dualzahl zu erzeugen, die danach zusammenhängend in einem Speicherplatz steht.

2.7.1 Darstellung von Zahlen

Um zu zeigen, wie aus einer ganzen Dezimalzahl eine Dualzahl erzeugt wird und wie mit diesen Zahlen gearbeitet wird, soll im Folgenden in einem Exkurs auf Zahlensysteme eingegangen werden.

2.7.1.1 Ganze Zahlen

Wie bereits erwähnt, bietet sich für die Darstellung von Zahlen auf dem Rechner das Dualsystem an, da es auf der Basis 2 aufbaut und nur die zwei im Rechner innerhalb der Bit zur Verfügung stehenden Darstellungselemente 0 und 1 benötigt. (Das Dezimalsystem baut auf der Basis 10 auf und braucht die zehn Darstellungselemente 0, 1, ... , 9.) Ebenso wie eine ganze Dezimalzahl aus Zehnerpotenzen besteht, setzt sich eine ganze Dualzahl aus Zweierpotenzen zusammen.

Die Dezimalzahl 0 entspricht der Dualzahl 0. Die Dezimalzahl 1 entspricht der Dualzahl 1. Bei der 2 ist jedoch bereits das Darstellungsvermögen einer Dualstelle (Bit) erschöpft. Es wird zur nächsten Stelle übergegangen. Die Dezimalzahl 2 entspricht also der binären Ziffernfolge 10 im Dualsystem.

Allgemein lässt sich diese Darstellung folgendermaßen herleiten, wenn man beachtet, dass sich jede ganze Zahl z eindeutig zerlegen lässt in:

$$z = a_n \cdot b^n + a_{n-1} \cdot b^{n-1} + \ldots + a_1 \cdot b^1 + a_0 \cdot b^0$$

wobei b die Basis des Zahlensystems ist und $a_n, \ldots, a_0$ Zahlen aus der Menge 0, 1, ..., b-1 sind.

Beispiel: Die Dezimalzahl 125 hat folgende Zerlegungen mit den Basen 10, 5, 3 und 2:

$$\begin{aligned}
125 &= 1 \cdot 10^2 + 2 \cdot 10^1 + 5 \cdot 10^0 \; (= 100 + 20 + 5) \\
&= 1 \cdot 5^3 + 0 \cdot 5^2 + 0 \cdot 5^0 \; (= 125 + 0 + 0) \\
&= 1 \cdot 3^4 + 1 \cdot 3^3 + 1 \cdot 3^2 + 2 \cdot 3^1 + 2 \cdot 3^0 \\
&\quad (= 81 + 27 + 9 + 6 + 2) \\
&= 1 \cdot 2^6 + 1 \cdot 2^5 + 1 \cdot 2^4 + 1 \cdot 2^3 + 1 \cdot 2^2 + 0 \cdot 2^1 + 1 \cdot 2^0 \\
&\quad (= 64 + 32 + 16 + 8 + 4 + 0 + 1)
\end{aligned}$$

Wenn man nun die Stellenschreibweise genau einhält (z.B. gibt bei der Dezimalzahl 1024 die 0 an, dass in der Zerlegung auch $0 \cdot 10^2$ steht), so kann man, sofern man sich die Basis merkt, auf das Schreiben der Basispotenzen und der arithmetischen Zeichen verzichten. Dafür schreibt man die Basis - falls diese verwechselt werden kann - rechts unten von der Zahl. Damit erhält das obige Beispiel folgende Gestalt:

$$\begin{aligned} 125_{10} &= 125_{10} \\ &= 1000_5 \\ &= 11122_3 \\ &= 1111101_2 \end{aligned}$$

Bemerkung: Beim Übergang vom Dezimal- zum Dualsystem ist mit einer Verdreifachung der notwendigen Stellen zur Darstellung der Zahl zu rechnen.

Nach diesem Exkurs in die allgemeine Zahlendarstellung soll die Transformation der Zahl 1024 weiter verfolgt werden. Zunächst wurde im Rahmen der 1. Codetransformation jede Ziffer (spaltenweise gelesen, vgl. Abb. 43) einzeln im Lochkartencode gespeichert (jede Ziffer wird durch 12 binäre Informationen entsprechend den Löchern einer Spalte auf der Lochkarte dargestellt):

$$\begin{aligned} 1_{10} &= 000100000000 \\ 0_{10} &= 001000000000 \\ 2_{10} &= 000010000000 \\ 4_{10} &= 000000100000 \end{aligned}$$

Diese Darstellung wird mit Hilfe einer eindeutigen Codetransformation (2. Transformation) über Codeübersetzungstabellen in die 4 zugehörigen Dualziffern übertragen.

$$\begin{aligned} 1_{10} &= 0001 \\ 0_{10} &= 0000 \\ 2_{10} &= 0010 \\ 4_{10} &= 0100 \end{aligned}$$

Anschließend werden aus diesen dual verschlüsselten Dezimalziffern mit Hilfe der Multiplikation mit 10_{10} (3. Codetransformation) die zugehörige Dualzahl 1024 erzeugt ($10_{10} = 1010_2$). Eine derartige rechnerische Transformation ist erforderlich, da man nicht für alle ganzen Dezimalzahlen Code-Transformationstabellen speichern kann. Ausgangspunkt hierfür ist die bekannte Zerlegung:

$$1024_{10} = 1_{10} \cdot {10_{10}}^3 + 0 \cdot {10_{10}}^2 + 2_{10} \cdot {10_{10}}^1 + 4_{10}$$

Diese Darstellung ist gleichbedeutend mit der folgenden **(Horner Schema)**:

$$1024_{10} = ((1 \cdot 10_{10} + 0) \cdot 10_{10} + 2_{10}) \cdot 10_{10} + 4_{10}$$

Im nächsten Schritt werden alle Dezimalzahlen durch Dualzahlen ersetzt, da im Rechner nicht mit Dezimalzahlen, sondern nur mit Dualzahlen gerechnet werden kann:

$$1024_{10} = ((0001 \cdot 1010_2 + 0000) \cdot 1010_2 + 0010_2) \cdot 1010_2 + 0100_2$$

Rechnet man diese Zeile aus, so erhält man - ohne die Rechenschritte im Einzelnen zu erläutern:

$$1024_{10} = 10000000000_2$$

Erst nach dieser 3. Codetransformation steht die Zahl als Dualzahl für die arithmetischen Operationen zur Verfügung. Entsprechende Operationen sind bei der Datenausgabe in umgekehrter Richtung und über andere Code-Tabellen auszuführen.

Bei der letzten Transformation wurden arithmetische Operationen und das "Horner Schema" angewendet, worauf im Folgenden eingegangen wird. Um dabei leichter mit Dualzahlen rechnen zu können, wird folgende Tabelle mit Zweierpotenzen vorangestellt:

$2^0 = 1$	$2^6 = 64$	$2^{12} = 4096$	$2^{-1} = 0.5$
$2^1 = 2$	$2^7 = 128$	$2^{13} = 8192$	$2^{-2} = 0.25$
$2^2 = 4$	$2^8 = 256$	$2^{14} = 16384$	$2^{-3} = 0.125$
$2^3 = 8$	$2^9 = 512$	$2^{15} = 32768$	$2^{-4} = 0.0625$
$2^4 = 16$	$2^{10} = 1024$	$2^{16} = 65536$	$2^{-5} = 0.03125$
$2^5 = 32$	$2^{11} = 2048$	$2^{17} = 131072$	$2^{-6} = 0.0155625$

Abb. 44: Tabelle der Zweierpotenzen

Als Zahlen, an denen die arithmetischen Operationen vorgestellt werden sollen, werden die ganzen Dezimalzahlen 23 und 18 bzw. 27 und 14 gewählt:

$$23_{10} = 1 \cdot 2^4 + 0 \cdot 2^3 + 1 \cdot 2^2 + 1 \cdot 2^1 + 1 \cdot 2^0 = 10111_2$$
$$18_{10} = 1 \cdot 2^4 + 0 \cdot 2^3 + 0 \cdot 2^2 + 1 \cdot 2^1 + 0 \cdot 2^0 = 10010_2$$
$$27_{10} = 1 \cdot 2^4 + 1 \cdot 2^3 + 0 \cdot 2^2 + 1 \cdot 2^1 + 1 \cdot 2^0 = 11011_2$$
$$14_{10} = 0 \cdot 2^4 + 1 \cdot 2^3 + 1 \,.\, 2^2 + 1 \cdot 2^1 + 0 \cdot 2^0 = 1110_2$$

Für jede dieser Zahlen steht im Rechner Speicherplatz zur Verfügung, der je nach Anlage eine unterschiedliche Anzahl von Bit umfasst. Geht man zunächst von einem Speicherplatz von acht Bit aus und werden die vorderen, für die Darstellung nicht benötigten (führenden) Bit einer Zahl mit Nullen aufgefüllt, ergibt sich für die Dezimalzahlen 23 und 18 folgende Darstellung:

0 0 0 1 0 1 1 1	$\hat{=}$ 23
0 0 0 1 0 0 1 0	$\hat{=}$ 18

Anmerkung: Ist eine Zahl ungerade, so ist das letzte Bit immer eine 1.

Bei der Addition von Dualzahlen geht man genauso vor wie bei der Addition von Dezimalzahlen. Jedoch ist hierbei zu beachten, dass es nicht erst bei 10_{10}, sondern bereits bei 2_{10} einen Übertrag gibt. Beispiel 23 + 18:

	0 0 0 1 0 1 1 1	$\hat{=}$	23
	0 0 0 1 0 0 1 0	$\hat{=}$	18
Übertrag	1 1 1		1
	0 0 1 0 1 0 0 1	$\hat{=}$	41
	$1 \cdot 2^5 + 1 \cdot 2^3 + 1 \cdot 2^0 = 41$	$\hat{=}$	41

Bei der Subtraktion von Dualzahlen gelten die entsprechenden Regeln des Dezimalsystems. Beispiel:

	23
	- 18
Übertrag	1
	05

Da 8 größer ist als 3, wird zunächst nicht 3 - 8, sondern 13 - 8 gerechnet und eine 1 als Übertrag vermerkt. Beim Dualsystem tritt dieser Fall auf, falls in der oberen Zeile eine 0 und in der unteren eine 1 steht. In diesem Fall ist 2 - 1 zu rechnen und ein Übertrag zu vermerken:

	0 0 0 1 0 1 1 1	$\hat{=}$	23
	- 0 0 0 1 0 0 1 0	$\hat{=}$	18
Übertrag	0 0 0 0 0 0 0 0	$\hat{=}$	1
	0 0 0 0 0 1 0 1	$\hat{=}$	05

2. Beispiel (an dem die Übertragsrechnung von Dualzahlen demonstriert wird):

	0 0 0 1 1 0 1 1	$\hat{=}$	27
	- 0 0 0 0 1 1 1 0	$\hat{=}$	14
Übertrag	0 0 0 1 1 0 0 0	$\hat{=}$	00
	0 0 0 0 1 1 0 1	$\hat{=}$	13

Um beliebige Zahlen subtrahieren zu können, benötigt man auch die **negativen Zahlen**. Bei der Bildung von negativen Dualzahlen konstruiert man eine Zahl, deren Summe mit der positiven Zahl 0 ergibt. Anhand des folgenden Beispiels kann dies nachvollzogen werden.

	23	≙	00010111
	+ (- 23)	≙	11101001
Übertrag	00	(1)	11111110
	00		00000000

	18	≙	00010010
	+ (- 18)	≙	11101110
Übertrag	00	(1)	11111100
	00		00000000

Der letzte Übertrag an der nicht vorhandenen 9. Stelle fällt bei 8-stelliger Darstellung weg. Bei negativen Zahlen ergeben sich immer führende Einsen. Um erkennen zu können, ob es sich um eine positive oder negative Zahl handelt, wurde vereinbart, die erste Ziffer zur Darstellung des Vorzeichens zu benutzen. Insofern stehen für die Zahl selbst nur 7 Bit zur Verfügung.

Die negative Zahl lässt sich auch nach folgendem Schema erzeugen:

a) die hinteren Stellen bis einschließlich der letzten 1 bleiben erhalten
b) von den davor stehenden Stellen wird das Komplement gebildet.

Praktisch wird die Subtraktion folgendermaßen durchgeführt:

1. Bildung der negativen Zahl
2. Addition der negativen Zahl

Die Multiplikation wird bei Dualzahlen genauso durchgeführt wie bei Dezimalzahlen. Da der Multiplikator nur aus den Ziffern 0 und 1 besteht, läuft die Multiplikation jedoch praktisch auf eine fortlaufende Addition eines nach links verschobenen Operators hinaus.

1. Beispiel:

	23·18
	184
	23
Übertrag	100
	414

entspricht:	10111·10010
	00000
	10111
	00000
	00000
	10111
Übertrag	11
	$110011110 = 2^8 + 2^7 + 2^4 + 2^3 + 2^2 + 2^1 = 414$

2. Beispiel:

```
             27·14
              108
               27
              378

entspricht: 11011·1110
                 00000
                11011
               11011
              11011
Übertrag    111111
            101111010
```

$101111010 = 2^8 + 2^6 + 2^5 + 2^4 + 2^3 + 2^1 = 378$

Die **Division** kann auf eine Folge von Subtraktionen zurückgeführt werden.

Das Beispiel 414:23 = 18 lässt sich folgendermaßen lösen (s. Multiplikation):

```
            110011110 : 10111 = 10010
           -10111
Übertrag    11
            000101111
          -     10111
                   00
```

Aus den Darstellungen geht hervor, dass sämtliche arithmetischen Operationen von ganzen Zahlen auf die Addition zurückgeführt werden können.

Bemerkung: Die hier gewählte Darstellung der ganzen Dualzahlen bezeichnet man auch als Integer.

Um die Transformation von ganzen Dezimal- in Dualzahlen leichter durchführen zu können, wird die folgende Integer-Transformation, die auf dem Horner Schema aufbaut, vorgestellt:

Man **dividiert** jeweils die Dezimalzahl durch 2, schreibt das Ergebnis in die linke und den Rest in die rechte Spalte. Danach dividiert man das Ergebnis wieder durch 2 usw. Die rechte Spalte **von unten nach oben** gelesen ergibt die Dualzahl. Dieses Schema entspricht dem von Horner. Das Verfahren wird wieder an den Zahlen 18 und 23 vorgeführt (wobei R Rest bedeutet).

Vorgehensweise	Schema		
18 : 2 = 9 R 0	**18**	0 ↑	≙ 10010
9 : 2 = 4 R 1	9	1	
4 : 2 = 2 R 0	4	0	
2 : 2 = 1 R 0	2	0	
1 : 2 = 0 R 1	1	1	

2. Beispiel:

23 : 2 = 11 R 1	**23**	1 ↑	≙ 10111
11 : 2 = 5 R 1	11	1	
5 : 2 = 2 R 1	5	1	
2 : 2 = 1 R 0	2	0	
1 : 2 = 0 R 1	1	1	

Den Zusammenhang dieses Verfahrens mit dem Horner Schema verdeutlicht die folgende Darstellung:

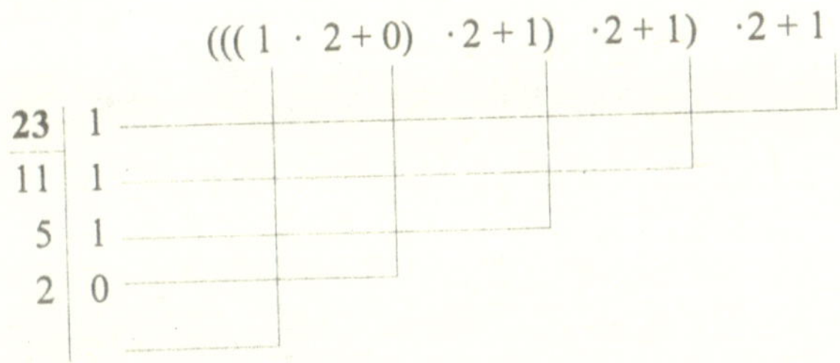

2.7.1.2 Gebrochene Zahlen

Dieses Verfahren ist für alle ganzen Zahlen geeignet. Nunmehr soll überlegt werden, wie gebrochene Zahlen und Zahlen, die kleiner als 1 sind, dargestellt werden können. Auch hier kann man sich entsprechend der vorherigen Transformation der Zweierpotenzen bedienen:

$$\begin{aligned} 0{,}75 &= 7 \cdot 10^{-1} + 5 \cdot 10^{-2} \\ &= 1 \cdot 2^{-1} + 1 \cdot 2^{-2} = 0.11_2 \\ &= (1 + 1 \cdot 2^{-1}) \cdot 2^{-1} \\ &= 0.11_2 \end{aligned}$$

Das Horner Schema eignet sich also auch in diesem Fall - nur mit der Multiplikation mit 2^{-1}. Für die genau umgekehrte Anwendung im Schema benötigt man also die fortlaufende Anwendung der Multiplikation mit 2.

Vorgehensweise:

0.75	$0.75 \cdot 2 = 1.50$	
1.50	$0.50 \cdot 2 = 1.00$	$\Rightarrow 0.11_2$
1.00	$0.00 \cdot 2 = 0.00$	
0.00		

Allgemein verläuft das Verfahren für die Codetransformation einer rein gebrochenen Zahl folgendermaßen:

Man multipliziert jeweils den Teil der Zahl, der hinter dem Komma steht, mit 2 und schreibt das Ergebnis darunter. Die linke Spalte **von oben nach unten** gelesen ergibt die Dualzahl.

0.625

1.25 $\quad 0.625_{10} \Rightarrow 0.101_2$

0.5

1.0

0

Dieses Verfahren wird nunmehr auf die Zahl 0.1_{10} angewendet:

0.1
0.2
0.4
0.8
1.6
1.2 $\quad$ wiederholt sich
0.4
0.8
1.6 $\quad 0.1_{10} \mathrel{\hat{=}} 0.0001\overline{100}_2$

Aus diesem Beispiel wird zweierlei deutlich:

a) dass man mehr Stellen zur Darstellung benötigt und

b) dass sich **nicht alle** im Dezimalsystem eindeutig darstellbaren Zahlen auch im Dualsystem eindeutig darstellen lassen.

Es gibt häufig einen **Darstellungsfehler**. Wie groß der Darstellungsfehler wird, hängt davon ab, wie viele Bit zur Darstellung der Zahl zur Verfügung stehen (normalerweise sind es mindestens 32 Bit).

Soll nun die gemischte Dezimalzahl 104.85 als Dualzahl dargestellt werden, so wird zunächst erst 104 umgewandelt und dann 0.85.

104	0	0.85	
52	0	1.7	
26	0	1.4	
13	1	0.8	
6	0	1.6	
3	1	1.2	
1	1	0.4	wiederholt sich
0		0.8	

Damit ergibt sich:

$$104.85_{10} = 01101000.110\overline{1100}_2$$

Diese Darstellung ist gleichbedeutend mit

$$104.85_{10} = 0.1101000110\overline{1100}_2 \cdot 2^7$$

oder auch mit

$$104.85_{10} = 0.0001101000110\overline{1100} \cdot 2^{10}$$

Bei Zahlen mit Dualpunkt müsste also angegeben werden, wo der Punkt stehen soll. Da man möglichst viele Stellen, die ungleich Null sind, speichern und auf keine Information bringende führende Nullen verzichten will, hat man sich bei vielen Anlagen auf eine normierte Stellung des Dualpunktes geeinigt: Die erste Ziffer, die ungleich Null ist, steht unmittelbar hinter dem Punkt; die Anzahl der Stellen, um die der Punkt dafür verschoben werden musste, werden in einer zur Zahl gehörenden Charakteristik gespeichert. Diese habe in diesem Beispiel 7 Bit. Die größte darin darstellbare Zahl ist 127_{10}. Deshalb wählt man als Charakteristik C mit

$$C = 64 + E,$$

wobei E der Exponent der zugehörigen Zweierpotenz (im Beispiel 7) ist, durch den die Punktverschiebung dokumentiert wird. Durch eine entsprechende Wahl von C ($0 \leq C \leq 127$) kann E Werte zwischen -64 und +63 annehmen.

Um die Zahl vollständig wiederzugeben, müssen für jede gebrochene Zahl folgende Anteile gespeichert werden: Vorzeichen, Charakteristik und Ziffernfolge. Hierbei sind i.d.R. für das Vorzeichen 1 Bit, die Charakteristik 7 Bit und die Ziffernfolge mindestens 24 Bit vorgesehen (also 32 Bit oder 4 Byte). Ein Speicherplatz könnte dann folgendermaßen aussehen:

Vorz.	Charakteristik	Ziffernfolge

Die Charakteristik für die Beispielzahl 104.85 lautet 64 + 7 = 71, da der Punkt für die gewählte normierte Darstellung, bei der auch die größte Darstellungsgenauigkeit erreicht wird, um 7 Stellen verschoben werden muss. Diese Zahl wird nun in eine Dualzahl umgewandelt:

71	1
35	1
17	1
8	0
4	0
2	0
1	1

Daraus ergibt sich für die Zahl 104.85:

0	1 0 0 0 1 1 1	1 1 0 1 0 0 0 1 1 0 1 1 0 0 1 1 0 0 1 1 0 0 1 1
Vorzeichen	Charakteristik	Ziffernfolge der Zahl

Aus der Darstellung geht hervor, dass die Zahl 104.85 nicht exakt in dieser Form gespeichert wird. Der hintere Teil fällt aufgrund des zur Verfügung stehenden Speichers weg. Hier kann in der Mantisse (24bit) die Zahl 104.85 nur auf 7 Stellen vor und 24-7=17 Stellen hinter dem Dezimalpunkt dargestellt werden. Ein Beispiel für die mögliche Größe des Darstellungsfehlers ist die Berechnung von $10^{10} + 100 - 10^{10}$. Der Computer errechnet den Wert 0. Der Benutzer muss sich also stets fragen, ob die Genauigkeit für seine Aufgabe ausreicht.

Bemerkung: Da man zur Darstellung der gebrochenen Zahl den Dualpunkt so verschiebt, dass die größte Darstellungsgenauigkeit erreicht wird, bezeichnet man die Zahl als **Gleitkommazahl**.

2.7.2 Darstellung alphanumerischer Zeichen

Ausgangspunkt der Zeichendarstellung war die binäre Verschlüsselung der Dezimalziffern (**B**inary-**C**oded-**D**ecimal Code oder BCD-Code), bei der jede Dezimalziffer als Tetrade (4 Stellen) im Dualsystem dargestellt wurde. Die folgende Abbildung verdeutlicht diese Vorgehensweise.

0	0000
1	0001
2	0010
.	
.	
.	
8	1000
9	1001

Da diese vier Bit aber zur Darstellung alphanumerischer Zeichen (Buchstaben und Ziffern) für die Speicherung von Texten nicht ausreichen, benötigte man einen Code, mit dessen Hilfe mindestens 40 bis 50 Zeichen verschlüsselt werden können (10 Ziffern + 26 Buchstaben + Sonderzeichen). Hierzu sind für jedes Zeichen 6 Bit erforderlich (da man mit 6 Bit $2^6 = 64$ Zeichen darstellen kann, während aus 5 Bit nur $2^5 = 32$ Zeichen erzeugt werden können). Ein solcher einfacher 6-Bit-Code ist der von verschiedenen Herstellern unterschiedlich definierte BCD-Code (vgl. für ein Beispiel Abb. 45).

Die Zahl 463 verschlüsselt in diesem BCD-Code würde also lauten:

110100/110110/110011

und das Wort BOCHUM hätte folgende binäre Darstellung:

000111/010100/001000/001101/011010/010010

Bit 1 - 3 \ Bit 4 - 6	000	001	010	011	100	101	110	111
000	@					ZW	A	B
001	C	D	E	F	G	H	I	J
010	K	L	M	N	O	P	Q	R
011	S	T	U	V	W	X	Y	Z
100	)	-	+	<	=	>	&	$
101	*	(	%	:	?	!	,	\
110	0	1	2	3	4	5	6	7
111	8	9	'	;	/	.	¤	

Abb. 45: Beispiel für den BCD-Code (ZW = Zwischenraum)

Kritiker des BCD-Codes bemängeln, dass dieser Code zu eng ist, denn die 6 Bit reichen nicht aus, um auch das kleine Alphabet zusätzlich darzustellen. Deswegen wurde ein weiterer größtenteils normierter Code geschaffen, der EBCDI-Code. Bei diesem Code stehen zur Darstellung jedes Zeichens 8 Bit zur Verfügung. Insgesamt lassen sich also 2^8 oder 256 Zeichen in diesem Code realisieren. In Abb. 46 werden die wesentlichen Zeichen dieses Codes wiedergegeben.

Eine EBCDI-Verschlüsselung des Namens ADAM hat die Binärdarstellung:

ADAM => 11000001/11000100/11000001/11010100

Bei diesem Code handelt es sich - ebenso wie beim BCD-Code - um einen **sortierfähigen** Code, sofern man von einer Sortierfolge a, b, c, ..., z, A, B, ..., Z, 0, 1, ..., 9 ausgeht, da der Dualzahlenwert der im EBCDI-Code dargestellten Zeichen in dieser Reihenfolge aufsteigend ist (Dualzahlenwert der Verschlüsselung von a ist kleiner als von allen anderen alphanumerischen Zeichen).

Beispiel (hierbei bedeutet _ ein führendes Leerzeichen):

_WIEN 01010101/11100110/11001001/11000101/11010101 }
_BONN 01010101/11000010/11010110/11010101/11010101 } -

00000000 00100011 11110010 11110000 00000000

Es bleibt nach der Dualzahlendarstellung ein positiver Rest, d.h., der numerische Dualzahlenwert der Verschlüsselung von WIEN ist größer als der von BONN. Deshalb kommt nach dem hier zugrunde gelegten Ordnungskriterium BONN vor WIEN (in alphabetischer Folge).

Neben dem EBCDI-Code ist auch der ebenfalls sortierfähige ASCII-Code (**A**merican **S**tandard **C**ode for **I**nformation **I**nterchange, vgl. Abb. 47) sehr verbreitet. Während der EBCDI-Code im Großrechnerbereich vorherrschte, konnte sich der ASCII-Code entsprechend als Standardcode für kleinere Rechner durchsetzen. So wird der ASCII-Code von allen Herstellern von PCs verwendet.

Bemerkung: Bevor eine Dualzahl als Dezimalzahl ausgegeben werden kann, muss sie in die Dezimalstellen zerlegt werden. Dies geschieht durch fortlaufende Division durch $10_{10} = 1010_2$. Anschließend müssen die im Dualcode dargestellten Dezimalstellen in den EBCDI-Code (vgl. Abb. 46) transformiert werden, indem die 4 führenden Bit jeder Ziffer mit 1111 belegt werden.

Beispiel $125_{10} = 1111101_2$

1. Schritt: Bilden der Dezimalziffern

Gemäß der folgenden Dezimalrechnung

$$\begin{aligned} 125 : 10 &= 12 \text{ R } 5 \\ 12 : 10 &= 1 \text{ R } 2 \\ 1 : 10 &= 0 \text{ R } 1 \end{aligned}$$

wird eine entsprechende Dualrechnung durchgeführt.

```
1111101 : 1010 = 1100 R 0101        0101  ↑  ≙ 5
1010                                      |
  1011                                    |
  1010                                    |
     101                                  |
                                          |
1100 : 1010 = 1 R 0010              0010  |  ≙ 2
1010                                      |
  10                                      |
                                          |
   1 : 1010 = 0 R 0001              0001  |  ≙ 1
```

Es gibt also folgende Dezimalstellen (im Dualcode):

0001
0010
0101

2. Schritt: Verschlüsseln der Dezimalziffern in den EBCDI-Code durch Voranstellen von 1111:

0001 => 11110001

0010 => 11110010

0101 => 11110101

In dieser Darstellung kann die Zahl 125_{10} über den Drucker ausgegeben werden.

1. Tetrade \ 2. Tetrade	0000	0001	0010	0011	0100	0101	0110	0111	1000	1001	1010	1011	1100	1101	1110	1111
0000	nul	soh	stx	etx	pf	nt	lc	del			smm	rt	ff	cr	so	si
0001	dle	dc1	dc2	tm	res	nl	bs	il	can	em	cc	cul	fs	gs	rs	us
0010	ds	sos	fs		byp	lf	etb	esc			sm	cu2		enq	ack	bel
0011			syn		pn	rs	vc	eot				cu3	dc4	nak		sub
0100	sp										[	.	<	(	+	!
0101	&										]	$	*	)	;	^
0110	-	/								`	|	,	%	_	>	?
0111											:	#	@	'	=	"
1000		a	b	c	d	e	f	g	h	i						
1001		j	k	l	m	n	o	p	q	r						
1010			s	t	u	v	w	x	y	z						
1011																
1100		A	B	C	D	E	F	G	H	I						
1101		J	K	L	M	N	O	P	Q	R						
1110			S	T	U	V	W	X	Y	Z						
1111	0	1	2	3	4	5	6	7	8	9						

Abb. 46: EBCDI-Code (ZW = Zwischenraum)

1. Tetrade \ 2. Tetrade	0000	0001	0010	0011	0100	0101	0110	0111	1000	1001	1010	1011	1100	1101	1110	1111
0000	nul	soh	stx	etx	eot	enq	ack	bel	bs	ht	lf	vt	ff	cr	so	si
0001	dle	dc1	dc2	dc3	dc4	nak	syn	etb	can	em	sub	ecs	fs	gs	rs	us
0010	ZW	!	"	#	$	%	&	'	(	)	*	+	,	-	.	/
0011	0	1	2	3	4	5	6	7	8	9	:	;	<	=	>	?
0100	@	A	B	C	D	E	F	G	H	I	J	K	L	M	N	O
0101	P	Q	R	S	T	U	V	W	X	Y	Z	[	\	]	^	_
0110	`	a	b	c	d	e	f	g	h	i	j	k	l	m	n	0
0111	p	q	r	s	t	u	v	w	x	y	z	{	|	}	~	del
1000																
1001		‘	’													
1010		¡	¢	£	¤	¥	¦	§	¨	©	ª	«	¬	-	®	¯
1011	°	±	²	³	´	µ	¶	·	¸	¹	º	»	¼	½	¾	¿
1100	À	Á	Â	Ã	Ä	Å	Æ	Ç	È	É	Ê	Ë	Ì	Í	Î	Ï
1101	Đ	Ñ	Ò	Ó	Ô	Õ	Ö	×	Ø	Ù	Ú	Û	Ü	Ý	Þ	ß
1110	à	á	â	ã	ä	å	æ	ç	è	é	ê	ë	ì	í	î	ï
1111	ð	ñ	ò	ó	ô	õ	ö	÷	ø	ù	ú	û	ü	ý	þ	ÿ

Abb. 47: ASCII-Code

2.8 Steuerung einer EDV-Anlage durch Programme

Wie bereits bei der Darstellung der Steuerungsarten über das Steuerwerk gezeigt wurde, wird der Computer meistens über Programme gesteuert. Will man also mit einem Computer arbeiten, benötigt man Programme. Dabei lassen sich zwei Ebenen unterscheiden. Zum einen die Erstellung von derartigen Programmen (vgl. Kap. 2.8.1) und ihre Nutzung zur Steuerung eines Rechners (vgl. Kap. 2.8.2). Betrachtet man zunächst die Erstellung von Programmen, so lässt sich auch hier weiter differenzieren. Bei der eher hardwareorientierten Betrachtungsweise, wie sie in Kap. 2.8.1.1 vorgestellt wird, wird eine Programmiersprache verwendet, die der Rechner von sich aus versteht, die sogenannte Maschinensprache. Da aber die Maschinensprache der menschlichen Sprache in keinster Weise ähnelt, wurden problemorientierte Sprachen zur Entwicklung von Programmen entwickelt, die sich mehr oder weniger an der menschlichen Sprache orientieren. Darauf wird in Kap. 2.8.1.2 eingegangen. Kap. 2.8.2, das die Steuerung des Computers durch fertige Programme beschreibt, ist ebenfalls weiter unterteilt. Dabei wird zum Einen die sogenannte Systemsoftware in Kap. 2.8.2.1 behandelt. Diese sorgt dafür, dass der Rechner für breitere Software, die sogenannte Anwendungssoftware, verwendbar wird. Die Anwendungssoftware (vgl. Kap. 2.8.2.2) bezieht sich auf einen konkreten Anwendungsbereich, wie beispielsweise die Finanzbuchhaltung. Sie kann man wiederum grob unterscheiden in solche, bei der eine Software konkret für eine spezielle Nachfrage erstellt wird, und die man deshalb auch als Individual- oder maßgeschneiderte Software bezeichnet und solche, wo versucht wird, mit einer Softwarelösung viele Nachfrager oder eine Branche mit einem Programm zu versorgen. Solch eine Softwarclösung wird als Standardsoftware bezeichnet.

Als Erstes wenden wir uns nach dieser Übersicht der Steuerung eines Rechners durch Sprachen zu.

2.8.1 Programmiersprachen als Grundlage des Rechnerbetriebs

Wie bereits bei der Beschreibung der Funktionsweise des Steuerwerks, des Rechenwerks und des Speichers deutlich wurde, gibt es zwei grundsätzlich unterschiedliche Sprachsysteme, die in der Anlage zusammenfinden müssen, wenn Mensch und Maschine sich verstehen wollen. Der Mensch beschreibt seine Probleme, bei denen er Hilfe vom Computer erwartet, in verbaler Form, die Maschine dagegen versteht nur Anweisungen, die sich aus Operationscodes und Adressteilen in binärer Form ergeben. Um diese Diskrepanz zu überwinden, muss zunächst versucht werden, die Maschine durch einen Spezialisten mit einer für den Menschen verständlichen Sprache auszustatten. Es muss also mindestens eine sog. Metasprache entwickelt werden. Auf dieser aufbauend kann dann aus dem Rechner ein Hilfsmittel für den Menschen werden.

Doch dazu muss zunächst die Arbeitsweise des Rechners mit Hilfe der Maschinensprache verstanden werden, damit man darauf aufbauend zu den problemorientierten Programmen kommen kann.

2.8.1.1 Maschinenorientierte Programmiersprachen

Damit ein Computer über ein Programm gesteuert werden kann, muss es im Arbeitsspeicher abgelegt sein, und es muss in einem Binärcode in Maschinensprache vorliegen, wie sie die Anlage von der Hardware- oder der Mikroprogrammseite auch versteht. Dabei setzt sich ein solches Programm aus den im Binärcode dargestellten einzelnen Befehlen zusammen. Programme dieser Art sind in einer Programmiersprache der ersten Generation abgefasst.

Wie bereits im Abschnitt 2.2.2 erwähnt wurde, setzt sich jeder derartige Befehl aus einem Operationsschlüssel und einem Adressteil zusammen. Der Operationscode enthält die bereits dargestellten Befehlsarten. Der Adressteil kann 1-, 2- oder 3-teilig sein. Wird jede Operation mit maximal einer Adresse ausgeführt, z.B. "hole den Inhalt des Wortes mit der Adresse 1027", so liegt eine Einadressanlage vor. Diese Art ist wohl am weitesten verbreitet. Besteht der Adressteil aus 2 Adressen, z.B. "addiere den Inhalt des Wortes mit der Adresse 1028 zu dem der Adresse 1050", so spricht man von einer Zweiadressanlage. Seltener sind die Dreiadressanlagen, bei denen der Adressteil 3-teilig ist, etwa "addiere den Inhalt des Speicherplatzes mit der Adresse 1029 zu dem der Adresse 1070 und speichere ihn in der Adresse 2000".

Da diese Art der rein binären Programmierung kaum für größere Programme durchführbar ist, gibt es für fast alle Anlagen Übersetzer, die auch als **Assemblierer** bezeichnet werden, die eine mehr **symbolische Sprache** in die rein binäre Maschinensprache übertragen. Diese symbolische Sprache wird auch **Assembler** genannt. Eine Assemblersprache bezeichnet man als Sprache der zweiten Generation. Hierbei entspricht jedem Befehlscode in der Maschinensprache genau eine symbolische Darstellung, und auch jeder symbolischen Adresse wird genau eine binäre Adresse zugeordnet, so dass der Übersetzungsprozess umkehrbar eindeutig stattfinden kann (1:1-Übersetzer). In dieser Assemblersprache lässt sich erheblich leichter programmieren als im direkten Binärcode.

Es ist aber auch für ein derartiges Assemblerprogramm erforderlich, dass ein Übersetzungsprogramm bereits in der Maschinensprache (Binärcode) vorliegt, das aus dieser symbolischen Sprache eine reine Maschinensprache erzeugen kann, wobei als Dateninput das Assemblerprogramm eingegeben wird und als Ausgabe das Maschinenprogramm erzeugt wird.

Bei diesem Übersetzungsprozess wird folgendermaßen vorgegangen: In einem ersten Durchgang durch das Assemblerprogramm werden die symbolischen Adressen registriert und ihnen wird anschließend ein physischer Speicherplatz zugeordnet, z.B.: Der symbolische Speicherplatz X erhält die Adresse 1015 usw. In einem weiteren Durchgang werden die symbolischen Operationscodes - z.B. M für

Multipliziere - in ihren binären Operationscode mit Hilfe einer Codetabelle übersetzt, und es wird bei jedem Befehl gleichzeitig der Adressteil mit der aus dem ersten Durchgang bekannten Adresse gefüllt.

Befehlsart	Befehl	Legende	Beispiel	Erläuterung
Lade/ Speicher-Befehle	LD	Lade in R	LD C	(C) -> R
	STO	Speichere aus R	STO C	(R) -> C
	LDX	Lade in Indexregister	LDX 1I	(I) -> Indexr. 1
	STX	Speichere aus Indexregister	STX 1I	(Indexr. 1) -> I
Arithmetrische Befehle	A	Addiere auf R	A N	(R) := (R) + (N)
	S	Subtrahiere von R	S M	(R) := (R) - (N)
	M	Multipliziere mit R	M R	(R) := (R) · (N)
	D	Dividiere R durch...	D T	(R) := (R) / (N)
Sprungbefehle	BSI	Verzweige unter Bedingungen im Indexregister	BSI 1K, +	Verzw. zur Befehlsadr. K, wenn (Indexr. 1) > 0
	BSC	Verzweige unter Bedingung in R	BSC L, -	Verzw. zur Befehlsadr. L, wenn (R) < 0
	MDX	Verändere Indexregister	MDX 1-12	Verringere den Wert des Indexr. 1 um -12 und überspringe den nächsten Befehl, falls dieses = 0
Verschiebebefehle	SLR	Verschiebe R nach links	SLR 5	Verschiebe R um 5 Bits nach links
	SRR	Verschiebe R nach rechts	SRR 7	Verschiebe R um 7 Bits nach rechts
Befehle an Assembler				
Definitionen	DC	Definiere Constante	DC 10	Definiere die Zahl 10
	BSS	Def. Datenbereich (Start)	BSS 20	Reserviere 20 Speicherplätze
	BSCI	Unterprogrammsprung	BSCI CARD	Sprung in das Unterprogramm CARD
	EBC	Textdefinition	EBC HANSEN	Text HANSEN wird definiert

Abb. 48: Einfache Assemblersprache für Einadressanlagen

Erst danach kann dieses neue Maschinenprogramm angewandt werden. Es wird insofern das auszuführende Maschinenprogramm über ein Übersetzungsprogramm mit Hilfe der EDV aus einem symbolischen Programm erzeugt. Als Beispiel sei hier eine vereinfachte Version einer Assemblersprache für Einadressanlagen angeführt (vgl. Abb. 48), wobei folgende Abkürzungen verwendet werden:

R => Rechenregister (wird auch häufig Akkumulator genannt)

(C)=> Inhalt des Speicherplatzes mit der Adresse C

:= => wird

Dieses Symbol soll an einem Beispiel verdeutlicht werden:

(R) := (R) + (N)

(Der Inhalt des Registers R wird um den Inhalt des Speicherplatzes N erhöht.)

Ein einfaches Programm, bei dem die Zahlen A = 25 und B = 10 addiert und nach C gespeichert werden sollen, hätte folgende Gestalt:

	LD	A	(A) wird ins Register geholt (also der Wert 25)
	A	B	(B), also der Wert 10, wird auf den Inhalt des Registers addiert, es steht dort (A) + (B) = 35
	STO	C	der neue Inhalt des Registers wird nach C gespeichert
A	DC	25	Definition der Zahl 25 im Speicherplatz A
B	DC	10	Definition der Zahl 10 im Speicherplatz B
C	BSS	1	Reservation eines Speicherplatzes für C

Abb. 49: Einfaches Assemblerprogramm

Ist dieses Programm für die Speicherplätze 1024 bis 1029 vorgesehen und sei der Operationsschlüssel von LD : 00101, der von A : 10101 und der von STO : 01101, so erzeugt der Übersetzer daraus folgendes Maschinenprogramm:

(Adr.)	Op.Code	Adresse	
(1024)	≙ 00101	10000000011	Hole die Zahl, dic im Speicherplatz $1027_{10} = 10000000011_2$ steht
(1025)	≙ 10101	10000000100	Addiere darauf die Zahl, die im Speicherplatz $1028_{10} = 10000000100_2$ steht
(1026)	≙ 01101	10000000101	Speichere das Ergebnis nach Speicherplatz $1029_{10} = 10000000101_2$
(1027)	≙ 00000	00000011001	Definition von $25_{10} = 11001_2$ für A (keine Operation)
(1028)	≙ 00000	00000001010	Definition von $10_{10} = 1010_2$ für B (keine Operation)
(1029)	≙ 00000	00000000000	Reservation von C = 0 (keine Operation)

Abb. 50: Maschinencode des in Abb. 49 dargestellten Assemblerprogramms

Es ist offensichtlich, dass eine derartige Maschinensprache schwer verständlich ist, dass aber auch der Umgang mit der Assemblersprache nur mit viel Übung möglich und insofern für ökonomische Probleme kaum verwendbar ist. Außerdem sind diese Sprachen hinsichtlich der Befehlszahl und der Befehlsauswahl von Anlage zu Anlage unterschiedlich. Die Anzahl der verschiedenen Befehle bei verschiedenen Anlagen geht von 30 Befehlen bis zu über 500 Befehlen. D.h., mit jedem Anlagenwechsel muss eine neue Assembler- und Maschinensprache erlernt und verwendet werden (deshalb bezeichnet man diese Sprachen auch als maschinenorientierte Sprache/Sprachen). Ein Anlagenwechsel kann es mit sich bringen, dass alle in maschinenorientierten Sprachen geschriebenen Programme neugefasst werden müssen. Da die Kosten hierfür aber sehr hoch sind, hat man nach anderen anlagenunabhängigen Sprachen gesucht.

2.8.1.2 Problemorientierte Programmiersprachen

Als Folge der Forderung nach mehr Maschinenunabhängigkeit wurden problemorientierte Sprachen entwickelt, die weitgehend von der Anlage unabhängig sind und die mit Hilfe von Sprachübersetzern (Kompilierer/Compiler oder Interpretierer/Interpreter) durch den Computer selbst in die jeweilige Maschinensprache übersetzt werden können. Somit ist es bei der Neuentwicklung einer Anlage nur erforderlich, dass der Hersteller in seiner maschinenorientierten Sprache für jede problemorientierte Sprache ein entsprechendes Übersetzungsprogramm liefert. Dann können die in den anlagenunabhängigen, problemorientierten Sprachen geschriebenen Programme auf dieser Anlage angewendet werden.

Diese problemorientierten Sprachen erfüllen häufig zusätzlich folgende Bedingungen:

a) Sie sind mehr an die natürliche Sprache (meist Englisch) angelehnt und deshalb leichter verständlich.

b) Sie wurden den speziellen Anwendungsbereichen angepasst, weshalb sie auch als "problemorientierte" Sprachen bezeichnet werden. Zur Bearbeitung dieser Anwendungsbereiche verfügen sie über Funktionen, die ein besonders schnelles und problemloses Programmieren ermöglichen. So gibt es z.B. Sprachen, die sich besonders gut zur Analyse von Warteschlangen eignen.

c) Durch die richtige Wahl der Sprache sind die Programme leichter verständlich, wodurch Tests und Änderungen schneller und besser ausgeführt werden können.

Auf die Vielzahl der problemorientierten Sprachen und auf Möglichkeiten der Auswahl einer geeigneten Sprache wird in Kap. 3.3 eingegangen.

Diesem Buch werden - wie bereits erwähnt - die problemorientierten Sprachen PASCAL (DELPHI) und C für ausgewählte Problemlösungen zugrunde gelegt.

Ein in einer problemorientierten Sprache geschriebenes Programm wird zunächst meist in einem sprachspezifischen Code[25] in den Computer eingelesen, dann mit Hilfe eines Übersetzers auf sprachliche (lexikalische, syntaktische und semantische) Fehler überprüft. Falls Fehler vorliegen, werden diese angezeigt oder ausgedruckt. Liegen keine Fehler vor, so wird ein Maschinenprogramm erzeugt, das zur Ausführung gebracht werden kann. Bei diesem Prozess stellt das in der problemorientierten Sprache geschriebene Programm die Eingabedaten des Übersetzungsprogramms (Kompilierers oder Interpretierers) dar, und die Ausgabe ist das gewünschte ausführbare Programm in der Maschinensprache. Erst dieses liefert mit den Daten des Anwendungsbereichs die Ergebnisse. Dieser Prozess wird in der Abb. 51 wiedergegeben.

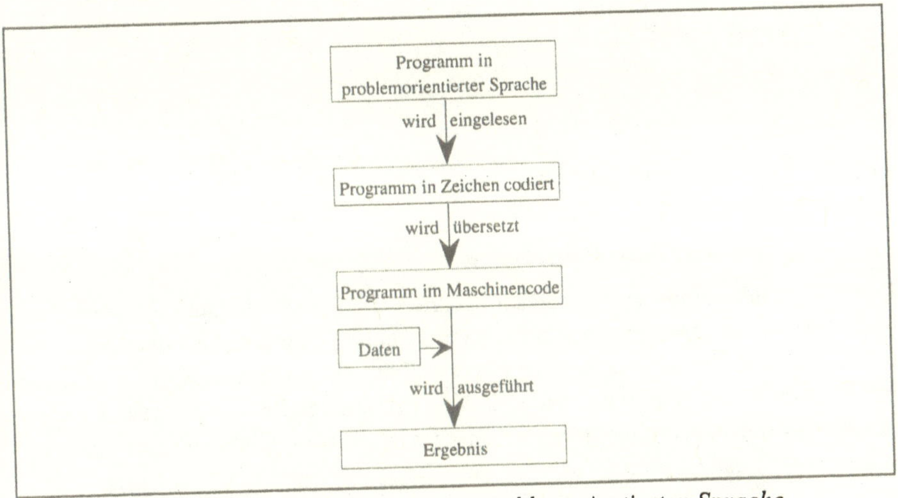

Abb. 51: Phasen in der Ausführung einer problemorientierten Sprache

Während bisher auf die Verarbeitung eines Programms durch den Computer eingegangen wurde, soll nun eine Klassifikationsmöglichkeit für Programme vorgestellt werden. Dabei werden im Folgenden Software und Programme begrifflich gleichgestellt: Unter Software für eine Anlage versteht man die Menge aller zur Verfügung stehenden Programme, mit der diese gesteuert werden kann. Wie diese Programme zur Steuerung der Anlage herangezogen werden können, wird im nächsten Kapitel betrachtet.

2.8.2 Anwendung von Programmen für den Rechnerbetrieb

Prinzipiell besteht Software aus Systemsoftware und Anwendungssoftware (vgl. Abb. 52). Unter Systemsoftware versteht man unter anderem die Programme, die für das reibungslose Funktionieren eines Computers notwendig sind. So gehören die Übersetzungsprogramme, die die der menschlichen Sprache angepassten prob-

[25] Dieser Code ist sehr häufig der sog. ASCII-Code.

lemorientierten Programme in eine für den Computer verständliche Maschinensprache umwandeln, zur Gruppe der Systemprogramme. Systemprogramme werden in Kap. 2.8.2.1 erläutert, bevor auf die sogenannten Anwendungsprogramme in Kap. 2.8.2.2 eingegangen wird. Die Anwendungssoftware, deren Verwendung die Systemsoftware voraussetzt, sind die Programme, mit denen der betriebliche Anwender seine Problemstellung, z.B. im Bereich der Lagerhaltung oder des Controllings, bearbeiten kann.

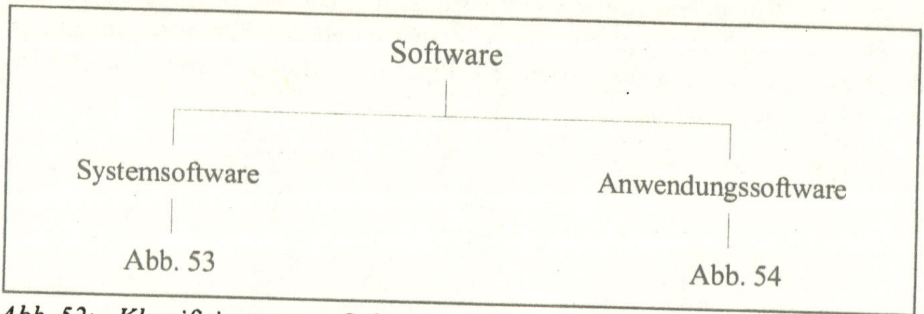

Abb. 52: Klassifizierung von Software

2.8.2.1 Systemorientierte Programme

Die Menge der computerspezifischen Programme, die den Umgang problemorientierter Anwendungsprogramme mit einem Rechner ermöglichen oder diesen erleichtern, bezeichnet man, wie bereits erwähnt, als Systemsoftware. Zusätzlich wird durch diese Programme ein effektiver Einsatz des Rechners erreicht, indem der Ablauf der Programme derart organisiert ist, dass möglichst wenige Anlagenkomponenten inaktiv sind.

Derartige Systemsoftwarepakete haben z.T. den Umfang von mehreren Millionen Instruktionen, von denen im Normalfall allerdings immer nur wenige zu einem Zeitpunkt im Arbeitsspeicher benötigt werden. Nur der Kern (Nukleus) dieser Systemprogramme ist ständig im Arbeitsspeicher untergebracht, und dieser lädt zusätzlich bei Bedarf verschiedene Programmteile zur Ausführung von der Platte in den Arbeitsspeicher.

Die Menge der Systemprogramme lässt sich unterteilen in Betriebssystem, Programmiersystem, systemnahe Software und Dienstprogramme. Während sich das Betriebssystem aus Organisationsprogrammen zur Steuerung des Ablaufs der Programme, zur Bereitstellung von Kommunikationssoftware und zur Vermittlung von Speichern und Hilfsfunktionen zusammensetzt, besteht das Programmiersystem aus der Menge der auf einer Anlage implementierten (eingeführten und ausgetesteten) Programme zur Sprachübersetzung und zur Vermittlung von bereits programmierten Programmteilen (Unterprogrammen) und Programmen aus Bibliotheken.

Inzwischen gibt es auch für jede Hardware passende Software, mit der schnell große Datenbestände angelegt und gepflegt werden können, so dass alle Daten nach Möglichkeit nur einmal vorhanden sind und für alle Anwender und Aufgaben gleichermaßen verfügbar sind. Diese Software bezeichnet man als Datenbanksystem. Da diese Systeme sehr genau auf die Hardware und das Betriebssystem abgestimmt sein müssen, bezeichnet man sie als systemnahe Software. In die gleiche Gruppe fallen auch häufig Programme, mit denen Anwendungssoftware für DV-Nutzer erstellt werden kann. Jedoch sollte diese Gruppe nur dann hier aufgeführt werden, wenn sie unmittelbar auf den Funktionen des Betriebssystems aufbaut. Softwaresysteme wie das Betriebssystem und die Datenbanksoftware sind selbst eine Art **Basissoftware**, da die Anwendungsprogramme, die die Nutzer im betrieblichen Alltag einsetzen, darauf aufbauen, ohne viel von der Basissoftware zu sehen.

All diese Software wird unterstützt durch eine Vielzahl z.T. universell verwendbarer Software, die sogenannten Dienstprogramme.

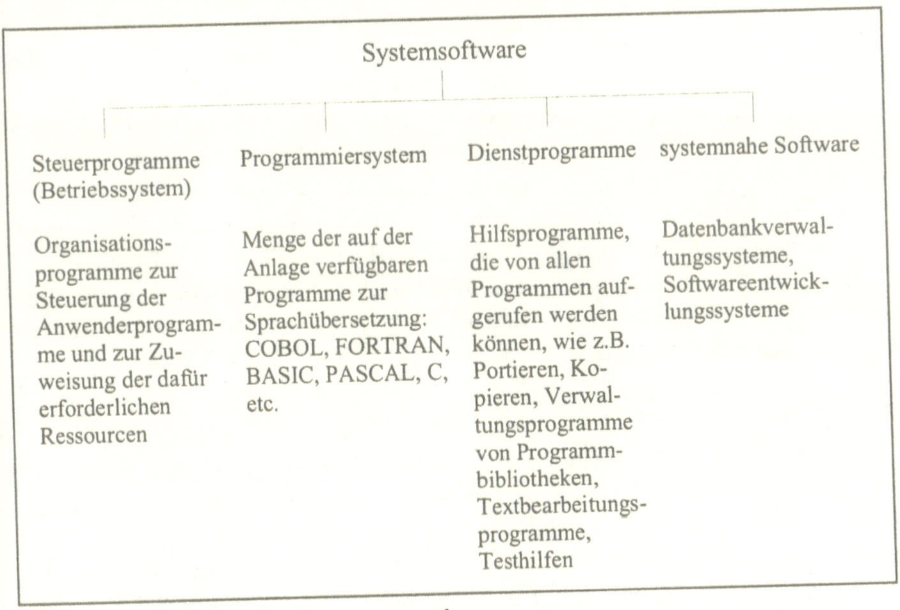

Abb. 53: Klassifizierung der Systemsoftware

Der Einsatz des Betriebssystems wird über eine übergeordnete Steuersprache gesteuert, der Sprache des Betriebssystems. Diese hat verschiedene Namen, z.B. **J**ob **C**ontrol **L**anguage (JCL). Sie ist nach wie vor von Computer zu Computer sehr unterschiedlich. Versuche, im Betriebssystembereich zu einer Art Norm zu kommen, haben zur Schaffung des UNIX-Betriebssystems geführt. Im Allgemeinen ist jedoch der Sprachumfang dieser Steuersprachen nicht allzu groß, so dass der ökonomisch orientierte Anwender die ihn interessierende Teilmenge dieser Sprache in kurzer Zeit erlernen kann.

Die bekanntesten Betriebssysteme sind:

MS-DOS (**M**icro**s**oft **D**isk **O**perating **S**ystem)

MS-DOS wird unter dem Namen PC-DOS auch von IBM vertrieben. MS-/PC-DOS kann 640 KB Hauptspeicher adressieren. Es handelt sich um ein Singletasking-Betriebssystem, d.h., es kann jeweils nur ein Benutzer mit einer Anwendung arbeiten. MS-/PC-DOS verwendet ein hierarchisches Dateisystem mit einem Hauptverzeichnis, Unterverzeichnissen und Dateien und beinhaltet eine Kommandosprache zum Erstellen von Batch-Prozeduren. Mit dieser Sprache können sequentiell abzuarbeitende Befehle, etwa zum Starten einer Anwendung, zusammengefasst werden. Eine Erweiterung fand DOS durch die graphische Benutzeroberfläche Windows. Damit ist neben einer vereinfachten Bedienung auch unter DOS ein Multitasking-Betrieb möglich, es können also mehrere Anwendungen gleichzeitig gestartet werden.

Windows 95/98/ME

Sowohl die Vorgängerversion Windows 3.1 respektive Windows 3.11 als auch die späteren Windows Versionen 95 bzw. 98 sind keine eigenständigen Betriebssysteme, da diese als Programmpakete lediglich auf DOS aufbauen. Allerdings liegt der Vorteil dieser Systeme in der Integration einer komfortablen graphischen Benutzeroberfläche. Windows 95/98 ist ein 32-Bit-Betriebssystem, es können also 32-Bit, d.h. 4 Byte, parallel verarbeitet werden. Dementsprechend kann die höhere Verarbeitungsbreite moderner Prozessoren (32-Bit ab 80386 und 64-Bit ab 80586) besser genutzt werden als noch beim 16-Bit-Betriebssystem DOS. Um Abwärtskompatibilität zu gewährleisten, sind DOS Programme und Programme für die älteren Windows Versionen 3.x auch unter Windows 95/98 lauffähig.

OS/2 (**O**perating **S**ystem/**2**)

Mit OS/2 versucht IBM (anfangs mit Microsoft zusammen) Restriktionen von MS-/PC-DOS bei der Nutzung leistungsfähiger Prozessoren aufzuheben. Es handelt sich um ein multitaskingfähiges 32-Bit-Betriebssystem (OS/2 Warp). Damit wird der Benutzer bspw. in die Lage versetzt, die Dateneingabe fortzusetzen, während noch Berechnungen mit vorher eingegebenen Daten laufen. OS/2 beinhaltet einen sog. "Presentation Manager", der eine graphische Oberfläche zur Unterstützung der Benutzer bei der Arbeit mit dem Rechner bietet, sowie eine integrierte Datenbank. Obwohl sich dieses Betriebssystem nicht auf dem Markt durchsetzen konnte, wird es von Experten immer noch als eines der leistungsfähigsten Betriebssysteme dargestellt und entsprechend anerkannt.

Windows NT/2000/XP

Windows NT/2000/XP ist ein multitasking- und multiuserfähiges Betriebssystem, das aber trotz des Namens unabhängig von Windows 3.x und Windows 95/98/ME entwickelt wurde. Trotz der weitestgehend identischen Benutzeroberfläche aller Windows-Varianten besteht in technischer Sicht ein erheblicher Unterschied zwischen diesen beiden Entwicklungszweigen. Gerade im Bereich der Systemstabilität lassen sich bei Windows NT/2000/XP deutliche Vorteile erkennen, so dass diese Betriebssysteme sowohl im Workstation- als auch im Server-Bereich eingesetzt werden können.

UNIX

UNIX ist ein 32-Bit Betriebssystem, das nicht auf eine Rechnerkategorie beschränkt ist, d.h., es kann sowohl auf PCs als auch auf Workstations oder größeren Maschinen installiert werden. Dadurch ergeben sich Vorteile, wenn Mitarbeiter mit Rechnern mehrerer Größenkategorien arbeiten, da sie die gleiche Betriebssystem-Umgebung verwenden können. Der Hauptvorteil von UNIX ist die Fähigkeit zum Multi-User-Betrieb. Von UNIX gibt es zahlreiche Weiterentwicklungen oder "Dialekte", wie etwa SINIX von Siemens, AIX von IBM oder die kostenlose Version Linux von Linus Torvalds.

Die wesentliche Aufgabe des Betriebssystems besteht in der Kontrolle und Durchführung aller Arbeiten der Anlage. Derartige Arbeiten sind z.B.:

- Auftrags-(Job-)Überwachung für jedes Programm/jede Programmfolge
- Einsatz der Übersetzer
- Einfügen vorgegebener Programmteile (Unterprogramme)
- Laden fertiger Programme
- Laden von Daten
- Zuordnung von Daten zu den Programmen
- Zuordnung von Speicher
- Zuordnung der peripheren Geräte
- Überwachung von Zeiten
- Abrechnung der Leistungen

Betriebssysteme steuern Computer auf unterschiedliche Art, die von der Anlagengröße, vom Anwenderkreis und vom Anwendungszweck bestimmt ist. Hier unterscheidet man:

Stapel- oder Batchbetrieb, bei dem ein Programm nach dem anderen bearbeitet wird. Die Reihenfolge der Programme kann durch eine Prioritätenvergabe beeinflusst werden, ist jedoch i.d.R. unabhängig vom Eingabemedium des Programms und der Daten.

Time-Sharing-Betrieb, bei dem gleichzeitig mehrere Anwender - meist im Dialog - durch den Rechner bedient werden wollen. Dazu wird periodisch jedem Benutzer sein Anteil der Zeit zur Verfügung gestellt und nur während dieser Zeit wird an seinem Programm gearbeitet. In der übrigen Zeit bedient der Rechner andere Anwender. Da die Gesamtperiodenlänge hinreichend kurz gewählt wird, kann jeder Benutzer den Eindruck haben, der Computer arbeite für ihn allein.

Multiprogramming, bei dem ebenfalls mehrere Programme gleichzeitig im Arbeitsspeicher liegen. Auch hier gibt es einen Zeitzuteilungsalgorithmus, nach dem spätestens - entsprechend dem Timesharing, aber mit größerer Periodenlänge - mit der Bearbeitung eines anderen Programms fortgefahren wird. Außerdem wird z.B. auch zu anderen Programmen übergegangen, falls ein Kanal zum Datentransfer in Aktion treten muss.

Real-Time-Betrieb, bei dem jede Frage, etwa bei Platzbuchungssystemen, sofort bearbeitet wird.

An verschiedenen Großrechnersystemen gibt es auch mehrere Prozessoren (Steuer- und Rechenwerke), die parallel arbeiten; für diese gibt es noch den

Multiprozessing-Betrieb, durch den festgelegt wird, welcher Prozessor welches Programm mit welchem Speicher bearbeitet.

Alle diese Betriebsarten können z.T. auch nebeneinander nach bestimmten Anforderungskriterien gefahren werden.

2.8.2.2 Anwendungsprogramme

Anwendungsprogramme dienen bzw. Anwendungssoftware dient zur Lösung von speziellen Problemstellungen. Heutzutage werden sie hauptsächlich mit problemorientierten Programmiersprachen erstellt. Beispiele für solche Anwendungsprobleme können z.B. Buchhaltung, Kostenrechnung oder Bestandsführung sein.

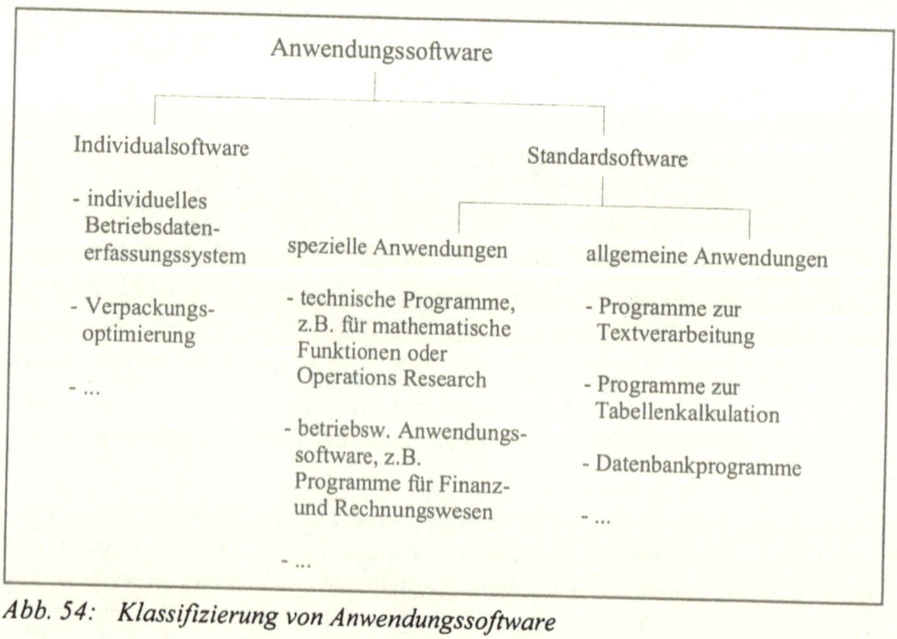

Abb. 54: Klassifizierung von Anwendungssoftware

Neben Programmen, die mit Programmiersprachen für eine Anwendung individuell erstellt wurden, gibt es Programmsysteme, mit denen sich vereinfacht größere Programme z.T. aus Elementen (Modulen) zusammensetzen und maßgeschneidert anpassen lassen.

Eine weitere Möglichkeit zur Beschaffung von Programmen für unmittelbare Anwendungen besteht in der Beschaffung des fertigen Programms von Softwarehäusern, die i.d.R. Programme erstellt haben, die sich mit Parametern mehr oder minder gut den individuellen Unternehmenswünschen anpassen lassen. Derartige Software bezeichnet man als Standardsoftware. Standardsoftware hat trotz der eventuell aus Unternehmersicht nicht ganz passenden Struktur den Vorteil, dass sie i.d.R. ausgetestet und sofort verfügbar ist. Außerdem sind die Kosten aufgrund der verkauften Stückzahlen i.d.R. geringer als diejenigen, die im Rahmen einer individuellen Erstellung des Programms anfallen würden.

Somit lässt sich die Anwendungssoftware in Standard- und Individualsoftware untergliedern (vgl. Abb. 54).

Unter **Standardsoftware** versteht man Computerprogramme, die eine genau beschriebene Problemlösung übernehmen, weitgehend unabhängig von Hardware bzw. Betriebssystem und Organisationsstrukturen sind und i.a. zu einem Festpreis von einem DV-Hersteller oder Software-Hersteller angeboten werden.

Individualsoftware wird dagegen für ganz spezielle betriebliche Anwendungen von der eigenen DV-Abteilung und/oder externen Softwarehäusern/DV-Beratungsunternehmen entwickelt und implementiert.

Bei der **Standardsoftware** kann man unterscheiden zwischen Programmen für spezielle Anwendungen, wie:

- technische Programme, etwa für mathematische Funktionen oder Operations Research,
- betriebswirtschaftliche Programme, wie z.B. Programme für Finanz- und Rechnungswesen, Produktionsplanung oder Branchenprogramme, etwa Warenwirtschaftssysteme

und Programmen für allgemeine Anwendungen, wie z.B.:

- Programme zur Textverarbeitung, mit denen die Texterstellung unterstützt wird, z.B. WinWord, Wordperfect,
- Tabellenkalkulationsprogramme, mit denen numerische und alphanumerische Tabellen- und Spaltenverarbeitung betrieben werden kann, etwa Excel, Lotus 1-2-3,
- Datenbankverwaltungssysteme zur Verwaltung großer Datenbestände, beispielsweise dBase oder Access,
- Graphikprogramme zur Erstellung von Zeichnungen, z.B. von Struktogrammen in diesem Buch, wie Photoshop oder Corel Draw,

- integrierte Programme, die mehrere der genannten Funktionen umfassen, z.B. Microsoft Office, Lotus Smart Office oder Staroffice bzw. Open Office,
- Präsentationsprogramme, wie Powerpoint oder Harvard Graphics.

An dieser Stelle sollen diese Ausführungen zur Standardsoftware genügen, da im Kap. 4.3 ausführlich auf die Lösung von DV-Problemen mit Hilfe von Standardsoftware eingegangen wird.

Vorgehensweisen zur Erstellung von Software findet man in Lehrbüchern zum Softwareengineering. Da wir im Kap. 3.5 dafür ein einfaches Schema zugrunde legen, soll hier noch darauf hingewiesen werden, dass damit und mit vielen Entwicklungsschemata aus der Literatur bei der Entwicklung abteilungsübergreifender Informationssysteme nicht geholfen ist. Dazu wird auf das ganzheitliche Informationsmanagement verwiesen, bei dem die betrieblichen Funktionen, die betrieblichen Daten und die betriebliche Organisation aufeinander abgestimmt sein müssen, bevor man nach dem konstruktiven Systemansatz ein ganzheitliches Informationssystem aus praktikablen Einheiten erstellt.[26]

[26] Vgl. **BIETHAHN, J.; MUCKSCH, W.; RUF, W.**: Ganzheitliches Informationsmanagement - Band 1: Grundlagen, 5., unwesentl. veränd. Aufl., München/Wien 2000 und Band 2: Entwicklungsmanagement, 3., unwesentl. veränd. Aufl., München/Wien 2000.

3. Kapitel

Erstellung von Software

In dem letzten Teil des 2. Kapitels wurde verdeutlicht, welche Bedeutung die vom Benutzer zu verwendenden Programme bzw. die Applikationen haben. Im Rahmen dieses Buches soll auf Beurteilung fertiger Standardsoftware, wie z.B. Finanzbuchhaltungsprogrammpakete, nicht im Detail eingegangen werden, da dieses den Umfang einer Einführung sprengen würde. Notwendig in einer Einführung ist aber zu zeigen, wie Programme erstellt werden können und aus welchen Komponenten Softwarelösungen für spezielle Anwendungsbereiche entstehen. An diesen Programmen wird deutlich, für welche Aufgaben der Einsatz der EDV angebracht ist.

Im ersten Teil dieses Kapitels soll nun gezeigt werden, wie man Programme plant und sie in einer Programmiersprache erstellt. Dabei wurden die Sprachen PASCAL (in der Version 8 auch als DELPHI bekannt) und C gewählt. Der Grund für die Entwicklung der beiden Sprachen war völlig unterschiedlich. PASCAL wurde 1969 von N. Wirth an der ETH Zürich auf der Basis der bereits 1956 konzipierte Sprache ALGOL entwickelt. Wirth entwickelte diese Sprache, um im akademischen Bereich strukturiertes Programmieren unterrichten zu können. Pascal 8 baut auf Pascal auf, d.h. normale Pascalprogramme können von Pascal 8-Übersetzern verarbeitet werden und es unterstützt die Objektentwicklung von Softwareprodukten, die heute besonders gern als Erweiterung der daten- und funktionsorientierten Softwareentwicklung gewählt wird.[27] C wurde 1967 von Martin Richards auf der Basis der Sprachen BCPL und B entwickelt, um eine effiziente Sprache zur Programmierung von Betriebssystemen und Übersetzern zur Verfügung zu haben. Dennoch ähneln sich viele der grundlegenden Sprachstrukturen der Sprachen PASCAL und C und mit beiden Programmiersprachen lässt sich strukturiert programmieren. Beiden Sprachen ist gemeinsam, dass sie zu einem vergleichsweise geringen Preis erhältlich sind und auf Personal Computern verwendet werden können. Für PASCAL spricht darüber hinaus, dass es

- besonders schnell erlernbar ist, deshalb kann verstärkt auf die Programmiertechnik eingegangen werden,
- sich besonders gut zum "strukturierten Denken" für die Programmentwicklung eignet,
- einen ersten Schritt hin zum anspruchsvolleren Programmieren darstellt, da
- es den Zugang zum Denken in Schleifen (Wiederholungen) ermöglicht.

---

[27] Vgl. hierzu Kap. 3.3 und **BIETHAHN, J.; MUCKSCH, H.; RUF, W.**: Ganzheitliches Informationsmanagement - Band 2: Entwicklungsmanagement, 3., unwesentl. veränd. Aufl., München/Wien 2000, S. 261-301.

- Für Delphi kann angeführt werden, dass sie das Arbeiten in allen Bereichen unter Berücksichtigung der verschiedenen Sichten ermöglicht. Die Besonderheiten der Sprache werden hier nur an einem Beispiel erläutert.

Für C spricht:

- C ist neben Cobol die verbreitetste Sprache. Zahlreiche Betriebssysteme wie UNIX oder OS/2 sind in C programmiert sowie auch Anwendungsprogramme, die auf Basis dieser Betriebssysteme laufen,
- C ist Teilmenge von C++, einer modernen objektorientierten Programmiersprache. Objektorientierte Sprachen werden in Abschnitt 3.3 beschrieben,
- C besitzt Steuerstrukturen wie PASCAL, mit C können aber auch Bits und Bytes manipuliert, also maschinennah programmiert werden wie mit einer Assemblersprache,
- C ist standardisiert. 1989 wurde vom American National Standards Institute (ANSI) der ANSI-Standard für C veröffentlicht. Hält man sich bei der Programmierung an diesen Standard, so können die Programme mit relativ wenig Aufwand auf andere Compiler und Betriebssysteme portiert werden.

Es ist offensichtlich, dass man sich bei so vielen Argumenten für beide Sprachen nicht auf eine Sprache beschränken sollte, obwohl auch in diesem Buch die Konzentration auf eine Sprache möglich ist.

Zunächst ist noch eine Klarstellung erforderlich:

Zur Sprache PASCAL gibt es verschiedene Sprachdialekte. Zwar existiert auch eine von der ANSI standardisierte Form von PASCAL, diese hat aber nur beschränkte Möglichkeiten der Ein- und Ausgabe, so dass sich auf PCs besonders der auch in diesem Buch verwendete Dialekt mit dem Namen Turbo Pascal verbreitet hat. Für die Einführung in C halten wir uns an den ANSI-C-Standard.

Der erste Teil untergliedert sich folgendermaßen:

Zunächst soll anhand eines Phasenschemas gezeigt werden, wie man den Lösungsprozess eines ökonomischen Problems in Phasen zerlegt. Anschließend erläutern wir in Grundzügen die Sprachen PASCAL und C. Dabei erfolgt die Erläuterung getrennt, wobei aber der Aufbau des Stoffes analog ist. Damit ist eine gute Vergleichbarkeit gewährleistet, die besonders denjenigen entgegenkommt, die z.B. PASCAL-Kenntnisse besitzen und sich in C einarbeiten möchten. Nach der Einführung in beide Programmiersprachen werden Lösungen einiger ökonomischer Beispiele mit PASCAL und C vorgestellt.

Im zweiten Teil dieses Kapitels wird auf Fragen bezüglich des systematischen Programmierens und im dritten Teil auf andere Sprachen eingegangen.

3.1 Problemlösung mit Hilfe der Programmiersprachen PASCAL und C

Um ein Problem zielgerichtet lösen zu können, muss man zunächst eine sinnvolle Vorgehensweise wählen. Generell gibt es nach Balzert „Vorgehensweisen oder Phasenschemata wie Sand am Meer“.[28] Sie sind nicht kongruent, da sie für verschiedene Aufgaben und Komplexitätsgrade konzipiert wurden. Im Folgenden werden wir uns einem Konzept nähern, dass stets die Unternehmung und das zugehörige Informationssystem als Ganzes betrachtet. Die Maxime „erst denken, dann handeln“ soll ihren Beitrag dazu leisten, erst alle Zusammenhänge zu begreifen, um bei den später zu entwickelnden Programm-Modulen potenzielle Fehlentwicklungen vermeiden zu können. Für elementare Aufgaben, wie z.B. „Addiere die ganzen Zahlen von 45 bis 145“ kommen auch entsprechend einfachere Phasenschemata zur Anwendung, da bspw. bei niedrigem Komplexitätsgrad der Aufgabe auf einige Phasen verzichtet werden kann.

Hier soll ein Phasenschema zur Anwendung kommen, dass sowohl für größere als auch komplexe Probleme geeignet ist. Dieses wird zunächst im Überblick behandelt (vgl. Abb. 55), bevor die Phasen einzeln diskutiert werden und auf weitere erforderliche Methoden und Werkzeuge eingegangen wird.

Als Ausgangspunkt weiterer Ausführungen kann das folgende Phasenschema dienen.

3.1.1 Phasenschema zur Lösung von Problemen über die EDVA

Das in Abb. 55 dargestellte Schema zeigt die Phasen (siehe auch Kap. 1.3), die alle grundsätzlich bei der Lösung kleinerer Einzelprobleme, die in diesem Buch behandelt werden, eingehalten werden sollten. Die Intensität, mit der man die einzelnen Stufen bearbeitet, hängt sehr von der Problemstellung und der Erfahrung des Problemlösers ab.

---

[28] Vgl. **BALZERT, H.:** Die Entwicklung von Software-Systemen, Wien/Zürich 1986, S. 469.

1. **Problem- /Anforderungsspezifikation**
   a) Problemanstoß
   b) Zielanalyse
   c) Strategische Ausrichtung
   d) Formulierung des Grobkonzepts mit Ist-Analyse und Funktions- und Datenanalyse
   e) Schwachstellenanalyse
   f) Wirtschaftlichkeitsbeurteilung
2. **Systemspezifikation**
   a) Datenbereitstellungsplanung
   b) Informationssystemdesign
   c) Kommunikationsnetzdesign
   d) Durchführbarkeitsstudie
3. **Systemkonstruktion**
   a) Systemzerlegung
   b) Modularisierung
   c) Programmfestlegung
   d) Programmentwurf
   e) Festlegung des Hard- und Softwarebedarfs
4. **Systemimplementierung, -codierung und -test**
5. **Systemverifikation**
6. **Systemfreigabe und Anwendung**
7. **Dokumentation**
8. **Wartung**

Abb. 55: Phasenschema zur Problemlösung über die EDVA

Dieses Phasenschema soll im Folgenden näher behandelt werden:

1. Phase: Die Phase der **Problem- bzw. Anforderungsspezifikation** beschäftigt sich mit dem betrieblichen Alltag, bei dem Unzulänglichkeiten der Informationsversorgung deutlich werden, wodurch Unzufriedenheiten entstehen und woraus sich Verbesserungsvorschläge ergeben sollen (hängt u.a. vom Führungsstil des Unternehmens ab). Solche Verbesserungsvorschläge führen häufig dazu, dass das derzeitige System mit seinen Informationsquellen und Senken im Rahmen einer Ist-Analyse hinsichtlich seiner Effektivität untersucht wird und daraus eine Analyse der Stärken- und Schwächen erfolgt. Diese werden mit der Unternehmenszielsetzung und den Unternehmensstrategien abgeglichen, woraus die Anforderungen an das neue System im Rahmen eines Wunschpflichtenheftes erstellt werden.

2. Phase: In der Phase der **Systemspezifikation** erfolgt aus den bei der Anforderungsspezifikation formulierten Wünschen die Festlegung, welche hiervon bei der Entwicklung berücksichtigt und welche entsprechend verworfen werden. Ohne klare Vorgaben auf der Basis von Wirtschaftlichkeitsanalysen kann kein klares Entwicklungsziel entstehen. Insofern ist es erforderlich, dass man sich Klarheit über die Datensituation und die zu bewältigenden Aufgaben (Funktionen) verschafft. Hierbei helfen z.B. Datenflusspläne und Programmablaufpläne bzw. noch besser Struktogramme. Durch das klare Herausarbeiten aller Funktionen können Redundanzen und Lücken entdeckt werden, so dass das Unternehmen als abgestimmte Ganzheit erscheint. Gerade die letzte Anmerkung wird beim Gestalten des Unternehmenskommunikationsnetzes eine immer größere Bedeutung erhalten, denn man will selbstverständlich konsistente Informationen über alle Bereiche.

3. Phase: Sind alle zu bewältigenden Funktionen festgelegt worden, versucht man diese in Form von übersichtlichen und redundanzfreien Programmen zu modulieren. Dabei fasst man alle zusammengehörigen Funktionen zu Prozessen zusammen, um klare Schnittstellen zu erhalten. Hierzu empfiehlt sich ein systemnahes Vorgehen, wie das strukturierte Vorgehen, das bereits vor 20 Jahren entwickelt wurde und bis heute akzeptiert wird (hierauf wird in Kap. 3.2 eingegangen). Ansonsten sollte das EVA-Prinzip (**E**ingabe-**V**erarbeitung-**A**usgabe) betrachtet werden, bei dem man sich intensiv mit den Fragen der Verfügbarkeit und der Qualität der Daten und deren Verarbeitung beschäftigt. Der Ablauf der 3. Phase könnte in folgenden Teilschritten erfolgen:

Der **1. Schritt** untersucht, welche Eingabe-**Datenbestände** in welcher Form auf welchen Datenträgern zur Verfügung stehen und welche Daten als Ergebnis in welcher Form (evtl. für weitere Arbeiten) auf welchem Speichermedium untergebracht werden sollen.

Im **2. Schritt** wird festgelegt, in welcher Anordnung und in welchem Format die Ergebnisausgabe erfolgen soll. Hierbei muss meist auf bestehende Formulare und zusätzliche Informationswünsche Rücksicht genommen werden. Zur endgültigen Festlegung der Form der Ausdrucke (**Listenbilder**) wird auch häufig ein Graphiker oder Designer herangezogen.

Mit dem **3. Schritt** versucht man, die Gesamtlösung selbst in Angriff zu nehmen, indem man das **Gesamtproblem in möglichst übersichtliche Teilaufgaben zerlegt**. Auf diese Weise ist der Bearbeiter des Teilproblems in der Lage, dieses mit allen Konsequenzen zu durchschauen und den Überblick zu bewahren. Durch eine geschickte Zerlegung des Gesamtproblems in einzeln austestbare **Teilprogramme** oder **Module** kann ein größeres Problem durch mehrere Personen in erheblich kürzerer Zeit gelöst werden.

Im **4. Schritt** wird der Gesamtdatenfluss durch das Programm und durch die Module mit Hilfe eines **Datenflussplanes** festgehalten. Dabei stellt der Datenflussplan die "zeitliche Beziehung im Ablauf einer Menge zusammengehöriger Vorgänge an Daten und Datenträgern" (nach DIN 43000) von der Eingabe über die verschiedenen Phasen der Bearbeitung bis zur Ausgabe dar. Zur Darstellung des Datenflussplanes bedient man sich der Sinnbilder nach DIN 66001, die nur soweit wiedergegeben werden, wie sie im Rahmen dieses Buches benötigt werden (vgl. Abb. 56).

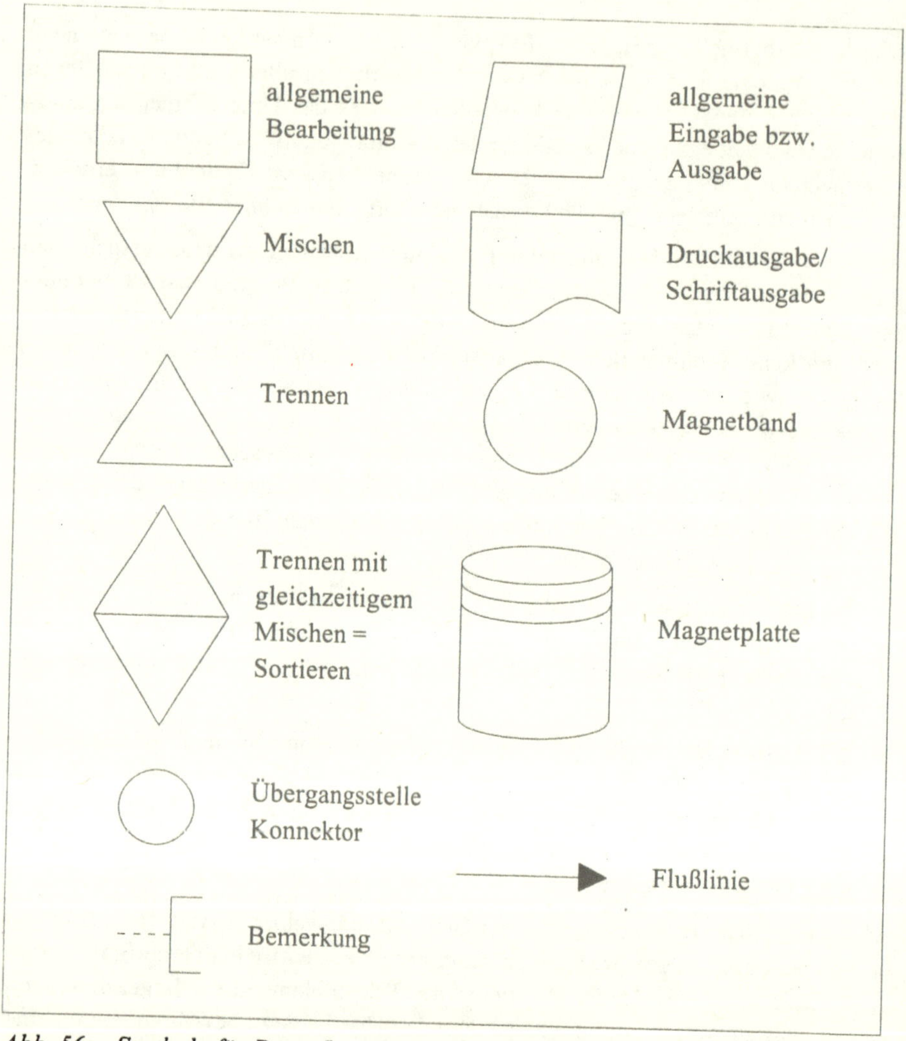

Abb. 56: Symbole für Datenflusspläne nach DIN 66001

Nachdem die datenmäßigen Zusammenhänge verdeutlicht wurden, gibt der **5. Schritt** den Ablauf sämtlicher auszuführenden Operationen in ihrer zeitlichen Reihenfolge mit Hilfe eines **Programmablaufplanes** (DIN 66001) oder **Struktogrammes** wieder. Die wesentlichen Symbole der beiden Darstellungstechniken enthält Abb. 57. Struktogramme zwingen mehr zum ganzheitlichen Denken als Programmablaufpläne. Obwohl wir später nur noch die Struktogramme verwenden, gehen wir hier kurz auf die Programmablaufpläne ein, denn sie werden nach wie vor häufig genutzt.

Als Beispiel für die Anwendung dieser Symbole, für das Aufzeigen einer Folge an durchzuführenden Operationen mit Hilfe eines Ablaufplanes und das Zerlegen des Problems in zwei Folgen, wird das morgendliche Starten eines alten Studenten-

PKWs für die Fahrt zur Universität gezeigt (vgl. Abb. 58/59). Da die Struktogramme bei der Erstellung von Programmen immer mehr eingesetzt werden, wurden die wesentlichsten Symbole in Abb. 57 denen der Programmablaufpläne gegenübergestellt. Hierbei sind jedoch folgende generelle Betrachtungsweisen zu beachten:

Ein Programmablaufplan ist eine Folge verschiedener Anweisungselemente, die durch ein Start- und ein Ende-Symbol begrenzt ist, während ein **Struktogramm** als ein Kasten - aus einer ganzheitlichen Betrachtung heraus - sich aus den verschiedenen Strukturblöcken zusammensetzt, also stets ein zusammenfassender Strukturblock ist. Die Erstellung eines Struktogrammes erfordert ein ganzheitlich analytisches Denken, während die Verwendung von Programmablaufplänen zur synthetischen, integrativen und wenig ganzheitlichen Denkhaltung zwingt. Wir werden deshalb in diesem Buch der ersten Methode folgen.

Nachdem der Ablauf in allen Einzelschritten im Struktogramm oder Ablaufdiagramm festgehalten wurde, folgt als **6. Schritt** das **Schreiben des Programms** oder das **Codieren**. Unter Codierung versteht man die Übersetzung der im Ablaufdiagramm dargestellten Reihenfolgen an Tätigkeiten in Instruktionsfolgen, die von der EDVA interpretierbar sind. Diese Instruktionsfolgen werden in eine für die EDVA verständliche Sprache übersetzt. Das Problemlösungsverfahren wurde bis zu diesem Punkt **unabhängig von der gewählten Programmiersprache** durchgeführt. Der wesentliche und schwierigste Teil der Problemlösung mit Hilfe der EDVA findet bis zur Aufstellung des Ablaufplanes oder des Struktogrammes (5. Schritt) statt. Der darauffolgende Prozess ist nur eine einfache Übersetzung in die jeweils gewählte Programmiersprache, wobei hier für die Lösung die Programmiersprachen PASCAL[29] und C gewählt wurden. Es könnte aber ebenso BASIC, FORTRAN, COBOL oder ALGOL sein.[30] In diesem Buch wird mehr Wert auf die Problemanalyse und weniger auf die technische Umsetzung mit Hilfe einer Sprache gelegt. Aus diesem Grunde wird auch im Folgenden besonderer Wert auf die ersten Schritte gelegt. Die Übertragung in die Sprache PASCAL bzw. C wird dann nicht schwerfallen.

---

29 Da es viele PASCAL-Dialekte gibt, wurde für diese Einführung mit Turbo Pascal einer der verbreitetsten ausgewählt.

30 In Kap. 3.3 wird auf weitere Sprachen eingegangen.

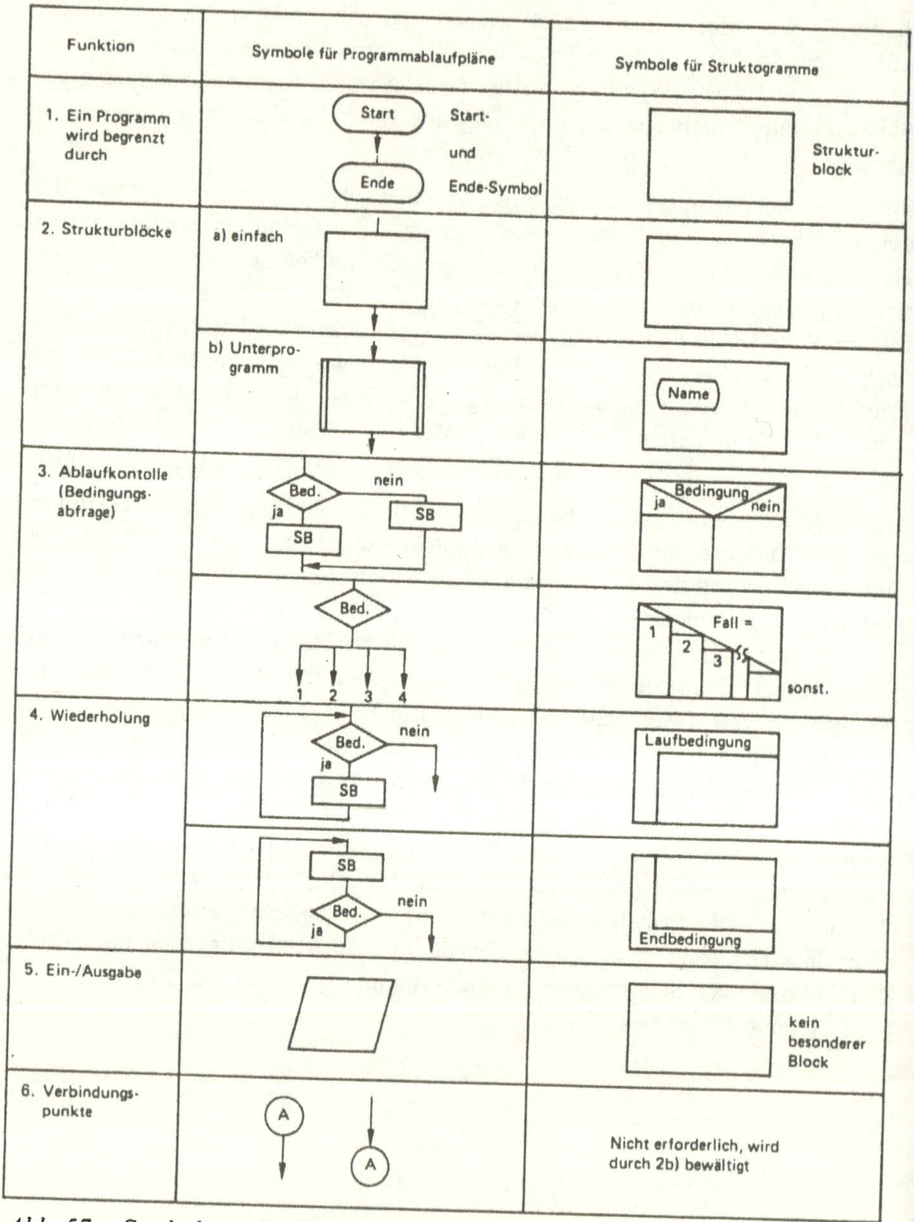

Abb. 57: Symbole zu den Programmabläufen und Struktogrammen

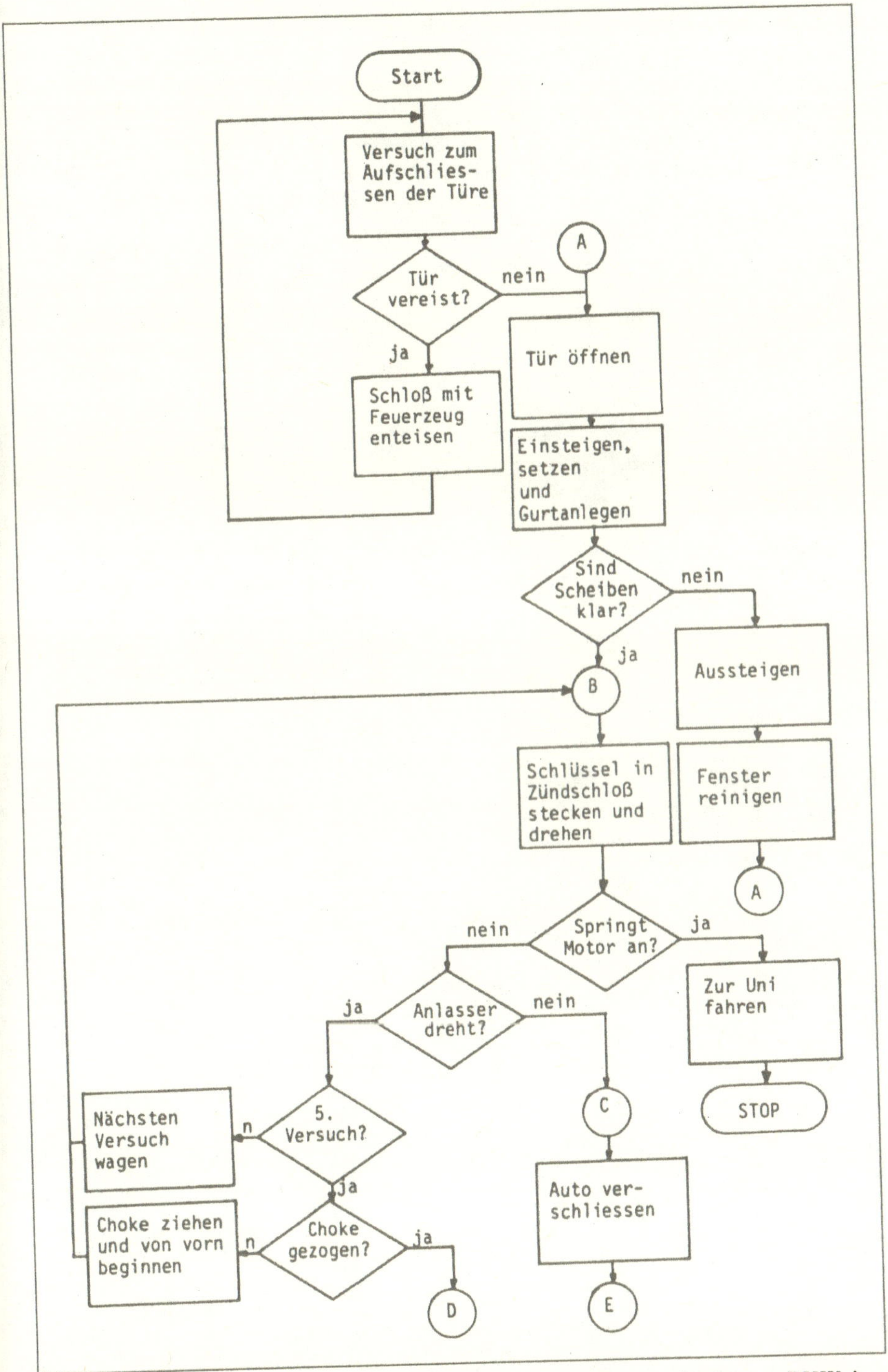

Abb. 58: 1. Beispiel eines Programmablaufes ‚Starten eines Studenten-PKWs'

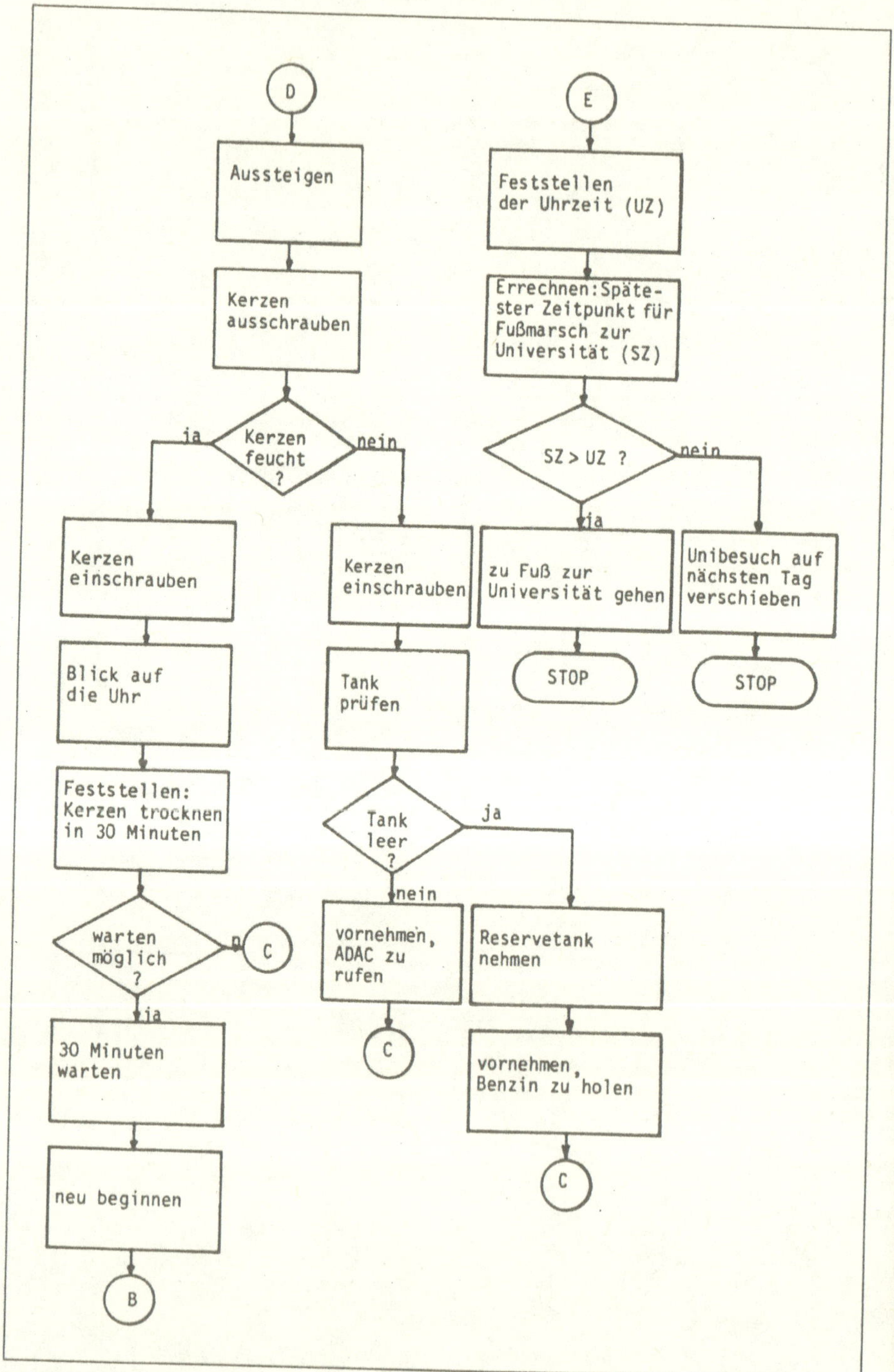

Abb. 59: 2. Beispiel eines Programmablaufes ‚Starten eines Studenten-PKWs'

Bei der Codierung sollte man folgende Regeln beachten, mit denen es möglich ist, schnell und übersichtlich zu codieren, und deren Bedeutung im Laufe des Kapitels an den Beispielen noch offensichtlich wird. Diese Regeln werden insbesondere im Kap. 3.2 aufgegriffen und vertieft:

a) Aussagekräftige Namen für alle Variablen, Programme, Unterprogramme usw. wählen,

b) keine zu trickreiche Programmierung anwenden, da man später das eigene Programm kaum versteht und dann mehr Zeit für Tests und Änderungen benötigt,

c) geplante Programmänderungen kennzeichnen, damit später bei der Änderung keine neue Programmanalyse erforderlich wird,

d) möglichst keine direkten Sprungbefehle (GOTO) verwenden, da hierdurch logisch zusammenhängende Instruktionsfolgen auseinandergerissen werden und das Programm schwer verständlich ist,

e) bei jeder Programmverzweigung beide Wege - sofern dieses möglich ist - deutlich machen. Hierzu bieten nicht alle Sprachen die Anweisung IF...THEN...ELSE (PASCAL)[31] an. Die systematische Verwendung dieser Anweisung gemeinsam mit der auch nicht in allen Sprachen vorhandenen Möglichkeit, Anweisungen durch BEGIN und END (PASCAL)[32] zu einer Anweisung zusammenzufassen, gestattet ein übersichtliches Programmieren,

f) alle Anfangswerte von Variablen richtig setzen (Summen erhalten meist den Anfangswert 0, Produkte den Anfangswert 1),

g) das Programm durch Kommentare erläutern, damit man die einzelnen Instruktionsfolgen und Bearbeitungsabläufe nachvollziehen kann und

h) typische Wege im Programm festhalten, damit später hierfür Testdaten erstellt werden können.

Unter Berücksichtigung dieser Regeln entsteht aus dem Ablaufdiagramm durch die Codierung ein in einer für die EDVA verständlichen Programmiersprache verfasstes Programm, das noch getestet werden muss.

4. Phase: In der Phase der **Systemimplementierung, -codierung und -tests** werden alle Module erstellt, in dem diese in der selektierten Programmiersprache implementiert werden. Nach der Fertigstellung sind alle Module auf Funktionsfähigkeit und auf Richtigkeit entsprechend der Systemspezifikation zu prüfen. Dies geschieht zunächst mit jedem Modul einzeln anhand von optischen Tests und mit Hilfe von Daten, die als kritische Fälle während der Erstellung gesammelt wurden. Dann wird das geschriebene Programm durch einen Übersetzer eingelesen (als

---

31 Diese Anweisung lautet für C: if(..., ..., ...){...} else{...}.

32 In C: {...}.

Daten des Übersetzers). Als Ausgabe der Anwendung des Übersetzungsprogramms auf das in der Programmiersprache geschriebene Anwendungsprogramm entsteht ein Programm, welches in einer Maschinensprache codiert ist (Übersetzungsphase). Dieses wird anschließend noch durch Programme aus der zum Programmübersetzer gehörenden Programmbibliothek ergänzt und mit diesen verbunden (Linkphase), damit ein für den Rechner ausführbares Programm entsteht.

Beim Programmtest unterscheidet man zwischen zwei Fehlerarten:

- Sprachfehler, die eine Übersetzung des Programms in die Maschinensprache unmöglich machen. Diese werden durch den Sprachübersetzer der EDVA innerhalb eines Fehlerprotokolls dokumentiert und müssen vor einer endgültigen Übersetzung beseitigt werden (solange diese nicht beseitigt wurden, kann das Programm nicht vollständig übersetzt werden);
- Fehler, die dadurch entstehen, dass man die geplanten Abläufe während der vorangegangenen Phasen nicht richtig erfasst oder verarbeitet hat. Diese werden meist durch das Erproben eines Programms mit Testdaten (vgl. obige Regel h) zum Erstellen von Testdaten beim Codieren entdeckt.
- Grob lässt sich die Phase des Testens entsprechend der Abb. 60 in die übrigen Phasen des Programmierens einordnen, wobei bewusst ein Programmablaufplan verwendet wurde. (Die nach unten verlaufenden Pfeile verdeutlichen die Konkretisierungsphase, während die nach oben (zurück) verweisenden Pfeile den Abstraktionsprozess darstellen. Hierauf wird noch im letzten Kapitel eingegangen.).

5. Phase: Die Phase der **Systemverifikation** dient der Überprüfung des gesamten Informationssystems in seinem betrieblichen Umfeld. Konnte die Funktionalität des Systems wunschgemäß verifiziert werden, kann der Eintritt in die nächste Phase erfolgen.

6. Phase: Innerhalb der Phase der **Systemfreigabe und Anwendung** gibt es die Möglichkeit der stufenweisen oder der Kompletteinführung. Spätestens zu diesem Termin muss die Dokumentation für die Handhabung als auch für die Wartung vorliegen, da man davon ausgehen muss, dass das Programm später von anderen Personen bedient, geändert und gewartet wird und dass man selbst nach kurzer Zeit den Überblick über das Programm verliert. Daher muss entsprechend die Dokumentation, die bereits in den vorherigen Phasen erfolgte, zusammengestellt werden.

7. Phase: Eine derartige **Programmdokumentation** erfolgt ebenfalls in allen vorherigen Phasen und sollte hier zusammengefasst werden. Diese sollte zumindest folgende Teile beinhalten:

- Allgemeine Problembeschreibung
- Beschreibung des Programms und der darin verwendeten Programme
- Verzeichnis der verwendeten Namen und Datenbestände
- Datenflussplan
- Ablaufplan oder Struktogramm
- Programmliste
- vorgesehene Änderungen
- durchgeführte Tests
- Speicher- und Laufzeitanforderungen
- Benutzungsanweisungen für das Rechenzentrum und den Anwender

Für die regelmäßige Anwendung müssen organisatorische (bzgl. der zeitlichen und inhaltlichen Einordnung) und personelle (bzgl. der Schulung, der Funktionszuweisung und der Leitungskompetenzen) Maßnahmen getroffen werden. Erst danach kann das Programm nach

- einem Parallellauf mit der bisherigen Methode,
- einer schrittweisen Umstellung oder
- einer Umstellung zu einem Stichtag

in die regelmäßige Anwendung übergehen.

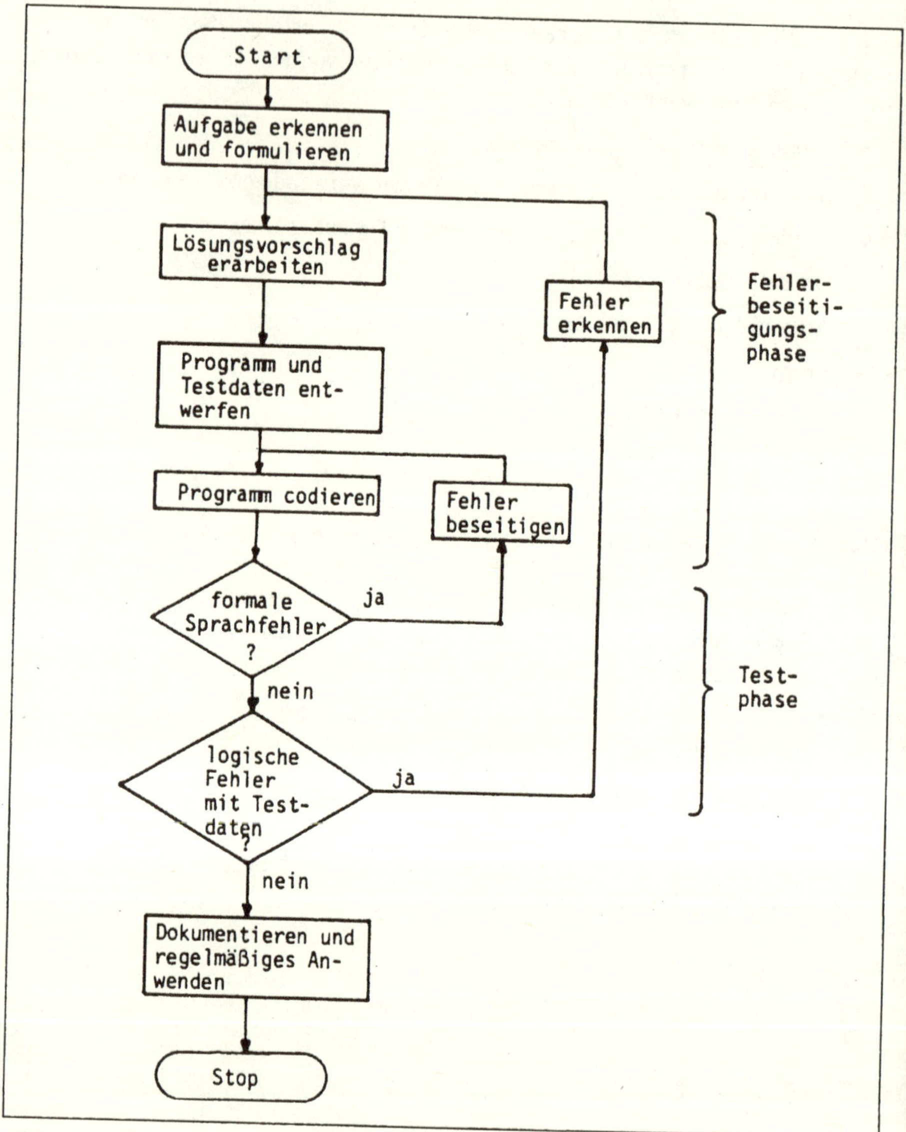

Abb. 60: Die Testphase innerhalb der Programmverarbeitung

8. Phase: Die in der vorangegangenen Phase erstellte Dokumentation dient zugleich als Basis für die **Wartung des Systems**. Geht man von Kosten von 100% über die Produktlebenszeit eines Programms aus, so entfallen ca. 80% auf die Einführung folgender Änderungen. Diesem Anteil kann man nur durch systematische Dokumentation und systematische Planung begegnen.

Nach diesem allgemeinen Überblick über die Phasen von der Problemspezifikation über die Lösung bis zur regelmäßigen Anwendung und Wartung sollen nunmehr diese Phasen in einem einführenden Beispiel erläutert werden.

3.1.2 Einführendes Beispiel

1. Problemspezifikation:

Es sollen fortlaufend lineare Gleichungssysteme mit zwei Unbekannten x und y

$$ax + by = c$$
$$dx + ey = f$$

gelöst werden, wobei a, b, c, d, e, f jeweils für die einzelnen Aufgaben aus anderen Datensätzen bereitgestellte reelle Zahlen sind. Da es sich hierbei um eine recht aufwendige und mit einer großen Fehlerhäufigkeit behaftete manuelle Tätigkeit handelt, wird der Wunsch geäußert, diese Aufgaben mit der EDVA zu lösen. Mit dieser Formulierung einer Aufgabenstellung ist das Problem erkannt worden.

Im Rahmen der Ist-Analyse wird festgestellt, dass die Werte der Koeffizienten a, b, c, d, e, f jeder derartigen Aufgabe stets im Zusammenhang genannt und auch zusammen geliefert werden. Als Ergebnis der Verarbeitung einer dieser Koeffizientenkombinationen sollen die Lösungen für x und y ermittelt werden. Dabei können zu jedem Zeitpunkt der Programmanforderung unterschiedlich viele zu lösende Gleichungssysteme vorliegen, die jeweils als Datensätze mit sechs Zahlen für die Werte von a bis f nacheinander genannt werden. Da zur Interpretation der Ergebnisse auch die Eingabevariablen benötigt werden, sollen nach Möglichkeit für jede dieser Aufgaben die Koeffizienten in verständlicher Form und das Ergebnis ausgedruckt werden.

Nachdem bekannt ist, in welcher Form die Eingabedaten vorliegen, soll hier zunächst geprüft werden, ob eine derartige Verbindung zwischen dem Input a bis f und den Zielgrößen x und y ermittelt werden kann. Dieses ist bei diesem einführenden Beispiel trivial, da diese Aufgabe zuvor ohne EDVA gelöst wurde und daher bekannt ist, dass solche Ergebnisse generiert werden können. Dabei wird normalerweise für jede Aufgabe unter Beachtung der numerischen Werte der Koeffizienten a bis f ein maßgeschneiderter individueller Lösungsweg entwickelt.

2. Systemspezifikation:

Da prinzipiell beliebig viele Aufgaben für Berechnungen möglich sein sollen, muss festgelegt werden, wie das Programm die Bewältigung aller Aufgaben erkennen kann, so dass keine weiteren Berechnungen durchzuführen sind. Dieses kann entweder durch eine Abfrage nach jeder Berechnung erfolgen oder aber den Eingabedaten entnommen werden. Wir verwenden die zweite Möglichkeit (da pro Aufgabe eine Abfrage gespart werden kann). Da es keinen Einfluss auf die Lösung hat, ob man für die Aufgabe $ax + by = c$ die Koeffizienten a, b, c oder äquivalent dazu -a, -b, -c eingibt, soll vereinbart werden, dass man die Koeffizienten der letzten zu lösenden Aufgabe derart wählt, dass $a < 0$ ist, während in allen anderen Fällen $a \geq 0$ zu sein hat.

In einem Programm kann nicht für jede Datenkonstellation eine eigene maßgeschneiderte Lösung erstellt werden. Vielmehr muss im Rahmen des Entwurfs eines Grobkonzeptes versucht werden, ein für alle Wertekombinationen allgemein gültiges Verfahren zu entwickeln, in das danach die Koeffizientenwerte eingegeben und aus dem dann die Werte von x und y ermittelt werden können. Dieses geschieht z.B., indem man die allgemeingültige Gleichung

$$ax + by = c$$

nach x auflöst:

$$x = \frac{c - by}{a} \quad (*)$$

Setzt man dieses in die 2. Gleichung

$$dx + ey = f$$

ein, so erhält man

$$y = \frac{a\,f - c\,d}{a\,e - b\,d}$$

Dieser Wert - wieder in die Bestimmungsgleichung für x (*) eingesetzt - ergibt:

$$x = \frac{c\,e - b\,f}{a\,e - b\,d}$$

Damit ist ein allgemein gültiges Verfahren beschrieben, sofern $a\,e - b\,d \neq 0$ ist. Bei $a\,e - b\,d = 0$ gibt es für das Gleichungssystem kein sinnvolles (oder kein eindeutiges) Ergebnis, da die Gleichungen dann linear abhängig sind.

Als Eingabedatum sollen jeweils die Koeffizienten a, b, c, d, e, f verwendet werden. Anschließend soll die Aufgabe im Zusammenhang verständlich ausgedruckt und x und y errechnet und entsprechend der zu definierenden Listenbilder ausgegeben werden. Auf dieser Grundlage entsteht in der 2. Phase als Vorgabe für die 3. Phase das Pflichtenheft, das, wie der Name bereits aussagt, die Basis für alle folgenden Phasen darstellt.

3. Systemkonstruktion:

Bei der Systemkonstruktion ist es sinnvoll, die später zu verwendende Programmiersprache (hier PASCAL und später C) zu berücksichtigen. In der Herleitung des Phasenkonzeptes wurde bereits erwähnt, dass man versucht, Prozesse von der Ausgabe zur notwendigen Eingabe zu isolieren, damit aus der Eingabe die Ausgabe entsteht (EVA-Prinzip).

Im Folgenden werden die Datenbestände für Ein-/Ausgabe und Verarbeitung beschrieben:

a) Zunächst müssten Konstanten und selbstdefinierte Datentypen vereinbart werden. Da im Programm aber keine Konstanten benötigt werden und für die Variablen nur Standardtypen erforderlich sind, entfallen diese Vereinbarungen. Anschließend werden den benötigten Variablen Datentypen zugeordnet.

b) Als Variablen werden in unserem Programm a, b, c, d, e, f, x, y benötigt. Da sowohl die Koeffizienten als auch die Lösungsvariablen aus der Menge der reellen Zahlen kommen, wird ihnen der Datentyp REAL (in PASCAL) bzw. FLOAT (in C) zugeordnet.

c) Die gewünschten Listenbilder werden im Detail anhand des in der Systemspezifikation festgelegten Pflichtenheftes definiert. Hierbei wird z.B. angegeben, in welchem Format und mit wie vielen Dezimalstellen Zahlen ausgegeben werden sollen. So wäre es z.B. möglich, alle Zahlen mit 2 Dezimalstellen hinter dem Komma auszugeben.

d) Zerlegung des Problems in Teilaufgaben:

   c1) Initialisierung
   c2) Dateneingabe
   c3) Verarbeitung: Festellen, ob Lösung existiert, Berechnung der Lösung, Feststellen, ob weitere Aufgaben bearbeitet werden sollen.
   c4) Drucken der Koeffizienten und der Lösung bzw. Drucken der Koeffizienten und des Kommentars "keine Lösung".

e) Entwurf des Datenflussplans:

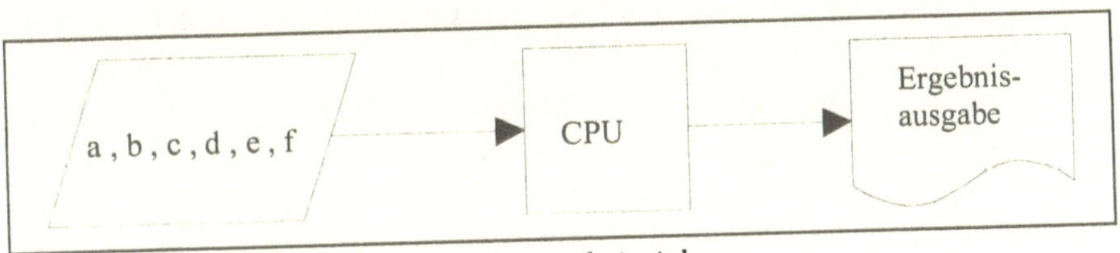

Abb. 61: Datenflussplan des Einführungsbeispiels

f) Programmablaufplan oder Struktogramm entwerfen:

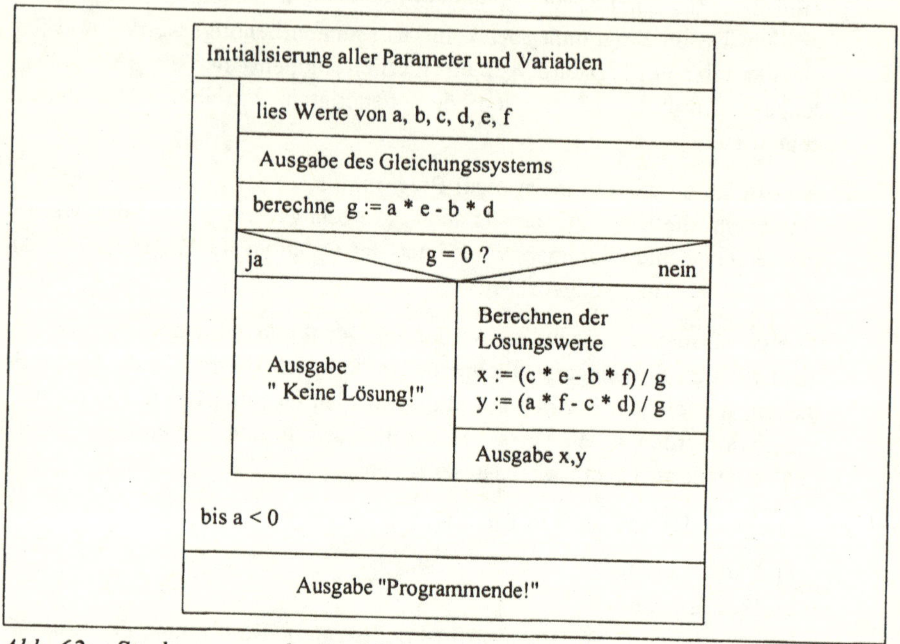

Abb. 62: Struktogramm des Einführungsbeispiels

Legende zum Struktogramm (vgl. Abb. 62):

Nach dem Start werden die Daten (Koeffizienten) einer Aufgabe eingelesen. Danach erfolgt die Weiterverarbeitung (Berechnung der Werte von x und y). Die Verarbeitung der Daten wird mit einer Druckausgabe beendet. Anschließend werden erneut Werte eingelesen

Im Einzelnen bedeutet dieses: Nach dem Einlesen der Werte der Koeffizienten wird der Nenner von x und y berechnet und das Ergebnis der Variablen g zugewiesen. Es ist sinnvoll, diesen Nenner zunächst einmal zu errechnen und ihn zu speichern (Speicherplatz g), da der Wert anschließend mehrfach benötigt wird und der Rückgriff auf g erneute Berechnungen erspart.

Das auf den Doppelpunkt folgende Gleichheitszeichen ist im Struktogramm nicht im mathematischen Sinne zu verstehen, sondern als dynamische Wertzuweisung (g erhält den Wert, der sich aus $a\ e - b\ d$ ergibt). Im nächsten Schritt wird geprüft, ob der Wert von g gleich Null ist. Ist diese Bedingung erfüllt, wird die Aufgabe mit den Koeffizienten ausgedruckt; zusätzlich erfolgt der Kommentar "Keine Lösung".

Anderenfalls erfolgt die Berechnung der gesuchten Größen x und y. Die Ergebnisausgabe geschieht in der Form, dass wieder zunächst die Aufgabe und dann die Ergebnisse für x und y ausgedruckt werden.

Sind alle Datenkombinationen aller Aufgaben verarbeitet, so wird der Programmlauf beendet.

Dieser Grobplan wird nun aus der Sicht der zu verwendenden Sprachen PASCAL und C näher erläutert: Als erster Schritt im Struktogramm erfolgt die Eingabe. Es werden die Werte der Koeffizienten a, b, c, d, e, f von der Eingabeeinheit (Tastatur) gelesen und dem entsprechenden Speicherplatz zugeordnet. Danach hat z.B. die symbolische Speicheradresse a, die eine Gleitkommazahl aufnehmen kann (alle Adressen in PASCAL und C werden durch Buchstaben, denen Ziffern folgen können, beschrieben), den Koeffizienten mit der Bezeichnung a zugewiesen bekommen, d.h. den Wert, der als erster eingegeben wurde.

Danach werden, wie beschrieben, nacheinander - sofern möglich - die Werte von x und y berechnet und den Speicherplätzen x und y als Realzahlen zugewiesen. Abschließend erfolgt jeweils die Ausgabe.

4. Systemimplementierung, -codierung und -test:

Zur Realisierung der Implementierung sind alle in der letzten Phase entwickelten Module auf Konsistenz und Vollständigkeit der Gesamtaufgabe zu überprüfen. Ist dieses geschehen, müssen die Module in einer Programmiersprache codiert werden. Die Realisierung bzw. Programmierung der Module geschieht dabei mit Hilfe der zu beschaffenden bzw. vorhandenen Hard- und Software, wobei die einzelnen Module nach deren Umsetzung in den Programmcode auf adäquates Schnittstelenverhalten geprüft werden sollten. Für die Programmierung wird eine Entscheidung des Lesers notwendig sein: Will er zuerst PASCAL lernen, sollte er hier mit dem Exkurs zur Sprache PASCAL fortsetzen; will er sich jedoch C zuwenden, so findet er den Exkurs zur Sprache C ab Seite 132. Will er beides kennenlernen, empfiehlt sich ein Weg durch beide Gebiete.

Exkurs 1: Codierung in der Sprache PASCAL

Um die technische Realisation eines Programms in PASCAL zu verdeutlichen, wird - bevor konkret auf das Beispiel eingegangen wird - der grundsätzliche Aufbau eines Programms in PASCAL (Programmgerüst) in Abb. 63 dargestellt und erläutert, wobei alle in Großbuchstaben geschriebenen Wörter feste Begriffe (Schlüsselwörter) sind und genau in dieser Form und Reihenfolge auftreten müssen. Die in Kleinbuchstaben wiedergegebenen Begriffe sind Stellvertreter, z.B. für vom Benutzer zu definierende Namen.

Das Programmgerüst verdeutlicht, dass ein PASCAL-Programm aus drei verschiedenen Teilen besteht:

Es muss zunächst der sog. Programmkopf, der aus dem Wort PROGRAM und einem selbst zu benennenden Programmnamen aus (i.d.R. bis zu 8) alphanumerischen Zeichen (das 1. Zeichen muss ein Buchstabe sein) besteht, festgelegt werden. Unter USES wird festgelegt, auf welche Programmbibliotheken, d.h. Sammlungen von bereits vorgefertigten Teilprogrammen, zurückgegriffen werden darf. Weiterhin wird im Deklarationsteil festgelegt, welche Speicherbereiche für welche Art der Datendarstellung (vgl. Kap. 2.3) mit der zugehörigen Verarbeitung vorgesehen werden. Dabei werden zunächst die verschiedenen Konstanten (CONST) vereinbart, bei denen im Programm nicht zu verändernde Werte einen Namen zugewiesen bekommen, unter dem sie später aufgerufen werden können, und Datentypen (Art der Wertdarstellung) für die Verarbeitung definiert (TYPE). Es gibt Standardtypen, die nicht vereinbart werden müssen. Diese und die selbstdefinierten Datentypen werden in diesem Abschnitt den benötigten Variablen zugcordnet (VAR), wobei die Variablen Speicherplätze darstellen, die einen Namen erhalten haben und die innerhalb der Verarbeitung errechneten oder neudefinierten Werte zugewiesen bekommen können. Auf Variablen wird später nochmals ausführlich eingegangen.

Letzte Bestandteile des Deklarationsteiles sind die Prozedurenvereinbarungen (PROCEDURE) und die Funktionsvereinbarungen (FUNCTION). Bei Prozeduren und Funktionen handelt es sich um Formen von Unterprogrammen, die vom übergeordneten Programm (Hauptprogramm oder ein sie aufrufendes Unterprogramm) an beliebigen Stellen beliebig häufig aufgerufen und damit verwendet werden können. Über Unterschiede und Besonderheiten, z.B. bei der Übergabe der zu verwendenden Daten (Parameter), wird in Kap. 3.1.3.4 eingegangen. Diese beiden zuerst genannten Teile werden nur so weit ausgeführt, wie sie auch im 3. Teil entsprechend benötigt werden.

```
PROGRAM programmname;
-------
USES    bibliotheksnamen;
CONST   Vereinbarung der im Programm verwendeten
        Konstanten;
TYPE    Vereinbarung der im Programm verwendeten
        Datentypen;
VAR     Vereinbarung der im Programm verwendeten
        Variablen;

PROCEDURE prozedurname (übergabeparameter);
CONST;
VAR;
BEGIN
  Anweisungen
END;

FUNCTION funktionsname (übergabeparameter): ergeb-
nistyp;
CONST;
VAR;
BEGIN
  Anweisungen
END;
-------
BEGIN
  Anweisungen
END.
```

Abb. 63: Programmgerüst

Abschließend folgt als dritter Block das eigentliche Programm, das sog. Hauptprogramm. Dieses Hauptprogramm besteht aus den zur Problemlösung notwendigen Anweisungen. Als Anweisung bezeichnet man Wertzuweisungen, Unterprogrammaufrufe, Verbundanweisungen, bedingte Anweisungen (IF...THEN...ELSE, CASE) sowie Wiederholungsanweisungen, die als Schleifen bezeichnet werden (FOR-Schleife, WHILE-Schleife, REPEAT...UNTIL-Schleife). Auch sie werden später einzeln ausführlich behandelt.

Bevor mit der Darstellung der Codierung begonnen werden kann, soll eine kurze vorbereitende Beschreibung der Sprache PASCAL erfolgen. In diesem Vorgriff werden die für dieses Einführungsbeispiel erforderlichen Regeln und Anweisungen, soweit es für die Aufgabe notwendig ist, dargestellt.

1. Jede Anweisung in der Sprache PASCAL sollte möglichst (aus Gründen der Übersichtlichkeit) in eine Zeile geschrieben werden. Das Ende der Anweisung wird durch ein Semikolon (;) gekennzeichnet.
2. Kommentare, die nur zum besseren Verständnis des Programms dienen, können überall eingefügt werden. Sie müssen durch geschweifte Klammern "{ }" oder runde Klammern, ergänzt durch einen Stern "(*...*)", eingeschlossen sein.
3. Alle benötigten Konstanten und Variablen sind im Deklarationsteil zu vereinbaren. Die vereinbarten Namen müssen sich aus Buchstaben (ohne Umlaute und "ß"), Ziffern und dem Unterstrich zusammensetzen (wobei zwischen Groß- und Kleinbuchstaben nicht unterschieden wird), und mit einem Buchstaben beginnen.

   Beispiele: A, B, A0, A1, X9, HANS.
   Falsche Variablennamen: 7A, 15A3.
4. Die einfachste Form, Variablen Werte zuzuordnen, ist die Zuweisung. Durch

   ```
   A2 := 7;
   ```

   erhält die Variable *A2* den Wert 7.

   Durch

   ```
   B2 := 5;
   C7 := 2;
   A1 := (5 * B2 + 3) / C7;
   ```

   wird folgende Rechnung ausgeführt:

   1. Schritt: *B2* erhält den Wert 5
   2. Schritt: *C7* erhält den Wert 2
   3. Schritt: Berechnung von 5 · *B2* (25), Addition von 3 (28), Division durch *C7* (2), Zuweisung zur Variablen *A1*; *A1* erhält also den Wert 14.

Bei arithmetischen Operationen werden stets die Multiplikation (*) und Division (/) vor der Addition (+) und der Subtraktion (-) ausgeführt, sofern nicht durch Klammern eine andere Reihenfolge vorgeschrieben wird.

```
(* Dieses Programm errechnet, sofern möglich, die Lösung des
   Gleichungssystems     ax + by = c
                         dx + ey = f
   Dazu müssen nacheinander die Koeffizienten a, b, c, d, e, f
   eingegeben werden. Es wird geprüft, ob eine Lösung existiert
   und diese ausgegeben. Programmabbruch erfolgt bei Eingabe eines
   negativen Wertes des Koeffizienten a. *)

PROGRAM einf_bsp;
USES crt;

VAR a,b,c,d,e,f,g,x,y: REAL;

BEGIN                        (* Beginn des eigentlichen Programms *)
  BEGIN                                     (* Initialisierung *)
    CLRSCR;
  END;

  BEGIN                            (* Hauptschleife des Programms *)

    REPEAT               (* Diese Schleife wird solange ausgeführt *)
                         (* bis für a ein Wert < 0 eingegeben wird *)
      BEGIN                               (* Eingabe der Parameter *)
        WRITELN; WRITELN; WRITELN
       ('Geben Sie die Koeffizienten der ersten Gleichung ein :');
        WRITE ('a= '); READLN (a);
        WRITE ('b= '); READLN (b);
        WRITE ('c= '); READLN (c);
        WRITELN; WRITELN
      ('Geben Sie die Koeffizienten der zweiten Gleichung ein :');
        WRITE ('d= '); READLN (d);
        WRITE ('e= '); READLN (e);
        WRITE ('f= '); READLN (f);
        WRITELN; WRITELN;
      END;
              BEGIN           (* Ausgabe des Gleichungssystems *)
                WRITELN (a:3:1,'x + ',b:3:1,'y = ',c:3:1);
                WRITELN (d:3:1,'x + ',e:3:1,'y = ',f:3:1);
                WRITELN;
              END;
      g := a * e - b * d;
      IF g = 0 THEN WRITELN ('Keine Lösung !');
             ELSE
               BEGIN
                 x :=  (c * e - b * f) / g;(* Berechnung der    *)
                 y := -(c * d - a * f) / g;(*Lösungswerte x,y *)
                                      (* Ausdruck der Lösung *)
                 WRITELN ('x = ',x:8:2);
                 WRITELN ('y = ',y:8:2);
               END;
    UNTIL a < 0;                  (* Schleifenende, wenn a negativ *)
  WRITELN; WRITELN; WRITELN ('Programmende !');
  END;
END.                                  (* Ende des Hauptprogramms *)
```

Abb. 64: PASCAL-Programm des Einführungsbeispiels

5. Eine weitere Form der Wertzuweisung für Variablen ist die READ-Anweisung. Durch den Befehl

```
READ (A);
```

wird der Wert der Variablen *A* von der Tastatur eingelesen und dem zugehörigen Speicherplatz zugewiesen. Enthält die Klammer mehrere Variablen, z.B. READ (A, B, C), wird die erste eingelesene Zahl dem Speicherplatz *A* zugeordnet usw. Soll nach dem Lesen mit einer neuen Zeile begonnen werden, ersetzt man READ durch READLN.

6. Durch den Befehl

```
WRITE (A1,B,'Text');
```

werden die Werte der durch Komma zu trennenden Variablen *A1*, *B* und die Buchstabenfolge Text ausgedruckt. Die Zeichen Hochkommata (') dienen zur Kennzeichnung, dass die dazwischen stehenden Zeichen ausgedruckt werden sollen. Die Hochkommazeichen selbst werden aber nicht mit ausgegeben.

Hinter jeder auszugebenden Größe kann auch das Format angegeben werden. So bewirkt

```
WRITE (a:6:2);
```

eine 6-stellige Ausgabe der Zahl *a* mit 2 Stellen hinter dem Dezimalpunkt, der selbst auch eine Stelle beansprucht. Alle hinter einer WRITE-Anweisung stehenden auszugebenden Variablen und Ausdrücke werden nach Möglichkcit in einer Zeile ausgegeben. Soll nach der Ausgabe mit einer neuen Zeile begonnen werden, wird WRITE durch WRITELN ersetzt.

7. Durch die Befehlsfolge

```
BEGIN
    Anweisung 1;
    .....
    Anweisung n;
END;
```

lassen sich die Anweisungen 1 bis n als eine Anweisung auffassen und als solche bearbeiten.

8. Durch die Anweisung

```
IF Bedingung THEN Anweisung 1 ELSE Anweisung 2;
```

ist die Möglichkeit einer Verzweigung gegeben. Falls die aufgeführten Bedingungen erfüllt sind, wird als nächstes Anweisung 1 ausgeführt, anderenfalls Anweisung 2. Diese Anweisung entspricht der Bedingungsabfrage bei Struktogrammen.

Auf die Angabe des ELSE-Teils kann verzichtet werden. In diesem Fall führt das Programm die auf THEN folgende Anweisung nur dann aus, wenn die Bedingung erfüllt ist (im Folgenden Beispiel: G = 0). Ansonsten wird mit der nächsten Anweisung fortgefahren.

Beispiel:

```
IF G = 0 THEN Anweisung;
```

Jede der Anweisungen kann auch eine durch BEGIN...END; eingegrenzte zusammengefasste Anweisung sein.

9. Sollen mehrere Anweisungen solange zyklisch ausgeführt werden, bis eine Bedingung wahr ist, so ist es möglich, diese Anweisungen in der Form

   ```
   REPEAT Anweisung UNTIL Bedingung;
   ```

   darzustellen.

   Erst wenn die Bedingung erfüllt wird, führt das Programm die nächste Anweisung aus.

Mit diesen Befehlen ist es bereits möglich, den PASCAL-Code des Einführungsbeispiels zu verstehen.

Das Programm wird benannt und die Variablen deklariert, bevor das eigentliche auszuführende Hauptprogramm folgt (vgl. Abb. 64). Möchte der Leser nur PASCAL lernen, so kann nun auf S. 139 fortgefahren werden.

Exkurs 2: Codierung in der Sprache C

Bevor konkret die Codierung im Beispiel behandelt wird, sind einige einführende Bemerkungen zu der Programmiersprache C notwendig. Zunächst wird auf den Programmaufbau eingegangen, um daraufhin einige wichtige Sprachelemente zu erläutern.

Den üblichen Aufbau eines C-Programmes zeigt Abb. 65. Allerdings ist diese Programmstruktur nicht so restriktiv wie z.B. in PASCAL. Es empfiehlt sich dem Anfänger aber, zunächst dem hier vorgestellen Aufbau zu folgen.

```
Befehle für den Preprozessor
globale Deklarationen
Deklarationen der Funktionen


main(...)
{
  lokale Deklarationen
  Anweisungen
}


Funktion(...)
{
  lokale Deklarationen
  Anweisungen
}
```

Abb. 65: Programmgerüst für C

Im Folgenden wird der Aufbau eines C-Programmes im einzelnen erläutert.

Zunächst werden üblicherweise die sogenannten Preprozessordirektiven angegeben. Der Preprozessor ist ein Hilfsprogramm, das vor der Übersetzung des eigentlichen C-Programmes ausgeführt wird. Der Preprozessor kennt einige wenige Befehle. So können mit der Preprozessoranweisung `#include` externe Dateien (u. a. sog. Headerdateien) in das Programm (genauer den Quelltext) eingebunden werden. Durch Einbinden von bestimmten Headerdateien (Standard-Headerdateien) können Funktionen der sogenannten Standardbibliothek[33], die von den

[33] Der Inhalt dieser Standardbibliothek ist ebenfalls durch den ANSI-Standard festgelegt.

Herstellern der C-Compiler zur Verfügung gestellt werden, genutzt werden. So werden mit den Modulen dieser Bibliothek für bestimmte Aufgaben, z.B. das Ausgeben von Zeichen, schon fertige Programme zur Verfügung gestellt, so dass dem Programmierer Arbeit abgenommen wird. Eine andere häufig verwendete Preprozessordirektive ist die Anweisung `#define`, die zur Definition von Konstanten dienen kann. Konkrete Anwendungen solcher Preprozessoranweisungen werden bei Vorstellung der einzelnen C-Programme erscheinen.

Wenn in einem C-Programm eine Variable verwendet werden soll, z.B. zur Aufnahme des Ergebnisses einer Berechnung, so muss dies dem Compiler mitgeteilt werden: Diese Variable muss deklariert werden. Es wird dabei unterschieden zwischen den globalen Variablen, die ab ihrer Deklararation in sämtlichen Programmteilen eines Moduls (d.h. Hauptprogramm und Funktionen) bekannt sind und den lokalen Variablen, die nur in dem Programmteil bekannt sind, in dem sie deklariert werden. Werden die Variablen außerhalb und vor dem Hauptprogramm und Funktionen deklariert, so handelt es sich um globale Variablen.

Funktionen sind Unterprogramme, die vom Hauptprogramm oder von anderen Funktionen aufgerufen werden und Teilaufgaben übernehmen können. Die Möglichkeit in einer Programmiersprache, solche Funktionen erstellen zu können, ist eine wesentliche Voraussetzung für strukturiertes Programmieren (vgl. Kap. 3.2). Werden in einem Programm solche Funktionen verwendet, so erwartet der Compiler schon vor der genauen Definition des Inhaltes der Funktion (d.h. der Aufgabe) eine genaue Angabe über den Typ der Daten, die an die Funktion übergeben werden und über den Typ des Ergebnisses der Funktion. Daher ist eine Deklaration der Funktion notwendig.[34]

Der folgende Teil eines C-Programmes besteht aus dem Hauptprogramm. Im Hauptprogramm wird dem Compiler mitgeteilt, welche Aufgaben ausgeführt werden sollen. Jedes C-Programm besteht mindestens aus dem Hauptprogramm. Werden innerhalb des Hauptprogramms Variablen deklariert, so handelt es sich um lokale Variablen, die nur innerhalb des Hauptprogramms verwendet werden dürfen. Darüber hinaus enthält das Hauptprogramm Programmanweisungen. Der Compiler stellt eine Vielzahl verschiedener Anweisungen zur Verfügung, von denen einige im einführenden Beispiel vorgestellt werden. Beispiele für Anweisungen sind Wertzuweisungen, Unterprogrammaufrufe, Verbundanweisungen, bedingte Anweisungen (`if` (...) `else`, `switch`(...) { `case`}), sowie Wiederholungsanweisungen, die als Schleifen bezeichnet werden (`while` {...}, `do while`, `for`).

Nach dem Hauptprogramm schließt sich der Funktionsteil an. Dieser enthält die Definitionen der einzelnen Funktionen, die konkret festlegen, welche Aufgaben die Funktionen erfüllen. Der Aufbau einer Funktion ist identisch mit dem des Haupt-

---

[34] Diese Funktionsdeklarationen sind nicht notwendig, wenn die Funktion als Ganzes vor dem ersten Aufruf definiert wird.

programms. Man spricht daher beim Hauptprogramm auch von der `main`-Funktion.

Nach der Darstellung des prinzipiellen Aufbaus eines C-Programms sollen noch kurz die für das Einführungsbeispiel notwendigen Regeln und Anweisungen erläutert werden.

1. Jede Anweisung in der Sprache C sollte möglichst (aus Gründen der Übersichtlichkeit) in eine Zeile geschrieben werden. Das Ende der Anweisung wird durch ein Semikolon (;) gekennzeichnet.
2. Zum besseren Verständnis sollten Kommentare eingefügt werden. Ein Kommentar befindet sich zwischen den Zeichen `/*` und `*/`. Sie können an beliebiger Stelle im Programmcode auftauchen.
3. Benötigte Konstanten, Variablen und Funktionen sind im Deklarationsteil zu deklarieren. Die vereinbarten Namen müssen sich aus Buchstaben (ohne Umlaute und „ß"), Ziffern und dem Unterstrich _ zusammensetzen. Das erste Zeichen darf keine Ziffer sein. C unterscheidet strikt zwischen Groß- und Kleinbuchstaben. Der Variablenname darf außerdem nicht aus einem reservierten Wort bestehen. Diese sind für den Compiler reserviert, wie bspw. die Befehle der Sprache C.

   Beispiele: A, _hallo, Kosten_Januar, x1, X1.

   Falsche Variablennamen: 7A, 15A3, k o
4. Die einfachste Form, Variablen Werte zuzuordnen, ist die Zuweisung.

   Durch

   ```
   A2 = 7;
   ```

   erhält die Variable A2 den Wert 7. In C ist eine Mehrfachzuweisung möglich. So wird durch

   ```
   A1 = A2 = 7;
   ```

   den Variablen *A1* und *A2* der Wert 7 zugewiesen. Dabei wird von rechts nach links zugewiesen.

Man kann auch arithmetische Operationen durchführen.

Durch

```
B2 = 5;
C7 = 2;
A1 = (5 * B2 + 3) / C7;
```

wird folgende Rechnung durchgeführt:

1. Schritt: *B2* erhält den Wert 5
2. Schritt: *C7* erhält den Wert 2
3. Schritt: Berechnung von 5 · *B2* (25), Addition von 3 (28), Division durch *C7* (2), Zuweisung zur Variablen *A1*; *A1* erhält dementsprechend den Wert 14. In C lässt sich diese Rechnung aber auch anders schreiben:

```
A1 = (5* (B2 = 5) + 3) / (C7 = 2);
```

Diese Variante zeugt aber nicht von besonders gutem Programmierstil und sollte daher vermieden werden.

Bei arithmetischen Operation werden wie üblich stets die Multiplikation (*) und Division (/) vor der Addition (+) und Subtraktion (-) ausgeführt, sofern nicht durch Klammern eine andere Reihenfolge vorgegeben ist.

5. Durch den Befehl `scanf()` werden Werte von der Tastatur eingelesen. In den Klammern stehen im einfachsten Fall zwei Argumente. Das erste Argument ist der sogenannte Formatierungsstring. Er steht in Anführungsstrichen (""). Dieser teilt dem Compiler u.a. mit, welche Art von Zeichen eingelesen werden soll, also z.B. ganze Zahlen, reelle Zahlen oder Buchstaben etc. Außerdem ist natürlich auch die Eingabe des Variablennamens notwendig, damit der Compiler weiß, wo der eingegebene Wert gespeichert werden soll.

```
scanf ("%f", &a);
```

Die Notation ist etwas gewöhnungsbedürftig. Der Formatierungsstring wird mit einem % eingeleitet, das f steht für eine reelle Zahl (floating point). Der Variablenname ist in diesem Fall a. Das vorstehende &-Zeichen (der sog. Ampersand) zeigt dem Compiler, dass er auf die Adresse im Speicher zugreifen soll, die der Variablen a zugeordnet ist. Man spricht daher bei der Sequenz &a auch von einem Zeiger. Das Zeiger-Konzept ist gerade für C sehr wichtig, es soll an dieser Stelle aber nicht weiter verfolgt werden.[35]

---

35 Zeiger werden auf S. 175 näher erläutert.

Es ist auch möglich zwei oder mehr Variablen auf einmal einzulesen:

```
scanf("%f%i", &reell, &ganz);
```

Hier werden zwei Zahlen eingelesen, nämlich eine reelle Zahl, die in dem Variablennamen reell gespeichert wird und eine ganze Zahl, die in der Variable ganz abgelegt wird.

6. Durch den Befehl `printf()` werden Daten ausgegeben. Bei Textausgabe steht der Text zwischen Anführungsstrichen:

```
printf("\n\nGeben Sie die Koeffizienten des
Gleichungssystems ein");
```

Die Sequenz `\n` ist ein sogenanntes Sonderzeichen, das dem Compiler mitteilt, eine Leerzeile zu drucken. Sonderzeichen fangen immer mit dem Zeichen \ an. Sollen Variablen ausgedruckt werden, muss dem Compiler mitgeteilt werden, von welchem Typ die Variable ist. Es können außerdem Angaben zur Formatierung der Ausgabe gemacht werden:

```
printf("x=%8.2f\n",x);
```

Es wird zunächst x= gedruckt. Das `%` Zeichen zeigt dem Compiler, dass die folgenden Zeichen eine besondere Bedeutung haben. `8.2f` heißt, dass die Variable eine reelle Zahl ist, das Ausgabefeld 8 Zeichen breit sein soll (inklusive Dezimalpunkt) und zwei Nachkommastellen ausgegeben werden.

Um die Funktionen printf und scanf nutzen zu können, ist die Headerdatei `<stdio.h>` notwendig, die mit `#include <stdio.h>` eingebunden wird.

7. Durch die Befehlsfolge

```
{
    Anweisung 1;
    ....
    Anweisung n;
}
```

lassen sich die Anweisungen 1 bis n als eine Anweisung auffassen und als solche bearbeiten.

8. Durch die Anweisung

   `if` (Bedingung) Anweisung 1 ;

   `else` Anweisung 2 ;

   ist die Möglichkeit zur Verzweigung gegeben. Falls die Bedingung erfüllt ist, so wird die Anweisung 1 ausgeführt, sonst die Anweisung 2. Anweisung 1 und Anweisung 2 können sehr wohl eine Folge von Anweisungen sein, die durch geschweifte Klammern zu einem Block zusammengefasst werden. Diese Anweisung entspricht der Bedingungsabfrage im Struktogramm.

   Auf die Angabe des `else`-Teils kann verzichtet werden. In diesem Fall wird bei Nichterfüllung der Bedingung mit dem weiteren Programmverlauf fortgefahren. Bei Verwendung dieser Anweisung muss in C beachtet werden, dass eine Gleichheitsbedingung durch zwei Gleichheitszeichen dargestellt wird.

   if (G == 0) **Anweisung 1**;

   Wenn G den Wert 0 hat, wird die Anweisung 1 ausgeführt.

9. Mit C kann eine Folge von Anweisungen solange ausgeführt werden, wie eine Bedingung wahr ist. Hierzu dient die folgende Struktur:

   `do {`

   Anweisungen

   `} while` Bedingung ;

   Erst wenn die Bedingung **nicht** mehr erfüllt ist, wird die darauf folgende Anweisung ausgeführt.

Vor dem Hauptprogramm werden die Variablen deklariert. Durch

```
float a, b, c, d, e, f;
```

werden die Variablen a, b, c, d, e, f als reelle Zahlen in Gleitkommadarstellung (`float` = floating point) deklariert. Eine Namensgebung für das Programm ist in C nicht notwendig.

```
/* Dieses Programm errechnet, sofern möglich, die Lösung des
   Gleichungsystems            ax + by = c
                               dx + ey = f
   Dazu müssen nacheinander die Koeffizienten a, b, c, d, e, f
   eingegeben werden. Es wird geprüft, ob eine Lösung exisiert,
   und diese wird ausgegeben. Programmabbruch erfolgt bei Eingabe
   eines negativen Wertes des Koeffizienten a. */

#include <stdio.h>                      /*  Preprozessoranweisung */

float a,b,c,d,e,f,g,x,y;

main()                      /* Beginn des eigentlichen Programms */
{
  do {                  /* Diese Schleife wird solange ausgeführt, */
                         /* bis für a ein Wert < 0 eingegeben wird */
    printf
   ("\n\n\nGeben Sie die Koeffizienten der ersten Gleichung ein
    :\n");
    scanf("a= %f",&a);
    scanf("b= %f",&b);
    scanf("c= %f",&c);
    printf
   ("\n\n\nGeben Sie die Koeffizienten der ersten Gleichung ein
    :\n");
    scanf("d= %f",&d);
    scanf("e= %f",&e);
    scanf("f= %f",&f);
    printf("\n\n");              /*Ausgabe des Gleichungssystems*/
    printf("%3.1e x + %3.1e y = %3.1e\n",a,b,c);
    printf("%3.1e x + %3.1e y = %3.1e\n\n",d,e,f);
    g = a * e - b * d;
    if  (g == 0)
      printf("Keine Lösung !");
    else {                       /* Berechnung der Lösungswerte */
      x =  (c * e - b * f) / g;
      y = -(c * d - a * f) / g;
        /* Ausdruck der Lösung */
      printf("x = %8.2e\n",x);
      printf("y = %8.2e\n",y);
    }
  } while (a>=0); /* Durchlauf solange a größer oder gleich 0 */
  printf("\n\n Programmende ! \n");
}
```

Abb. 66: C-Programm des Einführungsbeispiels

Nach den erfolgten Exkursen in die Sprachenwelt wird zur **4. Phase** zurückgekehrt und mit dem Testen des Programms fortgefahren.

Um zu überprüfen, ob das Programm fehlerfrei arbeitet, wird es in eine EDV-Anlage (hier einen PC) eingegeben. Dazu wird der Editor (Programm zur Eingabe und Änderung von Programmen) aufgerufen.

Abb. 67 zeigt den in die Programmierumgebung integrierten Editor von Turbo Pascal. Ist die Programmeingabe abgeschlossen, wird der Kompiliervorgang gestartet, der den Quellcode (Code in einer Programmiersprache, hier: PASCAL) in einen für den Rechner ausführbaren Maschinencode übersetzt (vgl. Abb. 68).

Auch für C gibt es zahlreiche Programmierumgebungen, wobei die Vorgehensweise beim Testen des Programms der obigen entspricht. Das C-Programm wird in den Editor eingegeben, der im Wesentlichen dem aus Abb. 67 gleichen kann. Es folgt wieder der Kompiliervorgang, der ein ausführbares Programm erzeugen soll.

Werden dabei formale Fehler vom Kompilierer erkannt und dem Programmierer angezeigt, so kann damit die Korrektur dieser Fehlergruppe veranlasst werden. Für den Test auf logische Fehler, d.h. Fehler, die auf eine falsche Problemabbildung zurückzuführen sind, werden Testdaten erstellt. Dabei sollten alle Möglichkeiten erfasst werden:

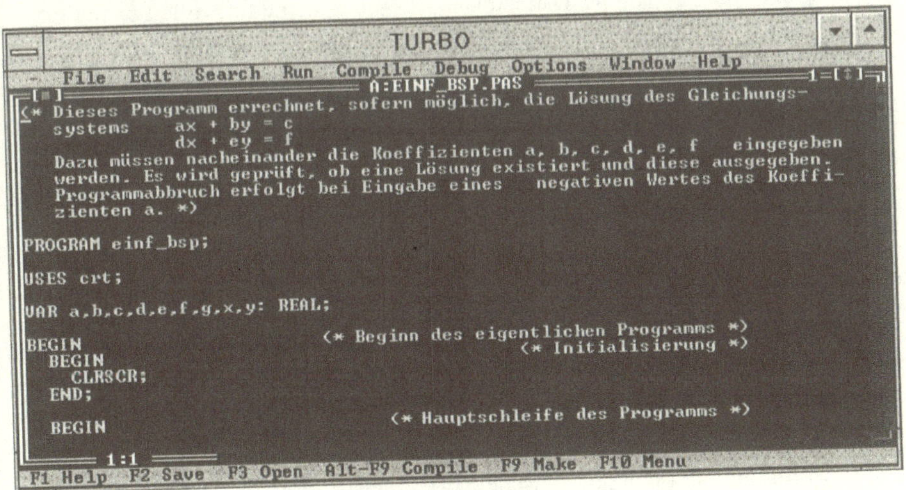

Abb. 67: Programmeingabe mit PASCAL-Editor

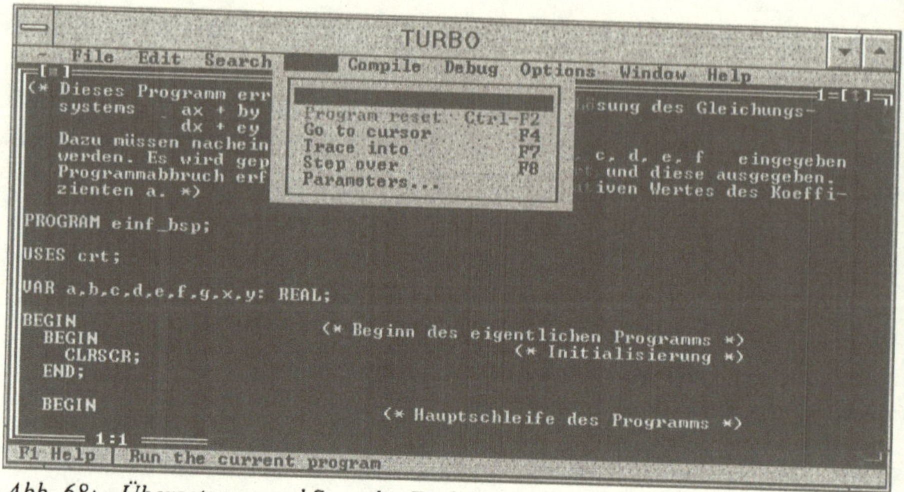

Abb. 68: Übersetzung und Start des Einführungsbeispiels

1. Fall: Zwei linear unabhängige Gleichungen, für die es Lösungen gibt :

$$1x + 2y = 3$$
$$4x + 5y = 6$$

2. Fall: Zwei linear abhängige Gleichungen, für die es keine sinnvolle Lösung gibt:

$$1x + 2y = 3$$
$$4x + 8y = 12$$

3. Fall: Eine Zahlenkombination, durch die die Endebedingung ausgelöst wird:

$$-1x + 2y = 3$$
$$4x + 5y = 6$$

5. Systemverifikation:

Bei der Systemverifikation sollen alle Komponenten (Module und Datenbestände) miteinander über alle Schnittstellen im Kontext getestet werden. Dieses ist allerdings nach dem Test bei diesem einfachen Programm überflüssig, da es sich nur aus wenigen Modulen zusammensetzt.

Um das Programm jedoch auf logische Korrektheit zu prüfen, wurde es zur Kompilierung und Ausführung mit RUN gestartet und - nachdem keine Sprachfehler mehr angegeben wurden - die Testdaten eingegeben. Es wurde dann überprüft, ob das Programm die richtigen Lösungswerte ermittelt (vgl. Abb. 69). Sollte dies nicht der Fall sein, müsste das Programm solange getestet und korrigiert werden, bis alle Fehler beseitigt sind. Unser Test zeigte, dass das Programm mit den Testdaten richtig arbeitete.

```
Geben Sie die Koeffizienten der ersten Gleichung ein :
a= 1
b= 2
c= 3

Geben Sie die Koeffizienten der zweiten Gleichung ein :
d= 4
e= 5
f= 6


1.0x + 2.0y = 3.0
4.0x + 5.0y = 6.0

x =     -1.00
y =      2.00


Geben Sie die Koeffizienten der ersten Gleichung ein :
a= 1
b= 2
c= 3

Geben Sie die Koeffizienten der zweiten Gleichung ein :
d= 4
e= 8
f= 12


1.0x + 2.0y = 3.0
4.0x + 8.0y = 12.0

Keine Lösung !


Geben Sie die Koeffizienten der ersten Gleichung ein :
a= -1
b= 2
c= 3

Geben Sie die Koeffizienten der zweiten Gleichung ein :
d= 4
e= 5
f= 6


-1.0x + 2.0y = 3.0
4.0x + 5.0y = 6.0

x =     -0.23
y =      1.38


Programmende !
```

Abb. 69: Test des Einführungsbeispiels

6. Systemfreigabe und Anwendung:

Nach erfolgreich bestandener Verifikation kann das Programm nunmehr freigegeben werden.

7. Dokumentation

Die Programmdokumentation sollte eine allgemeine Problembeschreibung und eine Beschreibung des Programms und der darin verwendeten Module enthalten.

8. Wartung:

Mit dem Wunsch nach einer größeren Anzahl an Funktionen kann das Programm zukünftig modifiziert und verbessert werden.

3.1.3 Grundlagen der Programmiersprache PASCAL

3.1.3.1 Allgemeine Vorbemerkungen

Nachdem im vorangegangenen Kapitel der schematische Aufbau von PASCAL- und C-Programmen dargestellt wurde, wird hier auf einige terminologische Besonder-heiten der Programmiersprache PASCAL hingewiesen. Ausschließliche C-Lerner sollten den Sprung zur Seite 171 wagen. Bei beiden Sprachen wird aus didaktischen Gründen möglichst der gleiche Aufbau und die gleiche Wortwahl genutzt.

Unter einem Objekt versteht man in der PASCAL - Terminologie Konstanten, Variablen, Typen, Funktionen und Prozeduren. Konstante sind feste, nicht veränderbare Werte.[36] Diese Konstanten werden bei der Wertzuweisung von Variablen benötigt. Man unterscheidet zwischen numerischen Konstanten und alphanumerischen Konstanten.

Beispiele:

numerische Konstante

- ganzzahlig: 1, 3, 127, -504
- Festkommazahl: 127.32, -104.78
- Gleitkommazahl: 0.52387 E3 (d.h. $0.52387 \cdot 10^3 = 523.87$)

alphanumerische Konstante „2000 Hamburg"

Die Konstanten benötigen keinen Namen. Man kann sie direkt in jede Berechnung eingeben.

Zur Objektbenennung, d.h. zur Namensgebung für Variable usw., steht die Menge der Buchstaben, der Ziffern sowie das Unterstreichungszeichen (_) zur Verfügung. Zu beachten ist, dass ein Objektname, auch Bezeichner genannt, nicht mit

---

[36] Ein Objekt in dieser Terminologie darf nicht verwechselt werden mit dem Begriff des Objektes, wie es in objektorientierten Sprachen verwendet wird (vgl. Kap. 3.3).

einer Ziffer beginnen darf. Weiterhin existieren in PASCAL Schlüsselwörter, sog. reservierte Wörter, die im Programm bestimmte Bedeutungen haben. Ein Beispiel ist EXP, das für die Exponentialfunktion reserviert ist. Objekte dürfen somit keine Namen haben, die mit reservierten Wörtern identisch sind. Im Folgenden werden reservierte Wörter immer groß geschrieben.

Obwohl Bezeichner, von den angegebenen Restriktionen abgesehen, frei benannt werden können, sollte man darauf achten, möglichst aussagekräftige Namen zu wählen. Dadurch wird die Verständlichkeit erhöht und die spätere Programmwartung erleichtert.

3.1.3.2 Typendeklaration

3.1.3.2.1 Unterscheidung vordefinierter und selbstdefinierter Datentypen

Wie im Programmgerüst bereits dargestellt, ist ein wichtiger Bestandteil eines PASCAL-Programms der Deklarationsteil. In diesem musser Programmierer die Objekte, die anschließend im Programm verwendet werden, deklarieren. Durch die Deklaration eines Objektes werden seine wesentlichen Eigenschaften (Attribute) beschrieben.

Variablen und Funktionen müssen in PASCAL - wie bereits erwähnt - Datentypen zugeordnet werden. Der Datentyp eines Objektes ist sein wichtigstes Attribut. Durch den Datentyp werden Objekten zum einen die gültigen Wertebereiche zugeteilt, zum anderen werden aber auch implizit Operationen festgelegt, die auf die Objekte anwendbar sind.[37]

PASCAL stellt einige standardmäßig vordefinierte Datentypen zur Verfügung, die häufig benötigt werden. Zu diesen vordefinierten Datentypen zählen INTEGER, REAL, CHAR und BOOLEAN, auf die in den nächsten Punkten eingegangen wird.

Weiterhin hat der Programmierer in PASCAL die Möglichkeit, sich Datentypen selbst zu definieren, die genau an seinen Erfordernissen ausgerichtet sind. Diese Datentypen können vom Programmierer konstruiert, also aus anderen Datentypen zusammengesetzt werden. Zu diesen Datentypen gehören ARRAYs, RECORDs und FILEs.

Dieses ausgeprägte Typenkonzept unterscheidet PASCAL von vielen anderen Programmiersprachen, z.B. BASIC. Das Konzept ist wirklich von Vorteil, da es zum einen die Verständlichkeit eines Programms[38] fördert, zum anderen aber auch zu einer besseren, der eigentlichen Programmiertätigkeit vorgelagerten Problemstrukturierung zwingt (vergleiche Phasen 1 bis 4).

---

37 Nicht alle Operationen sind mit allen Datentypen vereinbar. Als Beispiel sei die Modulo-Funktion genannt, die ganzzahlige Objekte erfordert.

38 So kann zu jedem im Programm verwendeten Objekt beispielsweise der gültige Wertebereich sofort dem Deklarationsteil entnommen werden.

3.1.3.2.2 Vordefinierte Datentypen

a) INTEGER

Mit dem Datentyp INTEGER werden Speicherplätze zur Aufnahme von Zahlen aus der Menge der ganzen Zahlen deklariert. Es steht jedoch nur ein bestimmtes Intervall ganzer Zahlen zur Verfügung; die Größe dieses Intervalls hängt wesentlich von der verwendeten CPU ab. Das Intervall bei Turbo Pascal auf einem Personal Computer umfasst Werte von -32.768 bis 32.767. Turbo Pascal kennt noch weitere Integer-Datentypen, die sich im Wesentlichen in der jeweiligen Intervallgröße und im Speicherbedarf unterscheiden.[39]

Will man beispielsweise die Variable `i` zum Zählen in einer Schleife verwenden, so ist zu definieren:

```
VAR i : INTEGER;
```

b) REAL

Mit dem Datentyp REAL werden Speicherplätze zur Aufnahme von Zahlen aus dem Bereich der reellen Zahlen deklariert. Eine REAL-Zahl besteht aus drei Komponenten: Dem Vorzeichen, der Mantisse und dem Exponenten (vgl. Kap. 2.3.1.2). Auch beim Typ REAL gibt es Einschränkungen bezüglich des darstellbaren Wertebereichs, auch hier sind diese Intervalle von der CPU des verwendeten Rechners abhängig. So geht der Wertebereich unter Turbo Pascal auf einem Personal Computer von $2{,}9 \cdot 10^{-39}$ bis $1{,}7 \cdot 10^{38}$. Weiterhin ist bei REAL-Datentypen die Genauigkeit ein entscheidender Faktor. Sie ist davon abhängig, wie viele Dezimalstellen in der Mantisse gespeichert werden können. Bei REAL-Zahlen liegt die Genauigkeit bei 10 bis 11 Nachkommastellen. Diese beschränkte Genauigkeit von REAL-Zahlen ist ein unbedingt zu beachtender Punkt in der Programmplanung, da sich die genauigkeitsbeschränkende Rundung beispielsweise bei Multiplikationsoperationen in unkorrekt errechneten Werten bemerkbar machen kann.

Will man z.B. der Variablen *Y* verschiedene Funktionswerte eines Polynoms zuweisen, so ist diese folgendermaßen zu definieren:

```
VAR y : REAL;
```

c) CHAR

Mit dem Datentyp CHAR wird ein Speicherplatz zur Aufnahme genau eines Zeichens deklariert. Der Wertebereich des Datentyps CHAR ist die Menge der für das PASCAL-System auf dem jeweiligen Rechner verfügbaren Zeichen. Wird wie im hier betrachteten Fall Turbo Pascal auf einem Personal Computer verwendet, so ist

---

[39] Als Beispiel seien hier die folgenden genannt: LONGINT (-21.0447.483.648.. 21.447.483.647), SHORTINT (-128..127) und BYTE (0..255). Die größeren Wertebereiche werden dabei durch einen höheren Speicherbedarf erkauft.

die gültige Wertemenge die Menge der ASCII-Zeichen.[40] Werte des Datentyps CHAR werden rechnerintern mit der Länge 8 Bit (1 Byte) gespeichert. Einen Wert vom Datentyp CHAR kann man als Zeichenkette der Länge 1 auffassen.

d) BOOLEAN

Mit dem Datentyp BOOLEAN werden Speicherplätze für Objekte deklariert, die nur den Wert wahr (TRUE) oder falsch (FALSE) annehmen können. TRUE und FALSE sind dabei in Turbo Pascal vordefinierte Konstanten. Verwendung finden derartige Objekte hauptsächlich in Schleifen oder bedingten Verzweigungen (z.B. Führe eine Anweisung aus, solange eine Aussage wahr ist), wo mit ihrer Hilfe der Programmablauf gesteuert werden kann.

Auf BOOLEAN-Objekte werden hauptsächlich folgende logische Operatoren angewandt: AND (logisches UND: sowohl als auch), OR (logisches ODER: mindestens ein Operand ist wahr), XOR (logisches ENTWEDER ODER (EXKLUSIV ODER): genau ein Operand ist wahr) sowie die jeweilige Verneinung durch ein vorangestelltes NOT (logische Verneinung). Als Vergleichsoperatoren dienen i.d.R. die Gleichheit (=) und die Ungleichheit (<>).

```
VAR a,b,c: INTEGER;
    x,y  : REAL;
    u,v  : BOOLEAN;
    r,s  : CHAR;
```

Abb. 70: Beispiel für vordefinierte Datentypen

3.1.3.2.3 Selbstdefinierte Datentypen

a) STRING

Mit dem Datentyp STRING ist es möglich, Speicherplätze für Zeichenketten in bestimmter Länge zu definieren. Standard-PASCAL sieht diesen Datentyp nicht vor, da er einem Feld von Zeichen entspricht. Da Zeichenketten aber in Form des Datentyps STRING leichter zu handhaben sind, verwenden ihn viele PASCAL-Systeme, so auch Turbo Pascal.

Zusätzlich zum Datentyp STRING ist noch seine Länge in eckigen Klammern anzugeben. Die Maximallänge beträgt 255 Zeichen. Für Objekte des Datentyps STRING existiert eine Vielzahl von Funktionen und Prozeduren zur Zeichenkettenmanipulation.

---

40 Zu den ASCII-Zeichen vgl. Kap. 2.7.2.

```
VAR text: STRING[20];
```

Abb. 71: Beispiel für Zeichenkettendeklaration

b) ARRAY

Mit Hilfe des Datentyps ARRAY können ein- oder mehrdimensionale Felder definiert werden. So ist es z.B. in einer Artikelliste mit 50 Elementen nicht mehr notwendig, 50 einzelne Variablen zu definieren. Man hat vielmehr die Möglichkeit, ein eindimensionales Feld für die jeweiligen Artikelnamen zu definieren, wobei die verschiedenen Artikel durch einen Index unterscheidbar sind,[41] z.B. Artikel[1] bis Artikel[50].

```
VAR artikel: ARRAY[1..50] OF STRING[20];
```

Abb. 72: Beispiel für ein eindimensionales ARRAY

Häufig benötigt man für eine Anwendung jedoch mehr als eine Dimension: soll z.B. eine Tabelle mit 10 Zeilen und 8 Spalten gespeichert werden, wobei in den einzelnen Feldern INTEGER-Zahlen gespeichert werden, muss man ein mehrdimensionales Array definieren. Dazu muss ein Index für jede betrachtete Dimension eingeführt werden:[42]

```
VAR tabelle: ARRAY[1..10,1..8] OF INTEGER;
```

Abb. 73: Beispiel für ein zweidimensionales ARRAY

Um die einzelnen Elemente eines Arrays ansprechen und aufrufen zu können, wird der Variablenname mit dem entsprechenden Index angegeben. Der Index muss ein Ordinaltyp sein:

---

[41] Es ist zu beachten, dass der Index einen aufzählbaren Datentyp (Ordinaltyp) besitzt. Zulässig sind z.B. INTEGER-Zahlen, nicht zulässig sind z.B REAL-Zahlen. Der Laufbereich des Indexes muss während der Deklaration bereits festgelegt sein: ARRAY[1..n] ist somit nur möglich, wenn n vorher schon mit einem Wert belegt worden ist.

[42] Natürlich können auch mehr als zwei Dimensionen berücksichtigt werden. Man muss jedoch den Speicherplatz beachten: Schon eine Tabelle 100x50x20 mit Integerzahlen benötigt 200.000 Byte, bei größeren Dimensionen oder anderen zu speichernden Daten kann sich dieser Speicherbedarf schnell erhöhen!

```
artikel[12] := 'Kleber 2-er Pack';
WRITELN (artikel[12]);
tabelle[3,2] := 24;
READLN (tabelle[i,5]);
```

Abb. 74: Beispiel für Aufruf und Zuweisung von ARRAY-Elementen

Da der Aufruf über einen Index erfolgen kann, spricht man auch von indizierten Variablen.

So lassen sich nach den im einführenden Beispiel vermittelten Kenntnissen mit den folgenden Befehlen durch Nutzung des Index *i* 1.000 Artikelbezeichnungen lesen:

```
PROGRAM artikel_lesen;
VAR i       : INTEGER;
    artikel: ARRAY[1..1000] OF STRING[20];
BEGIN
  FOR i := 1 TO 1000 DO
    READLN (artikel[i]);
END.
```

Abb. 75: Beispiel für ein Programm zum Einlesen von Artikelbezeichnungen

c) RECORD

Durch RECORD-Datentypen wird es dem Programmierer ermöglicht, Daten beliebiger Typen, die logisch zusammengehören, auch im Programm zu einer Einheit zusammenzufassen. Ein RECORD-Datentyp bildet insofern eine Liste von Komponenten[43] beliebigen Datentyps.[44] Durch die Möglichkeit, mehrere Variablen praktisch zu einer zusammenzufassen, können in Verschachtelung etwa mit ARRAY-Datentypen sehr komplexe Datenstrukturen realisiert werden.

---

43 Diese Komponenten werden häufig auch als Felder bezeichnet. Diese haben jedoch nichts mit Arrays gemein. Im Folgenden werden die Begriffe Komponente und Feld in Bezug auf RECORD-Datentypen synonym verwendet.

44 Es gibt weiterhin auch die Möglichkeit, Teile eines Records in Abhängigkeit vom Wert einer anderen Komponente unterschiedlich zu strukturieren. Auf diesen varianten Teil eines Records wird hier jedoch nicht weiter eingegangen.

```
VAR mitarbeiter: RECORD
                   personalnr : INTEGER;
                   name       : STRING[10];
                   vorname    : STRING[10];
                   adresse    : STRING[25];
                   verheiratet: BOOLEAN;
                 END;
```

Abb. 76: Beispiel für einen RECORD

Der Zugriff auf einzelne Felder eines RECORDs erfolgt über den Namen der RECORD-Variablen sowie den Feld-Bezeichner. Diese beiden Angaben werden durch einen Punkt voneinander getrennt.

```
mitarbeiter.personalnr := 12345;
mitarbeiter.name := 'Meier';
```

Abb. 77: Beispiel für den Aufruf von RECORD-Elementen

Will man in einem Programmbereich auf mehrere Felder desselben RECORDs zugreifen, kann man durch die Anweisung WITH recordname DO erreichen, dass im unmittelbar folgenden Anweisungsblock auf die Angabe des Feldbezeichners im RECORD-Namen verzichtet werden kann.

```
WITH mitarbeiter DO
BEGIN
  personalnr := 12345;
  name := 'Meier';
END;
```

Abb. 78: Beispiel für den Aufruf von RECORD-Elementen mit WITH

d) SET

SET-Datentypen erlauben es dem Programmierer, mit Mengen bzw. Teilbereichen dieser Mengen zu operieren. Der Wertebereich eines SET-Datentyps ist die Menge aller Elemente der angegebenen Basismenge.[45] Sinnvoll ist der Einsatz von SET-Datentypen, wenn in einer Datenstruktur die weiter zu verarbeitenden Werte aufgeführt werden sollen. Operationen auf Mengen sind neben den Vergleichsoperationen die Operationen + (Vereinigung zweier Mengen), - (Differenz zweier Mengen), * (Durchschnitt zweier Mengen) sowie der Operator IN (prüft, ob ein anzugebendes Element in der Menge enthalten ist).

[45] Die Basismenge muss ein Ordinaltyp, also aufzählbar, sein.

VAR zeichensatz: SET OF CHAR; (Menge der verfügbaren Zeichen)

Abb. 79: Beispiel für SET

e) Aufzählungs- und Teilbereichstyp

Bei Aufzählungstypen müssen deren Wertemengen explizit aufgeführt werden. In der Definition eines Aufzählungstyps werden also all diejenigen Konstanten aufgezählt, die seinen Wertebereich ausmachen.

```
VAR                                                        ers-
tes_halbjahr:(januar,februar,maerz,april,mai,juni);
```

Abb. 80: Beispiel für den Aufzählungstyp

Teilbereichstypen ermöglichen dem Programmierer, den Wertebereich eines Objektes als Intervall eines bereits definierten Ordinaltyps anzugeben. Dazu werden Intervallunter- und -obergrenze, durch Punkte voneinander getrennt, angegeben.

```
VAR erstes_quartal: januar..maerz;
```

Abb. 81: Beispiel für einen Teilbereichstyp

f) FILE

Der Inhalt des Arbeitsspeichers geht nach dem Ausschalten verloren. Deshalb müssen Daten, die für weitere Anwendungen benötigt werden, auf einem externen Speichermedium in Form einer Datei abgelegt werden. Dabei ist anzumerken, dass ein File in der PASCAL-Terminologie eine Sequenz beliebig vieler, gleichartiger Komponenten ist, die auf einem externen Medium gespeichert wird. Die Anzahl der Komponenten muss dabei nicht von vornherein vorgegeben sein, sondern wird nur durch den zur Verfügung stehenden Speicherplatz auf dem externen Speicher begrenzt. Die Deklaration eines Objektes mit diesem Datentyp erfolgt durch das Schlüsselwort FILE, gefolgt von OF und der Angabe des Dateikomponententyps.

```
TYPE mitarbeiter = RECORD
                     personalnr: INTEGER;
                     name      : STRING[10];
                   END;

VAR datei: FILE OF mitarbeiter;
```

Abb. 82: Beispiel für ein FILE

3.1.3.3 Anweisungen

3.1.3.3.1 Zuweisung und Verbundanweisung

Um einer Variablen einen Wert zuzuweisen, wird ein Zuweisungsoperator benötigt: In PASCAL wird dafür das Zuweisungszeichen := verwendet.[46]

a) einfache Zuweisungen

Bei einer Zuweisung muss beachtet werden, dass der Wert des zugewiesenen Ausdrucks und der Datentyp der Variablen miteinander verträglich sind.[47] So ist bei der Zuweisung eines numerischen Wertes zu beachten, dass dieser häufig errechnet wird. So kann z.B. die Division zweier INTEGER-Zahlen eine REAL-Zahl ergeben.

Für die Berechnung stellt der Übersetzer Systemfunktionen bereit. Die wichtigsten arithmetischen Operatoren sind:

- Addition +
- Subtraktion –
- Multiplikation *
- Division /

Will man zwei INTEGER-Zahlen dividieren, ohne dass im Ergebnis Nachkommastellen angegeben werden, bietet sich der DIV-Operator an. Sind *a* und *b* als Integerzahlen deklariert, wobei *a* den Wert 7, *b* den Wert 3 hat, so ergibt *a* DIV *b* den Wert 2.

Zur Ermittlung des ganzzahligen Rests einer Integerdivision steht der MOD-Operator zur Verfügung. Damit ergibt sich jede ganze Zahl *a* als (*a* DIV *b*)**b* + *a* MOD *b*.

Als sog. Systemfunktionen bieten die Systemhersteller sehr unterschiedliche Funktionen an; fast alle verfügen aber über folgende Funktionen:

- ABS (X) Absolutfunktion von x
- SIN (X) Sinus von x
- COS (X) Cosinus von x
- EXP (X) Exponentialfunktion e^x

---

[46] In anderen Programmiersprachen wird als Zuweisungsoperator häufig das Gleichheitszeichen verwendet. Das kann jedoch zu uneindeutigen Ausdrücken führen. Soll beispielsweise ein Zähler b um eins erhöht werden, würde die Zuweisung b = b + 1 lauten. Das Gleichheitszeichen darf hier nicht als logischer Vergleichsoperator gesehen werden. In PASCAL werden derartige Zweideutigkeiten umgangen: Die Zuweisung lautet hier b := b + 1.

[47] So ist z.B. die Zuweisung einer REAL-Zahl zu einem INTEGER-Datentyp nicht zulässig.

- SQRT (X) Quadratwurzel von x
- INT (X) Ganze Zahl von x

Zusätzlich findet man die EOF (X) Funktion, über die man den Zustand der Datei X abfragen kann:

EOF (X) hat den Wert :

TRUE wenn alle Daten der Datei X gelesen wurden,
FALSE sonst.

Eine umfassende Darstellung der Systemfunktionen erfolgt unter Kap. 3.1.3.4.4.

Soll eine einfache Zuweisung erfolgen, so geschieht es in der Form

```
a := b + c;
c := EXP(d);
g := (2 + b) * d / f;
```

Abb. 83: Beispiel für Zuweisungen

Die erste Variable erhält das Ergebnis des Ausdrucks, der auf der rechten Seite des Zuweisungszeichens steht. Die Ausdrücke werden entsprechend der Prioritäten der Operatoren berechnet, wobei Ausdrücke in Klammern grundsätzlich vorrangig abgearbeitet werden. Als Operanden können Konstante, Variable und weitere Funktionen auftreten. Bei der Ausführung der Operatoren einer Funktion gelten folgende Prioritäten:

Priorität		Beschreibung Symbol
1	Operation in Klammern	( )
2	Multiplikation und Division	*, /, div
3	Addition und Subtraktion	+,-

Abb. 84: Prioritäten der Operatoren

Bei gleichwertigen Operationen wird die linke Operation vor der rechten bearbeitet.

Neben diesen dyadischen Operatoren, die jeweils auf zwei Operanden wirken, gibt es noch monadische Operatoren, und zwar die Vorzeichen. Diese lassen sich jedoch problemlos durch entsprechendes Klammersetzen mit erfassen.

Die Bedeutung dieser Regeln soll anhand der Berechnung folgender Formel demonstriert werden:

$$F = \frac{a-b}{(1+b)*2} e^{-(a+b)*2}$$

Die zugehörige PASCAL-Notation der gleichen Formel hat dann folgende Gestalt, die aufgrund der Prioritätenregeln abgearbeitet wird (wobei unter ( ) die Errechnung eines Zwischenwertes zu verstehen ist):

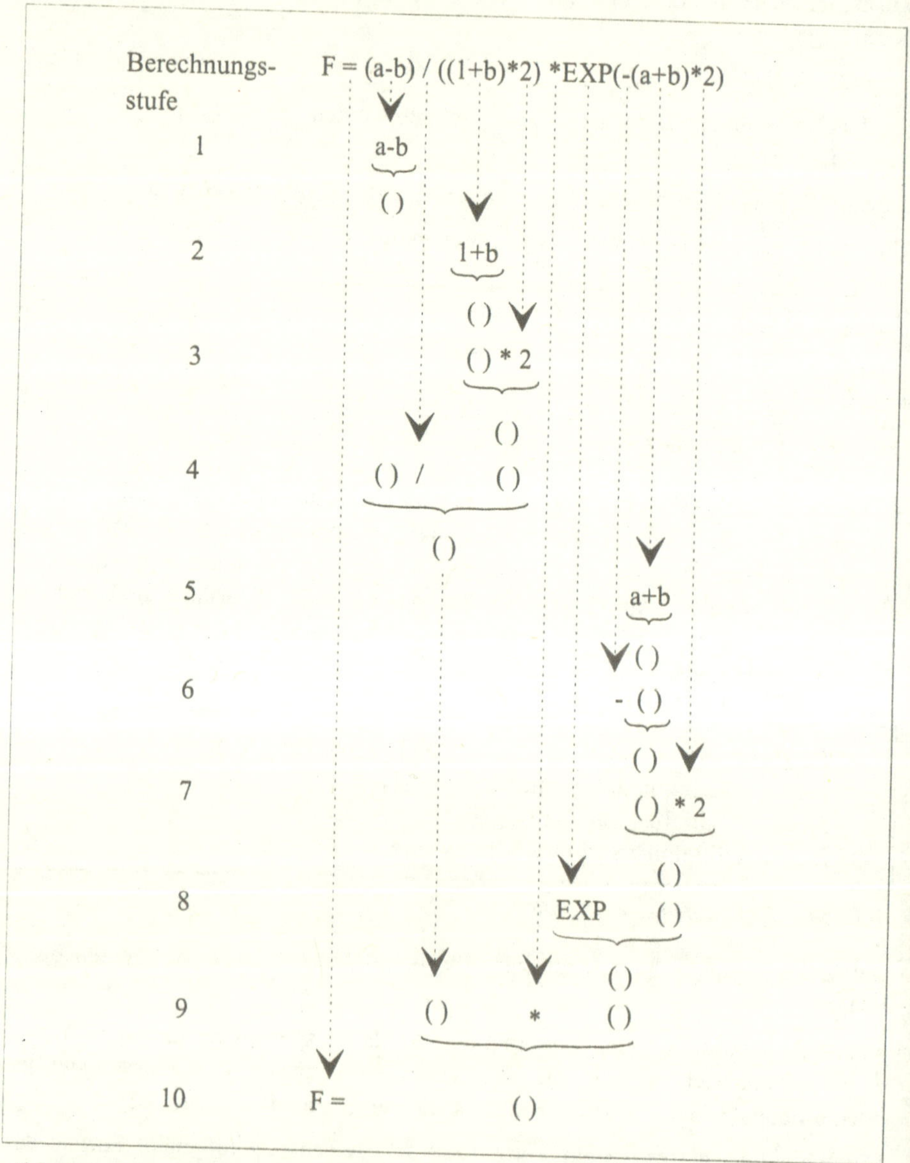

Abb. 85: Abarbeitung einer Formel

Bemerkung 1: Einen Operator für a^x, wie bspw. von jedem Taschenrechner bekannt, gibt es in PASCAL nicht. Hierfür kann errechnet werden:

$$a^x = e^{x \cdot LN(a)} = EXP(x * LN(a)).$$

Mit Hilfe der arithmetischen Zuweisung kann man auch Textvariablen Werte zuweisen.

Bemerkung 2: Da die Texte dann im ASCII-Code dargestellt sind, lassen sie sich wie Zahlen entsprechend den in Kap. 3.1.5.4 gezeigten Operationen alphanumerisch sortieren.

b) Zusammengesetzte Zuweisungen

Manche Programmkonstruktionen machen es erforderlich, einzelne, durch Semikolon getrennte Anweisungen zu einem Block zusammenzufassen, der dann wie eine einzige Anweisung behandelt wird.[48] Diese Zusammenfassung geschieht durch Einklammerung der zusammenzufassenden Anweisungen mittels der Schlüsselwörter BEGIN und END. Darüber hinaus können BEGIN und END auch zur Verdeutlichung von in sich abgeschlossenen Programmteilen verwendet werden. Zusätzliche BEGIN...END-Schachtelungen werden von PASCAL akzeptiert.

Aus Gründen der Programmübersichtlichkeit ist es sinnvoll, die geschachtelten Anweisungen um einige Zeichen einzurücken:

```
BEGIN
   Anweisung 1;
   Anweisung 2;
END;
```

Abb. 86: Beispiel für einen Anweisungsblock

3.1.3.3.2 Bedingte Anweisungen

Bei bedingten Anweisungen kann der Programmfluss in Abhängigkeit von bestimmten Bedingungen, die sich aufgrund der Datenlage ergeben, gesteuert werden. PASCAL kennt zwei Formen der bedingten Anweisung (IF, CASE), die prinzipiell auf die gleiche Art ausgewertet werden.

Die allgemeine Form der IF-Anweisung lautet

```
IF bedingung THEN anweisung1 ELSE anweisung2;
```

Abb. 87: IF-Anweisung

wobei der ELSE-Teil optional ist.

---

48 Es wird z.B. in einer Schleife (vgl. Kap 3.1.3.3.3) nach Abfrage einer logischen Bedingung genau eine Anweisung ausgeführt. Sollen mehrere Einzelanweisungen in der Schleife ausgeführt werden, wird eine Verbundanweisung notwendig.

Die Auswertung geschieht folgendermaßen: Wenn die Bedingung erfüllt ist, kommt Anweisung 1 zur Ausführung, anderenfalls Anweisung 2.[49] Die Abfragebedingung (logischer Ausdruck) kann folgende dyadische Vergleichsoperatoren enthalten:

Symbol	Bezeichnung	Beispiel
<	kleiner	a < b
<=	kleiner oder gleich	a <= b
=	gleich	a = b
>	größer	a > b
>=	größer oder gleich	a >= b
<>	ungleich	a <> b

Abb. 88: Vergleichsoperatoren

Die Anweisung

```
IF a <= b
THEN a := b
ELSE b := a;
```

Abb. 89: Beispiel für IF...THEN...ELSE

bedeutet: Falls $a \leq b$, wird a der Wert von b zugewiesen, anderenfalls b der Wert von a, d.h. danach haben beide den gleichen Wert, und zwar den größeren von beiden.

Ein logischer Ausdruck kann sich aus mehreren logischen Ausdrücken zusammensetzen. Die Kombination logischer Ausdrücke erfolgt mit den dyadischen logischen Operatoren UND (der Ergebnisausdruck ist nur dann wahr, wenn beide Ausdrücke wahr sind) und ODER (der Ergebnisausdruck ist dann wahr, wenn mindestens einer der beiden Ausdrücke wahr ist). Zusätzlich kann noch der Verneinungsoperator NICHT gewählt werden. In der PASCAL-Notation werden diese Operatoren durch AND, OR, XOR und NOT dargestellt.

```
IF (pers_nr <= 0) OR (pers_nr > 9999)
THEN ausgabe_fehlermeldung
ELSE einlesen_datensatz;
```

Abb. 90: Beispiel für eine zusammengesetzte Bedingung

---

[49] Ist in einer bedingten Anweisung kein ELSE-Teil enthalten, so wird bei nicht erfüllter Bedingung mit der nächstfolgenden Anweisung fortgefahren.

Häufig treten Entscheidungssituationen mit mehr als zwei Alternativen auf. Um eine unübersichtliche Folge von IF-Anweisungen zu vermeiden, verfügt PASCAL über die CASE-Anweisung. Dort werden die möglichen Fälle aufgelistet und ihnen die entsprechenden Anweisungen zugewiesen. Die allgemeine Form der CASE-Anweisung gibt Abb. 91 wieder.

```
CASE ausdruck OF
   fall 1: anweisung 1;
   fall 2: anweisung 2;
   ...
   fall n: anweisung n;
ELSE anweisung;
```

Abb. 91: CASE-Anweisung[50]

Soll beispielsweise das Verhalten eines Autofahrers an einer Ampel abgebildet werden, so kann das durch die Konstruktion des folgenden Beispiels erreicht werden:

```
CASE ampel OF
             rot     : stehen bleiben;
             gelb    : abbremsen;
             grün    : fahren;
             rot_gelb: bereit machen;
ELSE ampel_defekt
END;
```

Abb. 92: Beispiel für eine CASE-Anweisung[51]

3.1.3.3.3 Wiederholungsanweisungen (Schleifen)

Wenn in einer Aufgabenstellung die mehrfache Ausführung einer Anweisung oder eines Anweisungsblocks erforderlich wird, so muss dieser Block mit Hilfe einer Wiederholungsanweisung abgearbeitet werden. PASCAL kennt drei Arten von Wiederholungsanweisungen:

- Die FOR-Schleife,
- die WHILE-Schleife und
- die REPEAT..UNTIL-Schleife,

auf die im Folgenden näher eingegangen wird.

---

50 *ausdruck* muss ein Ordinaltyp sein.

51 Voraussetzung für dieses Beispiel ist, dass die Variable Ampel mit dem entsprechenden Datentyp, dem Aufzählungstyp, versehen wurde.

Ist in einer Aufgabenstellung von vornherein bekannt, wie oft ein Anweisungsblock abzuarbeiten ist, so kann mit Hilfe der FOR-Schleife eine Zählschleife programmiert werden.

Wenn aber in einer Aufgabenstellung die genaue Anzahl der Schleifendurchläufe nicht von vornherein bekannt ist, sondern sich aus der Problemstellung erst ergibt, so sind WHILE-Schleifen (kopfgesteuerte Wiederholung) oder REPEAT..UNTIL-Schleifen (fußgesteuerte Wiederholung) die geeigneten Programmiertechniken. Beide Schleifen unterscheiden sich in dem Zeitpunkt der Bedingungsabfrage. Bei der WHILE-Schleife wird die Bedingung vor dem Einstieg in den Anweisungsblock abgefragt: ist sie nicht erfüllt, so wird er übersprungen. Bei der REPEAT..UNTIL-Anweisung erfolgt die Abfrage der Bedingung erst am Ende der Schleife, daher wird der Anweisungsblock mindestens einmal ausgeführt.

a) FOR-Schleife:

Bei dieser Form der Wiederholungsanweisung setzt man eine Lauf- oder Zählvariable[52] auf einen Anfangswert. Der Anweisungsblock wird dann so lange durchlaufen, bis die Laufvariable auf einen vorgegebenen Endwert hoch- bzw. heruntergezählt worden ist. Die Schrittweite der Zählung ist bei PASCAL im Gegensatz zu anderen Programmiersprachen auf eins festgesetzt. Die allgemeine Form einer Zählschleife gibt Abb. 93 wieder:

```
FOR laufvariable := anfangswert TO endwert DO anweisung;
```

Abb. 93: Zählschleife

Sollen beispielsweise 10 Personaldatensätze eingelesen werden, so lautet die Anweisung

```
FOR i := 1 TO 10 DO liessatz (i);
```

Abb. 94: Beispiel für eine Zählschleife

Eine Schleife kann weitere (innere) Schleifen enthalten. Dabei ist zu beachten, dass die inneren Schleifen vollständig in der äußeren Schleife liegen müssen.

Möchte man beispielsweise die Umsatzdaten von zehn Artikeln in zwanzig Wochen einlesen und ausgeben, so kann es wie in Abb. 95 erfolgen.

[52] Die Laufvariable muss ein Ordinaltyp sein.

```
FOR artikel := 1 TO 10 DO

  FOR woche := 1 TO 20 DO
    BEGIN
      READ (umsatz[artikel,woche]);
      WRITELN (umsatz[artikel,woche]);
    END;
```

Abb. 95: Beispiel einer verschachtelten Zählschleife

Dabei ist darauf zu achten, dass die Schleifen wirklich ineinander liegen bzw. immer ganz innerhalb einer Anweisung.

Ein weiteres Beispiel hierzu ist die Erzeugung einer Einheitsmatrix 10x10 (vgl. Abb. 96).

```
PROGRAM e_matrix;

USES crt;

VAR i, j: INTEGER;

BEGIN
  FOR i := 1 TO 10 DO

    FOR j := 1 TO 10 DO
      IF i = j
      THEN WRITE ('1')
      ELSE WRITE ('0');

  WRITELN;
END.
```

Abb. 96: Beispielprogramm zur Erzeugung einer Einheitsmatrix

b) WHILE-Schleife

Die allgemeine Form der WHILE-Anweisung lautet (vgl. Abb. 97):

```
WHILE bedingung DO anweisung;
```

Abb. 97: Kopfgesteuerte Schleife

Als Beispiel soll *bestand_2* fortlaufend um 50 Stück vermindert werden, bis dieser größer ist als *bestand_1*:

```
WHILE bestand_2 > bestand_1 DO bestand_2 := bestand_2 -
50;
```

Abb. 98: Beispiel für eine kopfgesteuerte Schleife

c) REPEAT..UNTIL-Schleife:

Die allgemeine Form der REPEAT-Schleife lautet (vgl. Abb.99):

```
REPEAT anweisungen UNTIL bedingung;
```

Abb. 99: Fußgesteuerte Schleife[53]

Die Verwendung einer REPEAT-Anweisung im Beispiel aus Abb. 100 bewirkt zumindest die einmalige Verringerung von *bestand_2* um 50 Stück, unabhängig davon, ob er größer oder kleiner als *bestand_1* ist.[54]

```
REPEAT bestand_2 := bestand_2 - 50
UNTIL bestand_1 >= bestand_2;
```

Abb. 100: Beispiel für eine fußgesteuerte Schleife

53 Im Falle der Verwendung der REPEAT-Schleife müssen mehrere Anweisungen nicht zu einer Verbundanweisung mittels BEGIN..END geklammert werden. Die Funktion der Klammerung wird durch REPEAT..UNTIL übernommen.

54 Diese möglicherweise unerwünschte Differenzberechnung kann natürlich auch in einer REPEAT-Anweisung mit zusätzlicher IF-Bedingung abgefangen werden.

3.1.3.4 Prozeduren und Funktionen (Unterprogrammtechniken)

3.1.3.4.1 Idee der Unterprogrammtechnik

Die Gliederung eines Problems in Teilprobleme und die Lösung dieser Teilprobleme in eigenen Programmabschnitten bezeichnet man als Unterprogrammtechnik.[55] Die dahinter stehende Idee versucht folgende Punkte zu berücksichtigen:

- Die Aufteilung eines großen Programms in mehrere kleinere Programme erhöht die Verständlichkeit und die Lesbarkeit eines Programms. Implizit wird dadurch auch die spätere Wartbarkeit erleichtert.
- Es ist möglich, Abläufe, die in einem Programm mehrfach benötigt werden, nur einmal als Unterprogramm zu schreiben. Dieses Unterprogramm muss dann nur noch von den benötigten Stellen aus aufgerufen werden.
- Sind mehrere Personen im Team an der Programmerstellung beteiligt, ist eine verbesserte Kooperation möglich, indem jeder Einzelne Unterprogramme bearbeitet und diese anschließend zum Hauptprogramm zusammengefügt werden.

Unterprogramme können in PASCAL entweder in Form von Prozeduren oder Funktionen realisiert werden. Prozeduren werden dabei einfach mit ihrem Namen aufgerufen und setzen so eine Verarbeitungsfolge in Gang, während Funktionen ausschließlich einer Variablen zugewiesen werden müssen; durch sie wird nur ein Ergebniswert zurückgeliefert.

3.1.3.4.2 Prozeduren

Unter einer Prozedur (Schlüsselwort PROCEDURE) versteht man ein Unterprogramm, das unter seinem Namen aufgerufen werden kann. Nach dem Aufruf des Unterprogramms wird es ausgeführt. Danach fährt das Programm an der Stelle fort, an der der Aufruf erfolgt ist.

Eine Prozedur ist prinzipiell genauso aufgebaut wie ein Programm: Zunächst wird der Prozedurname vereinbart, anschließend eine Liste der Übergabeparameter (auf diese wird später eingegangen) angegeben, danach werden die in der Prozedur

---

[55] Häufig verwendet man die Begriffe Unterprogrammtechnik und Modularisierung synonym. Eine Hauptforderung an ein Modul ist jedoch, dass es unabhängig vom Gesamtprogramm übersetzbar sein muss. Unterprogramme in Form von Prozeduren und Funktionen werden jedoch im Programm selbst mit übersetzt. Die Forderungen an ein Modul erfüllen in Turbo Pascal sog. Units, die als eigene Bibliotheken übersetzt werden können und die in ihnen vorhandenen Prozeduren und Funktionen in kompilierter Form zur Verfügung stellen. Die Programmversion 4.0 verwirklichte das Unit-Konzept. An dieser Stelle soll jedoch nicht weiter darauf eingegangen werden.

benötigten Variablen deklariert[56] und schließlich die Anweisungen festgelegt, die das Unterprogramm ausführen soll. In PASCAL dürfen Prozeduren wiederum Prozeduren und Funktionen beinhalten.

In ihrer Grundform sieht eine Prozedur folgendermaßen aus:

```
PROCEDURE prozedurname;
CONST konstantennamen;
VAR lokale variablen; (* gelten nur innerhalb *)
                      (*    der Prozedur!     *)

BEGIN
anweisungen;
END;
```

Abb. 101: Prozedur ohne Parameterübergabe

Es ist möglich, einer Prozedur Parameter zu übergeben. Parameter können als Schnittstellen zwischen dem Unterprogramm und dem aufrufenden Programm aufgefasst werden. Man unterscheidet zwei Arten der Parameterübergabe:

- Wertübergabe (call by value) und
- Variablenübergabe (call by reference, call by variable).

Bei der Wertübergabe wird einer Prozedur ein konkreter Wert übergeben. Mit diesem Wert kann die Prozedur arbeiten, er wird aber nicht an das aufrufende Programm zurückgegeben. Die Parameter sind lokale Variablen der Prozedur. Die Deklaration einer solchen Prozedur lautet:

```
PROCEDURE prozedurname (a,b,c: datentyp);
CONST konstantennamen;
VAR lokale variablen;

BEGIN
   anweisungen;
END;
```

Abb. 102: Prozedur mit Wertübergabe

---

[56] Variablen, die in hierarchisch übergeordneten Ebenen stehen, sind für alle untergeordneten Ebenen ebenfalls bekannt. Man spricht in diesem Falle von globalen Variablen. Variablen, die in untergeordneten Ebenen deklariert werden, sind nur auf der eigenen Ebene als lokale Variablen bzw. in diesen wiederum untergeordneten Ebenen als globale Variablen bekannt. Wird eine globale Variable in PASCAL in einer untergeordneten Ebene als lokale Variable nochmals definiert, so gilt dort immer deren lokale Definition.

Der Aufruf einer Prozedur mit Wertübergabe könnte dann lauten:

```
prozedurname (2, 3.5, x);
```

Bei der Variablenübergabe werden der Prozedur Werte von Variablen übergeben, die in der Prozedur bearbeitet und nach Abschluss der Prozedur umgeformt an die aufrufende Ebene zurückgegeben werden. Dieses ist für die Ergebnisübergabe von Bedeutung, da hiermit Werte an das aufrufende Programm zurückgegeben werden können (vgl. Abb. 103).

```
PROCEDURE prozedurname (VAR a,b,c: datentyp);
CONST konstantennamen;
VAR lokale variablen;

BEGIN
   anweisungen;
END;
```

Abb. 103: Prozedur mit Variablenübergabe

Das Schlüsselwort VAR in der Parameterliste kennzeichnet die Prozedur als Prozedur mit Variablenübergabe. Bei dieser Form der Parameterübergabe dürfen wegen der Rückgabe eines veränderten Wertes an das aufrufende Programm nur Variablen, keine Konstanten übergeben werden!

Ein Beispielprogramm mag den Unterschied zwischen den Parameterübergabeformen verdeutlichen:

```
PROGRAM uebergabe_demo;
VAR x: INTEGER;

(* Procedure wertuebergabe verändert die
   übergebenen Werte nicht *)

PROCEDURE wertuebergabe (param: INTEGER);
BEGIN
   param := param + 100;
   WRITELN ('Wertparameter: ',param);
END;

(* Procedure variablenuebergabe verändert die
   übergebenen Werte *)

PROCEDURE variablenuebergabe (VAR param: INTEGER);
BEGIN
   param := param + 100;
   WRITELN ('Variablenparameter: ',param);
END;

BEGIN
   x := 50;
   WRITELN ('Hauptprogramm: ',x);
   wertuebergabe (x);
   WRITELN ('Hauptprogramm: ',x);
   variablenuebergabe (x);
   WRITELN ('Hauptprogramm: ',x);
END.
```

Abb. 104: Beispielprogramm Arten der Parameterübergabe

Eine Anwendung des Programms bringt die folgenden ausgedruckten Ergebnisse:

```
Hauptprogramm: 50
Wertparameter: 150
Hauptprogramm: 50
Variablenparameter: 150
Hauptprogramm: 150
```

Abb. 105: Ausgabe des Beispielprogramms

Die Prozedur *wertuebergabe* erhält vom Hauptprogramm den Wert der Variablen $x = 50$ und weist diesen der lokalen Variablen *param* zu. Die Prozedur erhöht den Wert von *param* auf 150, gibt aber keinen Wert an das Hauptprogramm zurück, so dass dort weiterhin $x = 50$ gilt. Nach der Übergabe von $x = 50$ an die Prozedur *variablenuebergabe* wird *param* ebenfalls auf 150 erhöht, aber im Gegensatz zur vorhergehenden Prozedur als neuer Wert von x an das Hauptprogramm zurückgereicht.

So wie hier die Variable x übergeben wird, kann man beliebig viele Werte vom Hauptprogramm an die Prozeduren und wieder zurück übergeben. Anders sieht es bei Funktionen aus: Bei ihnen kann nur ein Wert zurückgegeben werden.

3.1.3.4.3 Funktionen

Funktionen sind in PASCAL neben den Prozeduren die zweite Möglichkeit, ein Unterprogramm aufzurufen. Wie Prozeduren werden auch sie im Deklarationsteil vor dem Hauptprogramm festgelegt.

Der Unterschied zur Prozedur liegt nun darin, dass es bei einer Funktion nicht reicht, sie einfach mit ihrem Namen aufzurufen. Die Funktion muss vielmehr einer Variablen mit dem Funktionsnamen zugeordnet werden, da sie bei ihrer Abarbeitung mit dieser Variablen das Ergebnis zurückliefert. Die Parameterübergabe an eine Funktion kann ebenfalls in Form von Werten oder Variablen erfolgen. Da der Aufruf der Funktion einer Variablen mit dem Funktionsnamen im aufrufenden Programm einen Wert zuordnet, muss auch der Funktion selbst ein Datentyp zugewiesen werden.[57]

```
FUNCTION funktionsname (parameterliste) : Typ;
CONST konstantennamen;
VAR lokale variablen;
BEGIN
   anweisungen; (* darin enthalten: funktionsname := ... *)
END;
```

Abb. 106: Funktion

Im Anweisungsteil der Funktion muss ein Ergebnis ermittelt werden, das der Variablen mit dem Funktionsnamen zugeordnet wird und an das aufrufende Programm zurückgegeben werden kann.

Die allgemeine Form einer Funktion in PASCAL wird in Abb. 106 wiedergegeben.

---

[57] Die Datentypen der Variablen, der der Funktionswert zugewiesen wird, und der Ergebnistyp der Funktion müssen verträglich sein.

Der Aufbau einer Funktion soll an einem Beispiel verdeutlicht werden. Die Aufgabenstellung lautet, einer Variablen *x* das Maximum zweier REAL-Werte zuzuordnen:

```
FUNCTION maximum (a,b: REAL): REAL;
BEGIN
  IF a > b THEN maximum := a
           ELSE maximum := b;
END;
```

Abb. 107: Beispiel Maximum-Funktion

Es ist zu beachten, dass der Funktionsname bei Zuweisungen i.d.R. nur auf der linken Seite stehen sollte. Anderenfalls ruft sich die Funktion selbst auf.

Der Aufruf im Hauptprogramm kann z.B. lauten:

```
x := maximum (3.7, d);
```

Abb. 108: Aufruf einer Funktion mit Wertübergabe

3.1.3.4.4 Wichtige Standardprozeduren und -funktionen von Turbo Pascal

PASCAL stellt eine Vielzahl bereits vordefinierter Standardfunktionen und Standardprozeduren zur Verfügung, die allein durch Übergabe ihrer individuellen Parameter bzw. Werte genutzt werden können.[58] An dieser Stelle kann keine Komplettübersicht über Standardunterprogramme gegeben werden,[59] vielmehr soll exemplarisch eine Anzahl häufig benötigter Prozeduren und Funktionen vorgestellt werden.

58 Der Umfang dieser vordefinierten Unterprogramme geht bei den meisten PASCAL-Programmierumgebungen über den von Standard-PASCAL hinaus. So bieten die meisten Kompilierer etwa eine Vielzahl von Grafikmöglichkeiten an, weiterhin stehen einigen Kompilierern Funktionen zur Mausunterstützung zur Verfügung usw.

59 Eine Komplettübersicht über diese Unterprogramme muss den Handbüchern der Hersteller und den Programmierlehrbüchern, die sich konkret auf bestimmte Programmversionen beziehen, überlassen bleiben, da der Funktionsumfang der einzelnen Produkte, meist sogar einzelner Versionen des gleichen Herstellers voneinander abweichen kann.

Prozeduren

- CLRSCR: Mit dieser Prozedur wird der Bildschirm gelöscht und der Cursor in die linke, obere Ecke gesetzt.[60]
- READ(eingabeliste), READLN(eingabeliste): Prozedur zum Einlesen einer oder mehrerer Variablen, die in der Eingabeliste angegeben werden müssen. READLN bewirkt im Gegensatz zu READ einen Zeilenvorschub nach der Eingabe.
- WRITE(ausgabeliste), WRITELN(ausgabeliste): Prozedur zur Ausgabe der in der Ausgabeliste enthaltenen Werte. Diese können Konstante, Variablen von einem numerischen Typ oder von einem alphanumerischen Typ (CHAR oder STRING)[61] bzw. vom Typ BOOLEAN sein. WRITELN führt im Gegensatz zu WRITE nach der Ausgabe noch einen Zeilenvorschub durch.
- Mit dieser Prozedur ist auch eine formatierte Ausgabe möglich: Dazu kann hinter dem auszugebenden Wert die Länge des Ausgabefeldes und wahlweise die Anzahl der Nachkommastellen angegeben werden, jeweils durch einen Doppelpunkt getrennt. Der Wert erscheint dann rechtsbündig im Augabefeld.

```
WRITELN (a:3:1,'x+ ',b:3:1,'y= ',c:3:1);
```

Abb. 109: Beispiel für eine formatierte Ausgabe

Ausgegeben wird zunächst die Variable *a* mit drei Stellen, davon jeweils eine Stelle vor und hinter dem Dezimalpunkt, der ebenfalls eine Stelle in Anspruch nimmt. Danach folgt der Text *x+*, bevor die Ausgabe der Variablen *b* in gleicher Weise erfolgt. Es schließt sich die Anzeige des Textes *y=* und der Variablen *c* an.

Bei dieser Ausgabe wird gleichzeitig gerundet, so dass bei

```
a := 3.1415; b := 3.56; c := 4.951
```

der Ausdruck erfolgt

```
3.1x+ 3.6y= 5.0
```

Daneben sind wie bereits erwähnt noch folgende Funktionen und Prozeduren für numerische Berechnungen vorhanden.

---

60 Dieser Befehl wird in Turbo Pascal von der Bibliothek (Unit) "crt" zur Verfügung gestellt. Sie muss daher zu Beginn des Programms mit `USES crt;` eingebunden werden.

61 STRINGs und CHARs müssen in Hochkommata eingeschlossen sein.

Funktionen

- ABS(zahl) : Ermittelt den Betragswert von *zahl*
- EXP(zahl) : Exponentialfunktion zur Basis e
- INT(zahl) : Ermittelt den ganzzahligen Wert von *zahl*. Ergebnis ist vomTyp REAL
- LN(zahl) : Natürlicher Logarithmus von *zahl*
- PI : π
- ROUND(zahl) : Rundung einer Dezimalzahl zur nächsten ganzen Zahl Ergebnis ist vom Typ INTEGER
- SIN(zahl) : Sinus von *zahl*, angegeben im Bogenmaß
- COS(zahl) : Cosinus von *zahl*, angegeben im Bogenmaß
- SQR(zahl) : Quadrat von *zahl*
- SQRT(zahl) : Quadratwurzel von *zahl*
- TRUNC(zahl) : Ermittelt den ganzzahligen Wert von *zahl*. Ergebnis ist vom Typ INTEGER

Prozeduren und Funktionen zur Dateibearbeitung

- ASSIGN(l_datei, p_dateiname): Weist der angegebenen logischen Datei *l_datei* einen physischen Dateinamen *p_dateiname* zu, unter dem die Datei auf dem externen Speichermedium abgelegt wird.
- APPEND(l_datei): Öffnet eine bereits bestehende Datei und setzt den Datenzeiger auf das Dateiende, so dass neue Datensätze angefügt werden können.
- RESET(l_datei): Öffnet eine bereits bestehende Datei und setzt den Datenzeiger auf den Dateianfang.
- REWRITE(l_datei): Erzeugt eine Datei und öffnet sie. Wenn die Datei bereits existiert, so wird sie vollständig gelöscht und dann neu eröffnet.
- SEEK(l_datei, n): Setzt den Datenzeiger in der logischen Datei auf den Satz mit der Nummer *n*.
- READ(l_datei, satz1, .., satzn): Liest aus der benannten logischen Datei die angegebenen Sätze. Nach jedem Lesevorgang wird der Dateizeiger um eine Komponente auf das Dateiende hin bewegt.
- WRITE(l_datei, satz1, .., satzn): Schreibt die spezifizierten Sätze in die angegebene logische Datei.
- CLOSE(l_datei): Schließt die logische Datei.
- EOF(l_datei): Funktion, die den Wert TRUE annimmt, wenn der Dateizeiger auf das Ende der Datei verweist, ansonsten den Wert FALSE.

3.1.3.4.5 Nutzung von externen Dateien

Wie bereits erwähnt, müssen die Daten, die später wieder verwendet werden sollen, vor Verlassen des Programms in externen Dateien auf der Festplatte oder Diskette gespeichert werden. Es sei der Dateiname aus Sicht des Betriebssystems:

C:\PASCAL\Daten.dat

Das Programm ordnet mit ASSIGN dem Datenbestand den Namen *Datei* zu. Damit das Programm die Datei erkennt und bearbeiten kann, ist die Struktur dieser sequentiellen Datei zu beschreiben. Nehmen wir an, dass jeder Satz der Datei folgende Informationen enthalten soll:

Mitarbeiter Name (20 Stellen)
Mitarbeiter Vorname (20 Stellen)
Mitarbeiter Adresse (30 Stellen)
Mitarbeiter Gehalt brutto (REAL-Zahl)
Mitarbeiter Gehalt netto (REAL-Zahl)

so wird für die Dateiverarbeitung der Typ folgendermaßen deklariert:

```
TYPE
  mitarbeiter = RECORD
                  name          : STRING [20];
                  vorname       : STRING [20];
                  adresse       : STRING [30];
                  gehalt_brutto: REAL;
                  gehalt_netto : REAL;
                END;

   dateityp = FILE OF mitarbeiter;
```

Abb. 110: Deklaration einer Mitarbeiterdatei

Will man diese Datei in den Arbeitsspeicher kopieren, so muss man zunächst eine Höchstzahl an Sätzen festlegen, für die ein Bereich im Arbeitsspeicher zu reservieren ist. Der Bereich wird in diesem Beispiel mit *mitarb*, die Anzahl der Sätze mit *maxsaetze* bezeichnet. Der Arbeitsspeicherbereich ist als ARRAY dementsprechend wie folgt zu deklarieren:

```
VAR mitarb: ARRAY [1..maxsaetze] OF mitarbeiter;
```

Nach diesen Vorbereitungen kann die Datei mit ASSIGN einer Variablen zugeordnet und mit RESET auf den Anfang zurückgesetzt werden. Danach kann mit dem Einlesen und Verarbeiten fortgefahren werden. Dieses wird im folgenden Programmbeispiel (Datei) verdeutlicht (vgl. Abb. 111).

```
PROGRAM Datei;

(* Deklaration des Dateinamens und der maximalen
   Satzzahl als Konstante *)

CONST dateiname = 'C:\PASCAL\Daten.dat';
      maxsaetze = 100;

(* Deklaration der Dateistruktur: zuerst der Satz
   dann das File *)

TYPE mitarbeiter = RECORD
                     name           : STRING [20];
                     vorname        : STRING [20];
                     adresse        : STRING [30];
                     gehalt_brutto  : REAL;
                     gehalt_netto   : REAL;
                   END;
     datei = FILE OF mitarbeiter;

(* Zuordnung der Datei zu einer Variablen *)
VAR
    daten: datei;

(* Deklaration des Arbeitsspeicherbereichs als
   Variablenname *)
    mitarb: ARRAY [1..maxsaetze] of mitarbeiter;
    i     : INTEGER; (* Zaehler *)

BEGIN   (* Hauptprogramm *)
  i := 0;
  ASSIGN (daten, dateiname);
  RESET (daten);

  WHILE NOT (EOF(daten)) DO
  BEGIN  (* Verarbeiten der Sätze z.B. Einlesen nach
            mitarb und Ausdrucken des Namens *)
    i := i + 1;
    READ (daten, mitarb[i]);
    WRITELN (mitarb[i].name);
  END
END.
```

Abb. 111: Auslesen einer Datei

3.1.3.4.6 Zusammenfassung der wesentlichen Befehle

Nachstehend sind in den Abb. 112 und 113 die wichtigsten PASCAL-Befehle zusammengefasst. Damit sind die Grundlagen zur Programmierung in PASCAL gelegt und die ausschließlichen PASCAL-Anwender können mit dem Kap. 3.1.5 zur Lösung typischer wirtschaftswissenschaftlicher Fragestellungen fortfahren.

Deklarationsteil:

Befehl	Beschreibung	Beispiel
PROGRAM	Programmbenennung	PROGRAM Rechnung;
USES	Bibliotheksangaben	USES Dos;
CONST	Konstantendeklaration	CONST X:=S;
TYPE	Dateitypendeklaration (RECORD, FILE)	TYPE Mitarbeiter=RECORD
VAR	Variablendeklaration (INTEGER, REAL, BOOLEAN, CHAR, STRING, ARRAY OF)	VAR I:INTEGER;

Abb. 112: Deklarationsbefehle

Befehl	Beschreibung	Beispiel
:=	Wertzuweisungen	A := B + C;

BEGIN
END
	Zusammenfassen von Anweisungen zu einer zusammengefaßten Anweisung	BEGIN
		A := B + C;
		X := A + Y;
		END;

IF (Bedingung) THEN (Anweisung 1) ELSE (Anweisung 2)	Bedingung mit 2 Alternativen	IF A<B THEN A := B ELSE B := A;
CASE	Bedingung mit mehr Alternativen	CASE (Wert) OF 4712 : 4714 : ELSE WRITE...
WHILE REPEAT...UNTIL	Wiederholungsschleifen, bei denen das Ende erst bei Vorliegen einer Bedingung eintritt	WHILE A>0 DO...
FOR...TO...DO	Wiederholungsschleife mit fester Wiederholungsanzahl	FOR I := 1 TO 100 DO...
PROCEDURE	Anfang eines Unterprogramms	PROCEDURE Lösung (VAR a,b:REAL);
FUNCTION	Aufruf eines einfachen Unterprogramms mit nur einem Ergebnis	FUNCTION MAX (a,b: REAL) : REAL;
READ / WRITE	Prozedur zum Lesen / Schreiben	READ (a,b);
READLN / WRITELN	Prozedur zum Lesen / Schreiben mit Zeilenvorschub	WRITELN (a:6:2,b:5:1)

Abb. 113: Ausführbare Befehle

3.1.4 Grundlagen der Programmiersprache C

3.1.4.1 Allgemeine Vorbemerkungen

Nachdem im vorangegangenen Kapitel die Sprache PASCAL und der Aufbau von C-Programmen dargestellt wurde, wird hier auf einige terminologische Besonderheiten dieser Programmiersprache hingewiesen. Bei beiden Sprachen wird nach Möglichkeit der gleiche Aufbau und die gleiche Wortwahl gewählt.

In C gibt es Konstanten, Variablen, Typen und Funktionen. Konstante sind feste, nicht veränderbare Werte. Diese Konstanten werden bei der Wertzuweisung von Variablen benötigt. Man unterscheidet zwischen numerischen Konstanten und alphanumerischen Konstanten.

Beispiele:

numerische Konstante

- ganzzahlig: 1, 3, 127, -504
- Festkommazahl: 127.32, -104.78
- Gleitkommazahl: 0.52387 E3 (d.h. $0.52387 \cdot 10^3 = 523.87$)

alphanumerische Konstante „2000 Hamburg“

Die Konstanten benötigen keinen Namen. Man kann sie direkt in jede Berechnung eingeben.

Zur Namensgebung für Variable usw., steht die Menge der Buchstaben, der Ziffern sowie das Unterstreichungszeichen (_) zur Verfügung. Zu beachten ist, dass ein Name, für Variablen etc. auch Bezeichner genannt, nicht mit einer Ziffer beginnen darf.

Weiterhin existieren Schlüsselwörter, sog. reservierte Wörter, die im Programm bestimmte Bedeutungen haben.

Ein Beispiel für ein reserviertes Wort in C ist „`while`“. **Reservierte Worte müssen in C klein geschrieben werden**. Als Bezeichner dürfen keine reservierten Worte verwendet werden.

Obwohl Bezeichner, von den angegebenen Restriktionen abgesehen, frei benannt werden können, sollte man darauf achten, möglichst aussagekräftige Namen zu wählen. Dadurch wird die Verständlichkeit erhöht und die spätere Programmwartung erleichtert.

3.1.4.2 Typendeklaration

3.1.4.2.1 Unterscheidung vordefinierter und selbstdefinierter Datentypen

C ist eine typisierte Sprache. Das heißt, dass der Programmierer Variablen und Funktionen, die anschließend im Programm verwendet werden, deklarieren muss. Durch die Deklaration werden den Variablen und Funktionen Datentypen zugeordnet. Die Datentypen bestimmen zum einen die gültigen Wertebereiche, zum anderen werden die Operatoren festgelegt, die auf die Variablen und Funktionen anwendbar sind.

In C stehen einige standardmäßig vordefinierte Datentypen zur Verfügung. Genau genommen kennt C aber nur Datentypen für ganzzahlige Zahlen und solche für Gleitkommazahlen, es existieren also keine Datentypen für Zeichen oder Zeichenketten. Zur ersten Gruppe gehören die Deklarationen vom Typ `int` und `char`, zur zweiten die vom Typ `float`. Darauf wird im Folgenden noch näher eingegangen.

C lässt weiterhin auch die Möglichkeit zu, sich eigene Datentypen zu definieren. Damit kann sich der Programmierer zu seinen Erfordernissen passende Datentypen konstruieren. Neben Zeichenketten und Dateien stellt C u.a. dazu die sogenannten Strukturen zur Verfügung.

Das ausgeprägte Typenkonzept unterscheidet C von vielen anderen Programmiersprachen, z.B. BASIC, und sorgt dafür, dass es zum einen die Verständlichkeit eines Programms steigert, zum anderen aber auch, dass zu einer besseren, der eigentlichen Programmiertätigkeit vorgelagerten Problemstrukturierung angehalten wird (vgl. Phasen 1 bis 4).

3.1.4.2.2 Vordefinierte Datentypen

a) `int`

Mit diesem Datentyp werden Speicherplätze zur Aufnahme von Zahlen aus der Menge der ganzen Zahlen deklariert. Es steht jedoch nur ein bestimmtes Intervall ganzer Zahlen zur Verfügung; die Größe dieses Intervalls hängt wesentlich vom verwendeten Betriebssystem ab. Das Intervall bei einem MS-DOS-PC ist 16 Bit breit und umfasst somit Werte von -32.768 bis 32.767. Handelt es sich um ein 32-Bit Betriebssystem, wie UNIX, so ist die `int`-Variable 32 Bit breit und kann Werte von -2147483648 bis 2147483647 umfassen. Um C-Programme von einem Betriebssystem auf ein anderes problemlos übertragbar zu machen, wurden die Datentypen `long int` und `short int` eingeführt, deren Länge unabhängig vom Betriebssystem ist. `long int` hat eine Länge von 32 Bit und `short int` eine Länge von 16 Bit. Darüber hinaus erlaubt der C-Compiler die Beschränkung der ganzen Zahlen auf den positiven Bereich (inklusive der 0) durch Voranstellen von `unsigned`. So liegt der Wertebereich von `unsigned long integer` zwischen 0 und 4294967295.

Vor Verwendung von Variablen sind diese zu deklarieren. Will man beispielsweise die Variable `i` zum Zählen in einer Schleife verwenden, so lautet die Deklaration:

```
int i;
```

b) `char`

Der Datentyp `char` dient zunächst einmal zur Darstellung von ganzen Zahlen, die maximal 8 Bit breit sind, also Zahlen zwischen 0 und 255 bzw. -128 und 127, je nach Compiler. Mit `char`-Variablen können also zum einen Berechnungen durchgeführt werden, zum anderen können mit diesem Datentyp auch Zeichen dargestellt werden, wobei dann der Wertebereich dieses Datentyps der Menge der auf dem jeweiligen Rechner verfügbaren Zeichen entspricht. Betrachtet man beispielsweise einen PC, so ist der gültige Wertebereich die Menge der ASCII-Zeichen.

c) `float`

Mit dem Datentyp `float` werden Speicherplätze zur Aufnahme von Zahlen aus dem Bereich der reellen Zahlen deklariert. Eine `float`-Zahl besteht aus drei Komponenten: Dem Vorzeichen, der Mantisse und dem Exponenten (vgl. Kap. 2.7.1.2). Auch beim Typ `float` gibt es Einschränkungen bezüglich des darstellbaren Wertebereichs. Üblich sind hier beim `float`-Typ Werte zwischen -10^{38} und 10^{38}. Reicht dies nicht aus, so stellt C noch den Typ `double` zur Verfügung mit dem Wertebereich zwischen -10^{308} und 10^{308}. Weiterhin ist bei `float`-Datentypen die Genauigkeit ein entscheidender Faktor. Sie ist davon abhängig, wie viele Dezimalstellen in der Mantisse gespeichert werden können. Bei `float`-Zahlen liegt die Genauigkeit bei 7 bis 8, bei double-Zahlen bei 13 bis 14 Nachkommastellen. Diese beschränkte Genauigkeit von `float`- bzw. `double`-Zahlen ist ein unbedingt zu beachtender Punkt in der Programmplanung, da sich die genauigkeitsbeschränkende Rundung beispielsweise bei Multiplikationsoperationen in unkorrekt errechneten Werten bemerkbar machen kann.

Will man z.B. der Variablen y verschiedene Funktionswerte eines Polynoms zuweisen, so ist diese folgendermaßen zu definieren:

```
float y;
```

Abb. 114 zeigt noch einmal Beispiele für Deklarationen von Variablen vordefinierter Datentypen.

```
int   a,b,c;
float x,y;
char  r,s;
```

Abb. 114: Beispiele für vordefinierte Datentypen

3.1.4.2.3 Selbstdefinierte Datentypen

Die Sprache C stellt als Standarddatentypen nur die ganzen und reellen Zahlen zur Verfügung. Dafür bietet sie aber umfangreiche Möglichkeiten, eigene Datentypen zu definieren. Hier kann nur ein kleiner Überblick über diese weit reichenden Möglichkeiten gegeben werden, für eine umfassendere Darstellung sei auf die Literatur verwiesen.

a) Felder

Variablen vom gleichen Datentyp, die inhaltlich zusammengehören, können in einem sog. Feld (engl. Array) zusammen abgespeichert werden. Die Deklaration erfolgt dadurch, dass der Typ des Arrays, der Name und in eckigen Klammer die Länge, d.h. die Anzahl der Werte im Array, angegeben werden. Abb. 115 zeigt die Deklaration eines Arrays, das 50 ganze Zahlen, z.B. die Lagerbestände von 50 Artikeln aufnehmen kann:

```
int Lagerbestand[50];
```

Abb. 115: Deklaration eines eindimensionalen Feldes „Lagerbestand"

Häufig wird für eine Anwendung jedoch mehr als eine Dimension benötigt: Soll z.B. eine Tabelle mit 10 Zeilen und 8 Spalten gespeichert werden, muss ein mehrdimensionales Array definiert werden. Für jede Dimension wird dabei ein Index eingeführt:

```
int tabelle[10][8];
```

Abb. 116: Deklaration eines zweidimensionalen Feldes „tabelle"

Der Zugriff auf einen Wert im Array erfolgt dadurch, dass man den Namen des Arrays und die Position des Wertes im Array, d.h. den Index, angibt. Der Index muss dabei eine ganze Zahl sein. Hierbei ist zu beachten, dass bei C der Index ab 0 gezählt wird, der Lagerbestand des ersten Artikel würde dann dem Array-Element *Lagerbestand[0]* zugeordnet werden. Abb. 117 zeigt Beispiele für die Verwendung von Array-Elementen. In der ersten Zeile wird dem ersten Element des Feldes *Lagerbestand* (Index 0) der Wert 2000 zugewiesen. Zeile 2 und 3 zeigen, wie Lagerbestände als ganze Zahlen eingelesen und ausgegeben werden können. Die letzten beiden Beispiele zeigen schließlich die Verwendung von mehrdimensionalen (hier zweidimensionalen) Feldern, nämlich einmal eine Zuweisung und zum anderen einen Einlesevorgang.

```
Lagerbestand[0] = 2000;
scanf("%i", &Lagerbestand[1]);
printf("Lagerbestand =%i\n", Lagerbestand[i]);
tabelle[2][1] = 24;
scanf("%i",&tabelle[i-1][4]);
```

Abb. 117: Beispiel für die Verwendung von Feldern[62]

b) Zeiger

Auch wenn in anderen Programmiersprachen viele Problemstellungen ohne die Verwendung von Zeigern gelöst werden können, so ist in C die Verwendung von Zeigern in den meisten Fällen nicht zu umgehen. Das Konzept des Zeigers ist recht einfach und doch ausgesprochen mächtig. Ein Zeiger ist ein Datentyp, bei dem die Daten, z.B. eine ganze Zahl, nicht direkt in der Variablen gespeichert werden. Es ist vielmehr so, dass in der Variablen eine Adresse steht und die Daten dann in dieser Adresse abgelegt werden. Das folgende Beispiel dient zur Verdeutlichung des Zeiger-Konzeptes. Zunächst erfolgt auf konventionelle Weise die Deklaration einer `float`-Zahl mit dem Namen *reelle_Zahl*:

```
float reelle_Zahl;
```

Dadurch wird Speicherplatz für die reelle Variable mit dem Namen *reelle_Zahl* reserviert. Wird dieser Zahl in einem Programm, wie in Abb. 118 angenommen werden soll, der Wert 15.10 zugeordnet, so werden 15.10 in dem reservierten Speicherplatz abgelegt.

Durch

```
float *zeiger;
```

wird die Variable *zeiger* deklariert, die dafür vorgesehen ist, eine Adresse aufzunehmen. Durch die Deklaration ist bestimmt, dass in dieser Adresse dann eine reelle Zahl abgelegt wird. Abb. 118 veranschaulicht dieses Konzept.

62 Die Sequenz `%i` bei den Befehlen scanf und printf bedeutet, dass die Eingabe- bzw. Ausgabewerte ganze Zahlen sind.

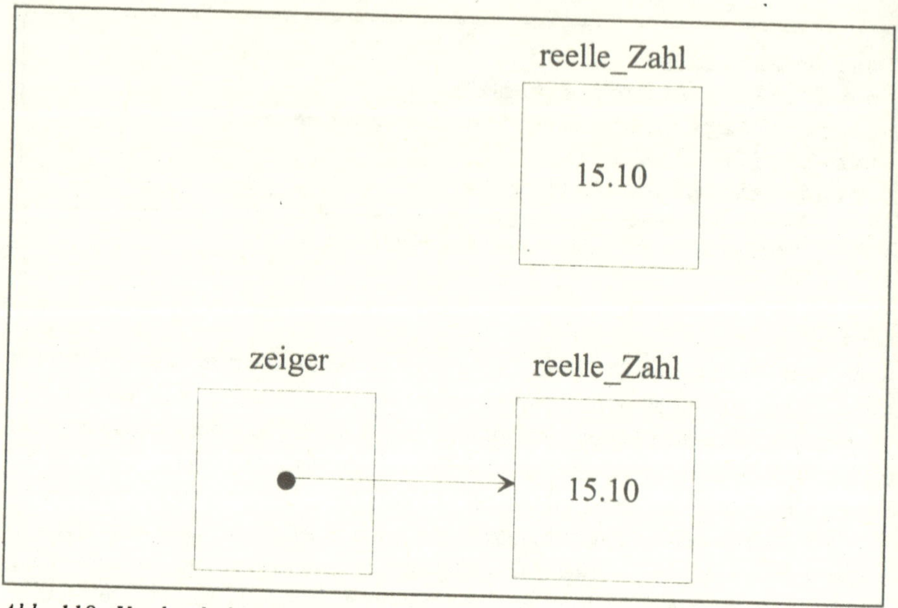

Abb. 118: Verdeutlichung des Zeigerkonzeptes

Um die dargestellte Struktur zu erhalten, ist es allerdings notwendig, die Adresse, in der die reelle Zahl steht, zu der Zeigervariablen zuzuordnen. Diese Zuordnung, die in der Abb. 118 durch den Pfeil dargestellt ist, erfolgt durch:

```
zeiger = &reelle_Zahl;
```

Dabei ist das Konzept des Zcigers nicht vom Datentyp abhängig, es handelt sich immer um eine Adresse, die auf einen Speicherbereich zeigt.

Damit das Konzept ganz klar wird, soll noch das folgende Beispielprogramm vorgestellt und erläutert werden.

```
int ganze_Zahl;
int *zeiger_ganze_Zahl;    /*zeiger auf eine Variable
                                   vom Typ int*/
main()
{
  ganze_Zahl = 10;
  zeiger_ganze_Zahl = &ganze_Zahl;
}
```

Abb. 119: Verwendung von Zeigern

Zunächst wird hier der Integer-Variablen *ganze_Zahl* der Wert 10 zugewiesen. Anschließend erhält die Variable *zeiger_ganze_Zahl* als Wert die Adresse, in der die ganze_Zahl steht. Zu beachten ist das Ampersandzeichen (&), das dem Compiler mitteilt, dass es sich um eine Adresse handelt. Man spricht daher auch vom Referenzierungsoperator oder Adressoperator.

Wir wissen nun, wie wir einer Zeigervariablen eine Adresse zuordnen können, aber wir wissen noch nicht, wie auf die Adresse, auf die der Zeiger zeigt, zugegriffen werden kann. Das folgende Programm zeigt, wie es geht:

```
int ganze_Zahl;
int *zeiger_ganze_Zahl;

main()
{
  ganze_Zahl = 10;
  zeiger_ganze_Zahl = &ganze_Zahl;
  printf("%i\n", *zeiger_ganze_Zahl);
}
```

Abb. 120: Zugriff auf den Inhalt der Adresse, auf die der Zeiger zeigt

Durch das * Zeichen, den sog. Verweis- oder Dereferenzierungsoperator, wird auf den Inhalt der Adresse zugegriffen, auf die der Zeiger zeigt. Die Programm gibt dementsprechend 10 aus.

c) Zeichenketten

C stellt - im Gegensatz zu PASCAL- keinen Datentyp für Zeichenketten zur Verfügung. Verwendet werden kann aber ein Feld aus `char`-Variablen. Das Ende der Zeichenkette wird durch das Zeichen mit dem ASCII-Code 0 (Nullzeichen) gekennzeichnet. Das ist daher bemerkenswert, da bei der Längendefinition dieses Zeichen mitberücksichtigt werden muss. Die Belegung des `char`-Arrays mit einer Zeichenkette kann am einfachsten bei der Deklaration geschehen:

```
char Artikelname[] = "Tintenstrahldrucker";
```

Hierbei ist eine Längenangabe nicht notwendig, durch Angabe von eckigen Klammern ([]) nach dem Variablennamen wird automatisch ein `char`-Array der benötigten Länge, hier also 19 + 1 (für das Nullzeichen), generiert. Wichtig ist der Zusammenhang zwischen Arrays und Zeigern in C. Der Name des Arrays, also im obigen Beispiel *Artikelname*, beinhaltet eine feste Adresse, die auf das erste Element des Arrays *Artikelname* zeigt. Arrays sind also vom Prinzip her Zeiger, allerdings mit dem Unterschied, dass die Adresse bei Arrays nach der Deklaration nicht mehr verändert werden darf, ein Array ist also ein Zeiger mit konstanter Adresse. Eine Konsequenz ist, dass eine Zuweisung der Art

```
Artikelname = "Laserdrucker";
```

im laufenden Programm nicht erlaubt ist. Soll der Artikelname geändert werden, so gibt es mehrere Möglichkeiten. Man kann jedes Feldelement durchgehen und eine Zuordnung durchführen, also artikel[0] = "L"; artikel[1] = "a"; usw. Diese Methode ist lästig, obwohl sie mit Hilfe von Schleifen, die später vorgestellt werden, vereinfacht werden kann. Daher wird von fast allen C-Compilern die Funktion `strcpy` sowie zahlreiche andere Funktionen zur Verarbeitung von Zeichenketten durch die Headerdatei `string.h` zur Verfügung gestellt. Die Zuordnung kann dann folgendermaßen durchgeführt werden.

```
strcpy(artikelnummer, "Laserdrucker");
```

Einzelheiten zu den anderen Funktionen dieser Headerdatei kann der weiterführenden Literatur entnommen werden.

Wenn bei `char`-Feldern der Variablenname nichts anderes ist als ein Zeiger auf einen festen Speicherbereich, warum nimmt man nicht gleich Zeiger? Auch das ist möglich. Hierbei hat man sogar den Vorteil, dass die so deklarierten Zeichenketten während des Programmlaufs durch eine Zuweisung geändert werden können. Die Abb. 121 zeigt ein entsprechendes Beispiel.

```
char *artikel = "Tintenstrahldrucker";
main()
{
  artikel = "Laserdrucker";
}
```

Abb. 121: Beispiel für die Verwendung von char-Zeigern

d) Strukturen

Neben Feldern, mit denen sich Elemente desselben Typs, beispielsweise ganze Zahlen, zusammenfassen lassen, bietet C ein weiteres Konzept, die sogenannten Strukturen (`struct`). Mit Strukturen können Variablen unterschiedlichen Datentyps zusammengefasst werden. Es lassen sich damit logisch zusammenhängende Daten verbinden. Die Abb. 122 zeigt als Beispiel eine solche Struktur für die Daten eines Mitarbeiters:

```
struct TypMitarbeiter {
  int personalnr;
  char name[11];
  char vorname[11];
  char adresse[26];
  char verheiratet;
};
```

Abb. 122: Beispiel für eine Strukturdefinition

Die Beschreibung der Struktur beginnt mit dem Schlüsselwort *`struct`*. Es folgt der Name der Struktur und die einzelnen Komponenten (engl. Member), hier die Daten des Mitarbeiters. Mit einer solchen Deklaration hat man noch keine Variable definiert, sondern zunächst einen neuen Datentyp mit dem Namen *struct Typmitarbeiter* erstellt, der erst noch einem Variablennamen zugeordnet werden muss. Soll z.B. die Variable *mitarbeiter* obige Struktur besitzen, so wird sie folgendermaßen deklariert (vgl. Abb. 123).

```
struct Typmitarbeiter mitarbeiter;
```

Abb. 123: Deklaration einer Strukturvariablen

Alternativ kann eine solche Deklaration auch direkt vorgenommen werden, wie in der folgenden Abbildung dargestellt:

```
struct TypMitarbeiter {
  int personalnr;
  char name[10];
  char vorname[10];
  char adresse[25];
  char verheiratet;
} mitarbeiter;
```

Abb. 124: Strukturdefinition mit gleichzeitiger Variablendeklaration

Der Zugriff auf die einzelnen Elemente der Struktur erfolgt durch den Variablennamen, einen Punkt und den Namen des Elements (vgl. Abb. 125). [63]

```
mitarbeiter.personalnr = 12345;
strcpy(mitarbeiter.name,"Müller");
scanf("%s",mitarbeiter.vorname);
```

Abb. 125: Beispiel für den Zugriff auf Strukturelemente

[63] Bei einem Zeiger auf eine Struktur gibt es einen besonderen Operator für den Zugriff auf ein Element der Struktur, nämlich den Operator `->`. Sei beispielsweise *z* als Zeiger auf Objekte vom Typ *struct TypMitarbeiter* deklariert, so kann ein Zugriff `z->personalnr = 12345;` lauten.

e) Aufzählungstyp

Aufzählungstypen werden immer dann verwendet, wenn die Anzahl der Ausprägungen der Variablen nur einige Einzelwerte beinhaltet. Als Beispiel können die Monate eines Halbjahres genannt werden.

Bei Aufzählungstypen müssen deren Wertemengen explizit aufgeführt werden. In der Definition eines Aufzählungstyps werden also all diejenigen Konstanten aufgezählt, die seinen Wertebereich ausmachen (vgl. Abb. 126).[64]

```
enum erstes_halbjahr
     {januar,februar,maerz,april,mai,juni};
enum erstes_halbjahr ferien;
```

Abb. 126: Beispiele für den Aufzählungstyp

Im Programmtext können dann beispielsweise folgende Zuordnungen stehen (vgl. Abb. 127):

```
ferien = juni;
```

Abb. 127: Beispiel für Verwendung von enum-Variablen

Mit Hilfe der enum-Variablen lässt sich auch der *boolean*-Datentyp[65] definieren, den C ursprünglich nicht kennt (vgl. Abb. 128):

```
enum boolean {false, true};
```

Abb. 128: Definition des boolean-Datentyps

f) Dateiverarbeitung

Der Inhalt des Arbeitsspeichers geht nach dem Ausschalten des Rechners verloren. Deshalb müssen Daten, die für weitere Anwendungen benötigt werden, auf einem externen Speichermedium in Form einer Datei abgelegt werden.

Eine Datei (file) in der C-Terminologie ist eine Sequenz beliebig vieler, unstrukturierter Einzelzeichen, die auf einem externen Medium gespeichert werden. Die Anzahl der Komponenten muss dabei nicht von vornherein vorgegeben sein, sondern wird nur durch den zur Verfügung stehenden Speicherplatz auf dem externen Speicher begrenzt. Zur Verwendung von Dateien in C ist es notwendig, eine Vari-

---

[64] Intern werden die einzelnen Konstanten durch ganze Zahlen beginnend mit dem Wert 0 dargestellt.

[65] Dieser Datentyp, der beispielsweise in PASCAL existiert, kennt nur zwei Ausprägungen, nämlich wahr (true) oder falsch (false).

able zu deklarieren, die auf eine Struktur vom Typ `FILE` zeigt. Diese Struktur ist in `stdio.h` definiert und dient zur Aufnahme von Informationen zu der betreffenden Datei.

```
FILE *Dateiname;
```

Die Bedeutung des `*`-Zeichens zur Deklaration von Zeigervariablen wurde schon erläutert (vgl. S. 175). Hier wird dementsprechend ein Zeiger auf den Datentyp `FILE` deklariert. Auffällig ist weiterhin, dass nicht spezifiziert wird, aus welchem Datentyp die Datei besteht. C unterscheidet nicht zwischen Dateien unterschiedlicher Datentypen. Um die Datenverarbeitung zu erleichtern, stehen Ein- und Ausgabefunktionen zur Verfügung, deren Verwendung später vorgestellt wird.

g) Definition von eigenen Datentypnamen

Mit Hilfe des Schlüsselwortes `typedef` können Datentypen selbst benannt werden. Dieser neue Datentypname kann dann zur Deklaration verwendet werden. Die Abb. 129 zeigt ein Beispiel für einen neuen Datentypnamen *ampel_zustand*, der aus *rot*, *gelb*, *gruen* und *defekt* besteht. Hier wird eine Variable *ampel* vom Typ *ampel_zustand* deklariert, die den Zustand der Ampel an einem bestimmten Ort beinhalten könnte. Es ist nun nicht mehr notwendig, bei der Variablendeklaration enum davor zu setzen (vgl. Abb 129).

```
typedef enum {rot, gelb, gruen, defekt}
     ampel_zustand;
ampel_zustand ampel;
main()
{
  ampel = gruen;
}
```

Abb. 129: Beispiel für die Verwendung von typedef

Mit `typedef` können sowohl einfache Datentypen wie `int` etc. anders benannt als auch benutzerdefinierte Datentypen, wie Aufzählungsdatentypen wie im Beispiel, oder auch Strukturen benannt werden.

3.1.4.3 Anweisungen

3.1.4.3.1 Zuweisung und Verbundanweisung

Um einer Variablen einen Wert zuzuweisen, wird ein Zuweisungsoperator benötigt: C verwendet hierzu das Zuweisungszeichen =.

a) einfache Zuweisungen

Beispiele für einfache Zuweisungen wurden schon im einführenden Kapitel vorgestellt. Dabei erlaubt C auch sog. Zuweisungsketten, z.B. in der Form:[66]

```
a = b = c = 5;
```

Hierbei wird die Kette von rechts nach links abgearbeitet.

Um Berechnungen durchzuführen, werden vom Compiler Systemfunktionen zur Verfügung gestellt. Die wichtigsten arithmetischen Operatoren sind:

- Addition +
- Subtraktion –
- Multiplikation *
- Division /

C ist bei Verwendung von elementaren Typen bei einer Zuweisung nicht so restriktiv wie z.B. PASCAL, wo einer Variable des Datentyps Integer keine reelle Zahl zugewiesen werden darf. Beispielsweise ist das folgende Programm in C fehlerfrei (vgl. Abb. 130):

```
float a,b;
int c;
main ()
{
  a = 20;
  b = 40;
  c = a + b;
}
```

Abb. 130: Beispiel für automatische Typenkonvertierung in C

Der C-Compiler führt hier automatisch eine Typenkonvertierung durch. Die Variablen *a* und *b* werden in `int`-Variablen umgewandelt.

[66] Bei einer solchen Zuordnung müssen die Variablen entweder alle vom selben Typ oder ineinander umwandelbar sein.

Zur Ermittlung des ganzzahligen Restes einer Integerdivision steht der Modulooperator `%` zur Verfügung. Dieser darf nur für ganzzahlige Typen (`int`, `char`) angewendet werden. Die folgende Abb. 131 zeigt seine Verwendung:

```
int a,b,c;
main()
{
  a = 10;
  b = 3;
  c = a % b; /* c hat den Wert 1 */
}
```

Abb. 131: Beispiel für die Verwendung des %-Operators

Die Standard-Bibliothek stellt die Headerdatei math.h zur Verfügung, die über die einfachen Operatoren hinaus weitere Systemfunktionen zur Verfügung stellt. Einen Ausschnitt stellen folgende Funktionen dar:

- `fabs (x)` Absolutfunktion von x
- `sin (x)` Sinus von x
- `cos (x)` Cosinus von x
- `exp (x)` Exponentialfunktion e^x
- `sqrt (x)` Quadratwurzel von x
- `ceil (x)` Aufrunden von x

Eine umfassendere Darstellung der Systemfunktionen erfolgt im Kap. 3.1.4.4.3.

C erlaubt auch zusammengesetzte Zuweisungen. So lässt sich anstelle von

```
a = a + b;
```

folgende abgekürzte Schreibweise verwenden:

```
a += b;
```

Eine solche verkürzte Schreibweise lässt sich u.a. mit den oben vorgestellten Operatoren durchführen.

Eine weitere oft verwendete Abkürzung ist die Schreibweise

```
a++;
a--;
```

anstelle von:

```
a = a + 1;
a = a - 1;
```

In Abb. 132 sind noch einmal Beispiele für Zuweisungen dargestellt:

```
a = b + c;
c = exp(d);
g = (2 + b) * d / f;
a *= b;
```

Abb. 132: Beispiel für Zuweisungen

Die erste Variable erhält das Ergebnis des Ausdrucks, der auf der rechten Seite des Zuweisungszeichens steht. Die Ausdrücke werden entsprechend der Prioritäten der Operatoren berechnet, wobei Ausdrücke in Klammern grundsätzlich vorrangig abgearbeitet werden. Als Operanden können Konstanten, Variable und weitere Funktionen auftreten. Bei der Ausführung der Operatoren einer Funktion gelten folgende Prioritäten (vgl. Abb. 132):

Priorität	Beschreibung	Symbol
1	Operation in Klammern	( )
2	Inkrementierung und	++
	Dekrementierung	--
3	Multiplikation und Division	*, /, %
4	Addition und Subtraktion	+,-

Abb. 133: Prioritäten der Operatoren

Bei gleichwertigen Operationen wird die linke Operation vor der rechten bearbeitet.

Neben den dyadischen Operatoren, die jeweils auf zwei Operanden wirken, gibt es noch monadische Operatoren, und zwar die Vorzeichen. Diese lassen sich jedoch problemlos durch entsprechendes Klammersetzen mit erfassen.

Die Bedeutung dieser Regeln soll anhand der Berechnung folgender Formel demonstriert werden:

$$F = \frac{a-b}{(1+b)*2} e^{-(a+b)*2}$$

Die zugehörige C-Notation der gleichen Formel hat dann folgende Gestalt, die aufgrund der Prioritätenregeln abgearbeitet wird (wobei unter ( ) die Errechnung eines Zwischenwertes zu verstehen ist, vgl. hierzu Abb. 134).

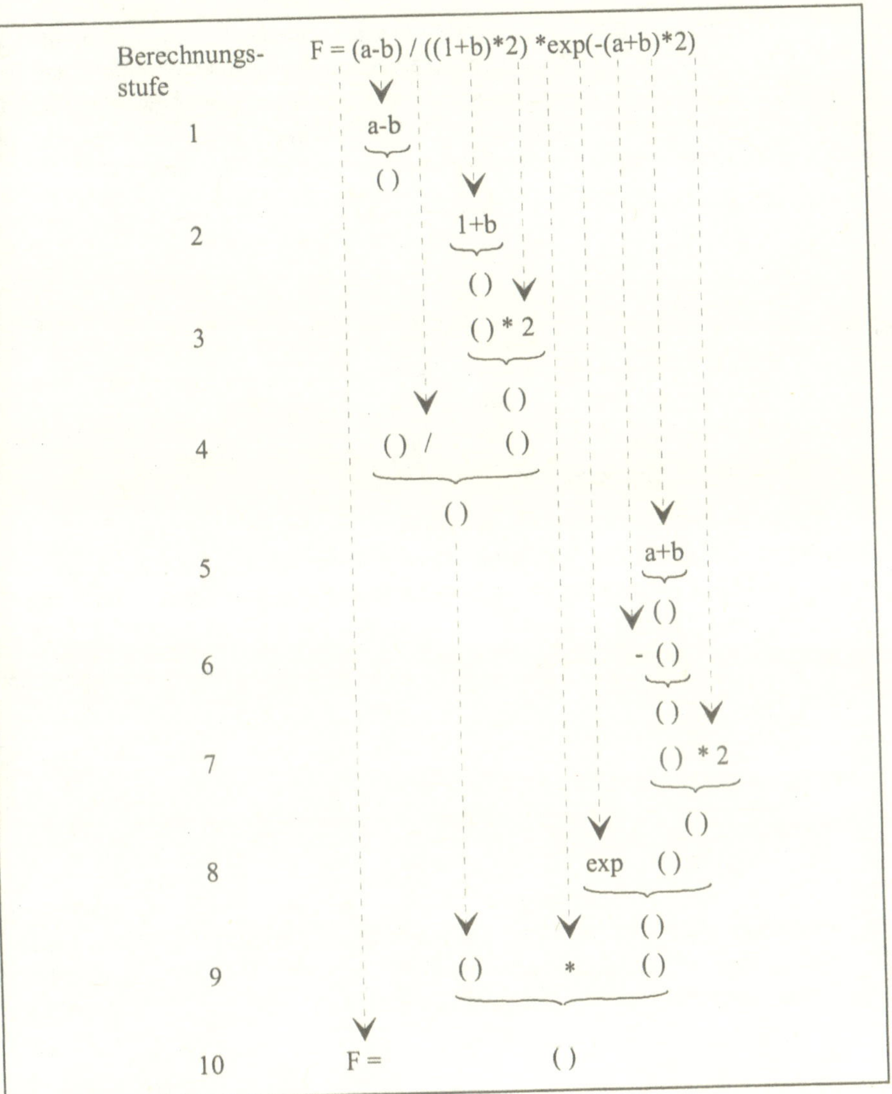

Abb. 134: Abarbeitung einer Formel

Bemerkung: Mit Hilfe der arithmetischen Zuweisung kann man auch Textvariablen Werte zuweisen. Da die Texte dann im ASCII-Code dargestellt sind, lassen sie sich wie Zahlen entsprechend den in Kap. 3.1.5.4 gezeigten Operationen alphanumerisch sortieren.

b) Zusammengesetzte Zuweisungen

Manche Programmkonstruktionen machen es erforderlich, einzelne, durch Semikolon getrennte Anweisungen zu einem Block zusammenzufassen, der dann wie eine einzige Anweisung behandelt wird.[67] Diese Zusammenfassung geschieht in C durch Einklammerung der zusammenzufassenden Anweisungen mittels der geschweiften Klammern `{}`. Zusätzliche `{...}`-Schachtelungen werden von C akzeptiert. Aus Gründen der Programmübersichtlichkeit ist es sinnvoll, die geschachtelten Anweisungen um einige Zeichen einzurücken (vgl. Abb. 135):

```
{
   Anweisung 1;
   Anweisung 2;
}
```

Abb. 135: Beispiel für einen Anweisungsblock

3.1.4.3.2 Bedingte Anweisungen

Bei bedingten Anweisungen kann der Programmfluss in Abhängigkeit von bestimmten Bedingungen, die sich aufgrund der Datenlage ergeben, gesteuert werden. C kennt zwei Formen der bedingten Anweisung (`if`, `switch`), die prinzipiell auf die gleiche Art ausgewertet werden.

Die allgemeine Form der `if`-Anweisung ist in Abb. 136 dargestellt, wobei der `else`-Teil optional ist.

```
if (bedingung) anweisung1; else anweisung2;
```

Abb. 136: `if`-Anweisung

Die Auswertung geschieht folgendermaßen: Wenn die Bedingung erfüllt ist, kommt Anweisung 1 zur Ausführung, anderenfalls Anweisung 2.[68] Die Abfragebedingung (logischer Ausdruck) kann die in der folgenden Abbildung dargestellten dyadischen Vergleichsoperatoren enthalten.

---

[67] Es wird z.B. in einer Schleife (vgl. Kap. 3.1.4.3.3) nach Abfrage einer logischen Bedingung genau eine Anweisung ausgeführt. Sollen mehrere Einzelanweisungen in der Schleife ausgeführt werden, wird eine Verbundanweisung notwendig.

[68] Ist in einer bedingten Anweisung kein else-Teil enthalten, so wird bei nicht erfüllter Bedingung mit der nächstfolgenden Anweisung fortgefahren.

Symbol	Bezeichnung	Beispiel
==	gleich	`a == b`
<	kleiner	`a < b`
<=	kleiner oder gleich	`a <= b`
=	gleich	`a = b`
>	größer	`a > b`
>=	größer oder gleich	`a >= b`
!=	ungleich	`a != b`

Abb. 137: Vergleichsoperatoren

Die Anweisung (vgl. Abb. 138)

```
if (a <= b) a = b;
else b = a;
```

Abb. 138: Beispiel für `if-else`

bedeutet: Falls $a \leq b$, wird a der Wert von b zugewiesen, anderenfalls b der Wert von a d.h., danach haben beide den gleichen Wert, und zwar den größeren von beiden.

Ein logischer Ausdruck kann sich aus mehreren logischen Ausdrücken zusammensetzen. Die Kombination logischer Ausdrücke erfolgt mit den dyadischen logischen Operatoren UND (der Ergebnisausdruck ist nur dann wahr, wenn beide Ausdrücke wahr sind) und ODER (der Ergebnisausdruck ist dann wahr, wenn mindestens einer der beiden Ausdrücke wahr ist). Zusätzlich können noch der logische Operator Exklusives Oder (XOR) und der Verneinungsoperator NICHT gewählt werden. In der C-Notation werden diese Operatoren durch && für UND, || für ODER, ^^ für XOR und ! für NICHT dargestellt.

Das folgende Programm zeigt ein Beispiel für die Verwendung logischer Operatoren. Falls die Variable *pers_nr* kleiner gleich 0 oder größer als 9999 ist, wird eine Fehlermeldung ausgegeben, ansonsten wird ein entsprechender Datensatz eingelesen (vgl. Abb. 139).

```
if (pers_nr <= 0) || (pers_nr > 9999)
  ausgabe_fehlermeldung();
else einlesen_datensatz();
```

Abb. 139: Beispiel für eine zusammengesetzte Bedingung

Häufig treten Entscheidungssituationen mit mehr als zwei Alternativen auf. Um eine unübersichtliche Folge von `if`-Anweisungen zu vermeiden, verfügt C über die `switch`-Anweisung. Dort werden die möglichen Fälle aufgelistet und ihnen die entsprechenden Anweisungen zugewiesen. Die allgemeine Form der `switch`-Anweisung gibt Abb. 140 wieder.

```
switch (ausdruck)
{
  case  Konstante 1:
      anweisung 1;
      break;
  case  Konstante 2:
      anweisung 2;
      break;
  case  Konstante n:
      anweisung n;
      break;
  default:
      anweisung;
      break;
}
```

Abb. 140: switch-Anweisung

Das folgende Beispiel bildet das Verhalten eines Autofahrers an einer Ampel ab:

```
switch(ampel)
{
         case rot:
                 stehenbleiben();
                 break;
         case gelb:
                 abbremsen();
                 break;
         case gruen:
                 fahren();
                 break;
         case rot_gelb:
                 bereitmachen();
                 break;
         default:
                 ampel_defekt();
                 break;
}
```

Abb. 141: Beispiel für eine switch-Anweisung[69]

---

[69] Voraussetzung für dieses Beispiel ist, dass die Variable Ampel mit dem entsprechenden Datentyp, dem Aufzählungstyp, versehen wurde.

Dabei ist die Verwendung der Anweisung `break` wichtig. Wird sie verwendet, so wird nach Abarbeitung der jeweiligen Anweisung die `switch`-Konstruktion verlassen. Wird sie nicht verwendet, so wird zwar bei der richtigen Anweisung angefangen, jedoch werden danach sämtliche Anweisungen in den `case`-Zweigen durchgeführt. Hätte das obige Programm keine `break`-Anweisungen, und wäre der Wert von *ampel gelb*, so würden trotzdem die Funktionen *fahren()*, *bereit_machen()* und *ampel_defekt()* ausgeführt.

3.1.4.3.3 Wiederholungsanweisungen (Schleifen)

Wenn in einer Aufgabenstellung die mehrfache Ausführung einer Anweisung oder eines Anweisungsblocks erforderlich wird, so muss dieser Block mit Hilfe einer Wiederholungsanweisung abgearbeitet werden. C kennt drei Arten von Wiederholungsanweisungen:

- die `for`-Schleife,
- die `while`-Schleife und
- die `do-while`-Schleife,

auf die im Folgenden näher eingegangen wird.

Ist in einer Aufgabenstellung von vornherein bekannt, wie oft ein Anweisungsblock abzuarbeiten ist, so kann mit Hilfe der `for`-Schleife eine Zählschleife programmiert werden.

Wenn aber in einer Aufgabenstellung die genaue Anzahl der Schleifendurchläufe nicht von vornherein bekannt ist, sondern sich aus der Problemstellung erst ergibt, so sind `while`-Schleifen (kopfgesteuerte Wiederholung) oder `do-while`-Schleifen (fußgesteuerte Wiederholung) die geeigneten Programmiertechniken. Beide Schleifen unterscheiden sich in dem Zeitpunkt der Bedingungsabfrage. Bei der `while`-Schleife wird die Bedingung vor dem Einstieg in den Anweisungsblock abgefragt: ist sie nicht erfüllt, so wird er übersprungen. Bei der `do-while`-Anweisung erfolgt die Abfrage der Bedingung erst am Ende der Schleife, daher wird der Anweisungsblock mindestens einmal ausgeführt und dann so lange, wie die Bedingung erfüllt ist.

a) `for`-Schleife:

Bei dieser Form der Wiederholungsanweisung setzt man eine Lauf- oder Zählvariable[70] auf einen Anfangswert. Der Anweisungsblock wird dann so lange durchlaufen, bis die Laufvariable auf einen vorgegebenen Endwert hoch- bzw. heruntergezählt worden ist. Die Schrittweite der Zählung kann dabei frei variiert werden.

---

[70] Die Laufvariable muss ganzzahlig sein.

Die übliche Form einer Zählschleife gibt Abb. 142 wieder:

```
for (laufvariable = anfangswert; laufvariable <=
endwert; laufvariable = laufvariable + schrittweite)
```

Abb. 142: Zählschleife

Sollen beispielsweise 10 (0 bis 9) Personaldatensätze eingelesen werden, so lautet die Anweisung (vgl. Abb. 142):[71]

```
for (i = 0; i < 10; i++) liessatz (i);
```

Abb. 143: Beispiel für eine Zählschleife

Möchte man beispielsweise die Umsatzdaten von zehn Artikeln in zwanzig Wochen einlesen und ausgeben, so kann dies gemäß Abb. 144 erfolgen.

```
for (artikel = 0; artikel < 10; artikel++)
{
  for (woche = 0; woche < 20; woche++)
    {
      scanf("%d",&umsatz[artikel][woche]);
      printf("%d\n",umsatz[artikel][woche]);
    }
}
```

Abb. 144: Beispiel einer verschachtelten Zählschleife

Ein weiteres Beispiel hierzu ist die Erzeugung einer Einheitsmatrix 10x10 (vgl. Abb. 145).

[71] Wie bereits auf Seite 183 dargestellt, kann i = i + 1 auch als i++ geschrieben werden.

```
/* Einheitsmatrix */

#include <stdio.h>

int i, j;

main()
{
  for (i = 1; i <= 10; i++)
  {
    for (j = 1; j <= 10; j++)
      if (i == j)
        printf("1");
      else printf("0");
    printf("\n");
  }
}
```

Abb. 145: Beispielprogramm zur Erzeugung einer Einheitsmatrix

b) `while`-Schleife

Die allgemeine Form der `while`-Anweisung lautet (vgl. Abb. 146):

```
while (bedingung) anweisung;
```

Abb. 146: Kopfgesteuerte Schleife

Als Beispiel soll *bestand_2* so lange um 50 Stück vermindert werden, solange er größer ist als *bestand_1* (vgl. Abb. 148):

```
while (bestand_2 > bestand_1)
  bestand_2 -= 50;
```

Abb. 147: Beispiel für eine kopfgesteuerte Schleife

c) `do-while`-Schleife:

Die allgemeine Form der `do-while`-Schleife lautet (vgl. Abb. 148):

```
do anweisung while (bedingung);
```

Abb. 148: Fußgesteuerte Schleife

Die Verwendung einer `do-while`-Anweisung im Beispiel aus Abb. 149 bewirkt zumindest die einmalige Verringerung von *bestand_2* um 50 Stück, unabhängig davon, ob er größer oder kleiner als *bestand_1* ist.[72]

```
do
  bestand_2 = bestand_2 - 50;
while (bestand_2 > bestand_1);
```

Abb. 149: Beispiel für eine fußgesteuerte Schleife

3.1.4.4 Funktionen (Unterprogrammtechniken)

3.1.4.4.1 Idee der Unterprogrammtechnik

Die Gliederung eines Problems in Teilprobleme und die Lösung dieser Teilprobleme in eigenen Programmabschnitten bezeichnet man als Unterprogrammtechnik. Die dahinter stehende Idee versucht folgende Punkte zu berücksichtigen:

- Die Aufteilung eines großen Programms in mehrere kleinere Programme erhöht die Verständlichkeit und die Lesbarkeit eines Programms. Implizit wird dadurch auch die spätere Wartbarkeit erleichtert.
- Es ist möglich, Abläufe, die in einem Programm mehrfach benötigt werden, nur einmal als Unterprogramm zu schreiben. Dieses Unterprogramm muss dann nur noch von den benötigten Stellen aus aufgerufen werden.
- Sind mehrere Personen im Team an der Programmerstellung beteiligt, ist eine verbesserte Kooperation möglich, indem jeder Einzelne Unterprogramme bearbeitet und diese anschließend zum Hauptprogramm zusammengefügt werden.

3.1.4.4.2 Funktionen in C

Unterprogramme werden in C grundsätzlich als Funktionen bezeichnet. Dabei erlaubt es C durchaus, dass Funktionen keinen Ergebniswert zurückliefern, sondern ausschließlich eine Verarbeitungsfolge in Gang setzen.

Zur Verwendung von eigenen Funktionen kann in zwei Schritten vorgegangen werden.

Zunächst wird im Deklarationsteil die Funktion deklariert. Die Form einer solchen Deklaration ist in Abb. 150 dargestellt. Man spricht hier auch von einem Funktionsprototyp.

---

[72] Diese möglicherweise unerwünschte Differenzberechnung kann natürlich auch in einer `do-while`-Anweisung mit zusätzlicher if-Bedingung abgefangen werden.

```
Datentyp Funktionsname( Datentyp [Name] der Übergabepa-
rameter);
```

Abb. 150: Allgemeine Funktionsdeklaration

Wird der Datentyp der Funktion nicht explizit angegeben, so wird als Standardtyp `int` angenommen. Dient die Funktion nur zur Ausführung einer Verarbeitungfolge, soll also kein Wert zurückgegeben werden, so kann dies mit dem Schlüsselwort `void` für den Datentyp ausgedrückt werden. Auch die Übergabeparameter sind optional, wobei die Klammern immer gesetzt werden müssen. Dabei ist die Angabe des Namens der Übergabeparameter optional. Falls an die Funktion keine Parameter übergeben werden, so kann auch hier das Schlüsselwort `void` in die Klammer geschrieben werden. Die Abb. 151 zeigt Beispiele für Funktionsdeklarationen.

```
int name(int i, double d, float f);
float name2();
void name3(int);
void name4(void);
```

Abb. 151: Beispiele für Funktionsprototypen

Bisher wurden die Funktionen lediglich deklariert, um dem Compiler den Namen der Funktion und eventuell ihren Datentyp und die Datentypen der Parameter mitzuteilen. Darüber hinaus muss die Funktion aber auch noch mit Inhalt gefüllt werden. Dieses geschieht im zweiten Schritt, der Definition der Funktion. Dabei erfolgt die Definition oft nach dem Hauptprogramm. Allerdings kann eine Funktionsdefinition auch vor dem Hauptprogramm (allgemeiner vor dem ersten Aufruf) erfolgen. Das heißt jedoch nicht, dass die Funktion auch vor dem Hauptprogramm ausgeführt wird. Bei Definitionen vor dem ersten Aufruf ist eine Deklaration nicht notwendig.

Die allgemeine Form einer Funktionsdefinition lautet (vgl. Abb. 152):

```
Datentyp Funktionsname (Parameterliste)
{
   lokale Deklarationen
   Anweisungsfolge
   return Variablenname[73];
}
```

Abb. 152: Allgemeine Definition einer Funktion

73 Allgemeiner heißt es `return` Ausdruck.

Bei lokalen Deklarationen werden die sogenannten lokalen Variablen deklariert. Diese sind nur innerhalb des Funktionsblocks bekannt. Bei den Anweisungen kann es sich um Schleifen, Ein- und Ausgabeanweisungen etc. handeln. Soll ein Wert an das Hauptprogramm zurückgegeben werden, so geschieht dies durch die Anweisung `return` *variablenname*. Damit erhält die Funktion den Wert, den die Variable *variablenname* beinhaltet. Diese Zeile kann dementsprechend weggelassen werden, wenn die Funktion keinen Wert zurückgeben soll. Die Abb. 153 zeigt als Beispiel eine Funktion, die aus zwei übergebenen reellen Zahlen das Maximum bestimmt.

```
float maximum (float a, float b)
{
  if (a > b) return a;
  else return b;
}
```

Abb. 153: Beispiel: Maximum-Funktion[74]

Durch Funktionen werden bestimmte Aufgaben realisiert. Zur Ausführung der Funktionen müssen diese aufgerufen werden. Das kann aus dem Hauptprogramm oder aus anderen Funktionen geschehen. Zum Aufruf wird der Funktionenname gefolgt von den Übergabeparametern angegeben. Soll beispielsweise aus zwei Zahlen das Maximum bestimmt und ausgegeben werden, so kann der Aufruf folgendermaßen lauten (vgl. Abb. 154):

```
printf ("%f", maximum(3.7,d));
```

Abb. 154: Aufruf einer Funktion mit Wertübergabe

Dabei ist zu beachten, dass die Übergabewerte von der Funktion nicht verändert werden können, da die Funktion beim Aufruf nur Kopien der Werte erhält. Man spricht von „call by value". C kennt ursprünglich nur diese Art des Funktionenaufrufs, wobei aber auch „call by reference"-Aufrufe, bei denen die Argumente verändert werden können, mit Hilfe von Zeigern realisiert werden können. Es sei hierzu auf die Literatur verwiesen.

[74] C erlaubt übrigens eine sehr viel kürzere Schreibweise: return (a > b) ? a : b.

3.1.4.4.3 Wichtige Standardfunktionen von C

C stellt eine Vielzahl bereits vordefinierter Standardfunktionen zur Verfügung, die allein durch Übergabe ihrer individuellen Parameter bzw. Werte genutzt werden können.[75] Zur Verwendung dieser Standardfunktionen sind die sogenannten Header-Dateien einzubinden, die die für die Standardfunktionen benötigten Funktionsdeklarationen enthalten. An dieser Stelle kann keine vollständige Übersicht über alle Standardfunktionen gegeben werden,[76] vielmehr soll exemplarisch eine Anzahl häufig benötigter Prozeduren und Funktionen vorgestellt werden. Zur Verwendung dieser Standardfunktionen sind je nach Funktion verschiedene Dateien, sog. Header-Dateien, mit der `#include`-Anweisung einzubinden. Zur Verwendung von Ein- und Ausgabefunktionen wird bspw. die Headerdatei `stdio.h`, für mathematische Funktionen die Headerdatei `math.h` benötigt. Im Folgenden werden einige Funktionen aus diesen beiden Headerdateien beschrieben. Es existieren aber weitere Headerdateien mit zahlreichen Funktionen, deren Beschreibung einem der angegebenen C-Lehrbücher entnommen werden kann.

Funktionen zur Ein-/Ausgabe.

C stellt in der Headerdatei `stdio.h` (stdio ist die Abkürzung für Standard Input/Output) zahlreiche Funktionen zur Ein- und Ausgabe zur Verfügung. Beispiele für solche Funktionen sind *`printf`* und *`scanf`*. Sie sollen an dieser Stelle noch einmal ausführlich dargestellt werden.

- `printf`: Diese Funktion dient zur formatierten Ausgabe von Variablen und Konstanten. Es muss dabei mindestens 1 Parameter übergeben werden, der sog. Formatierungsstring oder Formatstring. Dieser stellt eine Zeichenkette dar, der die Typen der auszugebenden Zeichen, die Ausgabeformate und den auszugebenden Text enthält. Dabei ist die Angabe des auszugebenen Variablentyps obligatorisch. Abb. 155 listet einige Formatanweisungen für verschiedene Datentypen auf:

---

[75] Die meisten C-Entwicklungsumgebungen bieten eine Vielzahl von vorgefertigten Funktionen, die weit über den Umfang von ANSI-C hinausgehen. So bieten die meisten Compiler etwa eine Vielzahl von Grafikmöglichkeiten an, weiterhin stehen einigen Compilern Funktionen zur Mausunterstützung zur Verfügung usw.

[76] Eine Komplettübersicht über diese Funktionen muss der angegebenen Literatur überlassen werden.

```
%d  ganze Zahl in Dezimalnotation
%i  ganze Zahl in Dezimalnotation77
%ld lange ganze Zahl in Dezimalnotation
%c  ganze Zahl in Zeichendarstellung
%f  reelle Zahl in Gleitkommadarstellung
%e  reelle Zahl in Exponentialschreibweise
%s  Zeichenkette
```

Abb. 155: Beispiele für einfache Formatanweisungen

Neben der Angabe der Typen können weitere Formatierungsangaben gemacht werden. Durch die Angabe von \n erfolgt beispielsweise ein Zeilenvorschub, durch Angabe einer Zahl im Formatstring kann die minimale Feldbreite der Ausgabe bestimmt werden. Die Ausgabe erfolgt dabei standardmäßig rechtsbündig, durch die Angabe eines Minuszeichens kann aber eine linksbündige Ausgabe erreicht werden. Abb. 156 zeigt einige Beispiele.

```
#include <stdio.h>;
char text[] = "Festplatte";
float e = 2.71828182;
int ganz = 12345;
main()
{
   printf("Guten Tag");
   printf("%10.2e\n",e);
   printf("%20s\n",text);
   printf("%-20s\n",text);
   printf("%+5d",ganz);
}
```

Abb. 156: Beispiele für formatierte Ausgabe

Die Ausgabe sieht folgendermaßen aus:

```
Guten Tag
  2.72e+00
          Festplatte
Festplatte
+12345
```

[77] %i und %d können alternativ benutzt werden, für den Unterschied, der an dieser Stelle keine Bedeutung hat, sei auf die Literatur verwiesen.

- `scanf`: Auch die Funktion `scanf` ist schon aus dem einführenden Beispiel bekannt. Damit kann der Benutzer aufgefordert werden, Daten einzugeben. Dabei ist der syntaktische Aufbau dieser Anweisung ähnlich der des `printf`-Befehls. Auch bei *`scanf`* wird ein Formatierungsstring übergeben, der angibt, welche Typen die Eingangsvariablen besitzen. Dem Compiler muss also mitgeteilt werden, ob die einzugebenden Daten ganze Zahlen, reelle Werte, Zeichenketten usw. sind. Dann folgen die Adressen der Eingabevariablen. Um Adressen zu übergeben, wird dem Variablennamen jeweils ein &-Zeichen vorangestellt. Übrigens gilt diese Regel nicht für Zeichenketten, da der Variablenname schon eine Adresse beinhaltet. Dementsprechend ist beim Einlesen von Zeichenketten das Voranstellen des &-Zeichens nicht notwendig. Abb. 157 veranschaulicht die Verwendung der *`scanf`*-Funktion durch einige Beispiele.

```
#include <stdio.h>

void main(void)
{
    int a, b;
    char c;
    float e, f, g;
    char s[20];

    scanf("%d%e%e%d", &a, &e, &f, &b);
    scanf("%s",s);
}
```

Abb. 157: Beispiele für die Verwendung von `scanf`

Mathematische Funktionen

Zur Verwendung der folgenden mathematischen Funktionen muss die Header-Datei `<math.h>` mit der `#include`-Anweisung eingebunden werden. Es stehen dann eine Vielzahl von mathematischen Funktionen zur Verfügung, von denen im Folgenden die wichtigsten vorgestellt werden.

- `fabs`(zahl) : Ermittelt den Betragswert von *zahl*
- `exp`(zahl) : Exponentialfunktion zur Basis e
- `floor`(zahl) : Ermittelt den ganzzahligen Wert von *zahl*
- `log`(zahl) : Natürlicher Logarithmus von *zahl*
- `ceil`(zahl) : Rundung einer Dezimalzahl zur nächsten ganzen Zahl
- `sin`(zahl) : Sinus von *zahl*, angegeben im Bogenmaß
- `cos`(zahl) : Cosinus von *zahl*, angegeben im Bogenmaß
- `sqrt`(zahl) : Quadratwurzel von *zahl*

3.1.4.4.4 Nutzung von Dateien

Im Folgenden werden einige der Funktionen erläutert, die C zur Dateiverarbeitung zur Verfügung stellt.

- `fopen`: Öffnet eine Datei. Mit `fopen` werden zwei Zeichenketten übergeben, nämlich der Dateiname und der Öffnungsmodus (in dieser Reihenfolge). Dabei bezieht sich der Dateiname auf das externe Speichermedium. Der Öffnungsmodus gibt an, welche Operationen mit der Datei durchgeführt werden dürfen. Der Rückgabewert der Funktion `fopen` muss ein Zeiger auf den Datentyp `FILE` sein. Falls bei der Öffnung der Datei kein Fehler auftritt, so ist die Rückgabe dieser Funktion dann der Zeiger auf eine Filestruktur, die intern die Datei repräsentiert. Dieser Zeiger wird dementsprechend als Dateizeiger bezeichnet. Im Fehlerfall wird die vordefinierte Konstante `NULL` zurückgegeben. Abb. 158 zeigt die möglichen Öffnungsmodi.

  Beispiel:

  ```
  d_zeiger = fopen("datei.dat","w");
  ```

  Es gibt zwei Möglichkeiten, wie C eine Datei behandelt. Verwendet man die Parameter aus Abb. 158, so handelt es sich um Textdateien. Textdateien bestehen aus einer Folge von Zeilen, von denen jede aus einer Anzahl von Zeichen besteht. Jede der Zeilen ist durch ein Zeilenvorschubzeichen `\n` getrennt. Durch diese spezielle Bedeutung des `\n` Zeichens kann es bei der Verwendung der Befehle `fwrite`, `fread` und `fseek` (s.u.) Probleme geben, wenn die Datei Zeichenketten beinhaltet. In solchen Fällen ist es sinnvoll, eine binäre Datei zu verwenden. Diese stellt einfach eine Folge von Bytes dar. Durch Anfügen des Buchstabens b an die Zeichenkette, die den Öffnungsmodus bestimmt, lässt sich eine binäre Datei zum Schreiben (`wb`), zum Lesen (`rb`) etc. öffnen.

Modus	**Bedeutung**
`w`	Überschreiben bzw. falls Datei nicht existiert, Neuauflage
`a`	Anhängen bzw. Neuauflage
`r`	Lesen
`w+`	Lesen und Überschreiben bzw. Neuauflage
`r+`	Lesen und Schreiben
`a+`	Lesen und Anhängen bzw. Neuauflage

Abb. 158: Mögliche Öffnungsmodi für Dateien

- `fseek`: Setzt den Positionszeiger[78] auf eine zu spezifizierende Position in der Datei. Als Parameter übergeben werden in dieser Reihenfolge der Zeiger auf die Filestruktur, die Ausgangsposition und die Entfernung (in Byte) von der Ausgangsposition. Für die Ausgangsposition kommen dabei die Werte 0, 1 und 2 in Frage, wobei 0 für den Anfang der Datei, 2 für das Ende und 1 für die aktuelle Position steht. Von da aus wird der Positionszeiger um die spezifizierte Anzahl von Bytes bewegt. Die Bewegung erfolgt in Richtung Dateiende, wenn der angegebene Wert positiv ist, bei negativen Werten bewegt sich der Positionszeiger entsprechend in Richtung Dateianfang. Der Rückgabewert der Funktion `fseek` ist 0, falls die gewünschte Positionierung durchgeführt werden konnte, ansonsten ein Wert ungleich 0.

  Beispiel:

  ```
  fseek(d_zeiger, 0, 0);
  ```

- `fscanf`: Liest formatiert aus einer Datei spezifizierte Sätze. Parameter sind hier der Dateizeiger, ein Formatierungsstring und die Variablen, die zur Aufnahme der auszulesenden Sätze dienen. Falls der Lesevorgang funktioniert hat, wird die Anzahl der gelesenen Werte zurückgegeben. Diese Funktion arbeitet genauso wie `scanf`.

  Beispiel:

  ```
  fscanf(d_zeiger, "%d%s", &kontonr, name);
  ```

- `fprintf`: Schreibt spezifizierte Sätze formatiert. Übergeben werden der Dateizeiger, ein Formatierungsstring und Variablen, die die zu schreibenden Daten beinhalten.

  Beispiel:

  ```
  fprintf(d_zeiger,"%d %s\n", kontonr, name);
  ```

Der angegebene Dateizeiger muss übrigens nicht unbedingt eine Datei auf der Diskette oder Festplatte repräsentieren, sondern kann auch für einen Drucker oder den Bildschirm stehen. Ist eine Ausgabe auf dem Drucker gewünscht, so lässt sie sich folgendermaßen realisieren:

```
fprintf(stdprn, "Dieser Text erscheint
                        auf dem Drucker");
```

`stdprn` stellt die Gerätedatei dar, die üblicherweise durch den Drucker repräsentiert wird.

---

78 Der Positionszeiger gibt die aktuelle Bearbeitungsposition in der Datei an.

- `fclose`: Schließt die Datei. Dabei wird als entsprechender Parameter der Dateizeiger übergeben.

  Beispiel:

  ```
  fclose(d_zeiger);
  ```

- `feof`: Prüft, ob das Dateiende erreicht wurde. Übergeben wird der Dateizeiger. Die Funktion hat einen Wert ungleich 0, falls man am Dateiende angekommen ist, ansonsten den Wert 0.

  Beispiel:

  while (!**feof(d_zeiger)**){...}

- `fread`: Lesen von Datenbereichen. Übergeben werden in dieser Reihenfolge ein Zeiger auf einen Eingabepuffer, die Größe (in Byte) der einzelnen zu lesenden Datenelemente, die Anzahl dieser Datenelemente und der Dateizeiger. Der Eingabepuffer stellt dabei den Speicherbereich dar, in dem die eingelesenen Daten abgelegt werden. Zurückgegeben wird die Anzahl der gelesenen Bytes oder -1, falls der Lesevorgang nicht funktioniert hat.

  Beispiel:

  ```
  fread(&b,1,1,d_zeiger);
  ```

- `fwrite`: Schreiben von Datenbereichen. Tritt kein Fehler auf, so wird die Anzahl der geschriebenen Bytes zurückgegeben, ansonsten eine Zahl, die darunter liegt. Die einzelnen Parameter entsprechen denen bei `fread`.

  Beispiel:

  ```
  fwrite(&b,1,1,d_zeiger);
  ```

Beispielprogramme zur Datenverarbeitung mit C

Im Folgenden werden zwei Beispielprogramme zur Datenverarbeitung vorgestellt.

1. Beispiel: Das erste Programm soll dazu dienen, Namen und Telefonnummer (ohne Vorwahl) vom Benutzer zu erfragen und diese auf einen externen Datenträger zu speichern.

Dabei wird (vgl. Abb. 159) nach dem Deklarationsteil zunächst extern eine Datei mit dem Namen „telefon.dat“ zum Schreiben geöffnet. Der Benutzer wird nach Namen und Telefonnummern gefragt und diese werden gespeichert. Die Speicherung erfolgt so lange, bis der Benutzer eine 0 für die Telefonnummer eingibt. Dann wird die Datei geschlossen. Es muss darauf geachtet werden, dass zwischen den Namen und der Telefonnummer ein Leerzeichen geschrieben wird, um das Ende des Namens darzustellen. Zum Auslesen der Datei telefon.dat ist ein weiteres Programm oder ein Programmteil notwendig, das die Funktion `fscanf` verwendet.

```
/*Telefonverzeichnis*/
#include <stdio.h>

char name[30];
long int telefonnummer;
FILE *d_zeiger;

void main(void)
{
  /*Öffnen einer Textdatei zum Schreiben*/
  d_zeiger = fopen("telefon.dat", "w");
  printf("Bitte geben Sie Namen und Telefonnummer (0
  für Ende) ein\n");
  scanf("%s%li", name, &telefonnummer);
  while (telefonnummer !=0) {
      fprintf(d_zeiger,"%s %li", name, telefonnumer);
      printf("Bitte geben Sie Namen und Telefonnummer
      (0 für Ende) ein\n");
      scanf("%s%li", name, &telefonnummer);
  }
 fclose(d_zeiger);
}
```

Abb. 159: Schreiben einer Datei

2. Beispiel: Im Folgenden soll ein Programm vorgestellt werden, das aus einer vorhandenen Datei Mitarbeiterdaten ausliest.

Der Dateiname dieser Datei aus der Sicht des Betriebssystems sei:

a:\daten.dat

Nach fehlerfreiem Öffnen der Datei durch fopen zeigt der Dateizeiger d_zeiger auf die File-Struktur, die die geöffnetete Datei repräsentiert. Bei Auftreten eines Fehlers wird „Fehler beim Öffnen" auf dem Bildschirm ausgegeben.

Damit das Programm die Datei erkennt und bearbeiten kann, ist die Struktur dieser sequentiellen Datei zu beschreiben. Nehmen wir an, dass jeder Satz der Datei folgende Informationen enthalten soll:

Mitarbeiter Name (20 Stellen)
Mitarbeiter Vorname (20 Stellen)
Mitarbeiter Adresse (30 Stellen)
Mitarbeiter Gehalt brutto (float-Zahl)
Mitarbeiter Gehalt netto (float-Zahl)

so wird für die Dateiverarbeitung der Typ folgendermaßen deklariert :

```
typedef struct {
  char name[21];
  char vorname[21];
  char adresse[31];
  float gehalt_brutto;
  float gehalt_netto;
} mitarbeiter_daten;
```

Abb. 160: Deklaration einer Struktur für Mitarbeiterdaten

Bemerkung: Da jede Zeichenkette in C mit dem Nullzeichen endet, muss die Länge einer Zeichenkette die gewünschte immer um ein Zeichen überschreiten.

Will man diese Datei in den Arbeitsspeicher kopieren, so muss man zunächst eine Höchstzahl an Sätzen festlegen, für die ein Bereich im Arbeitsspeicher zu reservieren ist. Der Bereich wird in diesem Beispiel mit *mitarbeiter*, die Anzahl der Sätze mit *maxsaetze* bezeichnet.

Der Arbeitsspeicherbereich ist als Feld wie folgt zu deklarieren:

```
mitarbeiter_daten mitarbeiter[maxsaetze];
```

In C kann eine Struktur nicht mit `fprintf` geschrieben bzw. `fscanf` gelesen werden, da es sich bei Strukturen nicht um einfache Datentypen handelt. Hier bieten sich die Befehle `fwrite` und `fread` an, mit denen eine festgelegte Anzahl von Daten gelesen werden kann. In diesem Fall ist bekannt, wie groß die jeweiligen Datenblöcke sein sollen, es handelt sich hier um die Größe der Struktur *mitarbeiter_daten*. C stellt den Operator `sizeof` zur Verfügung, mit der die Größe eines Datentyps bestimmt werden kann. In Abb. 161 ist das Programm zum Einlesen der Mitarbeiterdaten dargestellt. Das Programm zum Erzeugen der Datei *a:\daten.dat* verwendet dann dementsprechend die Funktion `fwrite`. Eine Zusammenfassung von wesentlichen Befehlen gibt die Abb. 162.

```
#include <stdio.h>

#define maxsaetze 40
#define Dateiname "a:\\daten.dat"

/* Deklaration der Dateistruktur:*/
typedef struct
{
  char name[21];
  char vorname[21];
  char adresse[31];
  float gehalt_brutto;
  float gehalt_netto;
} mitarbeiter_daten;

mitarbeiter_daten mitarbeiter[maxsaetze];
FILE *d_zeiger;
int i = 0; /* Zähler */

void main (void)
{
 /*öffnen der Datei als Binärdatei und Fehlerabfrage*/
  if ((datei_zeiger = fopen(Dateiname, "rb"))==NULL)
    printf("Fehler beim Öffnen");
  else {
    while (!feof(datei_zeiger)) {
      fread(&mitarbeiter[i],
            sizeof(mitarbeiter_daten), 1,
            datei_zeiger);
      printf("%s\n", mitarbeiter[i].name);
      i = i+1;
    }
   fclose(datei_zeiger);
   }
}
```

Abb. 161: Auslesen einer Datei

3.1.4.4.5 Zusammenfassung der wesentlichen ausführbaren Befehle

Befehl	Beschreibung	Beispiel
`=`	Wertzuweisungen	`A = B + C;`

`{ }`	Zusammenfassen von Anweisungen zu einer zusammengefaßten Anweisung	`{`
		`  A = B + C;`
		`  X = A + Y;`
		`}`

`if (Bedingung)`
`  Anweisung1;`
`else Anweisung2;`
	Bedingung mit 2 Alternativen	`if (A < B) A = B; else B = A;`

`switch`	Bedingung mit mehr Alternativen	`switch (Ausdruck) {`
		`  case 4712 : ...; break;`
		`  case 4714 : ...; break;`
		`  default: printf(..`
		`}`

`while`	Wiederholungsschleifen, bei denen das Ende erst bei Vorliegen einer Bedingung eintritt	`while (A>0) {...}`
`do..while`		`do {...} while (A>0);`
`for`	Wiederholungsschleife mit fester Wiederholungsanzahl	`for(i=1; i<=100; i++)`
`printf`	Funktion zum Schreiben	`printf("%6.2f%5.1f\n", a, b);`
`scanf`	Funktion zum Lesen	`scanf("%f%f", &a, &b);`

Abb. 162: Ausführbare Befehle

3.1.5 Typische Fragestellungen in den Wirtschaftswissenschaften

Anhand der folgenden Fragestellungen soll gezeigt werden, wie man ökonomische Probleme mit Hilfe der EDV löst. In den ersten beiden Beispielen werden besonders einfache Aufgaben gewählt, um die beiden grundlegenden Arten der Schleifenbildung zu verdeutlichen. In den übrigen Beispielen wird gezeigt, wie man mit Hilfe dieser Musterlösungen an größere Aufgaben und schließlich an Aufgabensysteme herangeht. Da es sich bei den ersten beiden Aufgaben mehr um die Darstellungen der Anwendung von Schleifen handelt und nicht um eigentliche ökonomische Problemanalysen, wird in diesen Fällen nicht mehr auf sämtliche Phasen der Problemlösung eingegangen, sondern es wird nach der Systemspezifikation (einschließlich Lösungsmethode) nur das Struktogramm aus der Systemkonstruktion erläutert sowie das Programm in PASCAL und C geschrieben und angewendet. Diese Vorgehensweise zeigt, dass hierbei ein besonders einfaches Phasenschema aus dem vorherigen abstrahiert wird.

3.1.5.1 Suche des maximalen Wertes einer Funktion

In diesem Beispiel soll gezeigt werden, wie man auf einem sehr einfachen, wenn auch nicht sehr eleganten Weg den Maximalwert einer monoton gekrümmten Funktion bestimmen kann, sofern ein solcher existiert. Das Verfahren wird hier angewandt, um den sog. Cournot'schen Punkt zu bestimmen, wobei die Preisabsatzfunktion durch

$$p(x) = -2 \cdot x + 46 \text{ (GE / Stck)},$$

die fixen Kosten durch

$$k_f = 10 \text{ (GE)}$$

und die variablen Kosten durch

$$k_v = 10 \text{ (GE / Stck)}$$

gegeben sind. Die Gewinnfunktion beträgt dann

$$\begin{aligned} G(x) &= p(x) \cdot x - k_v \cdot x - k_f \\ &= -2x^2 + 46x - 10x - 10 \\ &= -2x^2 + 36x - 10 \end{aligned}$$

Nach Cournot weiß man, dass das Maximum - der Cournot'sche Punkt - folgendermaßen erreicht werden kann:

$$\frac{dG}{dx} = -4x + 36 \overset{!}{=} 0 \text{ oder } x = 9$$

Da die Differentiation und die anschließende Nullstellenbestimmung aber nicht immer so einfach verläuft, wird bei der im Programm darzustellenden Vorgehensweise ein anderes Verfahren gewählt: Es wird der x-te Wert so lange verändert, bis bei dem zugehörigen Funktionswert $G(x)$ keine Verbesserung erreicht werden kann. Bei dieser Vorgehensweise weiß man nicht, wie viele Schritte zu einem Ergebnis führen. Es wird erst dann abgebrochen, wenn die Endbedingung, dass es keinen besseren Wert gibt, erfüllt wird (im Gegensatz hierzu kennt man beim 3. Beispiel schon vorher genau die Anzahl der auszuführenden Schritte).

Bei dieser Aufgabe wird die Suche mit dem Anfangswert $x = 0$ und der Schrittweite 0.01 begonnen. Das Struktogramm hat dann folgende Gestalt (vgl. Abb. 163):

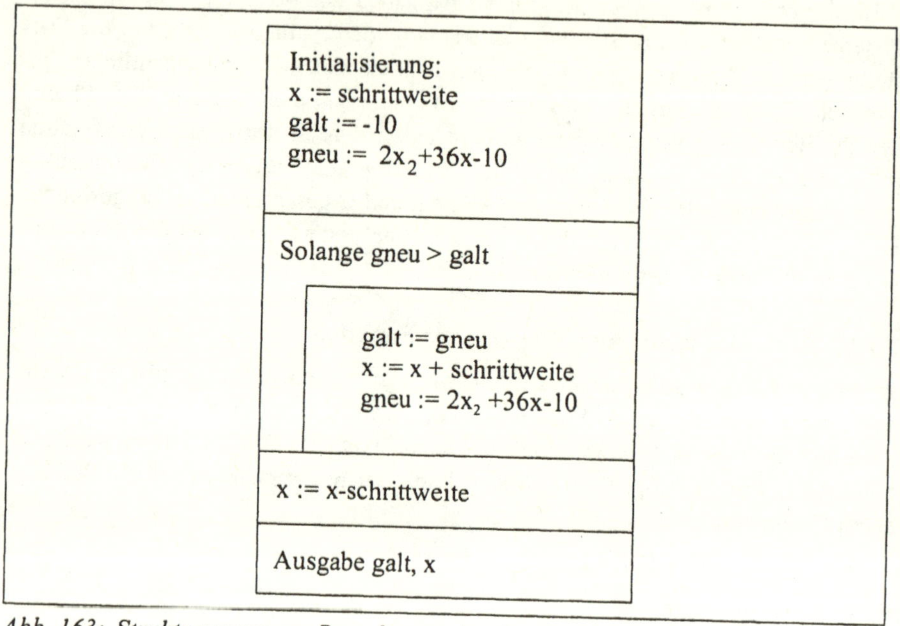

Abb. 163: Struktogramm zur Berechnung des Cournot'schen Punkts

Legende zum Struktogramm:

Nach der Definition der Gewinnfunktion wird diese für $x = 0$ zugewiesen und unter *galt* gespeichert. Somit gibt x die jeweilige Menge an, für die der Gewinn *gneu* errechnet wird. Ist *gneu* > *galt*, sucht das Programm weiter, d.h., es speichert den zuletzt errechneten Gewinn unter *galt* und erhöht x. Im anderen Fall druckt es den maximal errechneten Gewinn und die zugehörige Stückzahl aus.

Das Programm hat dazu die folgende Gestalt (vgl. Abb. 164 (PASCAL), Abb. 165 (C)) (wobei zusätzlich die Anzahl der Schleifendurchgänge ausgegeben wird). Es ist fast die Abschrift des Struktogramms (vgl. Abb. 163).

Dieses Programm wurde beendet, nachdem die Abfrage *gneu* > *galt* nicht mehr erfüllt war (vgl. Abb. 166). Die Anzahl der Schleifendurchgänge (900) und damit die Größe der Rechenzeit hängen hier von der gewählten Cournot'schen Funktion und dem Iterationsverfahren ab und lassen sich häufig nicht exakt vorher angeben. Dieses wird noch deutlicher an der folgenden Aufgabe.

```
(* Dieses Programm berechnet das Funktionsmaximum einer monoton
   gekrümmten Funktion, sofern dieses existiert. *)

PROGRAM cournot;

USES crt;

CONST schrittweite = 0.01;

VAR x, gneu, galt: REAL;

FUNCTION gewinn (x:REAL): REAL;
BEGIN
  gewinn := -2 * x * x + 36 * x - 10;
END;

BEGIN                          (* Beginn des eigentlichen Programms *)

  BEGIN                                     (* Initialisierung *)
    CLRSCR;                              (* Bildschirmlöschen *)
    x := schrittweite;               (* und Variablen setzen *)
    galt := gewinn(0);
    gneu := gewinn(x);
  END;
                                               (* Hauptschleife *)
  WHILE gneu > galt DO (*Schleife, solange Bedingung erfüllt
 ist*)
    BEGIN
      galt := gneu;          (* setzt den alten Gewinn auf gneu *)
      x := x+schrittweite;(*schrittweise Berechnung der
                                          Fkt.arg.*)

      gneu := gewinn(x);     (* Gewinn des neuen Fkt.arguments *)
    END;
                                                   (* Ausgabe *)
  BEGIN
    x := x - schrittweite;
    WRITE ('Der maximale Gewinn beträgt ',galt:7:2,' GE bei ');
    WRITELN (x:5:3,' Stück');
    WRITELN ('Anzahl der Schritte: ',TRUNC(x/schrittweite));
  END;
END.
```

Abb. 164: Programm zur Berechnung des Cournot'schen Punkts in PASCAL

```
/* Dieses Programm berechnet das Funktionsmaximum einer monoton
   gekrümmten Funktion, sofern dieses existiert*/

#include <stdio.h>
#include <math.h>

#define schrittweite 0.01

float x, gneu, galt;

float gewinn (float x)
{
  return -2 * x * x + 36 * x - 10;
}

void main (void)              /* Beginn des eigentlichen Programms*/
{
                                              /* Initialisierung*/
  x = schrittweite;                         /* Variablen setzen*/
  galt = gewinn(0);
  gneu = gewinn(x);
  /* Hauptschleife*/
  while (gneu > galt) {       /* Schleife, solange Bed.erfüllt ist*/
    galt = gneu;
    x += schrittweite;  /* x := x + schrittweite,
                           schrittweise Berechnung der Fkt.arg.*/
    gneu = gewinn(x);        /* Gewinn des neuen Fkt. arguments */
  }
  /* Ausgabe des maximalen Gewinns */
  x -=   schrittweite;  /* x : = x - schrittweite */
  printf
   ("Der maximale Gewinn beträgt %7.2f GE bei %5.3f
     Stück\n",galt,x);
  printf("Anzahl der Schritte: %5.0f",ceil(x/schrittweite));
}
```

Abb. 165: Programm zur Berechnung des Cournot'schen Punkts in C

```
Der maximale Gewinn beträgt  152.00 GE bei 9.000 Stück
Anzahl der Schritte: 900
```

Abb. 166: Anwendung des Programms zur Berechnung des Cournot'schen Punkts

3.1.5.2 Bestimmung des internen Zinsfußes

Gegeben ist eine Zahlungsreihe für n Perioden:

$n, E_0 - A_0, E_1 - A_1, \dots , E_n - A_n$

(wobei A_j bzw. E_j die Aus- bzw. Einzahlungen der j-ten Periode sind).

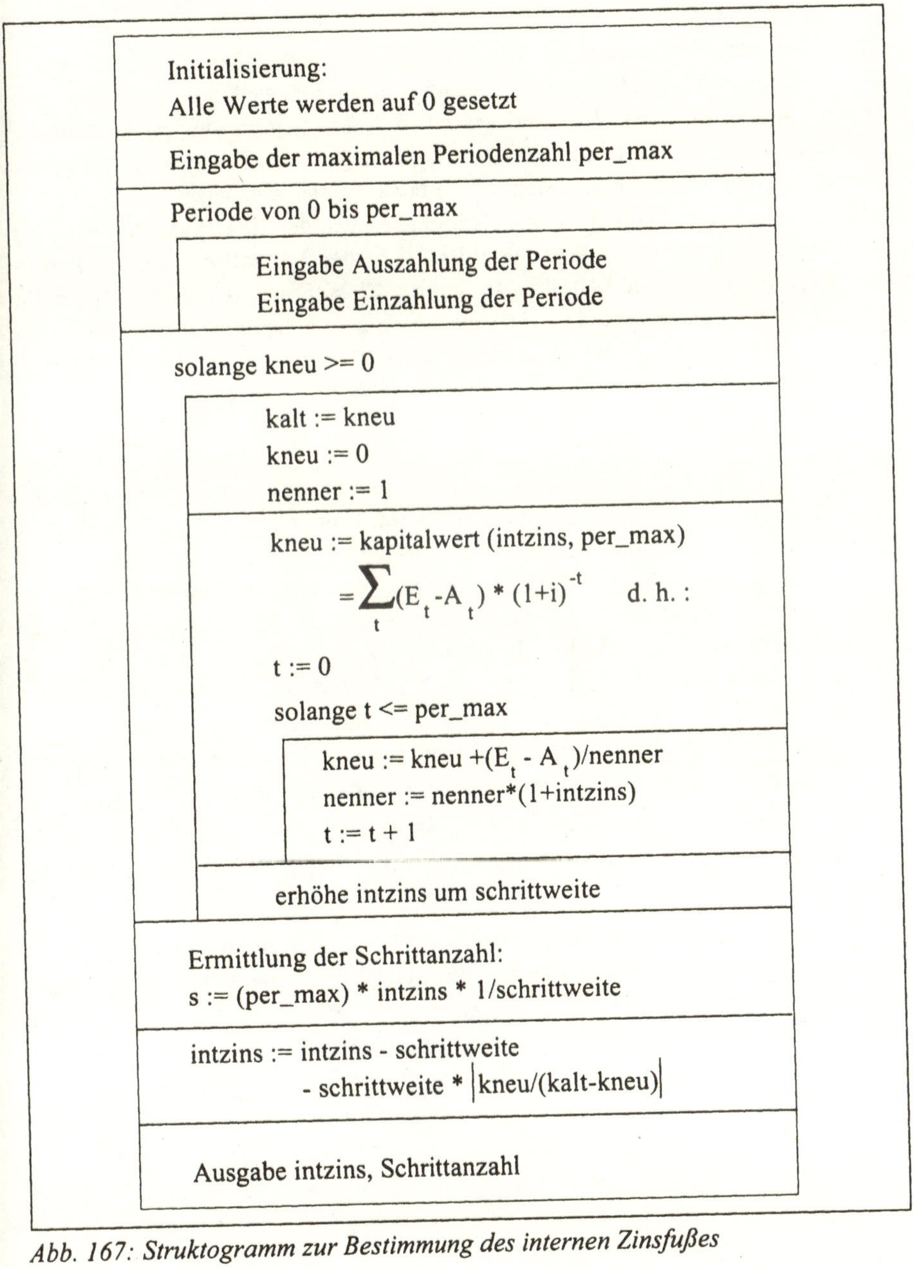

Abb. 167: Struktogramm zur Bestimmung des internen Zinsfußes

Gesucht ist der interne Zinsfuß dieser Zahlungsreihe. Der interne Zinsfuß *i* eines Investitionsobjektes ist der Zinsfuß, für den der Kapitalwert dieses Objektes Null wird:

$$K = (E - A) + \frac{E_1 - A_1}{(1+i)^1} + \frac{E_2 - A_2}{(1+i)^2} + \ldots + \frac{E_n - A_n}{(1+i)^n} = 0$$

Zur Lösung des Problems werden zunächst die Zahlungsreihen $E_j - A_j$ ($j = 0, \ldots$) eingelesen und es wird für $i = 0$ der Kapitalwert errechnet. Unterscheidet er sich wesentlich vom Wert Null, so wird der Zinsfuß nach dem in der letzten Aufgabe genannten Verfahren so lange verändert, bis er negativ ist. Dabei wird wie in der letzten Aufgabe jeweils der vorletzte Kapitalwert unter *kalt* gespeichert, und sobald der neue Kapitalwert *kneu* einen Kapitalwert hat, der kleiner als Null ist, wird der interne Zinsfuß aus den Werten der letzten beiden Kapitalwerte linear interpoliert. Zu diesem Zeitpunkt ist aber der interne Zinsfuß nochmals um 0.01 erhöht worden. Somit muss neben der Korrektur durch eine entsprechende lineare Interpolation (*kneu*/ *kalt* - *kneu*) der Zinsfuß um 0.01 reduziert werden. Das Struktogramm hat dann die in Abb. 167 dargestellte Gestalt.

Legende zum Struktogramm:

In der äußeren Schleife (solange $kneu \geq 0$) wird der interne Zinsfuß so lange verändert, bis der Kapitalwert fast Null wird. Eine innere Schleife findet man bei der Berechnung des Kapitalwertes zum jeweiligen Zinssatz über die Perioden. Ist der Einzahlungsüberschuss der *j*-ten Periode $E_j - A_j$, so muss für diese Periode $(E_j - A_j) / (1 + i)^j$ auf den Kapitalwert aufaddiert werden. Der Nenner hierzu wird in *nenner* gebildet. In der 1. Periode ist $nenner = 1 * (1 + i)$. In der 2. Periode errechnet sich *nenner* aus der 1. Periode durch Multiplikation mit $(1 + i)$, also $(1 + i)^2$ usw. Auf diese Art kann man die Operation $nenner = (1 + i)^n$ ersparen. Auch bei dieser Aufgabe lässt sich die Anzahl der Schleifendurchläufe (*schrittzahl*) nicht von vornherein angeben. Sie hängt von den Zahlungsströmen und der Periodenzahl ab.

Das zugehörige Programm wird in Abb. 168, 169 (PASCAL), Abb. 170, 171 (C) wiedergegeben.

Auch hier wurden unter Berücksichtigung der Unterprogrammtechnik die innere Schleife, das Errechnen des Kapitalwertes, über eine eigene Prozedur gelöst. Bei den gewählten Zahlungsreihen (vgl. Abb. 172) wurde der interne Zinsfuß von 10 % nach 306 Schleifendurchgängen errechnet.

```
PROGRAM int_zins;

USES crt;

CONST max = 20;
      schrittweite = 0.001;

TYPE  zahlung = ARRAY [0..max] OF REAL;

VAR   einzahlung, auszahlung: zahlung;
      periode, test: INTEGER;                 (* Periodenzähler *)
      per_max, schrittzahl: INTEGER;
      kalt, kneu, nenner, intzins: REAL;

(* FUNKTION: Kapitalwert berechnen *)
FUNCTION kapwert (i:REAL; anz_per:INTEGER): REAL;
VAR k: REAL;                 (* Zwischenspeicher des Kapitalwerts *)

BEGIN
  k := 0;
  FOR periode := 0 TO anz_per DO
                              (*Berechnung des Kapitalwertes bei i *)
  BEGIN                                (* und bei anz_per Perioden *)
    k := k + (einzahlung[periode]-auszahlung[periode])/nenner;
    nenner := nenner * (1 + i);
  END;
  kapwert := k;
END;
          (* Beginn des eigentlichen Programms *)
BEGIN                        (* Initialisierung *)
  CLRSCR;
  periode := 0;
  per_max := 0;
  kalt := 0;
  kneu := 0;
  intzins := 0;
  FOR periode := 0 TO max DO
  BEGIN                      (* Setzt Einz. und Ausz. zunächst 0 *)
     einzahlung[periode] := 0;
     auszahlung[periode] := 0;
  END;
  WRITE
   ('Über wie viele Perioden erstreckt
            sich die Zahlungsreihe ? ');
  READLN (per_max);

  FOR periode := 0 TO per_max DO     (* Werteeingabe *)
  BEGIN
    WRITE ('Auszahlungen der ',periode:2,' Periode: ');
    READLN (auszahlung[periode]);
    WRITE ('Einzahlungen der ',periode:2,' Periode: ');
    READLN (einzahlung[periode]);
    WRITELN;
  END;
```

Abb. 168: Programm zur Bestimmung des internen Zinsfußes in PASCAL (Teil 1)

```
   WHILE kneu >= 0 DO     (* Schleife des Kapitalwerterrechnens *)
   BEGIN
     kalt := kneu;
     kneu := 0;
     nenner := 1;
     kneu := kapwert(intzins,per_max);
     intzins := intzins + schrittweite;
   END;

                             (* Ausdruck des Ergebnisses *)
   schrittzahl := TRUNC((per_max+1) * intzins * 1 / schrittweite);
   intzins := intzins - schrittweite -
              schrittweite * abs(kneu / (kalt - kneu));
   WRITELN('Periode          Auszahlungen          Einzahlungen');
   WRITELN('*************************************************');
   FOR periode := 0 TO per_max DO
   BEGIN
     WRITELN
     (periode:7,auszahlung[periode]:20:2,einzahlung[periode]:20:2)
   END;
   WRITELN;
   WRITE ('Der interne Zinsfuß beträgt ',intzins * 100:10:6);
   WRITELN ('% nach ',schrittzahl,' Schritten');
 END.
```

Abb. 169: Programm zur Bestimmung des internen Zinsfußes in PASCAL (Teil 2)

```
/* Dieses Programm berechnet den internen Zinsfuß */
#include <stdio.h>
#include <math.h>
#define schrittweite 0.001
#define max 20

float einzahlung[max+1], auszahlung[max+1]; /* Zugiffsindex
                                            zwischen 0 und max*/
int periode, test;
int per_max, schrittzahl;
float kalt, kneu, nenner, intzins;

float kapwert(float, int); /* Funktionsprototyp */
```

Abb. 170: Programm zur Bestimmung des internen Zinsfußes in C (Teil 1)

```
void main(void)
{
  /* Initialisierung */
  periode = per_max = 0;
  kalt = kneu = intzins = 0;
  for (periode = 0; periode <= max; periode ++)
    einzahlung[periode] = auszahlung [periode] = 0;
  printf
      ("über wie viele Perioden erstreckt
             sich die Zahlungsreihe ?");
  scanf("%d",&per_max);
  for (periode = 0; periode <= per_max; periode++) {
                                              /* Werteeingabe */
    printf("Auszahlungen der %2d Periode: ",periode);
    scanf("%lf",&auszahlung[periode]);
    printf("Einzahlungen der %2d Periode: ",periode);
    scanf("%lf",&einzahlung[periode]);
    printf("\n");
  }
  while (kneu >= 0) {     /* Schleife des Kapitalwerterrechnens */
    kalt = kneu;
    kneu = 0;
    nenner = 1;
    kneu = kapwert(intzins, per_max);
    intzins += schrittweite;
  }
  /* Ausdruck des Ergebnisses */
  schrittzahl = floor((per_max+1) * intzins * 1/schrittweite);
  intzins = intzins - schrittweite -
           schrittweite * fabs(kneu/ (kalt - kneu));
  printf("Periode      Auszahlungen      Einzahlungen\n");
  printf("*******************************************\n");
  for (periode=0; periode <= per_max; periode++)
    printf("%7d%20.2f%20.2f\n", periode, auszahlung[periode],
          einzahlung[periode]);
  printf
     ("\nDer interne Zinsfuß beträgt
      %10.6f %% nach %d Schritten\n",
      intzins*100, schrittzahl);
}

/* Funktion: Kapitalwert berechnen */

float kapwert( float i, int anz_per)
{
  float k=0; /*Zwischenspeicher des Kapitalwertes in der
                                         lokalen Variablen k */
  for (periode = 0; periode <= anz_per; periode++) {
  /* Berechnung des Kapitalwertes bei i % und
                                        bei anz_per Perioden */
    k = k + (einzahlung[periode] - auszahlung[periode])/nenner;
    nenner = nenner * (1 + i);
  }
  return k;
}
```

Abb. 171: Programm zur Bestimmung des internen Zinsfußes in C (Teil 2)

```
Über wie viele Perioden erstreckt sich die Zahlungsreihe ? 2
Auszahlungen der  0 Periode: 95041
Einzahlungen der  0 Periode: 0

Auszahlungen der  1 Periode: 0
Einzahlungen der  1 Periode: 50000

Auszahlungen der  2 Periode: 0
Einzahlungen der  2 Periode: 60000

Periode           Auszahlungen          Einzahlungen
****************************************************
     0              95041.00                  0.00
     1                  0.00              50000.00
     2                  0.00              60000.00

Der interne Zinsfuß beträgt  10.000245% nach 306 Schritten
```

Abb. 172: Anwendung des Programms zur Zinsfußbestimmung

Auch hier wird die Problematik der Anwendung von Programmen mit nicht vorhersehbarer Anzahl an Schritten deutlich.

Bei den folgenden Aufgaben tritt nur noch der im Bereich der Wirtschaftswissenschaften besonders häufige Fall auf, bei dem man genau weiß, wie häufig die einzelnen Programmteile durchlaufen werden, und bei dem man deshalb - unabhängig von den jeweiligen Daten - genau weiß, wann ein Ergebnis vorliegt.

3.1.5.3 Suche des kleinsten Wertes aus einer Liste

Bei diesem Beispiel wird versucht, wieder den Phasen zur Problemlösung zu folgen (vgl. Kap. 3.1.1), wobei die Phase 4 aus didaktischen Gründen disaggregiert wird.

1. Problemspezifikation

Es sind alle gleichartigen Artikel verschiedener Hersteller eines Gebietes mit Angabe des Herstellers, des Anbieters, der Bezeichnung und des Preises auf einer Datei gesammelt worden. Es ist der Artikel mit dem geringsten Preis herauszusuchen und mit den zugehörigen Daten auszudrucken.

2. Systemspezifikation

Es liegen also verschiedene Informationen der Artikel auf einer Datei vor. Jede dieser Informationen setzt sich aus **Zeichen** (Buchstaben oder Ziffern) zusammen. Eine semantisch zu einer Informationseinheit gehörende Zeichenfolge bezeichnet man als ein **Feld** (hier: Hersteller, Anbieter, Bezeichnung oder Preis). Alle semantisch zusammengehörenden Felder (hier: des Artikels) bilden einen **Satz**. Eine Gruppe an Sätzen, die sich auf einen gemeinsamen Sachverhalt bezieht (hier: alle Artikelsätze), nennt man **Datei**.

Es ist also die oben erwähnte Datei so lange zu durchsuchen, bis der Satz des Artikels mit dem geringsten Preis gefunden wurde. Dieser ist gemeinsam mit den zugehörigen Daten: Hersteller, Anbieter und Bezeichnung auszudrucken.

Es handelt sich um eine Minimierungsaufgabe, bei der die Preise nacheinander miteinander verglichen werden müssen. Dazu überlegt man sich, wie das Problem gelöst werden soll: Ist es z.B. sinnvoll, zunächst alle Daten aller Artikel einzulesen und zu speichern, danach den mit dem kleinsten Preis herauszusuchen und schließlich diesen auszudrucken, also das Problem in die Teilprobleme Eingabe, Verarbeitung, Ausgabe zu zerlegen, oder soll man die drei Bereiche zugunsten von Speicherplatzersparnis und einer höheren Flexibilität des Programms miteinander verknüpfen. Es wird später gezeigt, dass es sinnvoll ist, die 2. Alternative zu verfolgen.

3. Systemkonstruktion

Der Entwurf des Lösungsalgorithmus wird hier am Beispiel vorgenommen: Gibt es für diese Aufgabe die Preise

10, 15, 17, 13, 11, 15, 17, 19, 7, 16, 17, 5, 8,

dann wird zunächst angenommen, der Preis des ersten Datensatzes (10) sei bereits der kleinste Preis. Diesen speichert man als solchen. Danach vergleicht man ihn mit dem 2., 3., ... Preis. Findet man dabei einen kleineren Preis (hier der 9. Platz mit dem Preis 7), so wird dieser als neuer Artikel mit dem kleinsten Preis gespeichert und mit den noch folgenden verglichen. Der Vorgang wird abgebrochen, wenn alle Artikel mit dem bisher kleinsten verglichen wurden.

4. Systemimplementierung, -codierung und -test

a) Beschreibung der Ein-/Ausgabe-Datenbestände:

Eingabe:

Datei unsortiert, dabei sind vorgesehen für:

Hersteller max. 20 alphanumerische Zeichen

Anbieter max. 20 alphanumerische Zeichen

Bezeichnung max. 20 alphanumerische Zeichen

Preis max. 7 numerische Zeichen (Dezimalzahl)

Jeder **Satz** auf der Datei besteht aus 4 **Segmenten**, diese umfassen insgesamt maximal 61 **Zeichen**, diese werden in der Anlage jeweils durch 8 (bzw. 6) Bit dargestellt.

Ausgabe:

1 Satz auf dem Drucker, Art zunächst beliebig.

b) Definition der Listenbilder:

GUENSTIGSTER ARTIKEL:.........

c) Zerlegung des Problems in Teilaufgaben (1. Alternative)

Eingabe:

- Eröffnen der Datei
- Einlesen der Sätze
- Ende feststellen (z.B. indem man einen Scheinsatz mit einem negativen Preis an das Ende legt oder bei Dateiverarbeitung vor der Leseanweisung über die EOF (in PASCAL)-bzw `feof` (in C)-Funktion anfragt, ob noch weitere Daten vorhanden sind. EOF(Datei) bzw. `feof`(Datei) hat den Wert "nicht wahr", falls auf der Datei noch Daten vorhanden sind).

Verarbeitung: Günstigsten Artikel speichern - Vergleiche durchführen

Ausgabe:

- Alle Sätze drucken
- Günstigsten Artikel drucken

d) Datenflussplan entwerfen

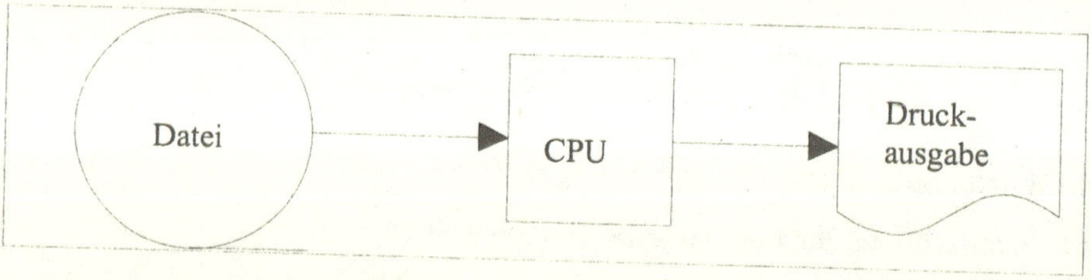

e) Programmstruktogramm entwerfen (1. Alternative)

Wie bereits in 2) erwähnt wurde, gibt es zwei grundlegend verschiedene Alternativen, von denen die erste zeigen soll, wie schlecht ein Programm durch ein zu starres Festhalten am Schema der Zerlegung des Problems in Eingabe - Verarbeitung - Ausgabe werden kann (vgl. Abb. 173).

Es werden also zunächst alle Daten eingelesen. Danach erfolgt die Auswahl und schließlich der Ausdruck.

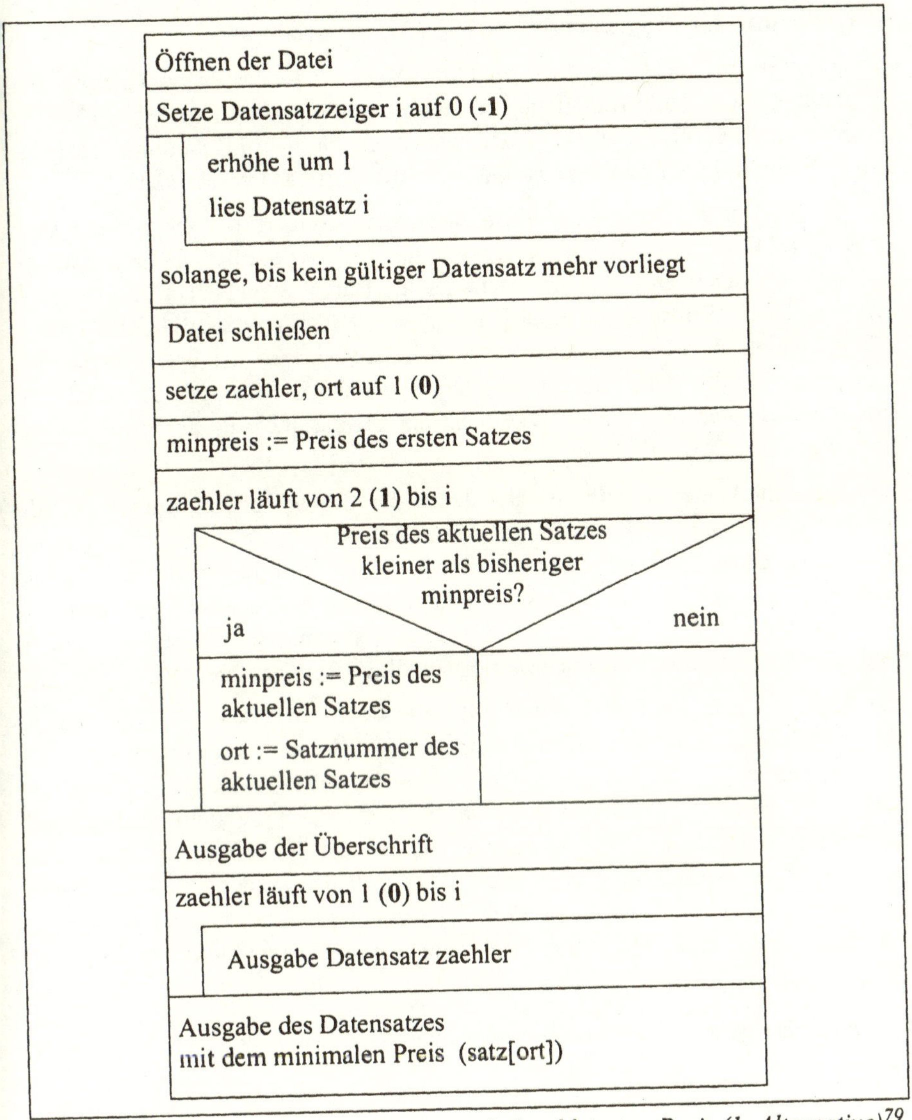

Abb. 173: Struktogramm für die Suche nach dem kleinsten Preis (1. Alternative)[79]

[79] Es muss hierbei darauf geachtet werden, dass C die Feldelemente ab 0 indiziert. Daher unterscheidet sich das Struktogramm für PASCAL und C etwas voneinander. Die fett gedruckten Werte in den Klammern gelten für C.

f) Codierung der Programms

Ein weiteres Problem befasst sich mit der Ausgabe. In der ersten Fassung des Programms wurden alle Datenfelder rechtsbündig ausgegeben (vgl. Abb. 174/175 (PASCAL), Abb. 176 (C)). Für Textfelder ist jedoch eine linksbündige Ausgabe üblich. Sie wird in der zweiten Fassung (vgl. Abb. 178-181) verwirklicht.

Um die Spalten in gewünschter Form zu erhalten, werden in PASCAL mit dem Befehl GOTOXY (a,b) Zeichenpositionen durch die Koordinaten a und b angesprochen, an denen mit dem darauf folgenden Befehl WRITE ( ) die Ausgabe beginnen kann. Wird anstelle einer Koordinate WHEREY oder WHEREX eingegeben, bleibt diese unverändert. Nachdem auf diese Art im Ausgabeteil (vgl. Abb. 179) die Daten auf den Bildschirm gebracht wurden, gibt Abb. 182 die Kopie des Bildschirms wieder. Dieses ist die gewünschte Ausgabeform, die für Ausgaben dieser Art üblich ist.

ANSI-C sieht keine Befehle vor, mit denen der Cursor beliebig auf dem Bildschirm platziert werden kann. Durch Verwenden des Minuszeichens im Formatstring beim `printf`-Befehl lässt sich aber auch in C eine linksbündige Ausgabe erreichen (vgl. Abb. 180/181). Das hat zudem den Vorteil, dass auf dem Drucker eine linksbündige Ausgabe möglich ist. Hier erfolgt nun, um die Vergleichbarkeit zu den PASCAL-Beispielen zu gewährleisten, die Ausgabe auf dem Bildschirm.

Bei der Codierung muss zunächst der für alle Daten vorzusehende Gesamtspeicherplatz festgelegt werden, da alle eingelesenen Informationen zunächst gespeichert werden sollen. Es wird (willkürlich) festgelegt, dass maximal 50 Artikel zu vergleichen sind. Falls mehr Artikel auftreten, muss das Programm entsprechend modifiziert werden. In der Beschreibung wurde festgelegt, dass die Daten von einer Datei zu lesen sind. Hierzu muss diese eröffnet werden. Im Testbeispiel handelt es sich um die Datei *a:\mindata.dat.* Die entsprechenden Befehle lauten in PASCAL, nachdem die Deklarationen entsprechend im Programm erfolgt sind:

ASSIGN (datei, dateiname)

wobei dateiname gleichbedeutend mit der obigen Datei ist. Von dieser Datei kann mit z.B.

READ (datei, satz)

gelesen werden. In C erfolgt das Öffnen der Datei mit dem Namen *dateiname* durch

datei = fopen(dateiname, "r");

Gelesen wird dann hier mit Hilfe des `fscanf`-Befehls.

g) Test des Programms mit Hilfe von Testdaten

Hierzu werden Testdaten entworfen und in die Datei a:\mindata.dat geschrieben. Die Anwendungen zeigten, dass die Programme fehlerfrei arbeiten (vgl. Abb. 177 und 182).

5. Verifikation des Programms

Aufgrund des geringen Funktionsumfanges ist diese Phase in Analogie zum zuvor genannten Schritt (Testen des Programms) zu sehen.

6. Freigabe und Anwendung

7. Dokumentation des Programms

Hier müssten alle Punkte, die in den bisherigen Phasen beschrieben wurden, zusammengetragen werden, bevor das Programm im 8. Schritt einer Wartung bzw. Modifizierung unterzogen werden kann.

```
(* Aus den in der Datei MINDATA.DAT gespeicherten Datensätzen
   soll das Programm den Satz des günstigsten Anbieters heraus
   finden und auf dem Drucker ausgeben. *)

PROGRAM minsuch1;

USES crt,printer;

CONST dateiname = 'a:\mindata.dat';
      max_anzahl_saetze = 50;

TYPE satztyp = RECORD
                 anbieter    : STRING[20];
                 hersteller  : STRING[20];
                 bezeichnung: STRING[20];
                 preis       : REAL;
               END;
     dateityp = FILE OF satztyp;


VAR  satz:ARRAY [1..max_anzahl_saetze] OF satztyp;
     datei: dateityp;
     minpreis: REAL;
     i, ort, zaehler: INTEGER;

(* Start des Programms *)
BEGIN
  ASSIGN(datei, dateiname);                      (* Datei zuweisen *)
  RESET (datei);
  (* Einlesevorgang der Datei *)
  i := 0;

  REPEAT
    i := i + 1;                          (* Erhöhung des Satzzählers *)
    READ (datei,satz[i]);  (*Einlesen der Sätze, bis Dateiende*)
  UNTIL (EOF(datei)) OR (satz[i].preis < 0);(* oder Preis < 0 *)
```

Abb. 174: Programm zur Bestimmung des kleinsten Preises in PASCAL (1. Alternative, 1. Fassung) (Teil 1)

```
  BEGIN                              (* Suche des guenstigsten Wertes *)
    zaehler := 1;
    ort := 1;
    minpreis := satz[zaehler].preis;

    FOR zaehler := 2 TO i DO
    IF (satz[zaehler].preis < minpreis)
     AND (satz[zaehler].preis > 0) THEN
      BEGIN          (* Preis > 0, da neg. Preis Endekriterium *)
        minpreis := satz[zaehler].preis;
        ort := zaehler;
      END;

  END;
writeln (lst,'Anbieter':20,'Hersteller':20,'Bezeichnung':20,'
Preis':8);
 WRITELN (lst,'-----------------------------------------------------------
---------------');
  FOR zaehler := 1 to i DO
    WITH satz[zaehler] DO
      IF preis > 0 THEN WRITELN
         (lst,anbieter:20,hersteller:20,bezeichnung:20,preis:8:2);

(* Ausgabe des guenstigsten Satzes formatiert *)
  WRITELN(lst); WRITELN(lst);
  WRITELN (lst,'Günstigster Artikel');
  WRITELN (lst,'-------------------');
  WITH satz[ort] DO
    WRITELN
         (lst,anbieter:20,hersteller:20,bezeichnung:20,preis:8:2);
END.
```

Abb. 175: Programm zur Bestimmung des kleinsten Preises in PASCAL (1. Alternative, 1. Fassung) (Teil 2)

```
/* Aus den in der Datei MINDATA.DAT gespeicherten Datensätzen soll
   das Programm den Satz des günstigsten Anbieters herausfinden und
   auf dem Drucker ausgeben. */

#include <stdio.h>
#define dateiname "a:\\mindata.dat"
#define max_anzahl_saetze 50

typedef struct
{
  char anbieter[21];
  char hersteller[21];
  char bezeichnung[21];
  float preis;
} satztyp;

satztyp satz[max_anzahl_saetze];
float minpreis;
int i, ort, zaehler;
FILE *datei;

void main (void) {                              /*Start des Programms*/
  datei = fopen(dateiname, "r");                /* Datei zum Lesen öffnen */
  i = -1;
  /* Einlesevorgang der Datei */
  do {
    i +=1;                                      /* Erhöhung des Satzzählers */
    fscanf(datei, "%s%s%s%f", &satz[i].anbieter, &satz[i].hersteller,
           &satz[i].bezeichnung, &satz[i].preis);
  } while (!feof(datei)&& &satz[i].preis>=0);   /* Einlesen der Sätze,
                                                bis Dateiende oder Preis < 0 */
  fclose(datei);
                                                /* Suche des günstigsten Wertes */
  zaehler = ort = 0;
  minpreis = satz[zaehler].preis;
  for (zaehler = 1; zaehler <=i; zaehler++) {
    if ((satz[zaehler].preis < minpreis) &&
        (satz[zaehler].preis > 0)) {
      minpreis =satz[zaehler].preis;
      ort = zaehler;
    }
  }
                                                /* Ausgabe auf dem Drucker */
 fprintf(stdprn,
 "%10s%20s%20s%8s\n\r","Anbieter","Hersteller","Bezeichnung","Preis");
  fprintf(stdprn,
   "------------------------------------------------------------\n\r");
  for (zaehler = 0; zaehler <=i; ++zaehler)
    if (satz[zaehler].preis>0)
      fprintf(stdprn, "%10s%20s%20s%8.2f\n\r",
              satz[zaehler].anbieter, satz[zaehler].hersteller,
              satz[zaehler].bezeichnung, satz[zaehler].preis);

                                /* Ausgabe des günstigsten Satzes formatiert */
  fprintf(stdprn,"\nGünstigster Artikel\n\r-------------------\n\r");
  fprintf(stdprn,"%10s%20s%20s%8.2f\n\r", satz[ort].anbieter,
      satz[ort].hersteller, satz[ort].bezeichnung, satz[ort].preis);
}
```

Abb. 176: Programm zur Bestimmung des kleinsten Preises in C (1. Alternative, 1. Fassung)

```
   Anbieter    Hersteller         Bezeichnung     Preis
--------------------------------------------------------
    Schulze          Meier        Staubsauger    200.70
      Anton         Schulz             Sauger    700.40
    Bertram         Hansen         Kraftprotz    477.70
   Kunibert        Schulze              Saugi    145.11
   Gustavson         Staub         Entstauber   1234.50
  Jedermann         Putzer     Dreckschleuder     97.83
       Babm           ELka            Indsaug    455.89
     Kaufha      Ferdinand            ABC2000    433.55
      Autoo       Derselbe            NOKRAFT    567.80
      Bkauf         Keiner         T-Reiniger    234.70
 Fertigpro         Bastler            Klopfer    263.50
   Asmussen        Hauspro            Klopfer    123.98
      Meier         Müller   Teppichreiniger     263.90

Günstigster Artikel
-------------------
 Jedermann              Putzer   Dreckschleuder     97.83
```

Abb. 177: Anwendung des Programms zur Bestimmung des kleinsten Preises (1. Alternative, 1. Fassung)

Bei der 1. Alternative in beiden Fassungen mussten zwei unabhängige Schleifen, die zum Einlesen und Speichern und die zum Suchen, programmiert werden. Außerdem mussten zunächst alle entsprechenden Sätze gespeichert werden, da sie erst im 2. Durchgang verarbeitet wurden; d.h., es wurde aufgrund dieser Arbeitsweise Speicherplatz für alle Sätze benötigt, d.h. in diesem Fall für 50 Sätze und die Vergleichsdaten.

```
(* Aus den in der Datei MINDATA.DAT gespeicherten Datensätzen
   soll das Programm den Satz des günstigsten Anbieters heraus-
   finden und  auf den Bildschirm ausgeben. *)

PROGRAM minsuch1;

USES crt;

CONST dateiname = 'a:\mindata.dat';
      max_anzahl_saetze = 50;

TYPE satztyp = RECORD
                 anbieter   : STRING[20];
                 hersteller : STRING[20];
                 bezeichnung: STRING[20];
                 preis      : REAL;
               END;
   dateityp = FILE OF satztyp;
```

Abb. 178: Programm zur Ermittlung des kleinsten Preises in PASCAL (1. Alternative, 2. Fassung) (Teil 1)

```
VAR  satz: ARRAY [1..max_anzahl_saetze] OF satztyp;
     datei: dateityp;
     minpreis: REAL;
     i,ort,zaehler: INTEGER;

BEGIN                                    (* Start des Programms *)
  ASSIGN(datei,dateiname); (* Datei zuweisen *)
  RESET (datei);
  (* Einlesevorgang der Datei *)
  i := 0;
  REPEAT
    i := i + 1;                    (* Erhöhung des Satzzählers *)
    READ (datei,satz[i]); (*Einlesen der Sätze, bis Dateiende*)
  UNTIL (EOF(datei)) OR (satz[i].preis < 0);(*oder Preis < 0*)
  CLOSE (datei);

  BEGIN                          (*Suche des günstigsten Wertes*)
    zaehler := 1;
    ort := 1;
    minpreis := satz[zaehler].preis;
    FOR zaehler := 2 TO i DO
    IF (satz[zaehler].preis < minpreis)
     AND (satz[zaehler].preis > 0) THEN
    BEGIN            (*Preis > 0, da neg. Preis Endekriterium*)
      minpreis := satz[zaehler].preis;
      ort := zaehler;
    END;
  END;
  CLRSCR;                        (* Ausgabe aller Sätze formatiert*)
  GOTOXY (1,WHEREY); WRITE  ('Anbieter');
  GOTOXY (21,WHEREY); WRITE ('Hersteller');
  GOTOXY (41,WHEREY); WRITE ('Bezeichnung');
  GOTOXY (58,WHEREY); WRITELN ('Preis');
  WRITELN ('-----------------------------------------------------
---------------');FOR zaehler := 1 to i DO
    WITH satz[zaehler] DO
      IF preis > 0 THEN
      BEGIN
        GOTOXY (1,WHEREY); WRITE  (anbieter);
        GOTOXY (21,WHEREY); WRITE (hersteller);
        GOTOXY (41,WHEREY); WRITE (bezeichnung);
        GOTOXY (58,WHEREY); WRITELN (preis:8:2);
      END;
  WRITELN; WRITELN;     (*Ausgabe des günst. Satzes formatiert*)
  WRITELN ('Günstigster Artikel');
  WRITELN ('-------------------');
  WITH satz[ort] DO
  BEGIN
    GOTOXY (1,WHEREY); WRITE  (anbieter);
    GOTOXY (21,WHEREY); WRITE (hersteller);
    GOTOXY (41,WHEREY); WRITE (bezeichnung);
    GOTOXY (58,WHEREY); WRITELN (preis:8:2);
  END;
END.
```

Abb. 179: Programm zur Ermittlung des kleinsten Preises in PASCAL (1. Alternative, 2. Fassung) (Teil 2)

```
/* Aus den in der Datei MINDATA.DAT gespeicherten Datensätzen
   soll das Programm den Satz des günstigsten Anbietrs heraus-
   finden und auf dem Bildschirm ausgeben. */

#include   <stdio.h>
#define dateiname "a:\\mindata.dat"
#define max_anzahl_saetze 50

typedef struct
{
  char anbieter[21];
  char hersteller[21];
  char bezeichnung[21];
  float preis;
} satztyp;

satztyp satz[max_anzahl_saetze];
float minpreis;
int ort, zaehler;
int i;
FILE *datei;

void main (void)
{
  i = -1;
  datei =  fopen(dateiname, "r");      /* Datei zum Lesen öffnen */
                                     /* Einlesevorgang der Datei */
  do {
    i += 1;                          /* Erhöhung des Satzzählers */
    fscanf(datei, "%s%s%s%f", &satz[i].anbieter,
      &satz[i].hersteller, &satz[i].bezeichnung, &satz[i].preis);
  }       /* Einlesen der Sätze, bis Dateiende oder Preis < 0 */
  while (!feof(datei)&& &satz[i].preis>=0);
  fclose(datei);
                                 /* Suche des günstigsten Wertes */
  zaehler = ort = 0;
  minpreis = satz[zaehler].preis;
  for (zaehler = 1; zaehler <=i; zaehler++) {
    if ((satz[zaehler].preis < minpreis) &&
        (satz[zaehler].preis > 0)) {
      minpreis =satz[zaehler].preis;
      ort = zaehler;
    }
  }
```

Abb. 180: Programm zur Ermittlung des kleinsten Preises in C (1. Alternative, 2. Fassung) (Teil 1)

```
                          /* Ausgabe aller Sätze formatiert*/
printf("%-20s%-20s%-17s%8s",
       "Anbieter","Hersteller","Bezeichnung","Preis\n");
printf("\r-----------------------------------------------------
------------\n");
for (zaehler = 0; zaehler <=i; ++zaehler)
  if (satz[zaehler].preis>0)
    printf("%-20s%-20s%-17s%8.2f\n", satz[zaehler].anbieter,
           satz[zaehler].hersteller,
satz[zaehler].bezeichnung,
           satz[zaehler].preis);
             /*Ausgabe des günstigsten Satzes formatiert */
printf("\n\nGünstigster Artikel\n-------------------\n");
printf("%-20s%-20s%-17s%8.2f\n", satz[ort].anbieter,
    satz[ort].hersteller, satz[ort].bezeichnung,
satz[ort].preis);
}
```

Abb. 181: Programm zur Ermittlung des kleinsten Preises in C (1. Alternative, 2. Fassung) (Teil 2)

```
Anbieter            Hersteller          Bezeichnung          Preis
-------------------------------------------------------------------
Schulze             Meier               Staubsauger         200.70
Anton               Schulz              Sauger              700.40
Bertram             Hansen              Kraftprotz          477.70
Kunibert            Schulze             Saugi               145.11
Gustavson           Staub               Entstauber         1234.50
jedermann           Putzer              Dreckschleuder       97.83
Babm                ELka                Indsaug             455.89
Kaufha              Ferdinand           ABC2000             433.55
Autoo               Derselbe            NOKRAFT             567.80
Bkauf               Keiner              T-Reiniger          234.70
Fertigpro           Bastler             Klopfer             263.50
Asmussen            Hauspro             Klopfer             123.98
Meier               Müller              Teppichreiniger     263.90

Günstigster Artikel
-------------------
jedermann           Putzer              Dreckschleuder       97.83
```

Abb. 182: Anwendung des Programms zur Suche des kleinsten Preises (1. Alternative, 2. Fassung)

Bei der **2. Alternative** zur Lösung dieser Aufgabe werden dagegen die Daten, die nicht mehr benötigt werden, auch nicht mehr gespeichert. Insofern muss immer nur neben dem zuletzt eingelesenen Satz der mit dem bisher geringsten Preis im Arbeitsspeicher untergebracht werden. Dadurch wird der Speicherplatz erheblich reduziert und das Programm selbst kürzer. Außerdem ist man durch diese Verfahrensweise nicht mehr an eine Maximalzahl zu vergleichender Sätze gebunden, also ist das Programm auch erheblich flexibler.

Diese Vereinfachungen und Verbesserungen sind durch eine Kopplung von Einleseprozess und Verarbeitungsprozess möglich. Bei der Problemlösungsdarstellung dieser 2. Alternative sollen die **ersten Phasen** sowie **die Teilschritte 4a) und 4b) der 1. Version übernommen** werden.

c) Zerlegung des Problems in Teilaufgaben (2. Alternative)

Eingabe + Verarbeitung:

- Lesen eines Satzes
- Vergleiche
- günstigeren Satz speichern

Ausgabe: wie vorher

Das Programm liest also jeweils einen Satz und vergleicht diesen mit dem bisher als günstigsten Artikel gespeicherten Satz. Ist der neue Artikel günstiger, speichert es ihn. Dann wird zum Lesen des nächsten Satzes übergegangen. Damit keine gesonderte Eingangsverarbeitung notwendig ist, haben wir am Anfang des Programms festgelegt, dass als bisher günstigster Preis eine Zahl gewählt wird, die größer ist als jeder in den Daten auftretende Preis. Dadurch erreicht man, dass der zum 1. Satz gehörige Preis zu Beginn als günstigster Preis gespeichert wird.

d) Datenflussplan entwerfen

Der Entwurf für die 2. Alternative orientiert sich an dem Entwurf des Datenflussplanes für die 1. Alternative. Somit ist das Arbeitsergebnis entsprechend zu übernehmen.

e) Programmstruktogramm entwerfen (2. Alternative)

Vorbemerkung: Es gelten die gleichen Variablendeklarationen wie bei der 1. Alternative, jedoch sind Felder überflüssig geworden. Zur Speicherung des Artikels mit dem günstigsten Preis wird zusätzlich die Variable minsatz verwendet (vgl. Abb. 183-187).

f) Codierung des Programms

Auch das Übertragen in eine Programmiersprache ist bei der 2. Alternative einfacher und kürzer geworden, obwohl die Ausgabe die der 2. Fassung ist, wie ein Vergleich der Abb. 178/179 und 184/185 für PASCAL bzw. der Abb. 180/181 und 187 für C zeigt.

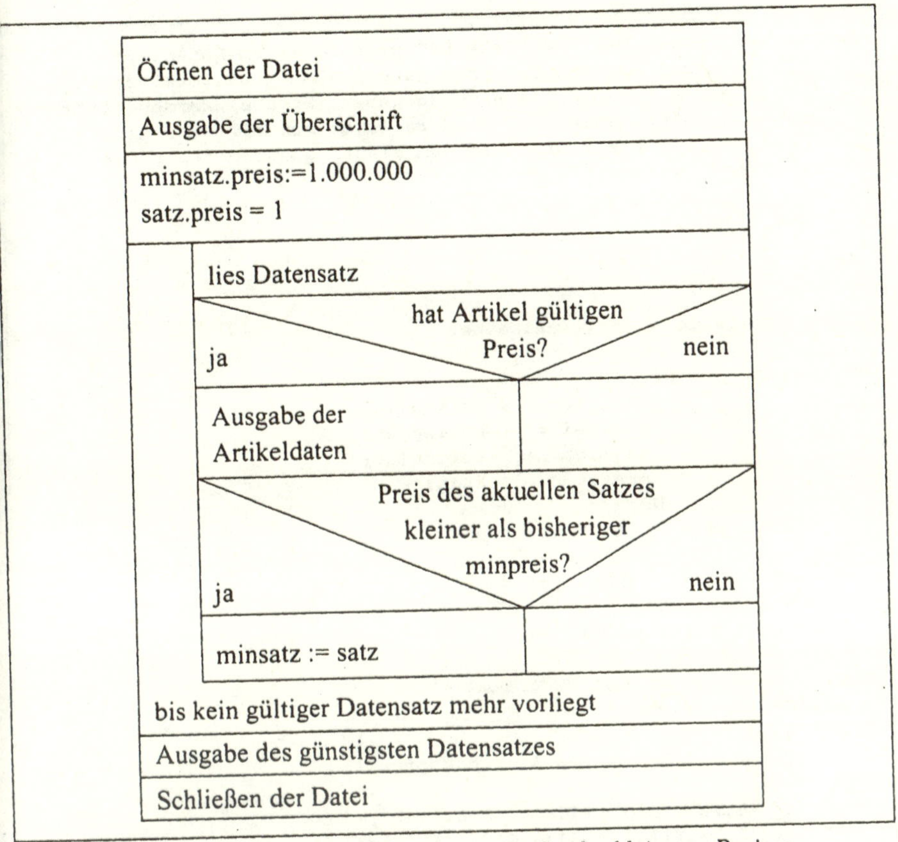

Abb. 183: Struktogramm des Programms zur Suche des kleinsten Preises (2. Alternative)

g) Test des Programms mit Hilfe von Testdaten

Der Test ergab mit der genannten Testdatei das gleiche Ergebnis wie bei der 1. Alternative (vgl. Abb. 182 und 186).

Der Vorteil der 2. Version ist offensichtlich: Das Programm ist flexibler und kann mit beliebig vielen Eingabedaten arbeiten. Zusätzlich wird weniger Speicherplatz benötigt.

```
(* Aus den in der Datei MINDATA.DAT gespeicherten Datensätzen
   soll das Programm den Satz des günstigsten Anbieters heraus-
   finden und auf dem Bildschirm ausgeben. Hierbei werden nicht
   erst alle Sätze komplett, sondern immer nur ein Satz einge-
   lesen, dessen Preis dann mit dem bisher günstigsten Preis
   verglichen wird.*)

PROGRAM minsuch2;

USES crt;

CONST dateiname = 'a:\mindata.dat';

TYPE satztyp = RECORD
                 anbieter    : string[20];
                 hersteller  : string[20];
                 bezeichnung: string[20];
                 preis       : REAL;
               END;
     dateityp = FILE OF satztyp;

VAR  satz,minsatz: satztyp;
     datei: dateityp;
     i,ort,zaehler: INTEGER;

BEGIN      (* Start des Programms *)
  ASSIGN (datei,dateiname);
  RESET (datei);
  CLRSCR;     (* Druck des Ausgabekopfes *)

  GOTOXY (1,WHEREY); WRITE  ('Anbieter');
  GOTOXY (21,WHEREY); WRITE ('Hersteller');
  GOTOXY (41,WHEREY); WRITE ('Bezeichnung');
  GOTOXY (58,WHEREY); WRITELN ('Preis');
  WRITELN('----------------------------------------------------
-----------');
  minsatz.preis := 1000000; satz.preis := 1;    (* Verarbeitung *)
  WITH satz DO
    REPEAT
      READ (datei,satz);                (* Einlesen und Ausdrucken
                                                    eines Satzes *)
      IF (preis > 0) THEN
      BEGIN
        GOTOXY (1,WHEREY); WRITE (anbieter);
        GOTOXY (21,WHEREY); WRITE (hersteller);
        GOTOXY (41,WHEREY); WRITE (bezeichnung);
        GOTOXY (58,WHEREY); WRITELN (preis:8:2);
      END;
      IF (preis < minsatz.preis) AND(preis > 0)
                (* Vergleich mit bisher günstigstem Preis ... *)
        THEN minsatz := satz;        (* ... und ggf. speichern *)

    UNTIL (preis < 0) OR (EOF(datei));
```

Abb. 184: Programm zur Suche des kleinsten Preises in PASCAL (2. Alternative) (Teil 1)

```
   WITH minsatz DO (* Ausgabe des günstigsten Satzes: minsatz *)
    BEGIN
      WRITELN; WRITELN;
      WRITELN ('Günstigster Artikel');
      WRITELN ('-------------------');
      GOTOXY (1,WHEREY); WRITE (anbieter);
      GOTOXY (21,WHEREY); WRITE (hersteller);
      GOTOXY (41,WHEREY); WRITE (bezeichnung);
      GOTOXY (58,WHEREY); WRITELN (preis:8:2);
    END;

  CLOSE (datei);
END.
```

Abb. 185: Programm zur Suche des kleinsten Preises in PASCAL (2. Alternative) (Teil 2)

```
Anbieter         Hersteller       Bezeichnung      Preis
------------------------------------------------------------
Schulze          Meier            Staubsauger        200.70
Anton            Schulz           Sauger             700.40
Bertram          Hansen           Kraftprotz         477.70
Kunibert         Schulze          Saugi              145.11
Gustavson        Staub            Entstauber        1234.50
jedermann        Putzer           Dreckschleuder      97.83
Babm             ELka             Indsaug            455.89
Kaufha           Ferdinand        ABC2000            433.55
Autoo            Derselbe         NOKRAFT            567.80
Bkauf            Keiner           T-Reiniger         234.70
Fertigpro        Bastler          Klopfer            263.50
Asmussen         Hauspro          Klopfer            123.98
Meier            Müller           Teppichreiniger    263.90

Günstigster Artikel
-------------------
jedermann        Putzer           Dreckschleuder      97.83
```

Abb. 186: Anwendung des Programms zur Suche des kleinsten Preises (2. Alternative)

```
/* Aus den in der Datei MINDATA.DAT gespeicherten Datensätzen
   soll das Programm den Satz des günstigsten Anbieters heraus-
   finden und auf dem Bildschirm ausgeben werden. Hierbei werden
   nicht erst alle Sätze komplett, sondern immer nur ein Satz
   eingelesen, dessen Preis dann mit dem bisher günstigsten Preis
   verglichen wird */

#include   <stdio.h>
#define dateiname "a:\\mindata.dat"
#define max_anzahl_saetze 50

typedef struct
{
  char anbieter[21];
  char hersteller[21];
  char bezeichnung[21];
  float preis;
} satztyp;

satztyp satz, minsatz;
int i, ort, zaehler;
FILE *datei;


void main (void)
{
  datei = fopen(dateiname, "r");      /* Datei zum Lesen öffnen */
                                      /* Einlesevorgang der Datei */
  printf("%-20s%-20s%-17s%8s\n",
         "Anbieter","Hersteller","Bezeichnung","Preis");
  printf("-------------------------------------------------------------
----------\n");
  minsatz.preis = 1000000;                        /*Verarbeitung */
  satz.preis = 1;
  do {
    fscanf(datei, "%s%s%s%f", &satz.anbieter, &satz.hersteller,
                   &satz.bezeichnung, &satz.preis);
    if (satz.preis > 0) {
      printf("%-20s%-20s%-17s%8.2f\n", satz.anbieter,
             satz.hersteller, satz.bezeichnung, satz.preis);
    }
      if ((satz.preis < minsatz.preis) && (satz.preis > 0))
      minsatz = satz;
  } while (!feof(datei) && (satz.preis>=0));
                 /*Ausgabe des guenstigsten Satzes formatiert */
  printf("\nGünstigster Artikel\n------------------\n");
  printf("%-20s%-20s%-17s%8.2f\n", minsatz.anbieter,
           minsatz.hersteller, minsatz.bezeichnung, min-
satz.preis);
  fclose(datei);
}
```

Abb.187: Programm zur Suche des kleinsten Preises in C (2. Alternative)

3.1.5.4 Sortieren einer Liste

Das Sortieren ist eine häufige und wesentliche Tätigkeit.[80] Aus diesem Grund soll hier ein Sortierverfahren vorgestellt werden, das auf der letztgenannten Aufgabe (vgl. Kap. 3.1.5.3) - der Bestimmung des kleinsten Preises - aufbaut. Dazu wird folgende Aufgabenstellung vorgegeben:

Es werden nacheinander von einer Datei Sätze eingelesen, die sich jeweils aus einer Artikelnummer und einer zugehörigen Bezeichnung als Text (in denen z.B. eine Beschreibung der Artikel und deren Mengen und Preise enthalten sein können) zusammensetzen. Die Texte sollen anschließend nach der Artikelnummer sortiert werden und zusammen mit dieser ausgegeben werden.

Da es sich hier um ein recht einfaches Problem handelt, werden nicht mehr alle Phasen der Problemlösung nachvollzogen. Es wird nur wiedergegeben, wie man ein derartiges Sortierproblem durch ein Programmstruktogramm darstellen kann und wie danach das zugehörige Programm aussieht.

Es wird - wie bereits erwähnt - auf das Programm, bei dem der kleinste Preis bestimmt wurde, zurückgegriffen. Der Sortierprozess wird damit folgendermaßen durchgeführt:

Vorbereitung: Es werden alle (n) Sätze von der Datei eingelesen.

Sortierprozess:

1. Schritt: Es wird zunächst von allen Sätzen der Satz mit der kleinsten Artikelnummer gesucht. Dieser wird mit dem ersten Satz ausgetauscht und im Folgenden nicht mehr behandelt.

2. Schritt: Es wird vom 2. Satz aus wieder bis zum letzten die Menge der Sätze durchsucht und wieder der Satz mit der kleinsten Artikelnummer herausgesucht. Dieser wird mit dem zweiten Satz vertauscht.

3. Schritt bis (n-1)-ter Schritt: Entsprechend dem 2. Schritt werden alle Sätze vom i-ten Satz bis zum letzten Satz durchsucht und der mit der kleinsten Artikelnummer herausgesucht. Dieser wird mit dem i-ten Satz vertauscht.

Nach dem (n-1)-ten Schritt liegen alle Sätze nach der Artikelnummer sortiert vor.

Beim 1. Schritt werden n Zahlen miteinander verglichen; es gibt also n-1 Vergleiche. Beim 2. Schritt sind es n-2 Vergleiche usw. Insgesamt sind (n-1) + (n-2) + ... + 1 Vergleiche auszuführen; das sind:

[80] Vgl. **WIRTH, N.**: Algorithmen und Datenstrukturen, 3., überarb. Aufl., Stuttgart 1983, S. 77 und **WEDEKIND, H.**: Datenorganisation, 2., verb. Aufl., Berlin/New York, 1972, S. 108.

$$\sum_{i=1}^{n-1} i = \frac{n(n-1)}{2} = \frac{n^2}{2} - \frac{n}{2}$$

Bei größeren Anzahlen an Sätzen steigt die Zahl der Vergleiche und damit die Rechenzeit überproportional an.

Dieses allgemein dargestellte Verfahren soll durch das folgende Zahlenbeispiel noch verdeutlicht werden (9 Zahlen):

1. Schritt 8 5 3 7 9 11 15 2 4

1. Austausch

2. Schritt 2| 5 3 7 9 11 15 8 4

2. Austausch

3. Schritt 2 3| 5 7 9 11 15 8 4

3. Austausch

4. Shritt 2 3 4| 7 9 11 15 8 5

4. Austausch

5. Schritt 2 3 4 5| 9 11 15 8 7

5. Austausch

6. Schritt 2 3 4 5 7| 11 15 8 9

6. Austausch

7. Schritt 2 3 4 5 7 8| 15 11 9

7. Austausch

8. Schritt 2 3 4 5 7 8 9| 11 15

8. Austausch

Ergebnis: 2 3 4 5 7 8 9 11 15 ist die sortierte Zahlenfolge. Bei 9 (n) Zahlen liegt also das Ergebnis nach 8 (n-1) Schritten vor.

Dieses Verfahren soll zunächst anhand eines Struktogramms in verbaler Form (vgl. Abb. 188) und anschließend als Struktogramm in symbolischer Form (vgl. Abb. 189) zur Programmierung wiedergegeben werden.

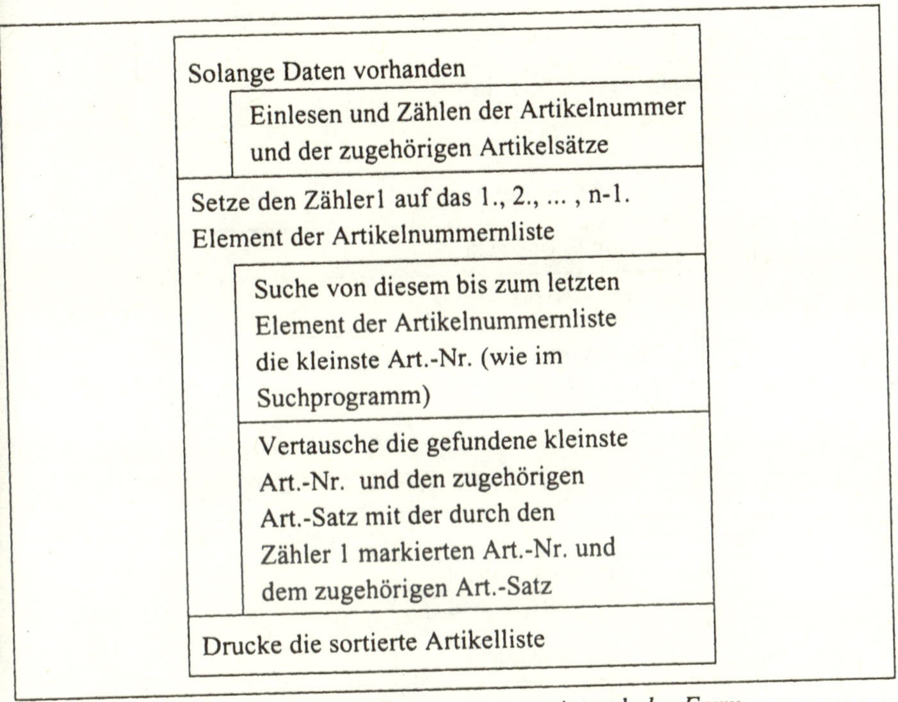

Abb. 188: Struktogramm für das Sortierprogramm in verbaler Form

Das Ende des Einleseprozesses wird durch die EOF/`feof`-Funktion festgestellt (vgl. letzte Aufgabe). Dann sind *i* Sätze gelesen worden. Der Schrittzähler wird als *zaehler1* bezeichnet. Dieser läuft also von *zaehler1* = 1 (**0**) bis *zaehler1* = *i* - 1. Bei jedem Schritt in dieser Schleife wird der Rest der Liste von der durch *zaehler1* gekennzeichneten Zahl an bis zur letzten Zahl der Liste (*i*) durchsucht. Der zugehörige Laufindex ist als *zaehler2* benannt (vgl. Abb. 189).

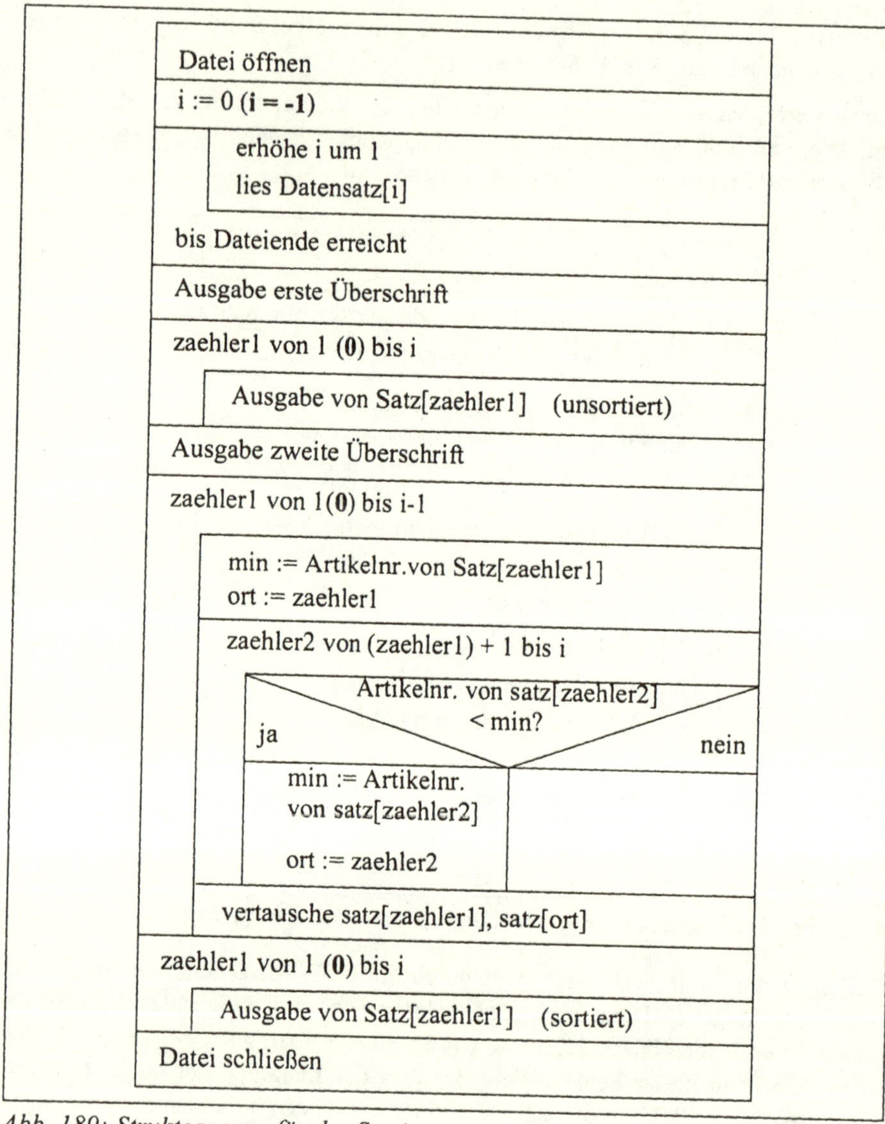

Abb. 189: Struktogramm für das Sortierprogramm in symbolischer Form[81]

[81] In C laufen die Indizes ab 0, die fett gedruckten Werte in Klammern beziehen sich auf C.

Beim Austauschprozess ist zu beachten, dass mit jedem Speichervorgang der zuvor gespeicherte alte Inhalt verloren geht. Will man die Inhalte zweier Speicherplätze A und B vertauschen, würde eine Befehlsfolge

$A := B$ und
$B := A$

dazu führen, dass der ursprüngliche Inhalt von A gelöscht würde, da der Inhalt von B den Inhalt von A löscht. Der 2. Befehl würde dann den neuen Wert von A (der gleich dem von B ist) erneut in B speichern. Es wäre also danach der Inhalt von A gleich dem von B und beide gleich dem ursprünglichen Wert von B.

Um dem Austauschprozess gerecht zu werden, muss also zuvor der Inhalt von A in einen Zwischenspeicher (Z) gerettet werden. Danach könnte man den Inhalt von B nach A bringen, bevor man den Inhalt des Zwischenspeichers nach B bringt (vgl. Abb. 190).

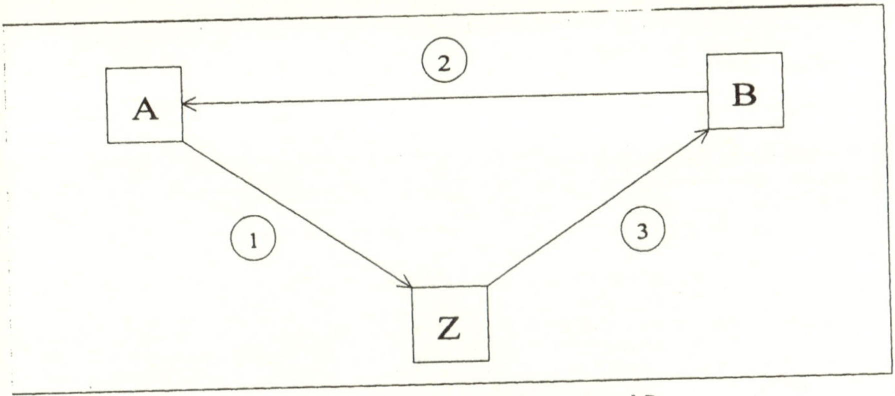

Abb. 190: Austausch der Inhalte der Speicherplätze A und B

Dieser Vorgang ist auch beim Austausch des Artikels mit der kleinsten Artikelnummer aus der Restmenge mit dem durch *zaehler1* gekennzeichneten erforderlich, nur dass hier gleich der ganze Satz mit dem Index *ort* unter Ausnutzung des gleichartig strukturierten Zwischenspeichers *temp* ausgewechselt wird (vgl. Abb. 191 (PASCAL) und Abb. 192 (C)).

Für den Test wurde eine Datei mit unsortierten Artikeln vorbereitet. Die Ausführung des Programms mit den Testdaten zeigt, dass das Programm die gegebene Aufgabenstellung erfüllt (vgl. Abb. 193).

```
(* Einlesen der Datei ARTIKEL.DAT, Sortierung der Datensätze
   und anschließende Druckausgabe *)

PROGRAM art_sort;
USES  crt, printer;

CONST dateiname = 'a:\artikel.dat';
      max_anzahl_saetze = 50;
TYPE satztyp = RECORD
                 art_nr : LONGINT;
                 art_bez: STRING[20];
               END;
     dateityp = FILE OF satztyp;

VAR  satz: ARRAY [1..max_anzahl_saetze] OF satztyp;
     datei: dateityp;
     temp: satztyp;
     i,zaehler1,zaehler2,ort: integer;
     min: longint;

(* Beginn des eigentlichen Programms *)
BEGIN                 (* Dateizuweisung *)
  ASSIGN (datei,dateiname);
  RESET (datei);
  i := 0;
  REPEAT                               (* Einlesen der benötigten Daten *)
    i := i + 1;
    READ (datei,satz[i]);
  UNTIL EOF(datei);
  WRITELN (lst,'Liste unsortiert:');
  WRITELN (lst,'-----------------'); WRITELN (lst:;
  FOR zaehler1 := 1 TO i DO      (* Ausgabe Artikel unsortiert *)
    WRITELN (lst,satz[zaehler1].art_nr:6,'   ',
             satz[zaehler1].art_bez);

  BEGIN   (* aufsteigende Sortierung der Sätze nach Art.nummer *)
    FOR zaehler1 := 1 TO i-1 DO
    BEGIN
      min := satz[zaehler1].art_nr;
      ort := zaehler1;
      FOR zaehler2 := zaehler1+1 TO i DO
        IF (min > satz[zaehler2].art_nr) THEN
        BEGIN
          min := satz[zaehler2].art_nr;
          ort := zaehler2;
        END;
      temp := satz[zaehler1];                 (* Austausch der Sätze *)
      satz[zaehler1] := satz[ort];
      satz[ort] := temp;
    END;
  END;

  WRITELN (lst); WRITELN (lst,'Liste sortiert:');
  WRITELN (lst,'---------------'); WRITELN (lst);
  FOR zaehler1 := 1 TO i DO         (* Ausgabe Artikel sortiert *)
    WRITELN (lst,satz[zaehler1].art_nr:6,'   ',
             satz[zaehler1].art_bez);
  CLOSE (datei);
END.
```

Abb. 191: Programm zum Sortierproblem in Pascal

```
/* Einlesen der Datei ARTIKEL.DAT, Sortierung der Datensätze
   und anschließende Druckausgabe*/

#include <stdio.h>
#define dateiname "a:\\artikel.dat"
#define max_anzahl_saetze 50

typedef struct
{
  long int art_nr;
  char art_bez[21];
} satztyp;

satztyp satz[max_anzahl_saetze], temp;

int i, zaehler1, zaehler2, ort;
long int min;
FILE *datei;
                              /* Beginn des eigentlichen Programms */
void main (void)
{
  datei = fopen(dateiname, "rb");      /* Datei zum Lesen öffnen */
  i = -1;                        /* Einlesen der benötigten Daten*/
  do {
    i += 1;
    fread(&satz[i], sizeof(satztyp), 1, datei);
  } while (!feof(datei));

  fprintf(stdprn,"Liste unsortiert:\n\r");
  fprintf(stdprn,"----------------\n\n\r");
  for (zaehler1 = 0; zaehler1 <= i; zaehler1++) /* Ausgabe Arti-
                                                   kel unsortiert */
    fprintf(stdprn,"%li   %s\n\r",
                   satz[zaehler1].art_nr,satz[zaehler1].art_bez);
       /* Aufsteigende Sortierung der Sätze nach Artikelnummer */
  for (zaehler1 = 0; zaehler1 <= i-1; zaehler1++) {
    min = satz[zaehler1].art_nr;
    ort = zaehler1;
    for (zaehler2 = zaehler1 + 1; zaehler2 <= i; zaehler2++)
      if (min > satz[zaehler2].art_nr) {
        min = satz[zaehler2].art_nr;
        ort = zaehler2;
      }
    temp = satz[zaehler1];                 /* Austausch der Sätze */
    satz[zaehler1] = satz[ort];
    satz[ort] = temp;
  }
  fprintf(stdprn,"\nListe sortiert:\n\r");
  fprintf(stdprn,"--------------\n\n\r");
  for (zaehler1 = 0; zaehler1<=i; zaehler1++)
                                   /* Ausgabe Artikel sortiert */
    fprintf(stdprn,"%6li   %s\n\r",satz[zaehler1].art_nr,
                                   satz[zaehler1].art_bez);

  fclose(datei);
}
```

Abb. 192: Programm zum Sortierproblem in C

```
Liste unsortiert:
-----------------

123456   Kernseife
234321   Schwarzbrot
134529   Sandseife
904567   Cognac-Edel
412326   Magermilch
908456   Moselschluck
213456   Mohnbrötchen
678954   Eierspaghetti
612345   Spaghetti ohne Ei
231765   Scheibenweißbrot
934562   Sherry medium
875643   Hautpaste
234219   Roggensemmeln
237654   Brezel
801234   Lidschatten
412345   Hammer
312456   Vollmilch
164389   Schaumbad
438751   Nägel
453219   Schrauben

Liste sortiert:
---------------

123456   Kernseife
134529   Sandseife
164389   Schaumbad
213456   Mohnbrötchen
231765   Scheibenweißbrot
234219   Roggensemmeln
234321   Schwarzbrot
237654   Brezel
312456   Vollmilch
412326   Magermilch
412345   Hammer
438751   Nägel
453219   Schrauben
612345   Spaghetti ohne Ei
678954   Eierspaghetti
801234   Lidschatten
875643   Hautpaste
904567   Cognac-Edel
908456   Moselschluck
934562   Sherry medium
```

Abb. 193: Anwendung des Sortierprogramms auf die Testdaten

3.1.5.5 Warengruppenbildung mit Unterprogrammtechnik

Im Folgenden Beispiel sollen pro Eingabesatz Werte errechnet und außerdem nach unterschiedlichen Anzahlen an Sätzen Zwischensummen gebildet werden. Da derartige Probleme besonders häufig im Bereich des Rechnungswesens vorzufinden sind, wurde dieses hier ausgewählt und gezeigt, wie man das Gesamtproblem in eine Reihe an Teilproblemen zerlegt und diese über **Unterprogramme** löst.

Aufgabenstellung:

Sämtliche Warenbestände eines Kaufhauses seien in Sätzen nach der Artikelnummer sortiert in einer Datei gespeichert. Die ersten beiden Ziffern der sechsstelligen Artikelnummer geben die Artikelgruppe an. Da die Sätze nach der Artikelnummer sortiert vorliegen, stehen alle Sätze einer Artikelgruppe hintereinander. Neben der Artikelnummer ist in jedem Satz die vorhandene Menge, der Preis pro Mengeneinheit und die zugehörige Bezeichnung vorhanden. Es soll eine Bestandsliste erstellt werden, die alle Artikel mit gelagerter Menge, dem Preis pro Mengeneinheit und dem Wert der vorrätigen Menge pro Artikel angibt. Außerdem soll bei jedem Artikelgruppenwechsel der Wert aller Bestände dieser Artikelgruppe ausgedruckt werden. Zum Abschluss wird noch der Gesamtwert aller Bestände gewünscht.

Da es sich auch hier um eine sehr einfache Aufgabenstellung handelt, wird auf die Beschreibung der ersten Phasen (1-3) verzichtet und es wird unmittelbar auf die Erstellung des Programms eingegangen.

Beschreibung der Ein- und Ausgabedatenbestände:

- Eingabedateiname: a:\wagru.dat
- Ordnungsbegriff: Artikelnummer
- Sortierweise: aufsteigend
- Satzlänge: max. 40 Zeichen
- Speichermedium: Diskette
- Verarbeitung: sequentiell
- Ausgabedateiname: Bestandsliste
- Zeichen/Zeile: 80
- Zeilen/Seite: 50

Dabei haben die Ein- und Ausgabeformate folgende Gestalt:

Feldnamen			
ART-NR	BEZEICHNUNG	MENGE	STÜCKPREIS
1 6	7 29	30 35	36 40

Abb. 194: Satzformat der Bestandsdatei

ART-NR	BEZEICHNUNG	MENGE	PREIS	WERT
XXXXXX	XXXXXXXXXXXXXXXXXXXXX	XXXXX	XXX.XX	XXXXX.XX
XXXXXX	XXXXXXXXXXXXXXXXXXXXX	XXXXX	XXX.XX	XXXXX.XX
GESAMTWERT DER ARTIKELGRUPPE		XX		XXXXXXX.XX
....				
....				
GESAMTWERT ALLER BESTÄNDE				XXXXXXX.XX

Abb. 195: Satzformat der Ausgabeliste

Die Erstellung des Datenflussplans ist ebenfalls recht einfach:

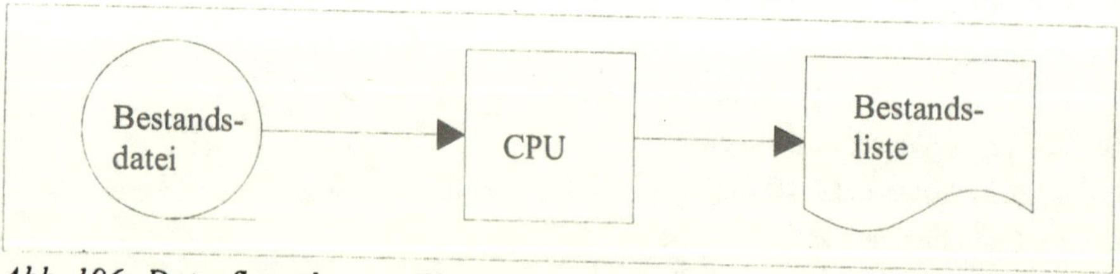

Abb. 196: Datenflussplan zur Warengruppenbildung

Diese Aufgabe lässt sich sehr einfach in die Programmteile Eingabe, Verarbeitung und Ausgabe zerlegen.

Eingabe:

a) Einlesen eines Bestandssatzes

b) Dateiende feststellen (dieses wird auch hier durch einen Satz mit negativer Artikelnummer gekennzeichnet)

c) Ersten Satz separat bearbeiten

Verarbeitung:

a) Wert/Artikel berechnen

b) Gesamtwert/Artikelgruppe berechnen

c) Gesamtwert aller Artikel berechnen

d) Vergleich der Artikelnummer für den Gruppenwechsel

e) Zwischenspeichern der Artikelnummern

Ausgabe:

a) Seitenüberschrift

b) Spaltenüberschrift

c) Zeile für jeden Artikel

d) Zeile für Artikelgruppe

e) Zeile für Gesamtwert

f) Seitenwechsel bei mehr als 50 Zeilen

Bei dem Programmablaufplan wird die Technik der **Unterprogramme** angewendet. Es werden alle wesentlichen Teilaufgaben, und zwar die Eingangsverarbeitung, die Endverarbeitung, die Gruppenverarbeitung, bei der jeweils der Wert pro Artikelgruppe ausgedruckt wird, die Einzelverarbeitung jedes einzelnen Artikels und die Ausgabe jeder einzelnen Zeile für sich als Unterprogramm beschrieben.

Dabei werden folgende Symbole verwendet:

Im Struktogramm	Erläuterung
artnr	Gesamte Artikelnummer des zuletzt eingelesenen Satzes. Daraus errechnet sich die Artikelgruppe (die beiden ersten Stellen der 6-stelligen Zahl) als Ergebnis der ganzzahligen Division: *artgru* = int (*artnr* / 10000). Wollte man nun auch

die Artikelnummer in der Artikelgruppe wissen, so würde man diese als

$a2 = \mathit{artnr} - \mathit{artgru} * 10000$ oder als
$a2 = \mathit{artnr} - \mathrm{int}\,(\mathit{artnr} / 10000) * 10000$ errechnen.

artgru Nummer der Artikelgruppe des zuletzt eingelesenen Satzes.

grualt Nummer der jeweils bearbeiteten Artikelgruppe. Falls *grualt* <> *artgru* ist, findet ein Artikelgruppenwechsel statt und es muss die entsprechende Zeile für den Wert der zuletzt verarbeiteten Artikelgruppe ausgegeben werden.

bezeich Bezeichnung des eingelesenen Artikels.

menge Vorrätige Menge des Artikels.

preis Preis pro Mengeneinheit des Artikels.

wert Wert des Bestandes des Artikels.

awert Kumulierter Wert der Artikel innerhalb einer Artikelgruppe.

gwert Kumulierter Wert der Artikelgruppen.

zz Zeilenzähler.

Mit diesen Bezeichnungen wurde das Struktogramm des Hauptprogramms und das der einzelnen Unterprogramme entwickelt (vgl. Abb. 197-202).[82]

Datei öffnen
Überschriften drucken
lies den ersten Satz
grualt := INT(art_nr / 10000)
wert := menge * preis
awert := wert
gwert := 0
drucke eine Artikelzeile
setze Zeilenzähler zz auf 4

Abb. 197: Struktogramm des Unterprogramms Eingangsverarbeitung

[82] Für C lautet die Funktion zur Umwandlung in einen entsprechenden ganzzahligen Wert `floor()`.

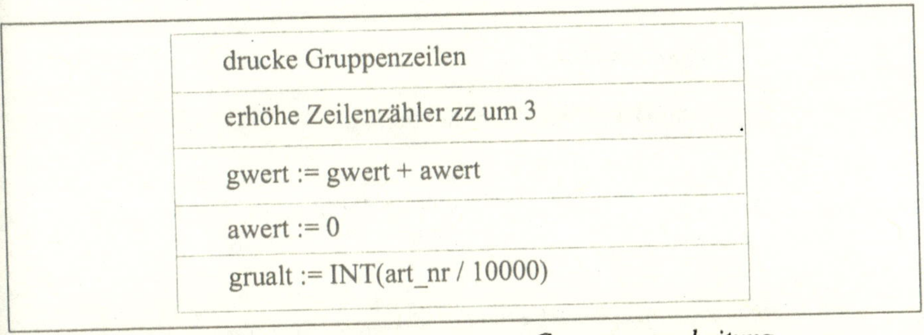

Abb. 198: Struktogramm des Unterprogramms Gruppenverarbeitung

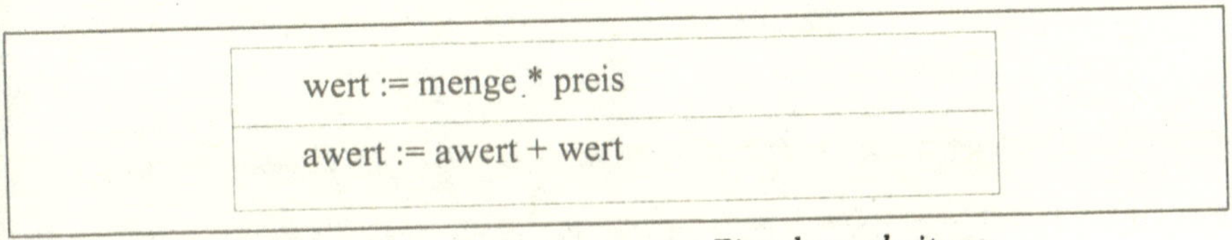

Abb. 199: Struktogramm des Unterprogramms Einzelverarbeitung

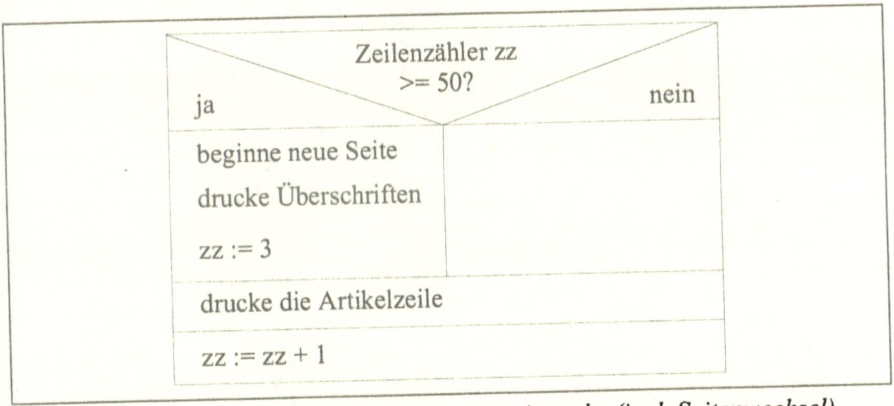

Abb. 200: Struktogramm des Unterprogramms Ausgabe (incl. Seitenwechsel)

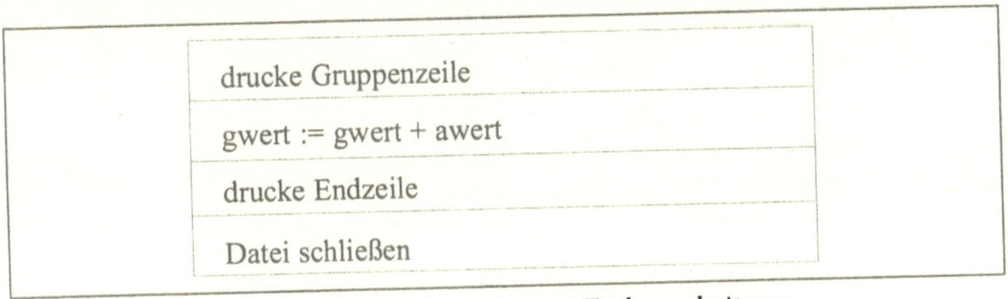

Abb. 201: Struktogramm des Unterprogramms Endverarbeitung

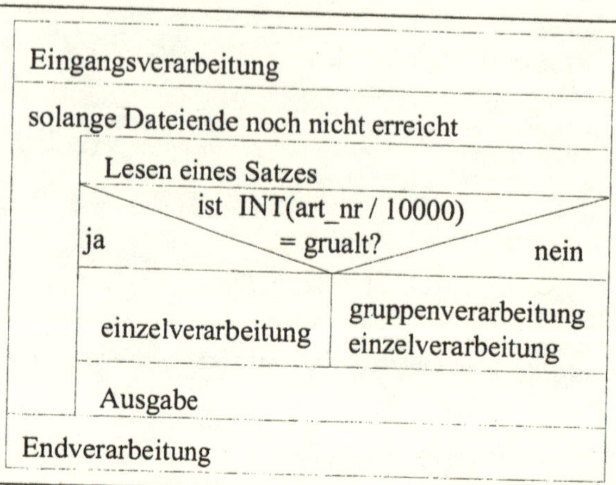

Abb. 202: Struktogramm des Hauptprogramms zur Warengruppenbildung

Aus den Struktogrammen ergibt sich das Programm (vgl. Abb. 204/205 (PASCAL) und Abb. 206/207 (C)).

Das Ergebnis findet man in Abb. 208/209. Es sind keine Fehler erkennbar, insofern kann anschließend die Programmübergabe und die Programmdokumentation erfolgen.

101234	Zahnpasta	30.00	1.50
134564	Scheuersand	60.00	1.89
201234	Weißbrot in Scheiben	88.00	2.99
213264	Brötchen (Mohn)	200.00	0.20
213265	Mohnsemmeln	220.00	0.22
213267	Mohnbrötchen	300.00	0.35
302421	Quark (mager)	100.00	1.25
314567	Milch (voll)	250.00	1.04
412345	Schleuder	2.00	259.32
503001	Moselwein	10.00	3.37
676543	Eierspaghetti	150.00	1.66
804321	Lidschatten (silber)	20.00	5.00
904251	Cognac,3 Sterne	22.00	14.49
904252	Cognac,4 Sterne	10.00	16.78
904255	Cognac,5 Sterne	27.00	19.99
914354	Sherry	17.00	12.87

Abb. 203: Testdaten zur Warengruppenbildung

```
(* Programm zur Bildung von Warengruppen. Hierzu wird der
  benötigte Datensatz zunächst eingelesen, anhand seiner
  Artikelnummer in eine Warengruppe eingeordnet, sein Lagerwert
  bestimmt und der kumulierte Lagerwert der Artikelgruppe und der
  aller Artikel entsprechend abgeändert. *)

PROGRAM wagru;

USES crt,printer;

CONST dateiname = 'a:wagru.dat';
      ueberschrift =
     'Art.-Nr.          Bezeichnung    Menge   Preis        Wert ';
      gesamt = 'Gesamtwert der Artikelgruppe:';

TYPE satztyp = RECORD
                 art_nr      : LONGINT;
                 art_bez     : STRING[20];
                 menge, preis: REAL;
                 END;
     dateityp = FILE OF satztyp;

VAR  satz: satztyp;
     datei: dateityp;
     grualt, wert, awert, gwert: REAL;
     zz: INTEGER;

(* PROZEDUREN UND FUNKTIONEN *)

PROCEDURE eingangsverarbeitung;
BEGIN
  ASSIGN (datei,dateiname);
  RESET (datei);
  WRITELN (lst,'          BESTANDSLISTE ');
  WRITELN (lst); WRITELN (lst);
  WRITELN (lst, ueberschrift);
  READ (datei,satz);
  WITH satz DO
  BEGIN
    grualt := INT(art_nr/10000);
    wert := menge * preis;
    awert := wert;
    gwert := 0;
    WRITELN

(lst,art_nr:6,art_bez:23,menge:9:2,preis:9:2,wert:11:2);
    zz := 4;
  END;
END;

PROCEDURE einzelverarbeitung;
BEGIN
  wert := satz.menge*satz.preis;  (* Wert des Artikels erhöhen *)
  awert := awert+wert;            (* Wert der A.-gruppe erhöhen*)
END;
```

Abb. 204: Programm zur Warengruppenbildung in PASCAL (Teil 1)

```
PROCEDURE gruppenverarbeitung;
BEGIN
  WRITELN (lst, gesamt, grualt:3:0, awert:26:2); WRITELN (lst);
  zz := zz + 2;
  IF zz < 50 THEN
    BEGIN
       WRITELN (lst, ueberschrift);
       zz := zz + 1;
    END;
  gwert := gwert + awert;  (* Gesamtwert aller Artikel erhöhen *)
  awert := 0;                        (* Gruppenwert auf 0 *)
  grualt := INT(satz.art_nr / 10000);
END;

PROCEDURE ausgabe;
VAR i: INTEGER;
BEGIN
  IF zz >= 50 THEN
  BEGIN
    FOR i := 1 TO 19 - (zz - 50) DO WRITELN (lst);
    WRITELN (lst,'          BESTANDSLISTE ');
    WRITELN (lst); WRITELN (lst, ueberschrift);
    zz := 3;
  END;
  WITH satz DO
          WRITELN (lst,art_nr:6, art_bez:23, menge:9:2,
preis:9:2,
                      wert:11:2);
    zz := zz + 1;
END;

PROCEDURE endverarbeitung;
BEGIN
  WRITELN (lst,gesamt,grualt:3:0,awert:26:2); WRITELN (lst);
  gwert := gwert + awert;
  WRITELN (lst,'Gesamtwert aller Bestände: ',gwert:31:2);
  CLOSE (datei);
END;

BEGIN                                             (* HAUPTPROGRAMM *)
  eingangsverarbeitung;
  WHILE NOT EOF (datei) DO
  BEGIN
    READ (datei, satz);
    WITH satz DO
    BEGIN
      IF (grualt = INT(art_nr / 10000))
      THEN einzelverarbeitung
      ELSE
      BEGIN
        gruppenverarbeitung;
        einzelverarbeitung;
      END;
      ausgabe;
    END;
  END;
  endverarbeitung;
END.
```

Abb. 205: Programm zur Warengruppenbildung in PASCAL (Teil 2)

```
/* Programm zur Bildung von Warengruppen. Hierzu wird der
   benötigte Datensatz zunächst eingelesen, anhand seiner Ar-
   tikelnummer in eine Warengruppe eingeordnet, sein Lagerwert
   bestimmt un der kumulierte Lagerwert der Artikelgruppe und der
   aller Artikel entsprechend abgeändert */

#include <stdio.h>
#include  <math.h>
#define dateiname "a:\\wagru.dat"
#define ueberschrift
      "Art.-Nr.          Bezeichnung    Menge    Preis       Wert"
#define gesamt "Gesamtwert der Artikelgruppe: "

typedef struct
{
  long int art_nr;
  char art_bez[21];
  float menge, preis;
} satztyp;

satztyp satz;
float grualt, awert, wert, gwert;
int zz;
FILE *datei;

void eingangsverarbeitung(void);          /* Funktionsprototypen */
void einzelverarbeitung(void);
void gruppenverarbeitung(void);
void ausgabe(void);
void endverarbeitung(void);

                                                /* Hauptprogramm */

void main (void)
{
  eingangsverarbeitung();
  fread(&satz,sizeof(satztyp), 1, datei);
  while (!feof(datei)) {
    if (grualt == floor(satz.art_nr/ 10000))
      einzelverarbeitung();
    else  {
      gruppenverarbeitung();
      einzelverarbeitung();
    }
    ausgabe();
    fread(&satz,sizeof(satztyp), 1, datei);
  }
  endverarbeitung();
}
```

Abb. 206: Programm zur Warengruppenbildung in C (Teil 1)

```
                                      /* Definitionen der Funktionen */
void eingangsverarbeitung(void)
{
  datei = fopen(dateiname, "rb");
  fprintf(stdprn,"                BESTANDSLISTE\n\n\n\r");
  fprintf(stdprn,"%s\n\r", ueberschrift);
  fread(&satz, sizeof (satztyp), 1, datei);
  grualt = floor(satz.art_nr/10000);
  wert = satz.menge * satz.preis;
  awert = wert;
  gwert = 0;
  fprintf(stdprn,"%61i%23s%9.2f%9.2f%11.2f\n\r",
          satz.art_nr, satz.art_bez, satz.menge, satz.preis,
wert);
  zz = 4;
}

void einzelverarbeitung(void)
{
  wert = satz.menge*satz.preis;      /*Wert des Artikels erhöhen*/
  awert = awert+wert;               /* Wert der A.-gruppe erhöhen*/
}

void gruppenverarbeitung(void)
{
  fprintf(stdprn,"%s%3.0f%25.2f\n\n\r", gesamt, grualt, awert);
  zz += 2;
  if (zz < 50 ) {
    fprintf(stdprn,"%s\n\r", ueberschrift);
    zz += 1;
  }
  gwert = gwert + awert;       /*Gesamtwert aller Artikel erhöhen*/
  awert = 0;                                  /*Gruppenwert auf 0*/
  grualt = floor(satz.art_nr / 10000);
}

void ausgabe(void)
{
  int i;
  if (zz >= 50) {
    for (i = 1; i <= (19 - (zz - 50)); i++)
      fprintf(stdprn,"\n\r");
    fprintf(stdprn,"      BESTANDSLISTE\n\n\r");
    fprintf(stdprn,"%s\n\r", ueberschrift);
    zz = 3;
  }
  fprintf(stdprn,"%61i%23s%9.2f%9.2f%11.2f\n\r",
          satz.art_nr, satz.art_bez, satz.menge, satz.preis,
wert);
  zz +=1;
}

void endverarbeitung(void)
{
  fprintf(stdprn,"%s%3.0f%25.2f\n\n\r", gesamt, grualt, awert);
  gwert += awert;
  fprintf(stdprn,"Gesamtwert aller Bestände: %31.2f\n\r", gwert);
  fclose(datei);
}
```

Abb. 207: Programm zur Warengruppenbildung in C (Teil 2)

```
BESTANDSLISTE

Art.-Nr.             Bezeichnung     Menge      Preis        Wert
101234                 Zahnpasta     30.00       1.50       45.00
Gesamtwert der Artikelgruppe: 10                            45.00

Art.-Nr.             Bezeichnung     Menge      Preis        Wert
134564               Scheuersand     60.00       1.89      113.40
Gesamtwert der Artikelgruppe: 13                           113.40

Art.-Nr.             Bezeichnung     Menge      Preis        Wert
201234    Weißbrot in Scheiben       88.00       2.99      263.12
Gesamtwert der Artikelgruppe: 20                           263.12

Art.-Nr.             Bezeichnung     Menge      Preis        Wert
213264           Brötchen (Mohn)    200.00       0.20       40.00
213265               Mohnsemmeln    220.00       0.22       48.40
213267              Mohnbrötchen    300.00       0.35      105.00
Gesamtwert der Artikelgruppe: 21                           193.40

Art.-Nr.             Bezeichnung     Menge      Preis        Wert
302421             Quark (mager)    100.00       1.25      125.00
Gesamtwert der Artikelgruppe: 30                           125.00

Art.-Nr.             Bezeichnung     Menge      Preis        Wert
314567              Milch (voll)    250.00       1.04      260.00
Gesamtwert der Artikelgruppe: 31                           260.00

Art.-Nr.             Bezeichnung     Menge      Preis        Wert
412345                  Schleuder     2.00     259.32      518.64
Gesamtwert der Artikelgruppe: 41                           518.64

Art.-Nr.             Bezeichnung     Menge      Preis        Wert
503001                 Moselwein     10.00       3.37       33.70
Gesamtwert der Artikelgruppe: 50                            33.70

Art.-Nr.             Bezeichnung     Menge      Preis        Wert
676543            Eierspaghetti     150.00       1.66      249.00
Gesamtwert der Artikelgruppe: 67                           249.00

Art.-Nr.             Bezeichnung     Menge      Preis        Wert
804321   Lidschatten (silber)        20.00       5.00      100.00
Gesamtwert der Artikelgruppe: 80                           100.00

Art.-Nr.             Bezeichnung     Menge      Preis        Wert
904251          Cognac,3 Sterne      22.00      14.49      318.78
904252          Cognac,4 Sterne      10.00      16.78      167.80
904255          Cognac,5 Sterne      27.00      19.99      539.73
Gesamtwert der Artikelgruppe: 90                          1026.31
```

Abb. 208: Ergebnis der Anwendung des Programms zur Warengruppenbildung auf die Testdaten (Seite 1)

```
        BESTANDSLISTE

Art.-Nr.              Bezeichnung    Menge    Preis        Wert
914354                     Sherry    17.00    12.87      218.79
Gesamtwert der Artikelgruppe: 91                         218.79

Gesamtwert aller Bestände:                              3146.36
```

Abb. 209: Ergebnis der Anwendung des Programms zur Warengruppenbildung auf die Testdaten (Seite 2)

3.1.5.6 Entwicklung eines Programmpakets zur Erfassung von Kosten nach Kostenarten und Kostenstellen

Anhand des letzten Beispiels soll gezeigt werden, dass an möglicherweise selbst für einfache Fragestellungen nicht nur ein einfaches Programm, sondern gleich ein Programmsystem benötigt. Bei jedem der Programme dieses Systems wird nicht nur eine einfache Schleife, sondern wie beim Sortierprogramm eine weitere Schleife in der ersten auftreten, also zwei Schleifen ineinander.

Aufgabenstellung des letzten Beispiels: In einem Betrieb gäbe es 10 Kostenarten und 8 Kostenstellen. Es werden für die EDV die Kosten je Kostenart und Kostenstelle nach dem Auftreten von Kosten gemeldet.

Am Ende *jedes Monats* **und** *jedes Jahres* soll die EDV-Abteilung eine Aufstellung aller Kosten je Kostenstelle, aller Kosten je Kostenart und zusätzlich aller Kosten je Kostenstelle und Kostenart fertig stellen. Außerdem sollen jeweils die Gesamtkosten ausgewiesen werden.

Es ist offensichtlich, dass sich diese Aufgaben nicht durch ein einfaches Programm erfüllen lassen, da man zu verschiedenen Zeiten unterschiedliche Funktionen ausführen lassen muss:

a) Es muss ein Programm entwickelt werden, das zur Aufnahme der Kosten in bestehende Dateien geeignet ist.

b) Diese Dateien müssen zum Monatsende jeweils über ein Programm ausgewertet und in der erforderlichen Form ausgedruckt werden.

c) Entsprechende Informationen wie zum Monatsende müssen auch zum Jahresende, bezogen auf das ganze Jahr, erstellt werden.

Bevor aber damit begonnen werden kann, benötigt man ein Vorbereitungsprogramm, in dem die Felder für die zu sammelnden Daten einer Datei für die jeweiligen Monats- und Jahresinformationen reserviert werden. Diese Monats- und Jahresinformationen können selbstverständlich nicht ständig im Arbeitsspeicher der Anlage untergebracht werden, sondern sie müssen in einem externen Speicher angelegt werden. Hier wurde angenommen, dass hierfür eine Datei (*mj_kost.dat*) auf einer Diskette angelegt wird.

Im Initialisierungsprogramm (Teil des regelmäßig anzuwendenden Erfassungsprogramms) werden zunächst entsprechende Felder für jeweils 10 Kostenarten zu je 8 Kostenstellen für die Monats- und Jahresinformationen auf den Wert Null gesetzt und auf den entsprechenden Bereich des Datenträgers geschrieben. Dabei wird bewusst eine umständliche Form gewählt, um zu zeigen, in welcher Reihenfolge die Daten in die Datei geschrieben werden (vgl. Abb. 210-212).

In diese Datei wurden also sequentiell die zu kumulierenden Monatsinformationen M(I, L) und Jahresinformationen J(I, L) der Kostenart I und der Kostenstelle L auf dem Datenträger gespeichert. Zunächst steht dort für die 1. Kostenart erst die Monats- und dann die Jahresinformation der 1. Kostenstelle, anschließend die der 2. Kostenstelle usw. bis zur 8. Kostenstelle gespeichert. Danach kommen dieselben Informationen der 2. Kostenart usw. bis zur 10. Kostenart.

Da zu jeder der 10 Kostenarten 8 Kostenstellen mit jeweils Monats- und Jahresinformationen gespeichert werden, sind somit 160 Speicherplätze belegt worden in der Reihenfolge:

M (1,1), J (1,1), M (1,2), J (1,2), ... , M (1,8), J (1,8), M (2,1), J (2,1), M (2,2), ... M (2,8), J (2,8), M (3,1), ... , M (10,8), J (10,8).

Anmerkung: Die Indizes fangen in C bei 0 an, so dass sie hier von 0 bis 9 bzw. 0 bis 7 laufen.

Es ist wichtig, dass man diese Speicheranordnung beim Einlesen und Wegschreiben der Daten in allen Programmen berücksichtigt, da auf dem peripheren Speicher nur die Daten selbst in der vorgegebenen Reihenfolge und nicht ihre Zuordnung zu Kostenarten und -stellen stehen. Die Interpretation dieser Daten erfolgt über die Programme, und in diesen muss deshalb der genaue Standort jeder Information in der Datei bekannt sein. In gleicher Interpretationsanordnung sind damit **alle** Daten **von allen** verschiedenen Programmen einzulesen und nach der Bearbeitung wieder zu speichern.

Im nächsten Schritt wird das erwähnte Erfassungsprogramm entwickelt, das jeweils die angefallenen Kosten zu dem entsprechenden Zeitpunkt in diese Felder schreibt, und zwar, indem es die angefallenen Kosten auf die zugehörige Kostenart der Kostenstelle aufaddiert. Bevor aber eine derartige Addition durchgeführt werden kann, müssen die bisher angefallenen Kosten von der Datei gelesen werden. Nachdem schließlich die letzten Daten aufaddiert worden sind, müssen alle Daten wieder zurück auf die Diskette geschrieben werden, um für die nächste Kostenerfassung oder die übrigen Programme zur Verfügung zu stehen. Das wird durch das Programm der regelmäßigen Kostenübertragung erledigt.

Hierbei wird die Detailbeschreibung des Einlesens und des Herausschreibens der Datei nicht mehr im Struktogramm wiedergegeben, da diese vollkommen der des Initialisierungsprogramms (vgl. Abb. 210) entspricht.

Anmerkung: Die Struktogramme in Abb. 210-212 und Abb. 218-220 beziehen sich auf die Programmiersprache PASCAL. C-Programmierer denken bitte daran, dass die Indizierung der Felder ab 0 beginnt. Dem kann Rechnung getragen werden, indem jeweils von den Indizes eins abgezogen wird. Eine Zuordnung lautet dann statt

```
kosten[ka,kst].monat:=0
```
in der PASCAL-Notation

```
kosten[ka-1, kst-1].monat=0
```
in der C-Notation.

Entsprechend dem vorliegenden Struktogramm wurde das zugehörige Programm (vgl. Abb. 214/215 (PASCAL) bzw. Abb. 216/217 (C)) entwickelt.

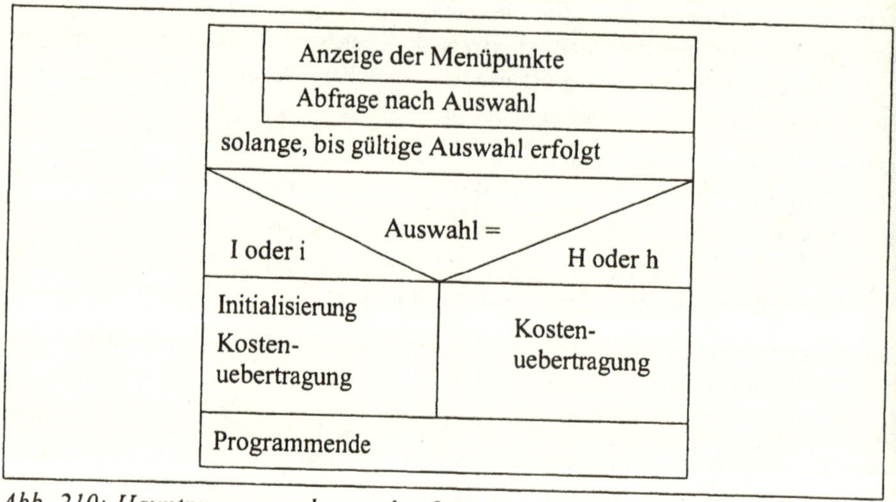

Abb. 210: Hauptprogramm des regelmäßig anzuwendenden Erfassungsprogramms

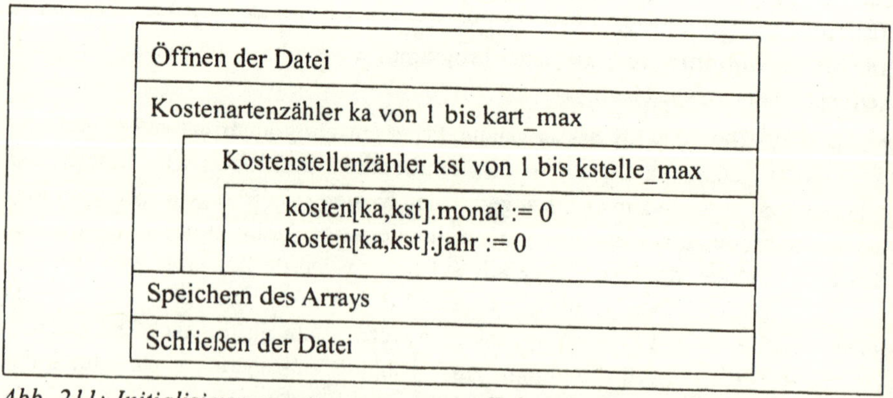

Abb. 211: Initialisierungsunterprogramm im Erfassungsprogramm

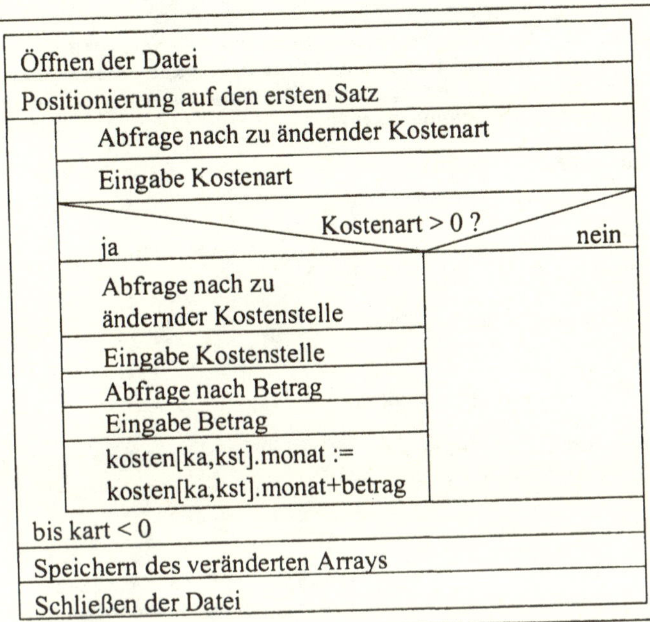

Abb. 212: Erfassungs- und Übertragungsunterprogramm innerhalb des Erfassungsprogramms

```
(I)nitialisierung
(H)inzufügen von Monatsinformationen

Bitte Wahl eingeben: I
Änderung der Kosten von Kostenart: 2
                    Kostenstelle: 3
                Änderungsbetrag: 123.45
Änderung der Kosten von Kostenart: 2
                    Kostenstelle: 5
                Änderungsbetrag: 345.43
Änderung der Kosten von Kostenart: 1
                    Kostenstelle: 4
                Änderungsbetrag: 234.5
Änderung der Kosten von Kostenart: 10
                    Kostenstelle: 8
                Änderungsbetrag: 100
Änderung der Kosten von Kostenart: 1
                    Kostenstelle: 1
                Änderungsbetrag: 678.9
Änderung der Kosten von Kostenart: 2
                    Kostenstelle: 5
                Änderungsbetrag: 100
Änderung der Kosten von Kostenart: -3
```

Abb. 213: Erste Eingabetestdaten für das Programmpaket

```
(*Erstellen der für die Programme MONINFO.PAS und JAHRINFO.PAS
  benötigten Datei. Anfangsinitialisierung wird vorgenommen,
  weiterhin können die entsprechenden Monats- und Jahres-
  informationen eingegeben werden.*)

PROGRAM kst_erf;

USES  crt;

CONST dateiname = 'a:\mj_kost.dat';
      kart_max = 10;
      kstelle_max = 8;

TYPE feld = RECORD
              monat, jahr: REAL;
            END;
 arraytyp = ARRAY [1..kart_max,1..kstelle_max] OF feld;
 dateityp = FILE OF arraytyp;

VAR  kosten: arraytyp;
     datei: dateityp;
     ka: INTEGER;                  (* Zähler für Kostenarten *)
     kst: INTEGER;                 (* Zähler für Kostenstellen *)
     wahl: CHAR;

(* PROZEDUREN UND FUNKTIONEN *)

PROCEDURE initialisierung;
BEGIN
  ASSIGN (datei,dateiname);
  REWRITE (datei);
  BEGIN
    FOR ka := 1 TO kart_max DO
    BEGIN
      FOR kst := 1 TO kstelle_max DO
      BEGIN
        kosten[ka,kst].monat := 0;
        kosten[ka,kst].jahr := 0;
      END;
    END;
  END;
  WRITE (datei,kosten);
  CLOSE (datei);
END;
```

Abb. 214: Initialisierungs- und Kostenerfassungsprogramm in PASCAL (Teil 1)

```
PROCEDURE kostenuebertragung;
VAR tempbetrag: REAL;
BEGIN
  ASSIGN (datei,dateiname);
  RESET (datei);
  READ (datei,kosten);

  REPEAT
    WRITE ('Änderung der Kosten von Kostenart: ');
    READLN (ka);
    IF ka > 0 THEN
    BEGIN
      WRITE ('                          Kostenstelle: '); READLN
 (kst);
      WRITE ('                          Änderungsbetrag: ');
      READLN (tempbetrag);
      kosten[ka,kst].monat := kosten[ka,kst].monat+tempbetrag;
    END;
  UNTIL ka < 0;
  SEEK (datei,0);        (* Zeiger wieder auf Dateianfang setzen *)
  WRITE (datei,kosten);
  CLOSE (datei);
END;

(* HAUPTPROGRAMM *)

BEGIN
  CLRSCR;
  REPEAT                 (* Auswahl, bis gültige Antwort vorliegt *)
    WRITELN ('(I)nitialisierung');
    WRITELN ('(H)inzufügen von Monatsinformationen');
    WRITELN;
    WRITE ('Bitte Wahl eingeben: ');READLN (wahl);
  UNTIL wahl IN ['i','I','h','H'];
  IF (wahl='i') OR (wahl='I') THEN
    BEGIN
      initialisierung;
      kostenuebertragung;
    END
  ELSE kostenuebertragung;
END.
```

Abb. 215: Initialisierungs- und Kostenerfassungsprogramm in PASCAL (Teil 2)

```
/* Erstellen der für die Programme MONINFO.C und JAHRINFO.C
   benötigten Datei. Anfangsinitialisierung wird vorgenommen,
   weiterhin können die entsprechenden Monats- und Jahres-
   informationen eingegeben werden */

#include <stdio.h>
#define dateiname "a:\\mj_kost.dat"
#define kart_max 10
#define kstelle_max 8

typedef struct
{
  float monat, jahr;
} feld;

feld kosten[kart_max][kstelle_max];
FILE *datei;
int ka;                                    /* Zähler für Kostenarten */
int kst;                                  /* Zähler für Kostenstellen */
char wahl[2];

void initialisierung(void);                     /* Funktionsprototypen */
void kostenuebertragung(void);


/* Hauptprogramm */

void main (void)
{
  do {                     /* Auswahl, bis gültige Antwort vorliegt */
    printf("(I)nitialisierung\n");
    printf("(H)inzufügen von Monatsinformationen\n\n");
    printf("Bitte Wahl eingeben:");
    scanf("%s",wahl);
    printf("\n");
  } while ((wahl[0] != 'i') && (wahl[0] != 'I') && (wahl[0] !=
'h') && (wahl[0] != 'H'));
  if ((wahl[0] == 'i') || (wahl[0] == 'I')) {
    initialisierung();
    kostenuebertragung();
  }
  else kostenuebertragung();
}
```

Abb. 216: Initialisierungs- und Kostenerfassungsprogramm in C (Teil 1)

```
/* Definitionen der Funktionen */

void initialisierung(void)
{
  datei = fopen(dateiname,"w");
  for (ka = 1; ka <= kart_max; ka++)
      for (kst = 1; kst <= kstelle_max; kst++) {
        kosten[ka-1][kst-1].monat = 0;
        kosten[ka-1][kst-1].jahr = 0;
      }
  fwrite(kosten, sizeof(kosten), 1, datei);
  fclose(datei);
}


void kostenuebertragung(void)
{
  float tempbetrag;

  datei = fopen(dateiname, "r+");/* Öffnen zum Lesen und
                                    Schreiben */
  for (ka = 1; ka <= kart_max; ka++)
    for (kst = 1; kst <= kstelle_max; kst++)
      fread(&kosten[ka-1][kst-1], sizeof(kosten), 1, datei);
  do {
    printf("Änderung der Kosten von Kostenart: ");
    scanf("%i",&ka);
    if (ka > 0) {
      printf("                          Kostenstelle: ");
      scanf("%i",&kst);
      printf("                       Änderungsbetrag: ");
      scanf("%f", &tempbetrag);
      kosten[ka-1][kst-1].monat += tempbetrag;
                   /* Die Indizierung der Felder beginnt bei 0 */
    }
  }  while (ka > 0);
  fseek(datei, 0, 0);  /* Zeiger wieder auf Dateianfang setzen */
  fwrite(kosten, sizeof(kosten), 1, datei);
  fclose(datei);
}
```

Abb. 217: Initialisierungs- und Kostenerfassungsprogramm in C (Teil 2)

Mit Hilfe des Programms der Abb. 214/215 (PASCAL) und Abb. 216/217 (C) wurden die folgenden Daten in die Datei übertragen (vgl. Abb. 213), die für den Test der folgenden Programme benötigt werden.

Als Nächstes muss ein Programm entwickelt werden, das die Monatsinformationen ausgibt (vgl. Abb. 218-220 für die Struktogramme und Abb. 221/222 (PASCAL) und Abb. 223/224 (C) für die Programme). Dazu werden zunächst die bis zu diesem Zeitpunkt angefallenen Kosten von der Diskette gelesen. Es werden neben den Gesamtkosten (*gessum*) jeweils die Kosten je Kostenart (Zeilensumme; Addition über alle zugehörigen Kostenstellen, also über den 2. Index) und die Kosten je

Kostenstelle (Spaltensumme; Addition über alle zugehörigen Kostenarten, also über den 1. Index) ermittelt. Danach werden die Kostenstellen je Kostenart mit den entsprechenden Gesamtkosten dieser Kostenart nacheinander ausgedruckt. Als letzte auszudruckende Zeile sollen die aufsummierten Kosten je Kostenstelle und die insgesamt angefallenen Kosten des Monats folgen. Im Anschluss an den Ausdruck der jeweiligen Kosteninformation muss der in dem entsprechenden Monat angefallene Kostenbetrag je Kostenstelle und Kostenart auf das entsprechende Jahresfeld aufaddiert und das Monatsfeld gelöscht werden. Danach werden die Daten wieder zurück auf die Diskette geschrieben. Diese Tätigkeiten werden durch das Programm der Monatsinformationen realisiert.

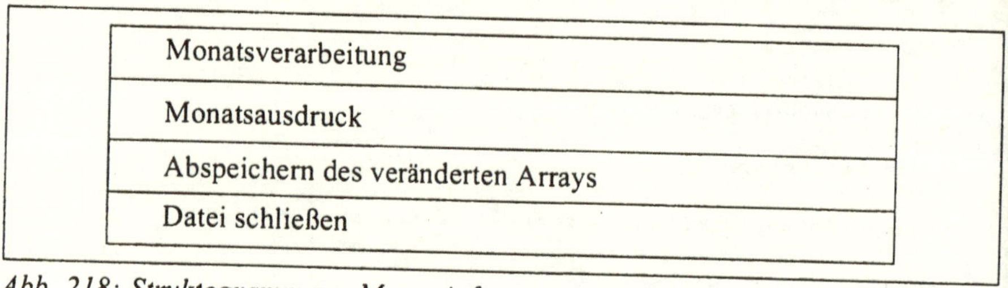

Abb. 218: Struktogramm zur Monatsinformation (Hauptprogramm)

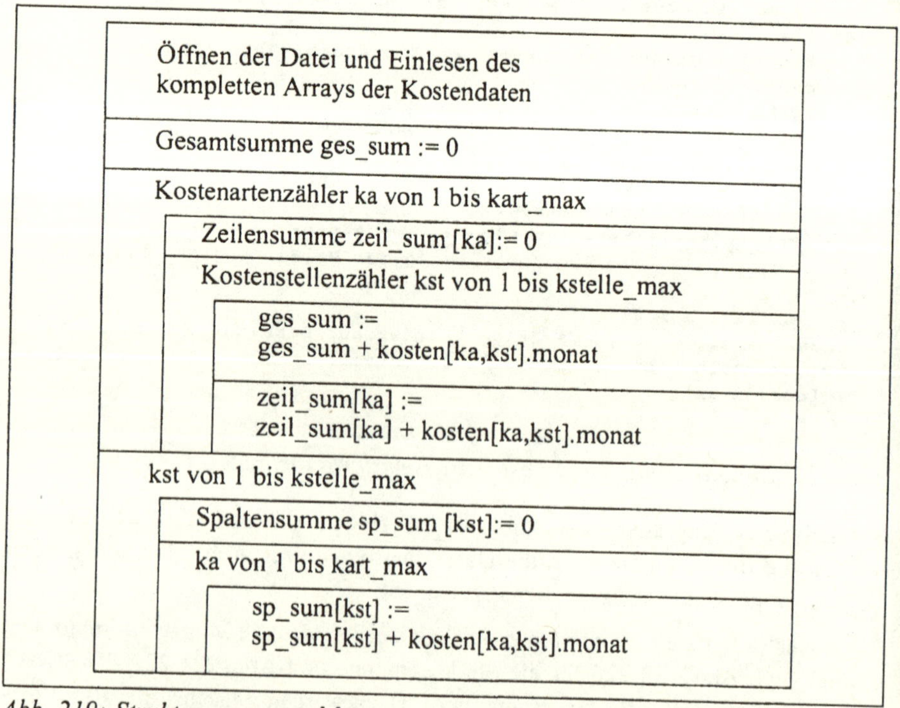

Abb. 219: Struktogramm zur Monatsverarbeitung (Eingangsverarbeitung und Summenbildung)

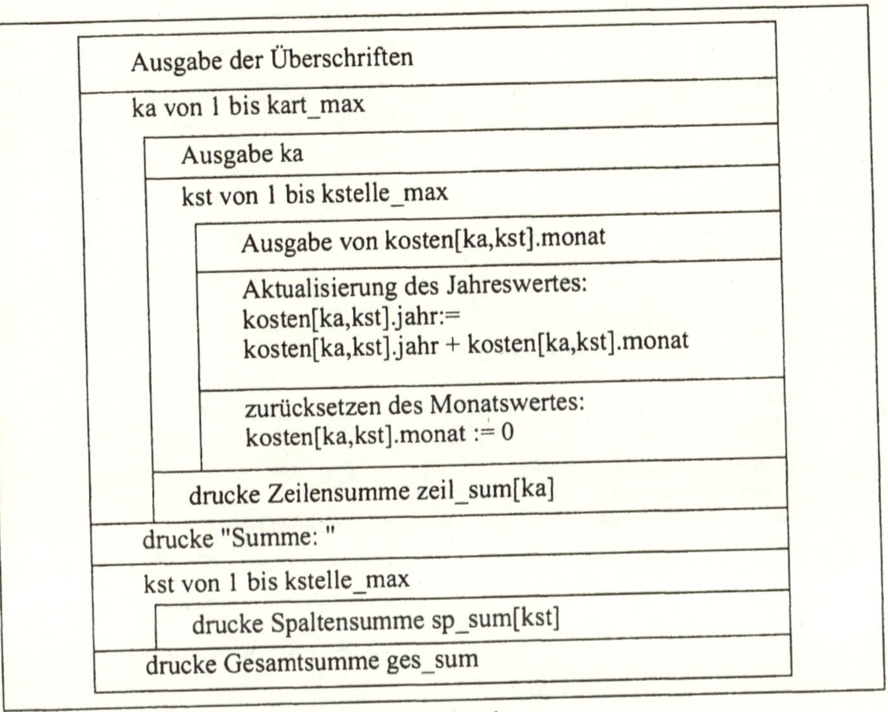

Abb. 220: Struktogramm zum Monatsausdruck

Eine Anwendung des Programms auf die bisher eingelesene Datei führte zum Ergebnis der Abb. 225. Wie man aus Abb. 213 erkennt, wurden auf die 2. Kostenart der 5. Kostenstelle sowohl 345.43 EURO als auch 100.000 EURO, also insgesamt 445.43 EURO, gebucht (wie auch wieder aus Abb. 225 hervorgeht).

Nach der Anwendung des Programms waren die Monatsinformationen in die Felder für die Jahresinformationen übertragen und selbst gelöscht worden.

Damit später für das Jahresinformationsprogramm die Daten von mehr als einem Monat vorliegen, werden hiernach die Daten für einen folgenden Monat eingegeben und als Monatsinformationen ausgegeben (vgl. Abb. 226/227).

```
(*Das Programm nimmt die Monatsauswertung der Datei mj_kost.dat
  vor. Dazu werden die in einem Monat angefallenen Kosten auf dem
  Drucker ausgegeben. Diese Auswertung ist einmal pro Monat durch
  zuführen, die Monatswerte werden danach auf 0 zurückgesetzt. *)

PROGRAM moninfo;
USES  crt, printer;

CONST dateiname = 'a:\mj_kost.dat';
      kart_max = 10;
      kstelle_max = 8;

TYPE feld = RECORD
              monat,jahr: REAL;
            END;
     arraytyp = ARRAY [1..kart_max,1..kstelle_max] OF feld;
     dateityp = FILE OF arraytyp;

VAR  kosten: arraytyp;
     datei: dateityp;
     ka, kst: INTEGER;   (* Zähler für Kostenarten  und -stellen*)
     ges_sum: REAL;                              (* Gesamtsumme *)
     zeil_sum: ARRAY [1..kart_max] OF REAL;
                                       (* Kosten je Kostenart *)
     sp_sum: ARRAY [1..kstelle_max] OF REAL;
                                     (* Kosten je Kostenstelle *)

(* PROZEDUREN UND FUNKTIONEN *)

PROCEDURE monatsverarbeitung;
BEGIN
  CLRSCR;
  ASSIGN (datei,dateiname);       (* Öffnen und Lesen der Datei *)
  RESET (datei);
  READ (datei,kosten);
  SEEK (datei,0);
  ges_sum := 0;              (* Zeilen- und Gesamtsummenbildung *)
  FOR ka := 1 TO kart_max DO
  BEGIN
    zeil_sum[ka] := 0;            (* Zeilensummen auf 0 setzen *)
    FOR kst := 1 TO kstelle_max DO
    BEGIN
      ges_sum := ges_sum+kosten[ka,kst].monat;
                                        (* Gesamtsumme bilden *)
      zeil_sum[ka] := zeil_sum[ka]+kosten[ka,kst].monat;
                                               (* Zeilensumme *)
    END;
  END;
  FOR kst := 1 TO kstelle_max DO                (* Spaltensumme *)
  BEGIN
    sp_sum[kst] := 0;
    FOR ka := 1 TO kart_max DO
      sp_sum[kst] := sp_sum[kst]+kosten[ka,kst].monat;
  END;
END;
```

Abb. 221: Programm zur Monatsinformation in PASCAL (Teil 1)

```
PROCEDURE monatsausdruck;
BEGIN
  WRITELN (lst,'              Aufstellung der Monatsinformationen
');
  WRITELN (lst);
  WRITE (lst,'KA/KS ');
  FOR kst := 1 TO kstelle_max DO
    WRITE (lst,kst:8);
  WRITELN (lst,'    Summe');
  WRITELN (lst);
  FOR ka := 1 to kart_max DO
  BEGIN
    WRITE (lst,ka:2,'    ');
    FOR kst := 1 TO kstelle_max DO
    BEGIN
      WRITE (lst,kosten[ka,kst].monat:8:2);
      kosten[ka,kst].jahr :=
                    kosten[ka,kst].jahr+kosten[ka,kst].monat;
      kosten[ka,kst].monat := 0;
    END;
    WRITELN (lst,' ',zeil_sum[ka]:8:2);
  END;
  WRITELN (lst);
  WRITE (lst,'Summe ');
  FOR kst := 1 TO kstelle_max DO
    WRITE (lst,sp_sum[kst]:8:2);
  WRITELN (lst, ' ',ges_sum:8:2);
END;

PROCEDURE speichern;
BEGIN
  SEEK (datei,0);
  WRITE (datei, kosten);
END;


(* HAUPTPROGRAMM *)

BEGIN
  CLRSCR;
  monatsverarbeitung;
  monatsausdruck;
  speichern;
  CLOSE (datei);
END.
```

Abb. 222: Programm zur Monatsinformation in PASCAL (Teil 2)

```
/* Dieses Programm nimmt die Monatsauswertung der Datei
   mj_kost.dat vor. Dazu werden die in einem Monat anfallenden
   Kosten auf dem Drucker ausgegeben. Diese Auswertung ist einmal
   pro Monat durchzuführen, die Kostenwerte werden danach auf 0
   zurückgesetzt*/

#include <stdio.h>
#define dateiname "a:\\mj_kost.dat"
#define kart_max 10
#define kstelle_max 8

typedef struct
{
  float monat, jahr;
} feld;

feld kosten[kart_max][kstelle_max];
FILE *datei;
int ka, kst;                /* Zähler für Kostenarten und -stellen */
float ges_sum;                                    /* Gesamtsumme */
float zeil_sum[kart_max];                  /* Kosten je Kostenart */
float sp_sum[kstelle_max];               /* Kosten je Kostenstelle */

void monatsverarbeitung(void);            /* Funktionsprototypen */
void monatsausdruck(void);
void speichern(void);


/* Hauptprogramm */

void main (void)
{
  monatsverarbeitung();
  monatsausdruck();
  speichern();
  fclose (datei);
}


/* Definitionen der Funktionen */

void monatsverarbeitung(void)
{
  datei = fopen(dateiname, "r+");
                              /* Öffnen und Lesen der Datei,
                                 Schreiben möglich*/
  fread(kosten, sizeof(kosten), 1, datei);
  fseek(datei, 0, 0);
  ges_sum = 0;             /* Zeilen- und Gesamtsummenbildung */
  for (ka = 1; ka <= kart_max; ka++) {
    zeil_sum[ka-1] = 0;
    for (kst = 1; kst <= kstelle_max; kst++) {
      ges_sum += kosten[ka-1][kst-1].monat;
                                        /*Gesamtsumme bilden */
      zeil_sum[ka-1] += kosten[ka-1][kst-1].monat;
                                              /*Zeilensumme */
    }
  }
```

Abb. 223: Programm zur Monatsinformation in C (Teil 1)

```
  for (kst = 1; kst <= kstelle_max; kst++) {    /* Spaltensumme */
    sp_sum[kst-1] = 0;
    for (ka = 1; ka <= kart_max; ka++)
      sp_sum[kst-1] += kosten[ka-1][kst-1].monat;
  }
}

void monatsausdruck(void)
{
  fprintf(stdprn,
          "           Aufstellung der Monatinformationen\n\n\r");
  fprintf(stdprn,"KA/KS ");
  for (kst = 1; kst <= kstelle_max; kst++)
    fprintf(stdprn,"%8i",kst);
  fprintf(stdprn,"     Summe\n\n\r");
  for (ka = 1; ka <= kart_max; ka++) {
    fprintf(stdprn, "%2d    ",ka);
    for (kst = 1; kst<= kstelle_max; kst++) {
      fprintf(stdprn,"%8.2f",kosten[ka-1][kst-1].monat);
      kosten[ka-1][kst-1].jahr += kosten[ka-1][kst-1].monat;
      kosten[ka-1][kst-1].monat = 0;
    }
    fprintf(stdprn,"  %8.2f\n\r",zeil_sum[ka-1]);
  }
  fprintf(stdprn,"\n\rSumme ");
  for (kst = 1; kst <= kstelle_max; kst++)
    fprintf(stdprn,"%8.2f",sp_sum[kst-1]);
  fprintf(stdprn," %8.2f\n\r",ges_sum);
}


void speichern(void)
{
  fseek(datei, 0, 0);  /* Zeiger wieder auf Dateianfang setzen */
  fwrite(kosten, sizeof(kosten), 1, datei);
}
```

Abb. 224: Programm zur Monatsinformation in C (Teil 2)

Aufstellung der Monatsinformationen

KA /KS	1	2	3	4	5	6	7	8	Summe
1	678.90	0.00	0.00	234.50	0.00	0.00	0.00	0.00	913.40
2	0.00	0.00	123.45	0.00	445.43	0.00	0.00	0.00	568.88
3	0.00	0.00	0.00	0.00	0.00	0.00	0.00	0.00	0.00
4	0.00	0.00	0.00	0.00	0.00	0.00	0.00	0.00	0.00
5	0.00	0.00	0.00	0.00	0.00	0.00	0.00	0.00	0.00
6	0.00	0.00	0.00	0.00	0.00	0.00	0.00	0.00	0.00
7	0.00	0.00	0.00	0.00	0.00	0.00	0.00	0.00	0.00
8	0.00	0.00	0.00	0.00	0.00	0.00	0.00	0.00	0.00
9	0.00	0.00	0.00	0.00	0.00	0.00	0.00	0.00	0.00
10	0.00	0.00	0.00	0.00	0.00	0.00	0.00	100.00	100.00
Summe	678.90	0.00	123.45	234.50	445.43	0.00	0.00	100.00	1582.28

Abb. 225: Anwendung des Monatsinformationsprogramms auf die Testdaten

Aufstellung der Monatsinformationen

KA /KS	1	2	3	4	5	6	7	8	Summe
1	0.00	0.00	0.00	0.00	0.00	0.00	0.00	0.00	0.00
2	0.00	678.90	0.00	0.00	0.00	0.00	0.00	0.00	678.90
3	0.00	0.00	0.00	0.00	123.56	0.00	0.00	0.00	123.56
4	0.00	0.00	0.00	0.00	0.00	0.00	0.00	0.00	0.00
5	0.00	0.00	0.00	0.00	0.00	0.00	0.00	0.00	0.00
6	0.00	0.00	0.00	0.00	0.00	0.00	0.00	0.00	0.00
7	0.00	0.00	0.00	0.00	0.00	0.00	0.00	0.00	0.00
8	0.00	0.00	0.00	0.00	0.00	0.00	0.00	345.00	345.00
9	0.00	0.00	0.00	0.00	0.00	0.00	0.00	0.00	0.00
10	0.00	0.00	0.00	0.00	0.00	0.00	0.00	100.00	100.00
Summe	0.00	678.90	0.00	0.00	123.56	0.00	0.00	445.00	1247.46

Abb. 226: Ergebnis der Testdaten für einen Folgemonat

```
(I)nitialisierung
(H)inzufügen von Monatsinformationen

Bitte Wahl eingeben: H
Änderung der Kosten von Kostenart: 2
                     Kostenstelle: 2
                  Änderungsbetrag: 678.9
Änderung der Kosten von Kostenart: 3
                     Kostenstelle: 5
                  Änderungsbetrag: 123.56
Änderung der Kosten von Kostenart: 8
                     Kostenstelle: 8
                  Änderungsbetrag: 345
Änderung der Kosten von Kostenart: 10
                     Kostenstelle: 8
                  Änderungsbetrag: 100
Änderung der Kosten von Kostenart: -3
```

Abb. 227: Die Testdaten für den Folgemonat

Schließlich muss in einem weiteren Programm die Aufgabe erfüllt werden, dass die Jahresinformationen ausgegeben werden. Es hat eine ähnliche Gestalt wie das der Ausgabe der Monatsinformationen, nur dass in diesem Fall das Feld der Jahresinformationen wie beim letzten Programm das der Monatsinformationen ausgedruckt wird. Das Programm der Jahresinformationen wird deshalb ohne Struktogramm nur durch das Programmlisting wiedergegeben (vgl. Abb. 228/229 (PASCAL) und Abb. 230/231 (C)).

Auch dieses Programm läuft auf der Anlage ohne Fehler, wie ein Test zeigt (vgl. Abb. 232).

Anhand dieser Beispiele wurden Fragestellungen, die für den Bereich der Wirtschaftswissenschaften charakteristisch sind, wiedergegeben. Es ist möglich, mit Hilfe dieser Programmformen fast alle realen Fragestellungen, auch solche mit höherem Komplexitätsgrad, zu lösen.

Nach der Darstellung dieser Aufgaben aus dem Bereich der Wirtschaftswissenschaften gehen wir nun darauf ein, wie man ein Programm sinnvoll entwickelt.

```
(* Dieses Programm nimmt die Jahresauswertung der Datei
   MJ_KOST.DAT vor. Dazu werden die in einem Jahr angefallenen
   Kosten auf dem Drucker ausgegeben. Diese Auswertung wird
   einmal pro Jahr  durch geführt, die Jahreswerte werden danach
   auf 0 zurückgesetzt, so mit eine Neuinitialisierung für den
   Folgemonat. *)

PROGRAM jahrinfo;
USES crt, printer;

CONST dateiname='a:\mj_kost.dat';
      kart_max=10;
      kstelle_max=8;

TYPE feld = RECORD
              monat,jahr: REAL;
            END;
 arraytyp = ARRAY [1..kart_max,1..kstelle_max] OF feld;
 dateityp = FILE OF arraytyp;

VAR  kosten:arraytyp;
     datei:dateityp;
     ka, kst:INTEGER;    (* Zähler für Kostenarten und -stellen *)
                                             (* Gesamtsumme *)
     ges_sum:REAL;
     zeil_sum:ARRAY [1..kart_max] OF REAL;
                                       (* Kosten je Kostenart *)
     sp_sum:ARRAY [1..kstelle_max] OF REAL;
                                     (* Kosten je Kostenstelle *)
 (* PROZEDUREN UND FUNKTIONEN *)

 PROCEDURE jahresverarbeitung;
 BEGIN
   CLRSCR;
   ASSIGN (datei,dateiname);        (* Öffnen und lesen der Datei *)
   RESET (datei);
   READ (datei,kosten);
   SEEK (datei,0);
   ges_sum := 0;               (* Zeilen- und Gesamtsummenbildung *)
   FOR ka := 1 TO kart_max DO
   BEGIN
     zeil_sum[ka] := 0;             (* Zeilensummen auf 0 setzen *)
     FOR kst := 1 TO kstelle_max DO
     BEGIN
       ges_sum := ges_sum+kosten[ka,kst].jahr;
                                         (* Gesamtsumme bilden *)
       zeil_sum[ka] := zeil_sum[ka]+kosten[ka,kst].jahr;
                                                (* Zeilensumme *)
     END;
   END;

   FOR kst := 1 TO kstelle_max DO                (* Spaltensumme *)
   BEGIN
     sp_sum[kst] := 0;
     FOR ka := 1 TO kart_max DO
       sp_sum[kst] := sp_sum[kst]+kosten[ka,kst].jahr;
   END;
 END;
```

Abb. 228: Programm zur Jahresinformation in PASCAL (Teil 1)

```
PROCEDURE jahresausdruck;
BEGIN
  WRITELN (lst,'          Aufstellung der Jahresinformationen ');
  WRITELN (lst);
  WRITE (lst,'KA/KS ');
  FOR kst := 1 TO kstelle_max DO
    WRITE (lst,kst:8);
  WRITELN (lst,'    Summe');
  WRITELN (lst);

  FOR ka := 1 to kart_max DO
  BEGIN
    WRITE (lst,ka:2,'    ');
    FOR kst := 1 TO kstelle_max DO
    BEGIN
      WRITE (lst,kosten[ka,kst].jahr:8:2);
      kosten[ka,kst].jahr := 0;
    END;
    WRITELN (lst,' ',zeil_sum[ka]:8:2);
  END;
  WRITELN (lst);
  WRITE (lst,'Summe ');
  FOR kst := 1 TO kstelle_max DO
    WRITE (lst,sp_sum[kst]:8:2);
  WRITELN (lst, ' ',ges_sum:8:2);
END;

PROCEDURE speichern;
BEGIN
  SEEK (datei,0);
  WRITE (datei, kosten);
END;


(* HAUPTPROGRAMM *)

BEGIN
  CLRSCR;
  jahresverarbeitung;
  jahresausdruck;
  speichern;
  CLOSE (datei);
END.
```

Abb. 229: Programm zur Jahresinformation in PASCAL (Teil 2)

```
/* Dieses Programm nimmt die Jahresauswertung der Datei
   mj_kost.dat vor. Dazu werden die in einem Jahr anfallenden
   Kosten auf dem Drucker ausgegeben. Diese Auswertung ist einmal
   pro Jahr durchzuführen, die Kostenwerte werden danach auf 0
   zurückgesetzt, somit eine Neuinitialisierung für den Folge-
   monat. */

#include <stdio.h>
#define dateiname "a:\\mj_kost.dat"
#define kart_max 10
#define kstelle_max 8

typedef struct
{
  float monat, jahr;
} feld;

feld kosten[kart_max][kstelle_max];
FILE *datei;
int ka, kst;                /* Zähler für Kostenarten und -stellen */
float ges_sum;                                     /* Gesamtsumme */
float zeil_sum[kart_max];                 /* Kosten je Kostenart */
float sp_sum[kstelle_max];              /* Kosten je Kostenstelle */

void jahresverarbeitung(void);            /* Funktionsprototypen */
void jahresausdruck(void);
void speichern(void);


/* Hauptprogramm */

void main (void) {
  jahresverarbeitung();
  jahresausdruck();
  speichern();
  fclose (datei);
}

/* Definitionen der Funktionen */

void jahresverarbeitung(void)
{
  datei = fopen(dateiname, "r+");/* Öffnen und Lesen der Datei,
                                      Schreiben möglich*/
  fread(&kosten, sizeof(kosten), 1, datei);
  fseek(datei, 0, 0);
  ges_sum = 0;                /* Zeilen- und Gesamtsummenbildung */
  for (ka = 1; ka <= kart_max; ka++) {
    zeil_sum[ka-1] = 0;
    for (kst = 1; kst <= kstelle_max; kst++) {
      ges_sum += kosten[ka-1][kst-1].jahr;/*Gesamtsumme bilden */
      zeil_sum[ka-1] += kosten[ka-1][kst-1].jahr;/*Zeilensumme */
    }
  }
```

Abb. 230: Programm zur Jahresinformation in C (Teil 1)

```
  for (kst = 1; kst <= kstelle_max; kst++) {   /* Spaltensumme */
    sp_sum[kst-1] = 0;
    for (ka = 1; ka <= kart_max; ka++)
      sp_sum[kst-1] += kosten[ka-1][kst-1].jahr;
  }
}

void jahresausdruck(void)
{
  fprintf(stdprn,
              "   Aufstellung der Jahresinformationen\n\n\r");
  fprintf(stdprn, "KA/KS");
  for (kst = 1; kst <= kstelle_max; kst++)
    fprintf(stdprn, "%8i",kst);
  fprintf(stdprn,"      Summe\n\n\r");
  for (ka = 1; ka <= kart_max; ka++) {
    fprintf(stdprn, "%2i    ",ka);
    for (kst = 1; kst<= kstelle_max; kst++) {
      fprintf(stdprn,"%8.2f",kosten[ka-1][kst-1].jahr);
      kosten[ka-1][kst-1].jahr = 0;
    }
    fprintf(stdprn,"  %8.2f\n\r",zeil_sum[ka-1]);
  }
  fprintf(stdprn,"\n\rSumme ");
  for (kst = 1; kst <= kstelle_max; kst++)
    fprintf(stdprn,"%8.2f",sp_sum[kst-1]);
  fprintf(stdprn, "  %8.2f\n\r",ges_sum);
}

void speichern(void)
{
  fseek(datei, 0, 0);  /* Zeiger wieder auf Dateianfang setzen */
  fwrite(&kosten, sizeof(kosten), 1, datei);
}
```

Abb. 231: Programm zur Jahresinformation in C (Teil 2)

Aufstellung der Jahresinformationen

KA /KS	1	2	3	4	5	6	7	8	Summe
1	678.90	0.00	0.00	234.50	0.00	0.00	0.00	0.00	913.40
2	0.00	678.90	123.45	0.00	445.43	0.00	0.00	0.00	1247.78
3	0.00	0.00	0.00	0.00	123.56	0.00	0.00	0.00	123.56
4	0.00	0.00	0.00	0.00	0.00	0.00	0.00	0.00	0.00
5	0.00	0.00	0.00	0.00	0.00	0.00	0.00	0.00	0.00
6	0.00	0.00	0.00	0.00	0.00	0.00	0.00	0.00	0.00
7	0.00	0.00	0.00	0.00	0.00	0.00	0.00	0.00	0.00
8	0.00	0.00	0.00	0.00	0.00	0.00	0.00	345.00	345.00
9	0.00	0.00	0.00	0.00	0.00	0.00	0.00	0.00	0.00
10	0.00	0.00	0.00	0.00	0.00	0.00	0.00	200.00	200.00
Summe	678.90	678.90	123.45	234.50	568.99	0.00	0.00	545.00	2829.74

Abb. 232: Anwendung des Jahresinformationsprogramms auf die Testdaten von zwei Monaten

3.2 Strukturiertes systematisches Programmieren

Bisher wurde gezeigt, wie man kleinere ökonomische Fragestellungen mit Hilfe der EDVA systematisch löst. Das zugrunde liegende Verfahren ist aber auch nur für eine Einführung und für kleinere Problembereiche geeignet. Es wurde aber auch bei größeren Problemen bis zum Ende der sechziger Jahre und in vielen Unternehmen bis heute genauso angewendet. Auf diese Art entstanden große unübersichtliche Programmpakete, die kaum den jeweiligen Anforderungen angepasst werden konnten.

Erst durch die Entwicklung des strukturierten Programmierens, die von Dijkstra eingeleitet und von Wirth weiter gefördert wurde, hat sich seit Anfang der siebziger Jahre eine wesentliche Veränderung ergeben. Beim strukturierten Programmieren bemüht man sich, möglichst einfach und verständlich zu programmieren, indem man folgende Grundregeln beachtet:

1. Anwendung eines einfachen, übersichtlichen Konzepts, in dem nur leicht verständliche Befehlsfolgen zugelassen werden.
2. Deutliche Strukturierung durch die Verwendung zusammengehörender Anweisungen als unabhängige Blöcke von Anweisungen, die in der Programmumsetzung als Unterprogramme oder Programmbausteine realisiert werden können. In der Anfangsgestaltungsphase sollen diese noch nicht zu weit zerlegt werden, damit der Überblick nicht verloren geht.
3. Die Verwendung eindeutiger Schleifen, wobei jeweils eine Schleife genau auf einen Block angewendet wird.
4. Klare Gestaltung von alternativen Bearbeitungsmöglichkeiten, wobei jede Alternative durch einen Block realisiert wird und die Verbindung durch Anweisungen des Typs IF...THEN Block 1 ELSE Block 2 erfolgen soll.
5. Verwendung nicht zu langer Programme. Dieses Ziel kann leicht erreicht werden durch eine funktionale Zerlegung des Gesamtprogramms in Unterprogramme. Diese wurde bereits anhand der Beispiele in Kap 3.1 vorgeführt.

Bei Beachtung dieser Regeln kann man viele unübersichtliche Verzweigungen zu vorangehenden Befehlen vermeiden und dadurch ein Programm übersichtlich gestalten. Zusätzlich lassen sich hierdurch die Entwicklungszeiten erheblich verkürzen (z.T. bis zu 50 %). Neben den damit realisierten Einsparungen werden weitere erst später durch die leichter ausführbaren Änderungen und die besseren Testbedingungen feststellbar.

Obwohl diese Fakten sehr für die Anwendung dieser Methode sprechen, wird sie im deutschsprachigen Raum zumeist nur von fortschrittlich geführten, größeren EDV-Anwendern berücksichtigt. Vielfach wird auch die traditionelle Methode des chaotischen, mehr detailorientierten Programmierens, bei der nicht zusammenpassende Detaillösungen zusammengeflickt werden, mit dem Namen des strukturierten Programmierens versehen, um zu zeigen, wie fortschrittlich man arbeitet.

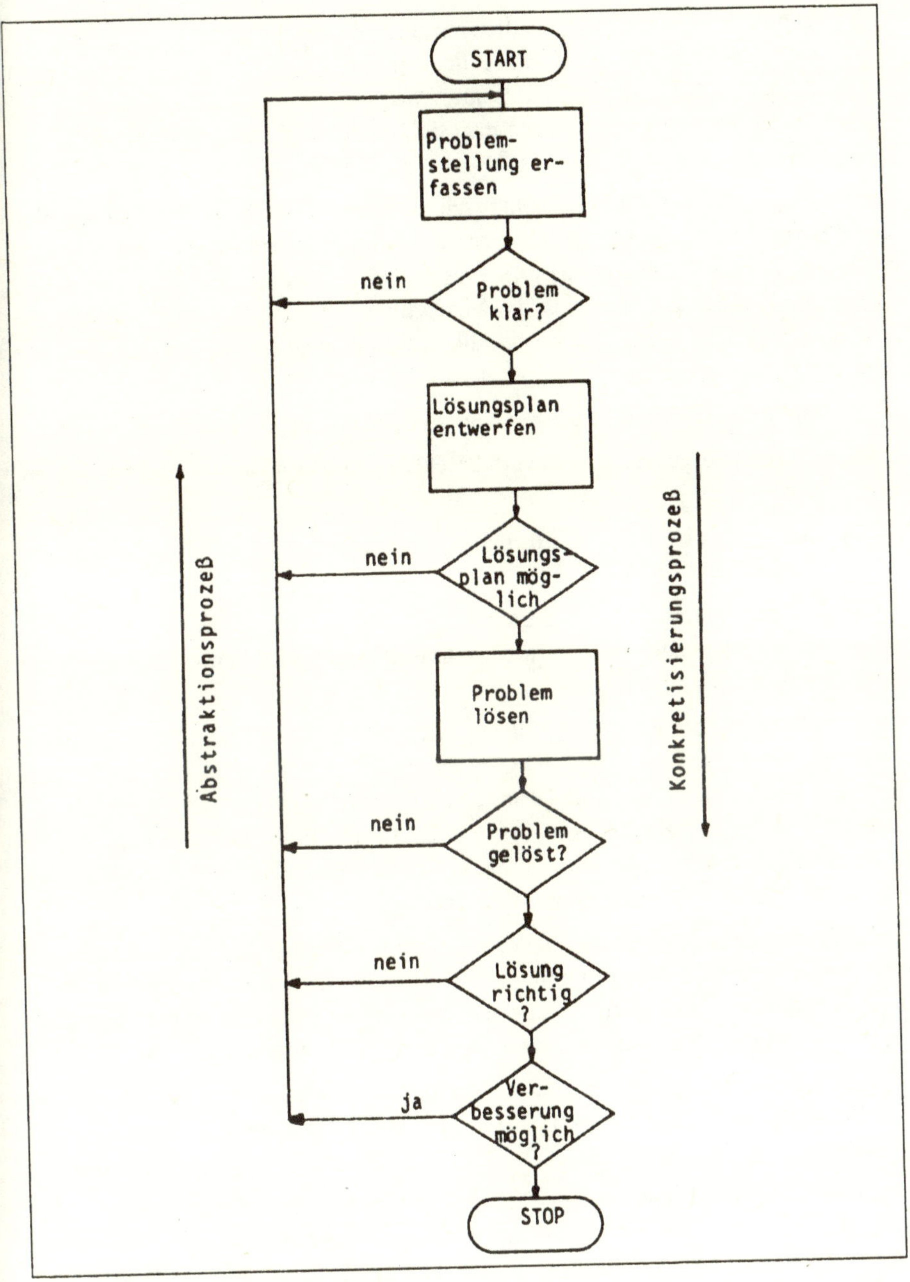

Abb. 233: Problemlösungsschema

Da dieses strukturierte Programmieren offensichtlich große Vorteile bringt, aber leider immer noch unzureichend angewendet wird, sollen bereits in diesem Einführungsbuch die Grundgedanken hierzu dargelegt werden.

Das Ergebnis sowohl des traditionellen als auch des strukturierten Programmierens ist eine handschriftliche Wiedergabe der für die Problemlösung erforderlichen Anweisungen in der ausgewählten Programmiersprache. Bei der Durchführung des strukturierten Programmierens kann man sich an dem Schema aus Abb. 233 orientieren.[83]

Zunächst gilt es, die Problemstellung zu erfassen. Danach ist der Lösungsplan unter Berücksichtigung bereits bestehender Lösungen zu entwerfen. Treten hierbei Probleme auf, so ist erneut die Problemstellung zu analysieren. Im anderen Fall folgen die Lösung des Problems, die Überprüfung der Lösung und schließlich die Verbesserung der Lösung. Nach jeder dieser Stufen kann es möglich sein, dass das Ziel nicht erreicht wurde, z.B.:

- Die programmierte Lösung entspricht nicht der angestrebten,
- die Tests ergeben, dass die erwünschten Ergebnisse nicht geliefert werden, oder
- man stellt fest, dass die Lösung nur sehr unbefriedigende Ergebnisse bzgl. Laufzeit und Form liefert.

Ist also auf irgendeiner dieser Stufen eine Unklarheit oder eine Verbesserungsmöglichkeit zu erkennen oder werden weitere Informationen benötigt, so ist zu der ersten Stufe zurückzukehren.

Dabei sollte versucht werden, nur dann die nächste Stufe in Anspruch zu nehmen, wenn die davor liegende vollständig erarbeitet wurde. Falls Unklarheiten geblieben sind, so führen sie in den Folgestufen i.d.R. zu Fehlern, die nur schwer erkannt werden und deren Behebung zu zusätzlichen Kosten führt. Deshalb muss es das Bestreben aller Beteiligten sein, sämtliche Unklarheiten und Fehlermöglichkeiten möglichst frühzeitig zu erkennen und zu beseitigen.

Der Prozess in aufsteigender Reihenfolge der Stufen ist der Konkretisierungsprozess, in dem die Lösung erarbeitet wird. Der Abstraktionsprozess ist ein Rückkopplungsprozess, der dazu dient, die wesentlichen Teile der Aufgabenstellung herauszuarbeiten. Dazu wird auf vorhergehende Stufen zurückgegangen.

Je grundsätzlicher der Abstraktionsprozess betrieben wird, desto geringer werden die Rücksprünge in den späteren Phasen sein und desto kostengünstiger wird das Programm.

Aus der Darstellung geht ebenfalls hervor, dass es sich empfiehlt, stets die fertigen Lösungen erneut zu überprüfen und zu verbessern. Dieser Schritt, der insbesondere der ersten Programmerstellung folgen soll, wird bei der traditionellen Programmierung meist übergangen, da man meist froh ist, ein lauffähiges Programm zu haben und sich deshalb nicht mehr um systematische Verbesserungen bemüht. Auch lernt man auf diese Weise nichts hinzu, da die Fehler und Verbesserungsmöglichkeiten

[83] Vgl. **RIEMANN, W.O.**: Betriebsinformatik, München/Wien 1988, S. 105 ff.

icht aufgedeckt werden. Diese prinzipielle Vorgehensweise setzt generell voraus, ass man die Programme selbst systematisch überprüft bzw. diese überprüfen lässt nd dass man Diskussionspartner hat, mit denen man über die Güte der einzelnen rogrammanweisungsfolgen diskutieren kann. Bei Einzelprogrammierern, die .d.R. auch nur an kleineren Projekten arbeiten, wird deshalb diese Vorgehensweie weniger ausgeprägt sein als bei Teams an Programmierern, die gemeinsam ein rößeres Projekt lösen. Gerade bei größeren Problemen ist es wichtig, dass man len Programmplanungs- und Lösungsschritt hinreichend fein untergliedert. Dabei eht man nach der Methode des sog. Top-Down-Approachs in den folgenden Teilschritten vor:

1. Zunächst zerlegt man nach der Methode des Top-Down-Approachs das Gesamtproblem in Teilprobleme, die ihrerseits wieder in Teilprobleme zerlegt werden, um auf diese Weise das Problem sukzessive auf Trivialprobleme, bereits bekannte oder bereits gelöste Teilprobleme zurückzuführen (vgl. Abb. 234).

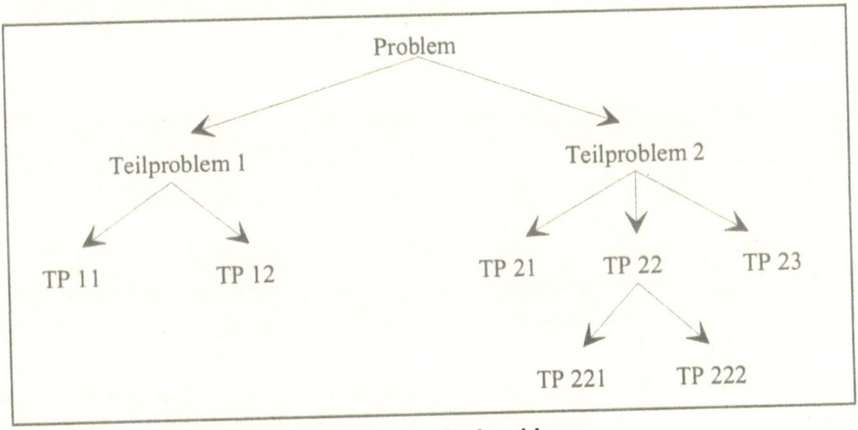

Abb. 234: Zerlegung eines Problems in Teilprobleme

Diesen Schritt findet man z.T. auch in der traditionellen Programmierung wieder. Die folgenden werden aber meistens vernachlässigt. (Auch in diesem Buch wurde bewusst auf diese verzichtet, da nur einfache Probleme behandelt wurden.)

2. Man überprüft im Rahmen des Bottom-Up-Approachs die Teilprobleme daraufhin, ob es unter ihnen ähnliche Fragestellungen gibt, um diese gemeinsam behandeln zu können, bzw. um auf das Lösen verschiedener dieser Teilprobleme verzichten zu können, da ihre Lösung ohnehin mit entwickelt wird. Danach werden bereits die als gelöst betrachteten Teilprobleme wieder zusammengefasst und es wird überprüft, inwieweit diese kumulierte Lösung auch der gewünschten entspricht (vgl. Abb. 235).

3. Man überprüft, ob nach diesem Zusammenfügen von Programmbausteinen, die z.T. für verschiedene Fragestellungen verwendet werden, nicht eine Lösung entstand, die selbst noch verbesserungsfähig ist. In diesem Fall beginnt man wieder mit dem ersten Schritt. Im anderen Fall kann zum 4. übergegangen werden.

4. Es wird das eigentliche Programm erstellt.

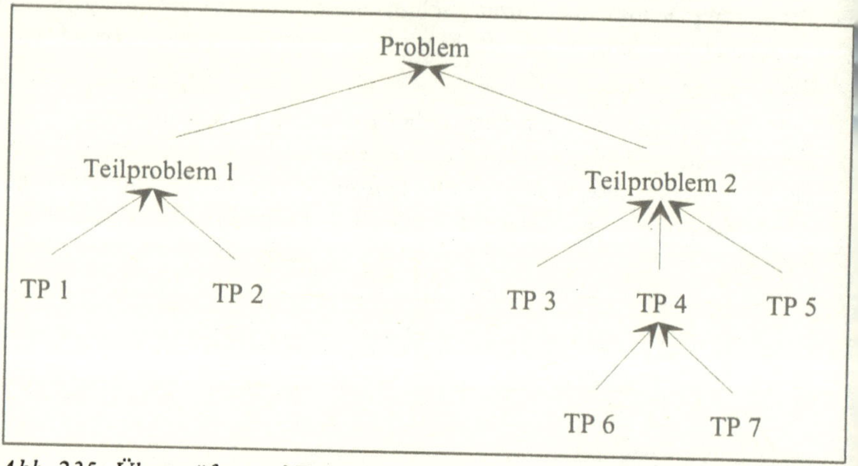

Abb. 235: Überprüfen und Zusammenfassen bereits gelöster Teilprobleme

Die Anwendung des strukturierten Programmierens hat sehr große Erfolge bei der Entwicklung großer Programmsysteme mit sich gebracht. Bei der Entwicklung umfangreicher Systemsoftware wurden Zeiteinsparungen von z.T. mehr als 50 % gegenüber der herkömmlichen Programmiermethode gemessen. Insofern empfiehlt sich unbedingt die Anwendung des strukturierten und systematischen Programmierens. Auch in kleineren und mittleren Betrieben bemüht man sich zunehmend um diese Technik; jedoch findet hier häufig nur der Begriff der strukturierten Programmierung Eingang, nicht aber der Inhalt.

3.3 Programmiersprachen

Nachdem im letzten Abschnitt Grundlagen der Programmiertechnik dargestellt wurden, soll in diesem auf weitere Programmiersprachen und deren Klassifikation eingegangen werden, denn es gibt eine Vielzahl an Sprachen, mit denen man mit unterschiedlichem Aufwand verschiedenartige Problemstellungen lösen kann.

Durch diese Vorbemerkung soll aber nicht der Eindruck entstehen, als stünden Programmiermethodik und Programmiersprachen in einem einseitigen Abhängigkeitsverhältnis. Vielmehr hängen der Prozess des Codierens und der davorliegenden Problemanalyse wechselseitig eng miteinander zusammen. Einerseits kann durch die Möglichkeit der Nutzung einer besonders geeigneten Programmiersprache die Problemanalyse erheblich vereinfacht werden, andererseits kann aber auch durch eine systematische Problemanalyse, die die besonderen Vorzüge der jeweiligen Programmiersprache beachtet, der Codierprozess wesentlich verkürzt werden.

Bisher wurde nur gezeigt, welche Eigenschaften PASCAL und C haben. Im Folgenden wird anhand der geschichtlichen Entwicklung der Sprachen dargestellt, in welcher Hinsicht die Sprachen den Problembereichen angepasst wurden und anhand welcher Kriterien man eine Sprache beurteilen kann.

Meilensteine in der Geschichte der Programmiersprachen sind die Jahre 1945, 1946, 1954, 1958 und 1959.

Die Jahre 1945 und 1946 sind für die Entwicklung der Programmiersprachen in zweifacher Hinsicht bedeutungsvoll:

- John von Neumann machte den Vorschlag, das Programm zunächst in den Speicher zu laden, bevor man es ausführen lässt. Erst durch diese Idee wurde der Weg für die Verwendung von problemorientierten Sprachen eröffnet, weil diese nun zunächst im Speicher in die Maschinensprache übersetzt werden können und von dort zur Ausführung gelangen.
- Konrad Zuse machte mit seinem "Plankalkül", der jedoch erst später veröffentlicht wurde, einen Vorstoß in Richtung auf die problemorientierten Sprachen. Der Vorschlag Zuses ist bis heute aufgrund der Vielseitigkeit noch nicht realisiert worden. Die ersten Vorstellungen zur automatischen Formelübersetzung kamen im Jahre 1952 von Rutishauser; sie wurden später auch verwirklicht.

1954 wurde ein erster Versuch in Richtung auf eine problemorientierte Programmiersprache anhand von FORTRAN gemacht. Zwar wurde diese Sprache schon zu diesem Zeitpunkt angekündigt, das entsprechende Programmiererhandbuch erschien dazu allerdings erst 1956.

1958 wurden auf einer gemeinsamen Tagung der Gesellschaft für Angewandte Mathematik und Mechanik (GAMM) und der Association for Computing Machinery (ACM) allgemeine Bedingungen formuliert, die eine problemorientierte Sprache erfüllen sollte:

1. Sie soll möglichst eng an eine natürliche angelehnt und leicht lesbar sein.
2. Sie soll zur Beschreibung von numerischen Prozessen in Veröffentlichungen geeignet sein und so die Selbstdokumentation von Programmen unterstützen.
3. Sie soll automatisch in Programme für verschiedene Maschinen übersetzbar sein.

Dass diese Bedingungen durchaus erfüllbar sind, wurde an der gemeinsam formulierten Sprache IAL (International Algebraic Language) demonstriert, aus der später ALGOL 58 und ALGOL 60 entstanden.

1959 wurde die Programmiersprache COBOL durch eine Arbeitsgruppe aus Mitgliedern von Herstellern und Benutzern entwickelt. Sie wurde 1961/62 erweitert und 1968 zum erstenmal genormt. Sie ist weniger klar definiert und weniger deutlich aufgebaut als die Programmiersprache ALGOL 60.

Seit 1959 wurden mehr als 2.000 verschiedene, z.T. sehr unterschiedliche Programmiersprachen geschrieben und jedes Jahr entstehen zahlreiche neue, die wegen ihrer großen Zahl für den Anwender kaum noch überschaubar sind. Zusätzlich entstehen immer mehr Softwaresysteme, die kaum als geschlossene Computersprachen zu bezeichnen sind, mit deren Hilfe aber sehr einfach fast maßgeschneiderte Anwendungssoftware erstellt werden kann. Diese Tools werden i.d.R. nicht mehr anwendungsneutral, sondern auf engere Anwendungsgebiete ausgerichtet. So ist z.B. das Tool Microsoft Excel speziell für Tabellenkalkulation ausgelegt.

Es ist also notwendig, dass Kriterien formuliert werden, anhand derer der Programmierer vor der Programmerstellung beurteilen kann, ob er für das zu lösende Problem die geeignete Programmiersprache gewählt hat, bzw. wie er die geeignete Programmiersprache findet.

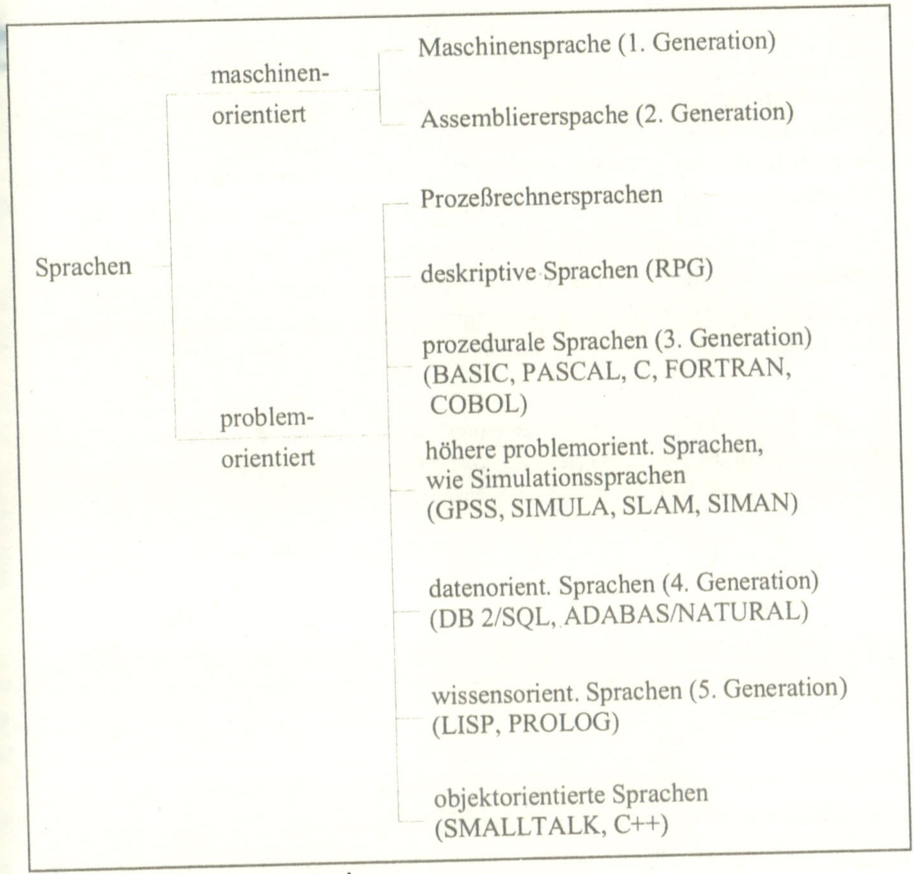

Abb. 236: Programmiersprachen

Meist wird die "Qual der Wahl" des Programmierers jedoch dadurch gemildert, dass er sein Problem auf einer vorhandenen EDVA lösen soll. Für diese sind meist nur eine geringe Anzahl an Programmentwicklungstools (Programme zur Entwicklung von Programmen) und Sprachen vorhanden.

Jedoch auch unter diesen muss er die für ihn geeignete finden. Bevor hier die Kriterien hergeleitet werden, soll zum allgemeinen Verständnis der Kriterien die Menge der Sprachen nach verschiedenen Gesichtspunkten unterteilt werden (vgl. Abb. 236).

Wie bereits in Kap. 2.4 erwähnt wurde, lässt sich die Menge der Programmiersprachen unterteilen in mehr maschinen- und mehr problemorientierte Sprachen. Bei den maschinenorientierten Sprachen unterscheidet man zum einen die in Kap. 2.8.1.1 behandelten Maschinen- (Sprachen der 1. Generation) und zum anderen die Assembliererspachen und Makroassembliererspachen (Sprachen der 2. Generation), die durch zusätzliche dem Problembereich angepasste Befehle, den

Makros, aus der Assemblersprache entwickelt wurden. Die Menge der maschinenorientierten Sprachen hat für ökonomische Anwendungen kaum Bedeutung.

Die problemorientierten Sprachen lassen sich wieder unterscheiden in die Menge der Prozessrechnersprachen, der deskriptiven Sprachen, der prozeduralen Sprachen, der höheren problemorientierten Sprachen, der datenorientierten, der wissensbasierten Sprachen und der objektorientierten Sprachen.

Die Prozessrechnersprachen dienen zur Steuerung von Anlagen, die über einen Computer, der in dieser Prozessrechnersprache programmiert wird, gesteuert werden, z.B. Steuerung von Werkzeugmaschinen, Steuerung von automatischen Hochregallagern, Steuerung von Walzstraßen.

Die deskriptiven Sprachen waren sehr verbreitet für das Bearbeiten von Daten, wie z.B. das Aufstellen von Rechnungen und das Schreiben von Formularen. Diese sind aber weniger zum Verarbeiten von Daten geeignet. Die meistverwendete dieser deskriptiven Sprachen war die Programmiersprache RPG.

Bei den prozeduralen problemorientierten Sprachen (Sprachen der 3. Generation) lassen sich zwei Gruppen bezüglich der Übersetzungsart und der damit verbundenen Ausführungszeit unterscheiden, und zwar Interpretierersprachen (z.B. BASIC und APL) und die Kompilierersprachen wie FORTRAN, PASCAL, C, ALGOL, COBOL, PL/1, etc.

Bei Interpretierersprachen wird - wie bereits erwähnt - jeweils eine Anweisung übersetzt und ausgeführt, bevor zur nächsten übergegangen wird, während bei Kompilierersprachen das Programm erst komplett übersetzt wird und dann für die folgenden Anwendungen als Maschinencode vorliegt.

Mit der Konzeption, der Gestaltung und der Verwaltung großer Datenbestände, d.h. mit der Entwicklung der Datenbanken (die Datenbestände) und der Datenbanksysteme (Verwaltungsprogramme zu ihrer Verwaltung) entstanden die datenorientierten Sprachen, die nicht mehr prozedurorientiert, sondern datenorientiert sind (Sprachen der 4. Generation). Eine datenbankorientierte Programmiersprache könnte folgende Gestalt haben:

```
NENNE ALLE MITARBEITER MIT ALTER GRÖSSER 30 und
FREMDSPRACHE ist ENGLISCH
```

Mit derartigen Sprachen lassen sich sehr effizient auf der Basis von Datenbanksystemen Anwendungsprobleme z.B. aus der Buchhaltung, der Kostenrechnung oder der Bestandsführung lösen.

Für die Gestaltung von Expertensystemen, mit denen der Rechner in die Lage versetzt werden soll, die Arbeit eines menschlichen Experten zu übernehmen, wurden ebenfalls eigene Sprachen entwickelt (Sprachen der 5. Generation), wie z.B. LISP, PROLOG. Auf der Basis derartiger Sprachen entstanden auch Experensysteme, in die nur noch das Wissen eingegeben werden soll. Derartige leere Expertensysteme bezeichnet man als Expertensystemshells.

Expertensysteme haben bisher noch wenig Eingang in Betriebe gefunden. Es werden jedoch enorme Anstrengungen unternommen, um eine größere Akzeptanz zu erreichen und damit ein völlig neues Anwendungsgebiet zu erschließen.

Somit sind für betriebswirtschaftliche Anwendungen folgende Sprachen in den fünf folgenden Sprachgenerationen zu beachten (vgl. auch Abb. 237).

1. Generation: Maschinensprache

Eine Maschinensprache ist die interne Sprache eines bestimmten Rechners. Sie ist nur für diesen Rechnertyp gültig. Die Befehle werden i.d.R. binär codiert. Daraus folgt, dass Maschinensprachen schwer lesbar, unübersichtlich, fehleranfällig und aufwendig zu erstellen und zu ändern sind und sich deshalb für die Anwendungsprogrammierung nicht eignen.

2. Generation: Maschinenorientierte Sprachen (Assembler)

Maschinenorietierte Sprachen sind ebenfalls nur für Rechner eines bestimmten Typs gültig, bieten jedoch folgende Erleichterungen für die Programmierung:

- Befehle werden durch mnemotechnische Bezeichnungen wie ADD, SUB und MULT abgekürzt.
- Speicheradressen können symbolisch (statt absolut wie bei reinen Maschinensprachen) geschrieben werden.
- Feste Befehlsfolgen (z.B. trigonometrische Funktionen) sind zu Makrobefehlen zusammengefasst.

3. Generation: Problemorientierte (höhere) Sprachen

Problemorientierte Sprachen sind weitgehend unabhängig von Rechnertypen und global auf Anwendungsbereiche ausgelegt. Die Befehlssyntax ist meistens an der natürlichen englischen Sprache ausgerichtet, wodurch die Erlernbarkeit und Programmierung vereinfacht werden. Die Sprachen PASCAL und BASIC, für Ausbildungszwecke entwickelt, gehören in diese Klasse. Eine problemorientierte Sprache speziell für den technischen Bereich ist FORTRAN. C wurde als Sprache für die Erstellung von Betriebssystemen und Compilern entwickelt. Die in der Vergangenheit gebräuchlichste Sprache für Anwendungen im kaufmännischen Bereich war COBOL. Etwa 50 % der Programme auf mittleren und größeren Anlagen waren in COBOL abgefasst.[84]

[84] Vgl. **STAHLKNECHT, P.; HASENKAMP, U.**: Einführung in die Wirtschaftsinformatik, 10., überarb. und aktual. Aufl., Berlin u.a. 2001, S. 103.

4. Generation: Datenorientierte Sprachen

Bei den Sprachen der 4. Generation unterscheidet man Software-Entwicklungswerkzeuge und Endbenutzersprachen. Mit ersteren lässt sich die Entwicklung von Anwendungssystemen vereinfachen, indem z.B. durch die Vorgabe von Parametern umfangreicher Programmcode generiert werden kann.

Endbenutzersprachen sind für den Anwender in Fachabteilungen gedacht. Sie sollen diesen Personenkreis in die Lage versetzen, kleinere Aufgaben direkt, d.h. ohne Hilfe von professionellen Programmierern, zu lösen. Ein derartiges Problem wäre es beispielsweise, aus einer Datenbank diejenigen Informationen zu gewinnen, mit denen sich eine Verkaufsstatistik für bestimmte Produkte oder Kunden erstellen lässt. Die bekanntesten Beispiele sind hierzu SQL und NATURAL für das Datenbanksystem ADABAS bzw. ORACLE.

5. Generation: Wissensorientierte Sprachen

Dieses sind Sprachen, die für die Entwicklung von Expertensystemen (XPS) geeignet sind. Die bekanntesten wissensorientierten Programmiersprachen sind LISP und PROLOG.

Der wesentliche Unterschied zwischen Programmen, die in einer Sprache der 3. Generation geschrieben sind, und einem XPS besteht darin, dass das zur Lösung eines Programms erforderliche Wissen nicht im Programmcode verborgen bleibt, sondern explizit in einer sog. Wissensbasis dargestellt wird. Dadurch ergibt sich gegenüber der "klassischen" Zweiteilung in Daten und Programm eine Dreiteilung in Daten, Programm und Wissensbasis. Heute ist ein zunehmender Trend zu den Sprachen der 4. und 5. Generation zu verzeichnen.

Es sollen nun noch die immer mehr an Bedeutung gewinnenden objektorientierten Sprachen vorgestellt werden.

6. Objektorientierte Sprachen

Mit objektorientierten Programmiersprachen versucht man, die Trennung zwischen Daten und Funktionen aufzuheben, indem man die Daten mit den zugehörigen Funktionen in einem Objekt abbildet.[85] Der Aufruf einer Funktion eines Objektes erfolgt über das Versenden einer Nachricht an das entsprechende Objekt. Wenn ein Objekt eine Nachricht erhält, führt es die gleichnamige Methode aus bzw. erzeugt eine Fehlermeldung, falls die Methode nicht vorhanden ist.

---

[85] Vgl. dazu auch Kap. 3.5.

Objektorientierte Programmiersprachen können grundsätzlich in folgende Kategorien eingeordnet werden.

- "reine" objektorientierte Sprachen
  Diese Sprachen sind von Grund auf als objektorientierte Sprachen konzipiert worden. Der bekannteste Vertreter dieser Gattung ist Smalltalk.
- Hybridsprachen
  Bei diesen Sprachen handelt es sich um traditionelle Programmiersprachen, die um objektorientierte Elemente erweitert wurden. Im Bereich der Hybridsprachen hat C++ eine sehr große Bedeutung.

  Hybridsprachen ermöglichen dem Anwender einen langsamen Umstieg von der traditionellen auf die objektorientierte Programmierung, lassen aber auch die Vermischung von traditionellen und objektorientierten Konzepten zu.

Mit den vielen Vorteilen, die objektorientierte Sprachen dem Entwickler bieten, ist es zu begründen, dass sie sich wachsender Beliebtheit erfreuen. Der Trend bei den Programmiersprachen zeigt eindeutig in Richtung Objektorientierung.

Insbesondere im Bereich der visuellen Programmierung haben objektorientierte Programmiersprachen sehr große Bedeutung erlangt. Für die meisten derartigen Sprachen gibt es mittlerweile Entwicklungsumgebungen, die vorgefertigte grafische Steuerelemente (Objekte), wie Schaltflächen, Optionsfelder usw., beinhalten, die per Drag & Drop in einem Fenster platziert werden können und nur noch um eine gewisse Funktionalität erweitert werden müssen. Das spart enorm viel Zeit bei der Anwendungsentwicklung.

Nach dieser Klassifikation wird deutlich, dass der ökonomisch orientierte Anwender, falls er sich nicht für fertige oder weitgehend vorgefertigte Software oder Programmsysteme zur Erstellung von Software entscheidet, meist nur zwischen Sprachen der 3. oder 4. Generation bzw. den objektorientierten Sprachen wählen kann. Insgesamt ist die Vielfalt so groß, dass beim Auswahlprozess auf die im Folgenden aufzustellenden Beurteilungskriterien nicht verzichtet werden kann.

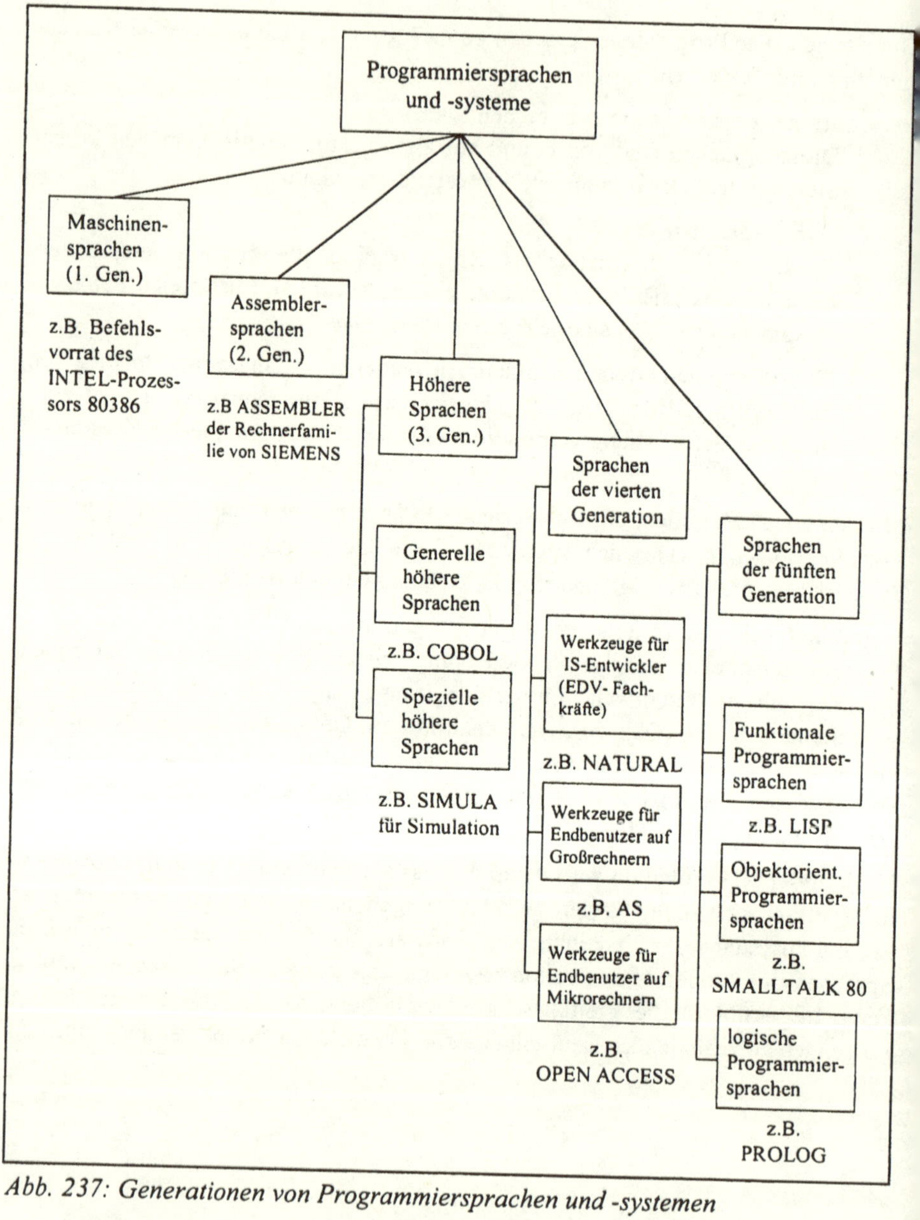

Abb. 237: Generationen von Programmiersprachen und -systemen

Als sinnvoll haben sich die folgenden Beurteilungskriterien herausgestellt, wobei die Liste der Kriterien in einzelnen Fällen sicher erweitert oder gekürzt werden kann (Programmsysteme zur Erstellung von spezieller Software werden als Tools bezeichnet):

1. Ist die Sprache mehr problemspezifisch oder mehr anwendungsneutral? Eine größere Problemorientierung erfordert i.A. größere Rechenzeiten, eine größere Anwendungsneutralität erfordert dagegen eine stärkere Problemanpassung und

damit einen größeren Erstellungsaufwand. Dafür dürfte aber gleichzeitig die Flexibilität größer sein. Im ökonomischen Bereich hat es sich durchgesetzt, dass man zunehmend zu stärker problemorientierten Lösungen übergeht.

2. Bietet die Sprache für den vorgesehenen Anwendungsbereich besondere Vorteile? Es wurden in den vergangenen Jahren zahlreiche Programmiersprachen für spezielle Anwendungsgebiete geschrieben. So lassen sich z.B. Warteschlangenprobleme, mit denen man Bedienungsprobleme, Abfertigungsprobleme, Steuerungsprobleme darstellen kann, besonders gut durch die Programmiersprache GPSS lösen. Jedoch ist diese Sprache sehr starr. Ähnliche Eigenschaften, aber eine größere Flexibilität, weist die Programmiersprache SIMULA auf.

   Will man besonders "schöne" und umfangreiche Listen in Verbindung mit Datenbanken ausgeben und wenig berechnen (d.h. keine groß angelegten Optimierungsberechnungen durchführen), so kommt man mit einer Programmiersprache aus, die weniger EDV-Kenntnisse vom Anwender verlangt, und zwar eine Programmiersprache der 4. Generation. Will man dagegen auch einen Dialog mit Datenbanken pflegen, so empfiehlt es sich, eine Programmiersprache zu wählen, die auch diesen Dialog gestattet. Hierzu dienen i.a. nur die Query Languages der Datenbanken, wie z.B. solche, die den SQL (structured query language) Standard erfüllen. Dieser Standard hat sich im Bereich der Datenbanksprachen als eine Art Norm herausgebildet.

3. Wie groß wird die voraussichtliche Rechenzeit sein? Mit größer werdender Problemorientiertheit steigt i.A. die Rechenzeit erheblich an. Deshalb kann es evtl. sinnvoll sein, eine weniger problemorientierte Programmiersprache zu wählen, wenn ein Programm, das mit großen Rechenzeiten verbunden ist, regelmäßig und häufig angewendet werden soll. In diesen Fällen kann die flexiblere, interpreterunterstützte Problemnähe der Programmiersprache zu Lasten der Rechenzeit gehen, da die Übersetzung dann regelmäßig anfällt, während die Übersetzung bei Kompilierersprachen nur einmal vorgenommen werden muss. Bei dieser Betrachtung ist allerdings gleichzeitig zu berücksichtigen, dass die regelmäßige Wartung eines Programms bei der flexibleren Form meist einfacher ist.

4. Bei der Interpretierersprache ist der Übersetzungsprozess parallel zum Rechenprozess geschaltet, d.h., es wird jeweils nur eine Anweisung übersetzt und gleich ausgeführt, bevor die nächste Anweisung folgt. Auch in Schleifen wird gleichermaßen vorgegangen: n Durchläufe einer Schleife erfordern ein n-maliges Übersetzen der auszuführenden Anweisung.

   Bei Kompilierersprachen wird das gesamte Programm dagegen nur einmal übersetzt.

   Der Vorteil bei der Verwendung von Interpretierersprachen besteht hingegen darin, dass dadurch die Testzeiten kürzer werden, denn bei jedem Ausführungsversuch werden immer schon die formal richtigen Anweisungen ausgeführt, während bei den Kompilierersprachen erst dann eine Ausführung möglich ist, wenn alle Anweisungen formal richtig sind.

5. Wie groß ist die Lernzeit des Anwenders für die Sprache? Hier hat sich gezeigt, dass das Erlernen einer zweiten Programmiersprache bei weitem nicht mit dem gleichen Aufwand verbunden ist wie das Lernen der ersten. Man kann nach dem Erlernen der ersten Programmiersprache durchaus in wenigen Wochen eine zweite Programmiersprache erlernen. Diese zweite Programmiersprache kann aber die Programmierzeit erheblich verkürzen. Größere Programmsysteme erfordern Zeiten von einigen bzw. sogar etlichen Mann-Jahren, so dass sich die Lernzeit einer besser geeigneten Programmiersprache durchaus lohnen kann. Jedoch hat man andererseits feststellen müssen, dass sehr viele Programmierer nur äußerst ungern von der zuerst erlernten Sprache zu einer anderen wechseln.

6. Wie groß ist die Programmier- und Entwicklungszeit? Aufgrund der Tatsache, dass die heutige Entwicklung von Software sehr teuer geworden ist, andererseits aber die Anlagen im Preis bei gleicher Leistung ständig sinken, ist zu überlegen, ob man evtl. eine vom Rechenaufwand ungünstigere Programmiersprache wählt, um die Programmier- und Entwicklungszeiten zu kürzen.

7. Wie weit ist eine Dialogfähigkeit der Sprache vorgesehen? Hier sind insbesondere die Interpretierersprachen hervorzuheben, die darauf ausgelegt sind, im ständigen Dialog mit dem Benutzer ein Problem zu lösen. Die traditionellen Kompiliersprachen wie PASCAL, C, COBOL, FORTRAN und ALGOL und darauf aufbauende Sprachen sind im Vergleich zu den Interpretierersprachen erheblich starrer, so dass man im Dialog höchstens Daten ändern, aber kaum das Programm selbst modifizieren kann. Trotz zahlreicher Versuche, Kompilierersprachen komfortabler zu gestalten, kann man eine besondere Dialogfähigkeit nur von Sprachen erwarten, die mit Hilfe eines Interpretierers übersetzt werden.

8. Bei den meisten Sprachen muss der Speicherbedarf zum Anfang vor der Übersetzung exakt festgelegt werden, da hierauf die Adressberechnung beruht. Zwischenlösungen findet man im Bereich der halbdynamischen Speicherzuordnung, bei denen die Speichergrößen in Unterprogrammen in Form von Parametern angegeben werden, die bei dem Aufruf durch das Hauptprogramm evaluiert werden. Doch auch hier verlangt der Kompilierer die exakte Größe des benötigten Speicherbedarfs vor der Übersetzung.

9. Gibt es Programmierhilfen? Viele Programmiersprachen bieten beim Auffinden von Fehlern besondere Hilfen. Über diese Hilfen ist es möglich, z.B. den Rechenvorgang zurückzuverfolgen, um Fehler besonders schnell zu finden. Diese Programmierhilfen werden von einigen Herstellern gesondert angeboten. Bei anderen Herstellern dagegen kann es durchaus vorkommen, dass bei der gleichen Sprache diese Hilfsmittel gar nicht erhältlich sind.

0. Was kostet die Sprache? Die Miete oder der Kaufpreis kann durchaus in der Höhe des Jahresgehalts eines Programmierers liegen. Insofern ist zu überlegen, ob der Einsatz eines Übersetzers für ein spezielles Problem gerechtfertigt ist.

1. Wie weit ist die Sprache verbreitet? Die Berücksichtigung dieser Frage ist von besonderer Bedeutung für Probleme, die auf verschiedenen Anlagen bearbeitet werden sollen, oder dann, wenn ein Anlagenwechsel in absehbarer Zeit vorgesehen ist.

Mit Hilfe dieser Kriterien ist es möglich, die einzelnen Sprachen einzuordnen. Hierzu wird im nächsten Kapitel ein Beispiel gegeben.

3.4 Auswahl einer Programmiersprache

Beabsichtigt ein Anwender, eine Programmiersprache auszuwählen, wird er versuchen, die genannten Kriterien zu berücksichtigen. Da aber nicht alle Sprachen sämtliche Kriterien gleichermaßen erfüllen, treten bei der Auswahl Zielkonflikte auf. Wie man diese evtl. lösen kann, soll am folgenden Beispiel gezeigt werden.

Ein Anwender muss für die Lösung eines Problems des betrieblichen Rechnungswesens, das in Verbindung mit einer Datenbank bewältigt werden soll, eine Programmiersprache auswählen. Er stellt fest, dass aufgrund der für diese Datenbank vorhandenen EDV-Anlage nur die Programmiersprachen COBOL, SQL und ASSEMBLER infrage kommen.

Da bereits zahlreiche ASSEMBLER-Programme existieren, will er diese nicht gleich vollkommen ausschließen. Auch COBOL ist sehr verbreitet. Deshalb könnte sie auch von Bedeutung sein. SQL ist als modernste dieser Sprachen erst seit kurzer Zeit für diese Anlagen verfügbar. Zwischen diesen drei Sprachen will er seine Entscheidung treffen.

1. Die regelmäßige Rechenzeit spricht zwar für ASSEMBLER, jedoch sind die Abweichungen aus der Sicht der zu erwartenden Kosten so gering, dass bezüglich dieses Kriteriums die Sprachen als weitgehend indifferent angesehen werden können.

2. Der regelmäßige Wartungsaufwand bei ASSEMBLER ist erheblich größer als bei SQL und bei COBOL. Zudem sind Problemlösungen in SQL und COBOL besser auf Richtigkeit überprüfbar. SQL und COBOL sind also bezüglich der letzten beiden Kriterien als überlegen anzusehen.

3. Der Kaufpreis von SQL ist recht hoch. Auch müsste SQL für die vorgesehene Anwendung eigens beschafft werden (Preis ca. 1 bis 2 Programmierer-Jahresgehälter). COBOL ist dagegen neben ASSEMBLER vorrätig. Insofern spricht das letzte Kriterium gegen SQL.

4. Da bezüglich aller übrigen herangezogenen Kriterien SQL und COBOL der Programmiersprache ASSEMBLER überlegen sind, wird also die Programmiersprache ASSEMBLER kaum für dieses Problem von Bedeutung sein.

5. Hinsichtlich des Programmieraufwands, des Wartungsaufwands und der Überprüfbarkeit für dieses Anwendungsproblem ist SQL COBOL überlegen.
6. Obwohl die Sprache SQL erheblich weniger verbreitet ist, entscheidet sich der Anwender aufgrund der erheblichen Vorzüge hinsichtlich des Programmier- und Wartungsaufwandes sowie der Überprüfbarkeit bei den geschilderten Bedingungen für SQL.

Er stellt dazu für die Zielerreichung der einzelnen Kriterien ein Polarisationsprofil wie in Abb. 238 auf:

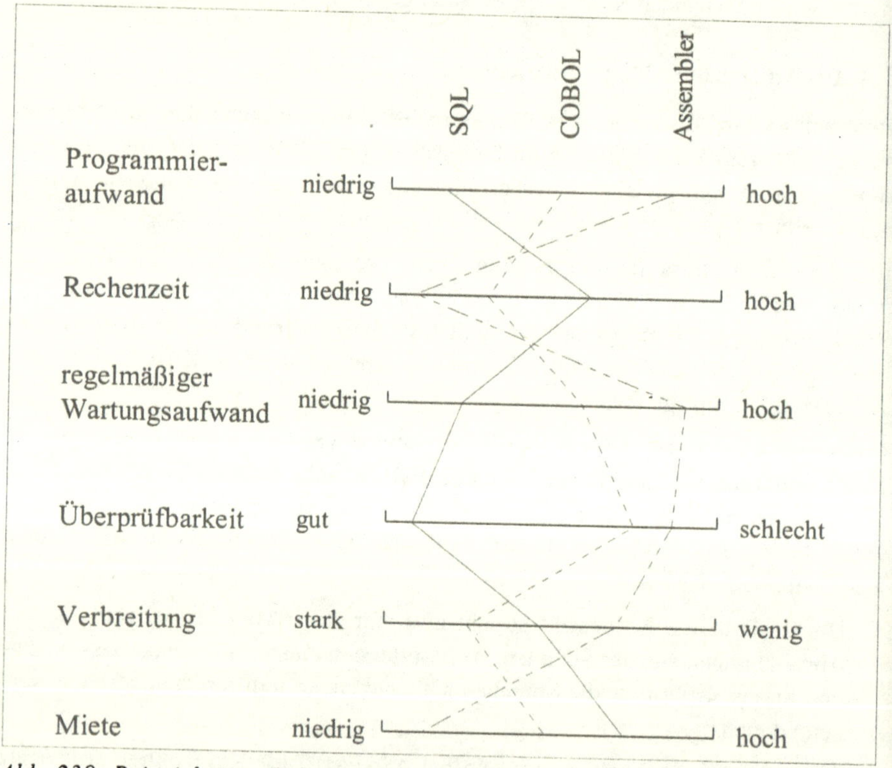

Abb. 238: Beispiel eines Polarisationsprofils für die Auswahl einer Programmiersprache

Bezüglich der übrigen Kriterien wird davon ausgegangen, dass der Benutzer indifferent ist. Um nun bei diesen 3 sich schneidenden Profilen zu einer Entscheidung kommen zu können, wird er versuchen, die einzelnen herangezogenen Kriterien subjektiv zu gewichten.

Ein entsprechendes Profil lässt sich für alle der genannten Kriterien bei jedem Anwendungsfall aufstellen.

3.5 Sichtweisen bei der Erstellung von Anwendungssystemen

Die Entwicklung von Anwendungssystemen ist eine sehr komplexe Aufgabe. Zur Lösung dieser Aufgabe gibt es keinen eindeutig richtigen Algorithmus, bei dessen Anwendung automatisch ein optimales Anwendungssystem entstehen würde. Vielmehr gibt es eine ganze Reihe an unterschiedlichen Wegen und Sichtweisen, deren Anwendung je nach Art und Umfang der Aufgabenstellung zu mehr oder weniger guten Resultaten führen kann. Einen wesentlichen Einfluss auf die einzelnen Schritte bei der Systementwicklung sowie auf den Aufbau und die Funktionsweise des späteren Systems hat die Auswahl der Sichtweise bzw. des Blickwinkels aus dem das System betrachtet wird.[86]

3.5.1 Funktionsorientierte Sicht

In diesem Buch wird eine Vorgehensweise für die Erstellung von Software geschildert, die sich an den zu erledigenden Aufgaben des zu erstellenden Anwendungssystems orientiert. Die Verarbeitungsalgorithmen und die Ablauflogik stehen beim Entwurf der Programme im Mittelpunkt. Man bezeichnet diese Vorgehensweise deshalb auch als **funktionsorientierte Sicht** bei der Entwicklung von Informationssystemen, da die Funktionalität des Anwendungsprogrammes das zentrale Betrachtungsobjekt ist.

Ausgangspunkt für die funktionsorientierte Entwicklung von Software ist eine Analyse der zu erfüllenden Aufgaben. Die Gesamtaufgabe ist i.d.R. so komplex, dass sie nicht unmittelbar überschaubar ist. Deshalb erfolgt eine Zerlegung der Gesamtaufgabe in Teilaufgaben. Die Komplexität der vom System zur Lösung der Gesamtaufgabe bereitzustellenden Gesamtfunktion wird so schrittweise immer weiter reduziert, bis man auf der untersten Detaillierungsebene Elementarfunktionen erhält, die nicht weiter sinnvoll zerlegt werden können. Der Entwurf dieser Elementarfunktionen kann dann unter Zuhilfenahme der bereits beschriebenen Struktogramme erfolgen.[87]

---

86 Vgl. **BIETHAHN, J.; MUCKSCH, H.; RUF, W.**: Ganzheitliches Informationsmanagement - Band 2: Entwicklungsmanagement, 3., unwesentl. veränd. Aufl., München/Wien 2000, S. 261.

87 Vgl. **SCHUMANN, M.; SCHÜLE, H.; SCHUMANN, U.**: Entwicklung von Anwendungssystemen, Berlin u.a. 1994, S. 72 f.

3.5.2 Datenorientierte Sicht

Eine andere Sichtweise, die sich nicht an den Funktionen, sondern an den durch die Funktionen verarbeiteten Daten orientiert, ist die **datenorientierte Sichtweise**. Bei dieser Sichtweise wird dem Umstand Rechnung getragen, dass die Daten eine zentrale Rolle für ein Unternehmen spielen.

Forciert durch die technischen Verbesserungen bei Massenspeichern und der Entwicklung von Datenbanksystemen wurde es möglich, auch umfangreiche Datenbestände permanent in elektronischer Form zu speichern. Für die Erstellung von Anwendungssystemen bedeutete dies, dass die Daten nicht mehr für jede Aufgabe getrennt gehalten werden mussten, sondern in einer einheitlichen, unternehmensweiten Datenbasis abgelegt werden konnten. Der Aufbau einer solchen unternehmensweiten Datenbasis ist eine nicht-triviale Aufgabe, die eine systematische Planung erfordert.

Für den Aufbau einer einheitlichen Datenbasis wurden verschiedene Hilfsmittel wie Datenmodelle und Datenbankschemata entworfen. Ein Datenmodell ist eine Abbildung der Realität in einem Modell. Alle Daten des betrachteten Unternehmens werden in einem unternehmensweiten Datenmodell abgebildet. Um dieses Datenmodell in einem Datenbanksystem zu implementieren, müssen zunächst die zwischen den Daten bestehenden Abhängigkeiten beseitigt bzw. so umgestaltet werden, dass sie vom Datenbanksystem überwacht werden können. Diesen Vorgang nennt man Normalisierung. Nach der Normalisierung erhält man ein Datenbankschema, das in das Datenbanksystem überführt werden kann.

Nach dem Entwurf der Datenbasis muss mit dem Entwurf der Funktionen begonnen werden, die auf dieser Datenbasis arbeiten und dem Anwender den Zugriff auf die Daten ermöglichen, da im Normalfall kaum ein Anwender in der Lage sein wird, mit der vom Datenbanksystem zur Verfügung gestellten Oberfläche effizient zu arbeiten.

3.5.3 Objektorientierte Sicht

Diese Aussage verdeutlicht, dass die datenorientierte Sichtweise allein nicht ausreicht, um ein praktisch einsetzbares, anwenderfreundliches System zu erstellen. Dieser Umstand wird in der Objektorientierung aufgegriffen. In der **objektorientierten Sichtweise** werden die daten- und die funktionsorientierte Sichtweise zusammengeführt. Die Idee der Objektorientierung besteht darin, Dinge, die zusammengehören, auch zusammen zu beschreiben. Man orientiert sich dabei am Vorbild der Natur. Jedes Objekt der realen Welt wird ebenfalls durch seine Eigenschaften (Daten) und sein Verhalten (Funktionen) charakterisiert.[88]

Ein Objekt im Sinne der Datenverarbeitung definiert eine Datenstruktur und stellt eine auf dieser Datenstruktur arbeitende Menge an Funktionen zur Verfügung.

[88] **VETTER, M.**: Objektmodellierung, Stuttgart 1995, S. 26-30.

Jedes Objekt stellt dementsprechend also eine von außen nicht erkennbare Kapselung von Daten und Funktionen dar, wodurch die ansonsten übliche Trennung zwischen Funktionen und Daten aufgehoben wird. Dabei besitzt das Objekt eine definierte Schnittstelle, über die es mit anderen Objekten oder mit dem Umsystem kommunizieren kann. Die Kommunikation erfolgt durch den Austausch von Nachrichten und ist ausschließlich über diese Schnittstelle möglich. Somit kann die Abbildung der Realität mit Hilfe der Objektorientierung als eine Menge miteinander kommunizierender Objekte verstanden werden, die sowohl Eigenschaften (Daten) als auch Verhalten (Methoden) umfasst. Vorteilhaft daran ist, dass das Gesamtsystem nicht von Änderungen an einem Objekt tangiert wird, solange es sich nicht um Änderungen an der Schnittstelle eines Objektes handelt.

Objekte werden in einer Objekthierarchie angeordnet. Objekte auf einer höheren Hierarchiestufe vererben ihre Eigenschaften und ihr Verhalten an die Objekte auf einer niedrigeren Hierarchiestufe weiter, so wie auch Eltern ihre Eigenschaften und ihr Verhalten in gewisser Weise an ihre Kinder weiter vererben. Diese Vererbung ist ein wesentliches Merkmal der Objektorientierung. Sie sorgt dafür, dass sich die Komplexität der Objekte sowie der Programmieraufwand zur Objektdefinition in Grenzen hält, da Datenstrukturen und Funktionen, die auf einer höheren Hierarchieebene bereits definiert wurden, nicht noch einmal implementiert werden müssen.[89]

Die Speicherung eines Objektes ist mit den traditionellen Datenbanksystemen nicht möglich, da diese Systeme nur Daten, nicht aber Funktionen speichern können. Deshalb wurden für die Objektorientierung spezielle Datenbanksysteme entwickelt, die die Speicherung von Objekten ermöglichen.

Der Unterschied zwischen dem objektorientierten und dem traditionellen daten- und funktionsorientierten Paradigma soll anhand folgender Abbildung verdeutlicht werden.

89 Zu den unterschiedlichen Arten der Vererbung vgl. **BREUTMANN, B., BURKHARDT, R.**: Objektorientierte Systeme: Grundlagen - Werkzeuge - Einsatz, München/Wien 1992, S. 62-65.

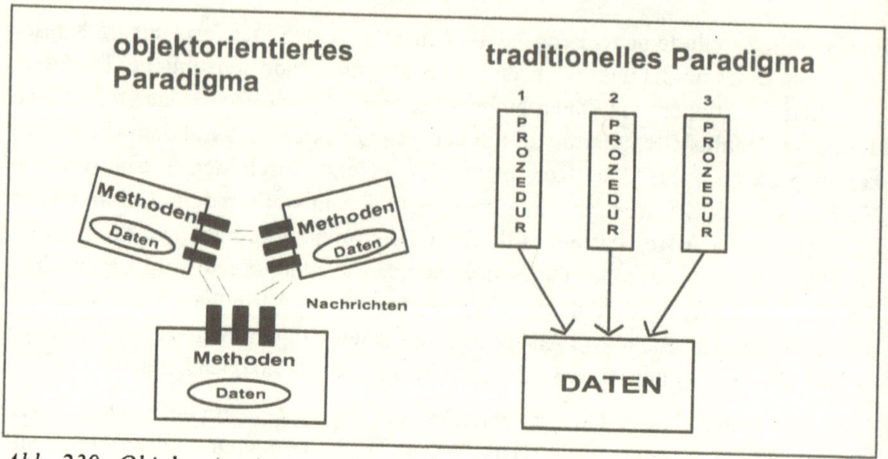

Abb. 239: Objektorientiertes und traditionelles Paradigma[90]

Um eine Vorstellung zur Entwicklung von objektorientierten Programmen zu vermitteln, wird dieser Prozess am folgenden Beispiel unter Nutzung der Programmiersprache PASCAL 8 (DELPHI) demonstriert.

3.5.4 Exkurs: Objektorientierte Programmierung am Beispiel der Programmiersprache PASCAL 8

Die Funktionsweise des Beispiel-Programms lässt sich folgendermaßen wiedergeben: Das Programm stellt ein einfaches Beispiel der Dateneingabe und -ausgabe im Bereich der Rechnungsstellung dar. Nach dem Programmstart öffnet sich ein Fenster, welches die Eingabe einer Artikelbezeichnung, des zugehörigen Stückpreises und der zu bestellenden Menge ermöglicht. Das Programm berechnet nach erfolgter Dateneingabe die entsprechende Summe pro Artikel. Nachdem der Nutzer den Dialog mit dem Button ‚OK' abgeschlossen hat, schließt sich das Dialogfenster und ein weiteres Fenster wird auf dem Bildschirm dargestellt. Dieses enthält ein Formular mit der tabellarischen Auflistung der vom Nutzer eingegebenen Rechnungsposten. Hierfür wird den Zeilen respektive den einzelnen Artikeln automatisch eine fortlaufende Nummer zugewiesen. Im unteren Bereich des dargestellten Formulars lässt sich ein Gesamt-Rechnungsbetrag erkennen, der sich aus der Addition aller Einzelwerte und der im Programm festgelegten Mehrwertsteuer-Konstanten zusammensetzt (vgl. Abb. 240).

[90] Vgl. **BIETHAHN, J.; MUCKSCH, H.; RUF, W.**: Ganzheitliches Informationsmanagement - Band 2, Entwicklungsmanagement, 3., unwesentl. veränd. Aufl., München/Wien 2000, S. 288.

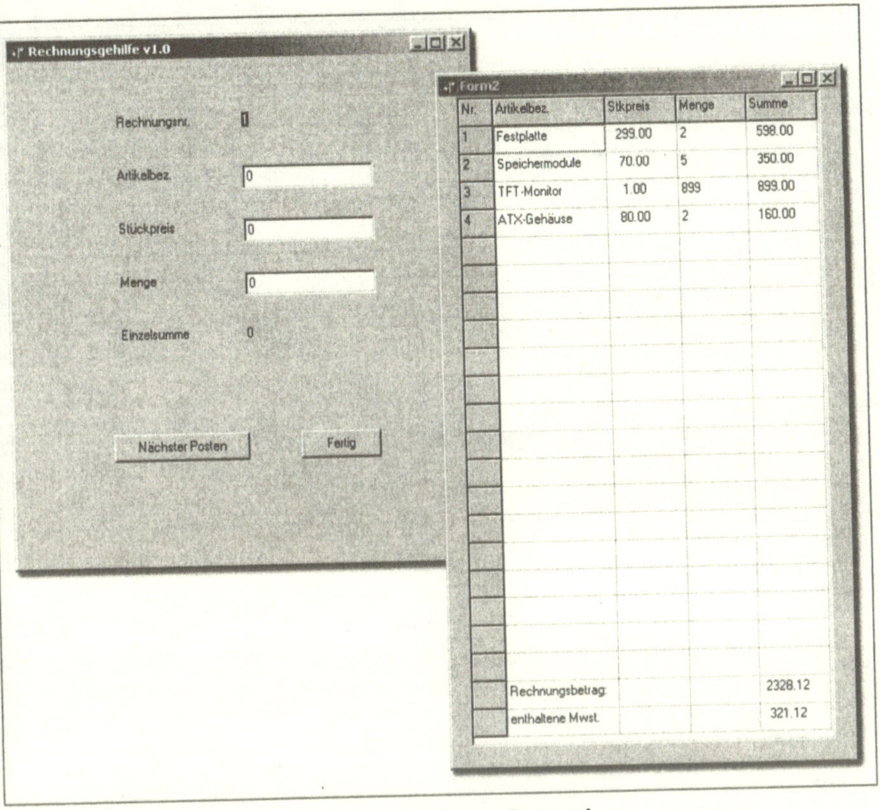

Abb. 240: Dialogfenster im objektorientierten Beispiel

In unserer Beispiel-Programmierung lassen sich allgemein drei verschiedene Teilkomponenten identifizieren:

1) **RECHNUNG.EXE**
   Die erste Komponente enthält das Hauptprogramm.

2) **RECHNU1.PAS**
   Die zweite Komponente enthält sowohl die Programm-Logik der Rechnung als auch die Logik der Ausgabe.

3) **AUSGABE.PAS**
   Die dritte Komponente beinhaltet die Form zum Erzeugen der Endausgabe, wobei die Logik in der Komponente RECHNU1.PAS implementiert wurde.

Der Programmcode für die oben genannten Teilkomponenten kann den folgenden Abbildungen (vgl. Abb. 241-245) entnommen werden.

```
program Rechnung;

uses
  Forms,
  Rechnul in 'Rechnul.pas',
  Ausgabe in 'Ausgabe.pas';
  {$R *.RES}

begin
  Application.Initialize;
  Application.CreateForm(TForml, Form1);
  Application.CreateForm(TForm2, Form2);
  Application.Run;

end.
```

Abb. 241: Quellcode der Teilkomponente RECHNUNG.EXE

```
unit Ausgabe;
interface
uses
  Windows, Messages, SysUtils, Classes, Graphics, Controls, Forms,
  Dialogs, Grids, StdCtrls;
type
  TForm2 = class(TForm)
    StringGrid1: TStringGrid;
  private
    { Private-Deklarationen }
  public
    { Public-Deklarationen }
  end;
var
  Form2: TForm2;
implementation
uses rechnul;
{$R *.DFM}


end.
```

Abb. 242: Quellcode der Teilkomponente AUSGABE.PAS

```
unit Rechnu1;
interface
uses
  Windows, Messages, SysUtils, Classes, Graphics, Controls, Forms,
  Dialogs, StdCtrls;
type
  TForm1 = class(TForm)
    Label1: TLabel;
    Label2: TLabel;
    Label3: TLabel;
    Label4: TLabel;
    Label5: TLabel;
    Edit1: TEdit;
    Edit2: TEdit;
    Edit3: TEdit;
    Edit4: TEdit;
    Edit5: TEdit;
    Button1: TButton;
    Button2: TButton;
    procedure Button1Click(Sender: TObject);
    procedure EditKeyUp(Sender: TObject; var Key: Word; Shift:
      TShiftState);
    procedure Button2Click(Sender: TObject);

  private
{ Private-Deklarationen }

  public
{ Public-Deklarationen }
  end;

  var
  Form1: TForm1;

implementation

uses Ausgabe;
{$R *.DFM}

const rmax = 20;                          // max. Anzahl Personen

type TPosten = record                     // Typ der Strukturvariablen
     artikel : string[20];
     spreis  : real;
     menge   : integer;
     einsum  : real;
end;
```

Abb. 243: Quellcode der Teilkomponente RECHNU1.PAS (Teil 1)

```
var list1 : array[1..rmax] of TPosten;  // Array-Variable aus
                                           Strukturtypen
    pos: Byte = 1;                      // initialisierte Variable
    ges: real;
    all: real;
    mst: real;
    zw : real;
    s  : string;
    t  : string;
    u  : string;
    h1 : string;
    h2 : string;
    qw : string;
    ct : integer;
    co : integer;

{ Schreibt die im Formular eingegebenen Daten in das Array }
procedure speichern;
begin
     with Form1 do
          try
          list1[pos].artikel := Edit2.text;
          val(Edit3.text, list1[pos].spreis, co);
          list1[pos].menge   := StrToInt(Edit4.text);
          list1[pos].einsum  := list1[pos].spreis *
list1[pos].menge;
          except
     end;
     ges := ges + list1[pos].einsum;
end;

{ Der Button "Nächster Posten"
  Aufruf der Procedur "speichern"
  Ersetzen der im Formular eingegebenen Daten durch "0" }
procedure TForm1.Button1Click(Sender: TObject);
begin
     speichern;
     pos := pos + 1;
     Edit1.Text := IntToStr(pos);
     Edit2.Text := '0';
     Edit3.Text := '0';
     Edit4.Text := '0';
     Edit5.Text := '0';
end;

{ Berechnet die Zwischensumme, wenn im Feld "Menge" eine Tast ge-
drückt wird }
procedure TForm1.EditKeyUp(Sender: TObject; var Key: Word; Shift:
TShiftState);
begin
     Val(Edit3.Text, zw, co);
     zw := zw * StrToInt(Edit4.Text);
     Str(zw:8:2, qw);
     Edit5.Text := qw;
end;
```

Abb. 244: Quellcode der Teilkomponente RECHNU1.PAS (Teil 2)

```
{ Der Button "Fertig"

Aufruf der Procedur "speichern" }
procedure TForm1.Button2Click(Sender: TObject);
begin
     speichern;
     all := ges * 1.16;           // Rechnungsbetrag Brutto
     mst := all - ges;            // Mehrwersteuer
     Str(ges:8:2,s);
     Str(mst:8:2,t);
     Str(all:8:2,u);
     Form1.Hide;                  // Versteckt das Eingabeformular
     Form2.Show;                  // Zeigt das Ausgabeformular

{ #5 Zeilen legen die Breite der entsprechenden Spalten fest }
     Form2.StringGrid1.ColWidths[0]  := 30;
     Form2.StringGrid1.ColWidths[1]  := 100;
     Form2.StringGrid1.ColWidths[2]  := 63;
     Form2.StringGrid1.ColWidths[3]  := 63;
     Form2.StringGrid1.ColWidths[4]  := 63;

{ #5 Zeilen beschriften die Spalten }
     Form2.StringGrid1.Cells[0,0]  := 'Nr.';
     Form2.StringGrid1.Cells[1,0]  := 'Artikelbez.';
     Form2.StringGrid1.Cells[2,0]  := 'Stkpreis';
     Form2.StringGrid1.Cells[3,0]  := 'Menge';
     Form2.StringGrid1.Cells[4,0]  := 'Summe';

{ Schleife füllt die Felder mit den jeweiligfen Daten auf }
     For ct := 1 to pos do
     Begin
          Form2.StringGrid1.Cells[0,ct]  := IntToStr(ct);
          Form2.StringGrid1.Cells[1,ct]  := List1[ct].artikel;
          Str(list1[ct].spreis:8:2,h1);
          Form2.StringGrid1.Cells[2,ct]  := h1;
          Form2.StringGrid1.Cells[3,ct]  := Int
             ToStr(List1[ct].menge);
          Str(list1[ct].einsum:8:2,h2);
          Form2.StringGrid1.Cells[4,ct]  := h2;
     end;
{ Ausgabe des Rechnungsbetrages }
     Form2.StringGrid1.Cells[1,21]  := 'Rechnungsbetrag:';
     Form2.StringGrid1.Cells[4,21]  := u;
{ Ausgabe der Mehrwertsteuer  }
     Form2.StringGrid1.Cells[1,22]  := 'enthaltene Mwst.';
     Form2.StringGrid1.Cells[4,22]  := t;
{ Erstellt Meldungsfenster }
     ShowMessage('Programm Beenden!');
{ Beendet das Programm }
     Close;
end;

end.
```

Abb. 245: Quellcode der Teilkomponente RECHNU1.PAS (Teil 3)

Es wird nun im Folgenden darauf eingegangen, durch welche Eigenschaften eine objektorientierte Programmierung im Vergleich zu einer rein prozeduralen Programmierung abgrenzbar ist.

1) Deklaration von Klassen und das Prinzip der Vererbung:

Das Bestreben der Objektorientierung besteht u.a. darin, Eigenschaften möglichst früh zusammenzufassen und zu klassifizieren. Das führt zu den Begriffen der Klasse und der Vererbung.

Eine Klasse ist der Bauplan bzw. die Konstruktionsvorschrift eines Objektes. In einer Klasse wird eine Sammlung von Daten und Methoden für jedes Objekt dieser Klasse definiert. Dadurch wird festgelegt, welchen Zustand und welche Fähigkeit ein Objekt dieser Klasse hat. Diese Konstruktionsvorschrift ist somit eine Art Muster, nach dem Objekte gleicher Art entwickelt werden können, wobei aber generell ein Objekt genau zu einer Klasse gehört. Jedes Objekt wird als Exemplar oder als sog. Instanz einer Klasse bezeichnet und besitzt eigene Methoden, mit deren Hilfe sein Zustand verändert werden kann.

Klassen werden in einer hierarchischen Beziehung aufgebaut. Beispielsweise könnte es eine Klasse „Fahrzeug" geben und diese Klasse hat die Unterklassen „LKW" und „PKW". Die Unterklassen erben die Eigenschaften und das Verhalten der allgemeineren Klasse „Fahrzeug" und haben zusätzlich noch andere Eigenschaften und Methoden, die in der allgemeineren Oberklasse nicht enthalten sind. „Fahrzeug" ist dabei eine sogenannte abstrakte Klasse, d.h. von „Fahrzeug" kann kein Objekt erzeugt werden. „Fahrzeug" dient lediglich dazu, ähnliche Klassen unter einem Oberbegriff zusammenzufügen und gemeinsame Methoden- und Attribute zu definieren. Durch diese hierarchische Klassenstruktur, in der jede Klasse die Attribute und Methoden der darüberliegenden Klasse (Vorfahrklasse) erbt, besteht die Möglichkeit, Gemeinsamkeiten von verschiedenen Klassen zu erfassen und zu beschreiben. Ein allgemeines Beispiel für die Codierung einer solchen Vererbung wird in den folgenden Zeilen dargestellt:

type Klassenname = *class* (Vorfahrklasse)

    Elementenliste

    end;

Der Klassenname ist hierbei zwar ein beliebiger, gültiger Bezeichner, es dürfen jedoch keine vordefinierten Schlüsselwörter (bspw. *private*, *public*, *class* etc.) zur Anwendung kommen. Die Angabe einer Vorfahrklasse steht dabei als Option zur Verfügung. Die genannte Elementenliste definiert hierbei die Felder, Methoden und Eigenschaften der Klasse. Ist keine Vorfahrklasse angegeben, so erbt die neue Klasse in diesem Fall alle Elemente direkt von der vordefinierten Klasse TObjekt. Dieser sogenannte Basistyp ist bereits in einer Klassenbibliothek der Entwicklungsumgebung integriert und wird somit allen Entwicklern zur Verfügung gestellt. In dem folgenden - aus unserem Beispiel - entnommenen Quellcode lässt sich das Prinzip der Vererbung in der Teilkomponente ‚Ausgabe' wie folgt darstellen:

```
type

  TForm2 = class(TForm)
    StringGrid1: TStringGrid;

"Das Formular Ausgabe enthält als Element lediglich das String-
Grid"

end;
```

Abb. 246: Quellcode-Ausschnitt der Teilkomponente AUSGABE.PAS

Beim Deklarieren einer Klasse kann, wie aus dem Quellcode ersichtlich, bspw. der direkte Vorfahr angegeben werden:

type TForm2 = *class* (TForm)

In dem vorliegenden Fall wird die Klasse TForm2 von TForm abgeleitet. Ein solcher Klassentyp erbt automatisch alle Elemente seines direkten Vorfahrens. Zudem können jederzeit neue Elemente erstellt oder geerbte Elemente neu definiert werden. Es ist jedoch nicht möglich, Elemente zu entfernen, die in einer Vorfahrenklasse definiert wurden. Aus diesem Grund enthält TForm2 alle in der Klasse TForm und deren Vorfahren definierten Klassen. Bei der Deklaration von Klassen wird zudem von einem sogenannten Gültigkeitsbereich gesprochen. Dieser Bereich eines Elementbezeichners reicht von seiner Deklaration bis zum Ende der Klassendeklaration, wobei sich dieser über alle Nachkommen des Klassentyps und alle in der Klasse und ihren Nachfahren definierten Methoden erstreckt.

2) Das Unit-Konzept

In jeder Unit ist eine eigene Bibliothek vorhanden, welche Variablen, Konstanten, Prozeduren, Funktionen und Datentypen enthält. Diese Bibliothek kann in verschiedene Programme eingebunden werden. Eine Unit setzt sich aus den folgenden verschiedenen Abschnitten zusammen, die in streng vorgeschriebener Reihenfolge ausgeführt werden müssen:

a) Unit-Kopf
Der Unit-Kopf enthält den Namen der jeweiligen Unit.

b) Interface-Abschnitt
Im Interface-Abschnitt wird die nach außen hin ‚sichtbare' Schnittstelle der Unit definiert, d.h. es werden öffentliche (public) Konstanten, Typen, Variablen, Prozeduren und Funktionen deklariert. Von Prozeduren und Funktionen werden nur die Kopfzeilen ausgeführt, während sich der Code im Implementation-Abschnitt befindet.

3) *Implementation-Abschnitt*
Der Implementation-Abschnitt enthält den Code aller öffentlichen (public) Prozeduren und Funktionen. Des Weiteren werden innerhalb dieses Abschnittes auch Konstanten, Typen, Prozeduren und Funktionen für den internen (private) Gebrauch deklariert.

4) *Initialization-Abschnitt* (optional)
Dieser Abschnitt enthält optional die entsprechenden Anweisungen zum Initialisieren der Unit nach dem Programmstart.

5) *Finalization-Abschnitt* (optional)
Die Integration dieses ebenfalls optional zu implementierenden Abschnittes kann nur in Units erfolgen, die auch den oben genannten Initialization-Abschnitt enthalten. Die hierbei zur Anwendung kommenden Anweisungen bewirken das Gegenteil der Initialisierung: Alle von der Unit im Initialization-Abschnitt belegten Ressourcen werden hier wieder freigegeben.

3) TObjekt und TClass:

Die in der Unit SYSTEM deklarierte Klasse TObject ist der absolute Vorfahr aller Klassentypen. Diese definiert nur einige wenige Methoden einschließlich eines Grundkonstruktors, der in jeder Klasse enthalten sein muss. Der Konstruktor ist eine spezielle Methode, mit der die Erzeugung eines Objektes aus einer Klasse ermöglicht wird und beim Instanzieren eines Objektes einmal automatisch aufgerufen wird. Dieser enthält Initialisierungsbefehle und trägt den gleichen Namen wie die Klasse. Zusätzlich wird neben der Klasse TObject in der Unit SYSTEM der Klassenreferenztyp TClass deklariert.

Neben der Deklaration der einzelnen Klassen beinhaltet das Beispiel-Programm zusätzliche Formulare und Komponenten, in denen sich einfache und komplexe Objekteigenschaften sowie Standardereignisse und sog. Formularmethoden wieder finden lassen:

a) Einfache Objekteigenschaften:

```
Button1.Hint = 'Close';

Button1.Showhint = True;
```

Diese Anweisungen sorgen dafür, dass ein kleines gelbes Rechteck mit dem Hinweis bzw. Inhalt 'Close' erscheint, sobald der Nutzer mit der Maus auf die Schaltfläche Button1 zeigt.

b) Komplexe Objekteigenschaften:

```
PaintBox1.Size := 20;
```

Diese Anweisung weist der Schrift innerhalb der Paintbox die Größe 20 zu.

c) Standardereignisse:

procedure Button1Click(Sender: TObject);

Dies sind bspw. Ereignisse wie OnClick, OnDblClick, OnMouseUp etc. In der Kopfzeile wird dabei nur der sogenannte Sender-Parameter übermittelt.

d) Formularmethoden:

Form1.Hide;

Form2.Show;

Diese beiden Zeilen sorgen dafür, dass das erste Formular ‚versteckt' wird und das zweite Formular aufgebaut wird.

Close;

Die an dieser Stelle implementierte Anweisung schließt das angezeigte Formular und beendet das Programm.

Die ausgewählten Objekteigenschaften und Formularmethoden sind in der folgenden Abbildung nochmals wiedergegeben (vgl. Abb. 247).

```
type
  TForm1 = class(TForm)
    Label1: TLabel;
    Label2: TLabel;
    Label3: TLabel;
    Label4: TLabel;
    Label5: TLabel;
    Edit1: TEdit;
    Edit2: TEdit;
    Edit3: TEdit;
    Edit4: TEdit;
    Edit5: TEdit;
    Button1: TButton;
    Button2: TButton;
    procedure Button1Click(Sender: TObject);
    procedure EditKeyUp(Sender: TObject; var Key: Word;
      Shift: TShiftState);
    procedure Button2Click(Sender: TObject);

 "Das Formular Rechnu1 enthält:
                         5 Label (Beschriftung der Eingabefelder)
                         5 Eingabefelder
                         2 Button (Nächster P. und weiter)
                         Die Aktionen zu Button1 und Button2
                         Die Procedur EditKeyUp (Berechnet
                            Einzelsummen)"
 end;
```

Abb. 247: Objekteigenschaften und Formularmethoden in der Teilkomponente RECHNU1.PAS

Im Rahmen dieser Publikation wird auf eine vertiefende Darstellung der objektorientierten Programmierung verzichtet und auf weiterführende Literatur verwiesen werden.[91]

3.5.5 Ganzheitliche Sicht

Für die Entwicklung eines ganzheitlichen Informationssystems sollte man versuchen, durch die Anwendung möglichst vieler Sichten ein umfassendes Bild des Gesamtsystems zu entwickeln. Die isolierte Anwendung einzelner Sichten ohne die Berücksichtigung der Zusammenhänge zwischen den einzelnen Sichten führt bei der Entwicklung von Informationssystemen i.d.R. zu unbefriedigenden und unvollständigen Lösungen.[92]

---

[91] Vgl. **OBJECT MANAGEMENT GROUP**: OMG - Unified Modeling Language Specification, Version 1.4, http://www.omg.org, 15.09.2001.

[92] Vgl. **BIETHAHN, J.; MUCKSCH, H.; RUF, W.**: Ganzheitliches Informationsmanagement - Band 2: Entwicklungsmanagement, 3., unwesentl. veränd. Aufl., München/Wien 2000, S. 264.

4. Kapitel:

Nutzung von Software

4.1 Problemlösung mit Hilfe von Anwendungssoftware am Beispiel von Microsoft Excel

Bisher stand die Erstellung von Software mit weitgehend anwendungsneutralen Programmiersprachen im Vordergrund. Wie jedoch bereits bei der Diskussion der Kriterien deutlich wurde, kann dieses bei einer nur einmal zu verwertenden Software (und sehr häufig wird sie nur für ein Unternehmen gefertigt) recht teuer werden.

Ein anderer Weg besteht in der Erstellung der Software mit Entwicklungstools. Unter Entwicklungstools (häufig auch als Software-Entwicklungswerkzeuge bezeichnet) versteht man Programme, die die Programmentwicklung unterstützen, indem sie versuchen, die Herstellung, Prüfung, Wartung und Dokumentation der zu erstellenden Programme zu vereinfachen, zu beschleunigen oder in ihrer Qualität zu verbessern.[93] Beispiele solcher Entwicklungstools sind

- Programmgeneratoren, mit denen man direkt unter weitgehender Umgehung des Phasenkonzepts Programme erzeugt,
- Listengeneratoren, mit denen sich leicht Listenausgaben aus großen Datenbeständen erzeugen lassen. Bei Listengeneratoren am Bürocomputer zur schnellen Aufbereitung und Auswertung von Tabellen spricht man von Tabellenkalkulationssystemen. Ein solches Tabellenkalkulationssystem wird später in diesem Abschnitt angewendet.
- CASE-Tools (Computer Aided Software Engineering), die ein breites Spektrum von Programmen zur Unterstützung der Softwareentwicklung anbieten.[94]

Zu diesen Tools könnte man auch die Datenbanksysteme mit den zugehörigen Datenbanksprachen zählen, doch sollen sie hier mehr als Basis-Software oder Basis-Tools verstanden werden, da auf ihrer Basis erst die Entwicklungstools zum Einsatz kommen sollen. Die Basis-Tools sind, obwohl sie nicht zum Betriebssystem gehören, genauso wie die Programmiersprachen systemnahe Software (vgl. Kap. 2.8). Diese Auffassung wird z.B. auch dadurch unterstützt, dass einige Betriebssystemlieferanten gleichzeitig mit den Betriebssystemen verschiedene Sprachen und ein Datenbanksystem mit ausliefern.

---

93 Vgl. **STAHLKNECHT, P.; WARNER, A.**: Stand der Entwicklung des Einsatzes von Softwareentwicklungswerkzeugen; in: Information Management, 2/86, S. 38.

94 Vgl. **STAHLKNECHT, P.; HASENKAMP, U.**: Einführung in die Wirtschaftsinformatik, 10., überarb. und aktual. Aufl., Berlin u.a. 2001, S. 308.

Bei den Entwicklungstools unterscheidet man zwischen denen, die nur in einer Phase verwendbar sind, und solchen, die mehrere oder alle Phasen gemeinsam unterstützen. So gehören Dokumentationsprogramme zur ersten Gruppe, während das darzustellende Tabellenkalkulationsprogramm mehrere Phasen (die Dokumentation ist dürftig) unterstützt. Erst durch die erwähnten CASE-Tools erhält man in allen Phasen Hilfe.

Ein Beispiel für die Anwendung eines Tools wie Microsoft Excel soll an der letzten Programmieraufgabe für C und PASCAL gezeigt werden.

Dieses Beispiel wird aufgenommen, da viele betriebswirtschaftliche Problemstellungen sich auf die Form von Listen bzw. Tabellen zurückführen lassen. Weitere Beispiele hierfür sind etwa Kalkulationsschemata oder Umsatztabellen. Speziell für derartige, in ihrer Struktur ähnliche Problemstellungen wurden von Softwarehäusern Anwendungsprogramme (Tabellenkalkulationsprogramme) entwickelt, die in großen Stückzahlen für alle Kunden in gleicher Form verkauft werden (Standardsoftware) und mit denen diese Fragestellungen besonders einfach gelöst werden können. Derartige Tabellenkalkulationsprogramme ermöglichen es einem Benutzer, die Aufgabenstellungen im Vergleich zur individuellen Programmierung, z.B. mit PASCAL oder C, einfacher zu bewältigen.

Um dieses zu zeigen, wird zunächst eine Einführung in das Tabellenkalkulationssystem MS-Excel[95] gegeben, und es wird dargestellt, wie mit Hilfe der Tabellenkalkulation die bereits bekannte Aufgabe "Erzeugen und Ausdrucken der Jahresinformation" gelöst werden kann.

MS-Excel wurde gewählt, weil es an der Universität Göttingen in den CIP-Räumen vorhanden ist. Auch andere Tabellenkalkulationsprogramme, wie z.B. LOTUS 1-2-3, wären in ähnlicher Form zur Problemlösung in der Lage gewesen.

Tabellenkalkulationsprogramme bestehen aus sog. elektronischen Arbeitsblättern, die eine zweidimensionale Matrix aus Zeilen und Spalten bilden, in deren einzelne Felder (oder auch Zellen) Werte und Formeln eingegeben werden können. Diese elektronischen Arbeitsblätter nennt man auch Work- oder Spreadsheets.

Das gesamte MS-Excel-Arbeitsblatt ist maximal 16384 Zeilen lang und 256 Spalten breit, enthält also 16.384 x 256 Zellen. Zur Orientierung sind die Zeilen numeriert und die Spalten mit Buchstaben bezeichnet. So hat jede Zelle eine feste Adresse, die sich aus der Kombination von Zeilen- und Spaltenposition ergibt (z.B. A1 oder BD500). Am Bildschirm erscheint jeweils nur ein Ausschnitt des gesamten Arbeitsblattes. Mit Hilfe der Cursorsteuerung und den vier Bildlaufpfeilen am Rand des Arbeitsfensters kann innerhalb des gesamten Arbeitsbereichs "geblättert" bzw. kann das gesamte Arbeitsblatt so verschoben werden, dass der gewünschte Ausschnitt auf dem Bildschirm erscheint.

---

[95] Verwendet wird hier die Software Microsoft EXCEL in der Version 7.0 für das Betriebssystem WINDOWS 95.

In MS-Excel können mehrere Arbeitsblätter zusammen in einer Arbeitsmappe abgespeichert werden. Mit Hilfe der Registerleiste am unteren Rand kann zwischen den einzelnen Tabellen hin und her geschaltet werden. In unserem Beispiel (vgl. Abb. 248) hat die Arbeitsmappe den Namen Kosten.xls und beinhaltet die Tabellen Monat und Jahr. Die Tabelle Jahr ist hervorgehoben und damit aktiviert. Durch Mausklick auf Monat kann die Tabelle Monat aktiviert werden.

Bei der Arbeit mit MS-Excel sind eine Eingabefunktion und eine Kommandofunktion zu unterscheiden. Die Eingabefunktion dient zum Ausfüllen einzelner Zellen mit Texten, numerischen Werten oder Formeln. Mit Hilfe der Kommandofunktionen können Befehle von MS-Excel ausgewählt und gestartet werden (z.B. Dateien laden, Dateien sichern oder Parameter verändern). MS-Excel ist menügesteuert. Durch Anklicken mit der Maus können diese Menus geöffnet werden. Es erscheint dann eine Auswahl von Befehlen, die wiederum durch Anklicken ausgeführt werden. Soll beispielsweise eine Datei gespeichert werden, so muss zunächst das Menü **Datei** geöffnet und dann der Befehl **Speichern** bzw. **Speichern unter** ausgewählt werden.

Will man die Tabelle für die Jahresinformation erzeugen, kann folgendermaßen vorgegangen werden:

Die Zeile 1 und die Spalte A (vgl. Abb. 248) enthalten die Zeilen- bzw. Spaltenüberschriften. Diese werden als Text eingegeben, mit ihnen wird nicht gerechnet. In der Zelle A1 soll die Buchstabenkombination "KA/KS" erscheinen. Dazu wird der Cursor mit der Maus oder den Pfeiltasten auf die Zelle A1 bewegt, KA/KS eingegeben und die Eingabe mit der RETURN-Taste abgeschlossen. Die Eingabe erscheint gleichzeitig in der Eingabezeile, die sich direkt über der Tabelle befindet. Dieser Vorgang wiederholt sich für die Zellen B1 bis J1 mit der Eingabe der verschiedenen Kostenstellen und der Summenspalte und für die Felder A2 bis A12 mit der Eingabe der verschiedenen Kostenarten und der Summenzeile. Damit ist die Beschriftung der Tabelle bereits abgeschlossen.

Im nächsten Schritt ist festzulegen, wie die Summenbildung der Kostenarten (Spalte J) und der Kostenstellen (Zeile 12) erfolgt. In Zelle J2 soll die Summe der Kostenart 1 ermittelt werden. Dazu wird der Cursor auf die entsprechende Zelle bewegt und die Formel = B2+C2+D2+E2+F2+G2+H2+I2 eingegeben (durch das vorangestellte "="-Zeichen erkennt MS-Excel, dass es sich um eine Formel handelt). Mit dieser Formel werden die Werte der Zellvariablen B2 bis I2, d.h. die später einzugebenden Kosten der Kostenart 1 (für die Kostenstellen 1 bis 8), in der Zelle J2 addiert.

Neben der Verknüpfung von Zellinhalten mit den Grundrechenarten bietet MS-Excel eine Reihe von Funktionen, z.B. Statistik- oder Abschreibungsmethoden. Diese Funktionen können wieder über ein Menü aufgerufen werden.[96] Durch

---

96 Alternativ stehen für einige Funktionen, so auch für =SUMME() Symbole zur Verfügung, die mit der Maus angeklickt werden können.

Verwendung der Summenfunktion reduziert sich in unserem Beispiel die Eingabe der Formel in Zelle J2 zu =SUMME(B2:I2); es sind nur noch die Funktionsbezeichnung sowie die Angabe des Bereichs erforderlich, über den summiert werden soll. Die Formeln für die Zellen J3 bis J11 können mit dem gleichen Vorgehen bestimmt werden. Bei Eingabe der Formel erscheint der Text zunächst in der Eingabezeile und auch in der Tabelle. Bei Betätigung der Taste RETURN (oder Anklicken des Häkchens) verschwindet der Text in der Tabelle, stattdessen erscheint der Wert 0. MS-Excel führt die Funktion direkt aus und berechnet die Summe der Werte in den Zellen B2 bis I2. Da aber diese Werte noch nicht eingetragen sind, erscheint der Wert 0 als Ergebnis der Berechnung.

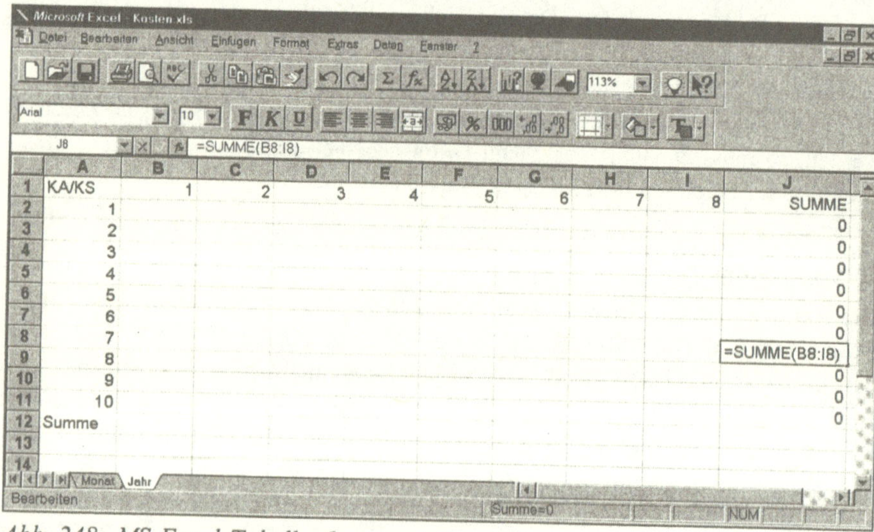

Abb. 248: MS-Excel-Tabellenfenster mit Beschriftung und der Eingabe der Formeln für die Zeilensummen

Die Formeleingabe in den Zellen J2 bis J11 vereinfacht sich durch Möglichkeit des automatischen Kopierens. Dazu wird das Element, das kopiert werden soll, hier J2, durch Anklicken mit der Maus aktiviert. Das Feld erhält einen schwarzen Rahmen. Dann wird der Mauszeiger (zunächst ein weißes Kreuz) auf der rechten unteren Ecke des markierten Feldes positioniert, wodurch er sich in ein schwarzes Kreuz verwandelt. Anschließend können bei gedrückter Maustaste die Zellen markiert werden, in die die Formel kopiert werden soll. Hier werden die Felder J3 bis J11 markiert. Wird die Maustaste losgelassen, so kopiert MS-Excel automatisch den Befehl =SUMME() in alle markierten Felder, wobei aber der Bereich für jedes Feld angepasst wird. So steht in Feld J8 dann =SUMME(B8:I8) Man nennt dieses Vorgehen Kopieren von Formeln mit relativer Adressierung.[97]

[97] Neben der relativen Adressierung kennt EXCEL auch die absolute Adressierung. Bei absoluter Adressierung wird jeweils vor Spalten- und Zeilenadresse ein $-Zeichen gestellt (z.B. A1). Solche absoluten Bezüge werden in Formeln nicht angepasst.

Nach dem gleichen Schema kann der Benutzer recht schnell die Formeln für die Summierung der Kosten je Kostenstelle in den Zellen B12 bis I12 und für die Gesamtsumme in der Zelle J12 bestimmen. Die Tabelle ist damit vollständig erstellt. Sie kann nun mit den Kostenwerten gefüllt und durchkalkuliert werden (vgl. Abb. 249). Es erscheinen die mit den Formeln berechneten Werte.

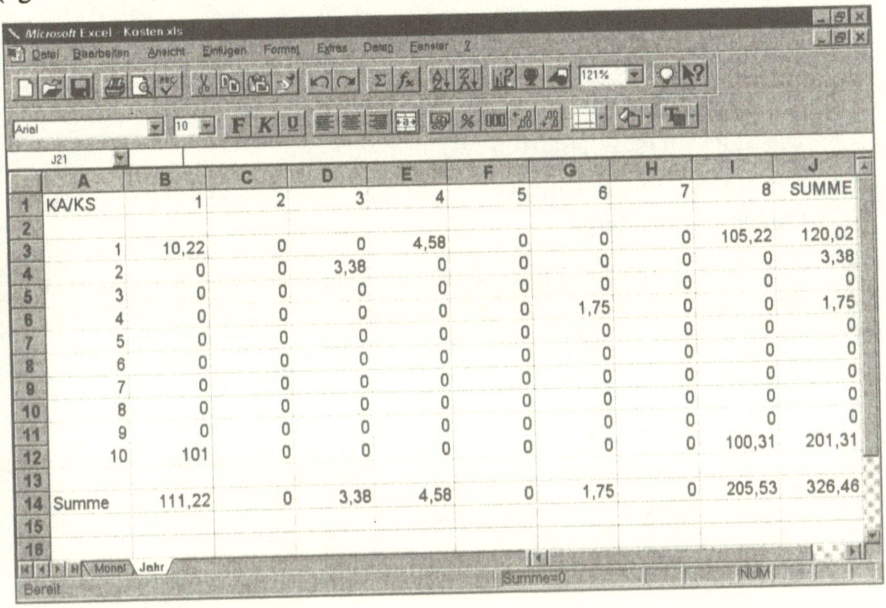

	A	B	C	D	E	F	G	H	I	J
1	KA/KS	1	2	3	4	5	6	7	8	SUMME
2										
3	1	10,22	0	0	4,58	0	0	0	105,22	120,02
4	2	0	0	3,38	0	0	0	0	0	3,38
5	3	0	0	0	0	0	0	0	0	0
6	4	0	0	0	0	0	1,75	0	0	1,75
7	5	0	0	0	0	0	0	0	0	0
8	6	0	0	0	0	0	0	0	0	0
9	7	0	0	0	0	0	0	0	0	0
10	8	0	0	0	0	0	0	0	0	0
11	9	0	0	0	0	0	0	0	0	0
12	10	101	0	0	0	0	0	0	100,31	201,31
13										
14	Summe	111,22	0	3,38	4,58	0	1,75	0	205,53	326,46

Abb. 249: Ergebnistableau

Gegenüber der individuellen Programmierung in einer traditionelleren Programmiersprache bietet die Problemlösung mit einem guten Tabellenkalkulationsprogramm für die gezeigte und vergleichbare Anwendungen folgende wesentliche Vorteile:

- Das Tabellenkalkulationssystem ist leicht und schnell erlernbar.
- Eine Berechnungstabelle lässt sich i.d.R. schneller aufbauen als mit einem traditionellen Programm.
- Zwischenschritte können am Bildschirm besser nachvollzogen werden.
- Zahlen können mit der integrierten Funktion Präsentationsgraphik auf komfortable Weise visuell verdeutlich werden (keine "Zahlenfriedhöfe").
- Der Anwender muss sich nicht um die physische Organisation der Daten kümmern, für ihn steht der logische Aufbau seiner Anwendung im Vordergrund.
- Der Aufbau eines Kalkulationsschemas ist für Dritte leichter nachvollziehbar als der Lösungsalgorithmus z.B. eines PASCAL- oder C-Programms. Dadurch lassen sich Änderungen oder Ergänzungen leichter vornehmen.

Die Verwendung eines solchen Tools bringt jedoch verschiedene Nachteile mit sich, z.B.:

- Die Problemstellung muss auf das Standardschema zurückgeführt werden. Eine Berücksichtigung spezieller Wünsche des Anwenders ist nicht immer möglich.
- Will man die Anwendung mit existierenden Programmen oder Daten des Unternehmens koppeln, können Anpassungsschwierigkeiten auftreten (fehlende Kompatibilität).
- Die Software muss zusätzlich gekauft werden.
- Der Benutzer muss Grundkenntnisse über die Anwendung des Standardprogramms besitzen.

Eine Entscheidung, welcher Problemlösungsweg der geeignete ist, hängt neben der Verfügbarkeit der Programmiersprache oder des Tools und der Art der Aufgabenstellung auch von der Qualifikation des Anwenders ab. Ein in einer Programmiersprache geübter Benutzer erhält mit einem selbst geschriebenen Programm eine Problemlösung, die zur Erstellung zwar etwas länger dauert, dafür jedoch genau auf seine Aufgabe zugeschnitten ist. Verfügt der Anwender jedoch nicht über Programmierkenntnisse, wird es für ihn besser sein, die Problemstellung in ein Standardschema zu überführen, um sie dann z.B. mit MS-Excel zu lösen.

4.2 Möglichkeiten des Outsourcing von DV-Leistungen

In den letzten Kapiteln wurden einige Aufgaben vorgestellt, die mit Hilfe der EDV gelöst werden können. Darüber hinaus gibt es eine Vielzahl von anderen Anwendungsmöglichkeiten (vgl. Kap. 4.3), die von weitaus größerer Komplexität als die vorgestellten Problemstellungen sind. Insgesamt muss ein Unternehmen daran interessiert sein, ein DV-System für komplexe Aufgaben zur Verfügung zu haben. In vielen Fällen ist ein Betrieb aufgrund mangelnder Kompetenz oder Zeit aber gar nicht in der Lage, selbst ein komplexes DV-System zu erstellen und zu pflegen. Daher stellt sich den Unternehmen die wichtige Frage, ob und in welchem Maße DV-Leistungen an Fremdfirmen vergeben werden sollten. Die teilweise oder komplette Auslagerung von DV-Leistungen wird Outsourcing (als Kombination von Outside und Resourcing) genannt.[98] Dabei ist der Zukauf und die Nutzung von Standardsoftware (vgl. Kap. 3) zwar auch eine Form der Auslagerung, weiter geht aber das Outsourcing von Hardware und Personal.[99] Von Outsourcing im eigentlichen Sinne spricht man, wenn ganze IV-Bereiche, wie das Rechenzentrum, das Netzwerkmanagement etc., fremdvergeben oder sogar die gesamte DV von einem externen Dienstleister übernommen werden.[100]

Neben Outsourcing, der Auslagerung von DV-Leistungen an Fremdfirmen, findet man auch das Inhouse-Outsourcing. Dabei wird ein betrieblicher Funktionsbereich, hier die DV-Abteilung, als rechtlich selbstständiges Unternehmen (Profit Center) ausgegliedert, wobei die Leistungen auch Fremdfirmen zur Verfügung gestellt werden können.

Die Entscheidung für oder gegen das Outsourcing muss reiflich überlegt werden, da zum Teil beträchtliche Umstellungen in finanzieller, rechtlicher und organisatorischer Hinsicht notwendig sind und daher Outsourcingentscheidungen nur unter großen Schwierigkeiten wieder rückgängig gemacht werden können. Aus diesem Grund werden Outsourcing-Verträge in vielen Fällen langfristig abgeschlossen, sie liegen beispielsweise beim Outsourcing von Hardwareleistungen bei etwa 5-10 Jahren.[101]

---

98 Allgemein muss sich das Outsourcing nicht auf DV-Leistungen beschränken, es ist in vielen Unternehmen z.B. üblich, die Bereiche Kantinenessen, Gebäudereinigung oder auch Transportaufgaben an Fremdfirmen zu vergeben. In diesem Buch soll sich der Begriff Outsourcing aber auf das Auslagern von DV-Leistungen beziehen.

99 Vgl. **BIETHAHN, J.; MUCKSCH, W.; RUF, W.**: Ganzheitliches Informationsmanagement - Band 1: Grundlagen, 5., unwesentl. verän. Aufl., München/Wien 2000, S. 133 ff.

100 Vgl. **STAHLKNECHT, P.; HASENKAMP, U.**: Einführung in die Wirtschaftsinformatik, 10., überarb. und aktual. Aufl., Berlin 2001, S. 275.

101 Vgl. **KNOLMAYER; G.**: Modelle zur Unterstützung von Outsourcing-Entscheidungen, in: **KURBEL, K.** (Hrsg.): Wirtschaftsinformatik '93, Innovative Anwendung, Technologie, Integration, Heidelberg 1993, S. 70-83.

Insgesamt spricht für das Outsourcing:

- Zugang zu Know-How, das intern nicht vorhanden ist,
- Freisetzung von Kapazitäten und Finanzmitteln für strategisch wichtige Aufgaben,
- Reduktion von Risiken,
- Reduzierung der DV-Kosten und
- bessere Transparenz und Steuerbarkeit der Kosten, d.h. variable statt fixe Kosten.

Es gibt allerdings auch einige Nachteile:

- Abhängigkeit vom Outsourcer,
- Leistungen des Outsourcers sind u.U. schlechter,
- langfristiger Verlust von Know-How und Kompetenz,
- Verarbeitung durch Dritte ist besonders bei sensiblen Daten mit hoher strategischer Bedeutung bedenklich und
- Reibungsverluste und Verschlechterung der Kommunikation zwischen der Informationsverarbeitung und den im Hause gebliebenen Fachabteilungen.

4.3 Einsatz von Standardsoftware zur Lösung von DV-Problemen

Während bisher vor allem der Aspekt der Selbsterstellung von DV-Lösungen als Individualsoftware im Vordergrund stand, soll nun noch darauf hingewiesen werden, dass es für sehr viele Anwendungsbereiche Standardsoftware gibt. Dabei werden unter Standardsoftware Computerprogramme verstanden, die im Gegensatz zur Individualsoftware für einen breiten Anwenderkreis "konfektioniert" wurden.[102] Eine derartige Anwendungssoftware soll folgende Eigenschaften haben:[103]

- Sie soll für einen eindeutig definierten Anwendungsbereich eine klar definierte Lösung bieten.
- Sie soll bei unterschiedlichen Branchen, Rechnertypen und Betriebssystemen einsetzbar sein.
- Sie (und evtl. Bausteine daraus) soll zu Festpreisen verfügbar sein.

---

[102] Vgl. **KARGL, H.**: Fachentwurf für DV-Anwendungssysteme, 2. Auflage, München/Wien 1990, S. 237.

[103] Vgl. **BIETHAHN, J.; MUCKSCH, W.; RUF, W.**: Ganzheitliches Informationsmanagement - Band 1: Grundlagen, 5., unwesentl. veränd. Aufl., München/Wien 2000, S. 138 und **STAHLKNECHT, P.; HASENKAMP, U.**: Einführung in die Wirtschaftsinformatik, 10., überarb. und aktual. Aufl., Berlin u.a. 2001, S. 312 f.

Da Standardsoftware also für eine Vielzahl an Anwendungen in unterschiedlichen Betrieben konzipiert wurde, verspricht man sich von ihr folgende Vorteile gegenüber der Individualsoftware:

- Sie ist kostengünstiger.
- Sie ist kurzfristig verfügbar und schnell einsetzbar.
- Sie ist ausgetestet und erprobt.
- Sie erspart eine langwierige, aufwendige Entwicklung und evtl. auch ein Entwicklungsteam.

Demgegenüber stehen folgende Nachteile:

- Sie entspricht i.d.R. nicht vollkommen den Wünschen der Anwender und muss evtl. nachträglich angepasst werden.
- Es besteht bzgl. der Softwarewartung und den möglichen Änderungswünschen eine große Abhängigkeit vom Hersteller der Anwendungssoftware.
- Eine echte Portabilität von Software von einem Rechner zum nächsten dürfte mit Schwierigkeiten verbunden sein.
- Die Menge an Funktionen, die eine Standardsoftware für alle potenziellen Anwender erfüllen soll, ist i.d.R. für den einzelnen zu groß und führt evtl. zu Missverständnissen.

Der Bereich der Standardsoftware lässt sich folgendermaßen in den Bereich der

- Systemstandardsoftware,
- der systemnahen Standardsoftware und
- der Standardanwendungssoftware

unterteilen.

Zur Systemstandardsoftware gehört das Betriebssystem, auf das in Kap. 2.8 eingegangen wurde. Bestandteil der systemnahen Standardsoftware sind - wie dort ebenfalls erwähnt wurde - die Datenbanksysteme.

Der Bereich der Standardanwendungssoftware ist vielfältig. Gerade wegen dieser Vielfältigkeit und wegen der mit der Verwendung von Standardsoftware verbundenen Vorteile besteht im Erwerb solcher Software für kleine und mittlere Betriebe häufig die einzige sinnvolle Lösung. D.h., wenn ein im Bereich der DV noch nicht so versierter Unternehmer den Zugang zur EDV sucht, könnte eine Lösung darin bestehen, dass er als Basistool ein Datenbanksystem erwirbt und dieses durch Standardsoftware bzw. ein Standardsoftwarepaket, das alle gewünschten Standardsoftwarekomponenten enthält, ergänzt (neben der notwendigen Hardware).

Als typische Produkte der Standardsoftware werden immer Systeme aus den Bereichen

- der Finanzbuchhaltung,
- der Betriebsbuchhaltung,
- des Personalabrechnungssystems,
- der Materialwirtschaft und
- der Fertigungssteuerung

genannt. Doch auch die zuvor genannten Tools sind Standardsoftwareprodukte, die für den Zweck der Programmentwicklung geschaffen wurden. Ebenfalls sind die Programme zur Textverarbeitung, wie z.B. WORD, oder zur Graphikerstellung, wie z.B. PHOTOSHOP, Standard-Anwendungssoftware. Das Lexikon der Wirtschaftsinformatik[104] weist folgende besonders stark durch Standardsoftware gekennzeichnete Anwendungsbereiche auf:

- **Finanzbuchhaltung**: Dieser Bereich wird sowohl durch integrierte Anwendungssoftwarepakete als auch durch separate Softwareunterstützung in der Sachkonten-, der Abschluss-, der Debitoren- und der Kreditorenbuchhaltung unterstützt.
- **Handelsbetriebe**: Während es sich zuvor um die Durchführung von Aufgaben handelte, die jeder Betrieb zu bewältigen hat, geht es in diesem Fall um typische Branchenaufgaben, die im Bereich einer Branchen-Standardsoftware gelöst werden können: Im Einzelnen handelt es sich z.B. um die Bestellpolitik, Lagerorganisation, Sortimentspolitik und Hilfen bei einer gezielten Marktforschung.
- **Industriebetriebe**: Die Datenverarbeitung der Industriebetriebe ist in den letzten Jahren durch die zunehmende Automation und die Forderung nach EDV-Unterstützung in allen Stufen gekennzeichnet. So unterstützt CAD (computer aided design) Entwurf und Konstruktion und CAM (computer aided manufacturing) Fertigung, Handhabung, Qualitätssicherung (dieser Teilaspekt wird auch als computer aided quality (CAQ) bezeichnet), Logistik und Lagerung. Die simultane Planung und Steuerung der Produktion erfolgt mit Hilfe sog. Produktionsplanungs- und -steuerungssysteme (PPS), mit denen insbesondere Dispositionsvorschläge für zu beschaffende oder zu produzierende Mengen unter Beachtung der Termine und Kapazitäten gemacht werden. Es ist selbstverständlich, dass es für den Bereich der Administration ebenfalls eine EDV-Unterstützung gibt.

---

[104] Vgl. **MERTENS, P. u.a. (Hrsg.)**: Lexikon der Wirtschaftsinformatik, a.a.O., S. 10-35.

- **Kosten- und Leistungsrechnung**: Hier findet man i.d.R. Softwarepakete zu den Bereichen Kostenarten-, Kostenstellen-, Kostenträger- und Deckungsbeitragsrechnung.
- **Kreditinstitute**: Die Geschäftsabwicklung dieser Branche ist gekennzeichnet durch die Automation des Zahlungsverkehrs unter besonderer Berücksichtigung der Automation des Bargeldverkehrs durch Einsatz von Geldaus- und eingabeautomaten. Auch der Belegaustausch ist von großer Bedeutung. Die Bewältigung dieser Aufgaben erfordert eine hohe Anzahl an Abstimmungsprozessen, so dass diese fast nur über den Einsatz von Branchenstandardsoftware erfolgen kann. Ziel der Automation im Zahlungsverkehr ist das sog. POS (Point Of Sale) Banking, bei dem möglichst zum Zeitpunkt des Umsatzaktes auch die Konten verändert werden.
- **Personenverkehr**: Die Reisefreudigkeit fast aller Menschen führt dazu, dass immer mehr Reisen unterschiedlichster Veranstalter von verschiedensten Seiten angeboten werden. Die Anbieter werden durch EDV-Unterstützung in die Lage versetzt, Reservierungen vorzunehmen, Reisen zu kombinieren, Tickets zu erstellen und schließlich Rechnungen zu schreiben und zu kassieren. Dieses kann aufgrund des Abstimmungsprozesses nur mit standardisierter Software erfolgen.

Ein Überblick über Standardsoftwarepakete in einer Vielzahl von Anwendungsbereichen liefern die ISIS Reports.[105] Je nach Rechnersystem und Anwendungsbereich stehen unterschiedliche Reports zur Verfügung. So informiert der ISIS PC Report über Software für Personal Computer, der ISIS Software Report über Programme für Mini- und Großrechner, der UNIX Report über Anwendungen für das Betriebssystem UNIX und der Engineering Report über Programme im technischen Bereich.

---

105 Informationen unter http://www.software.de, 14.8.1997.

Resümee:

Eine EDVA bekommt ihre betriebliche Bedeutung erst durch die Anwendungssoftware. Woher und von welcher Art diese sein soll, muss der Entscheider in jedem Anwendungsfall gesondert festlegen. Dabei empfiehlt es sich, nicht nur die Möglichkeit der Individualsoftwareerstellung über die klassischen Programmiersprachen oder über Tools zu prüfen. Vielmehr ist auch der Markt der Standardsoftware zu analysieren. Erst danach kann unter Berücksichtigung der gesamtbetrieblichen Situation und der Wirtschaftlichkeitsaspekte eine Entscheidung getroffen werden.

Diese Betrachtungsweise ist jedoch nur gültig für isolierte EDV-Probleme. Die Vorgehensweise bei der Entwicklung ganzheitlich konzipierter betrieblicher Informationssysteme, bei denen zur Lösung einer Vielzahl an Aufgaben gemeinsam geplante und aufeinander abgestimmte Programme auf eine gemeinsame Datenbank zurückgreifen, wird Gegenstand der Veranstaltungen des Hauptstudiums sein.[106]

---

106 Vgl. **BIETHAHN, J.; MUCKSCH, W.; RUF, W.**: Ganzheitliches Informationsmanagement - Band 1: Grundlagen, 5., unwesentl. veränd. Aufl., München/Wien 2000 und Band 2: Entwicklungsmanagement, 2., vollst. überarb. und erw. Aufl., München/Wien 1997.

Literaturverzeichnis

Vorbemerkung:

Zu dem Bereich Einführung in die EDV wurden bereits zahlreiche Werke verfasst. Hier werden nur ohne Vollständigkeitsanspruch solche Grundlagenbücher aufgeführt, in denen ein Bezug zu den Wirtschaftswissenschaften erkennbar ist und die neueren Erscheinungsdatums sind. Dabei wird unterschieden nach allgemeinen Grundlagenwerken, die sich im Wesentlichen mit der Hardware, der systemnahen Software und allgemeinen Anwendungen beschäftigen und solchen, in denen mehr auf die Programmiersprachen PASCAL und C eingegangen wird.

Literatur zur Einführung in die EDV: Allgemeine Werke

BALZERT, H.:
Informatik 1, Vom Problem zum Programm, 3. Aufl., München 1984

BIETHAHN, J., STAUDT, E. (HRSG.):
Datenverarbeitung in praktischer Bewährung, München 1984

BIETHAHN, J., MUCKSCH, H., RUF, W.:
Band 1 : Ganzheitliches Informationsmanagement: Grundlagen, 5., unwesentl. veränd. Aufl., München/Wien 2000
Band 2: Ganzheitliches Informationsmanagement: Entwicklungsmanagement, 3., unwesentl. veränd. Aufl., München/Wien 2000

DWORATSCHEK, S.:
Grundlagen der Datenverarbeitung, 8. Aufl., Berlin/New York 1989

HANSEN, H.R., NEUMANN, G.:
Wirtschaftsinformatik 1: Grundlagen betrieblicher Informationsverarbeitung, 8. Aufl., Stuttgart/New York 2001

JORDAN, W., STAHLMANN, D., URBAN, H.:
Strukturierte Programmierung. Einführung in die Methode und ihren praktischen Einsatz zum Selbststudium, 2., überarb. Aufl., Berlin/Heidelberg/New York 1984

KURBEL, K.:
Programmentwicklung, 5., vollst. überarb. und erw. Aufl., Wiesbaden 1990

MERTENS, P.:

Integrierte Informationsverarbeitung 1: Administrations- und Dispositionssysteme in der Industrie, 12., neu bearb. Aufl., Wiesbaden 2000

MERTENS, P., GRIESE, J.:

Integrierte Informationsverarbeitung 2: Planungs- und Kontrollsysteme in der Industrie, 8., vollst. überarb. Aufl., Wiesbaden 2000

MERTENS, P., BODENDORF, F., KÖNIG, W., PICOT, A., SCHUMANN, M.:

Grundzüge der Wirtschaftsinformatik, 7., neu bearb. Aufl., Berlin u.a. 2001

NIEMEYER, G.:

Einführung in die elektronische Datenverarbeitung, 3. Aufl., München 1981

PLATZ, G.:

Methoden der Softwareentwicklung. Lehr- und Arbeitsbuch zur rationalen Programmentwicklung, hrsg. von Dorn, D./Dürr, W./Michel, R., 3., unveränd. Aufl., München 1988

SCHAUER, H.:

Computersysteme - Aufbau und Funktionsweise, Wien/New York 1983

SCHEER, A.W.:

EDV-orientierte Betriebswirtschaftslehre. Grundlagen für ein effizientes Informationsmanagement, 2., unv. Nachdruck der 4. Aufl., Berlin u.a. 1996

SCHEER, A.W.:

Wirtschaftsinformatik. Informationssysteme im Industriebetrieb, 6., neu bearb. u. erw. Aufl., Berlin u.a. 1995

SCHMITZ, P., SEIBT, D.:

Einführung in die anwendungsorientierte Informatik, Band 1: Systemtechnische Grundlagen, 3., verb. Aufl., München 1985

SCHUMANN, M., SCHÜLE, H., SCHUMANN, U.:

Entwicklung von Anwendungssystemen, Grundzüge eines werkzeuggestützten Vorgehens, Berlin u.a. 1994

STAHLKNECHT, P., HASENKAMP. U.:

Einführung in die Wirtschaftsinformatik, 10., überarb. und aktual. Aufl., Berlin/Heidelberg/New York 2001

WOLTERS, M.F. (HRSG.):

Einführung in die elektronische Datenverarbeitung. Eine strukturierte Unterweisung, Reinbeck bei Hamburg 1987

Literatur zur Einführung in die EDV: PASCAL und C

Programmiersprache PASCAL allgemein:

JENSEN, K., WIRTH, N.:
PASCAL-Benutzerhandbuch, Berlin u.a. 1991

Programmiersprache Turbo Pascal:

HERSCHEL, R.:
Standard Pascal, 8. Aufl., München/Wien 1992

HERSCHEL, R.:
Turbo Pascal 7.0, München/Wien 1994

KLAWUN, CHR.:
Turbo Pascal 7.0. Band 1: Vom Einsteiger zum Aufsteiger, Bonn u.a. 1996

KUHLMANN, G.:
Programmiersprache TURBO-PASCAL. Eine strukturierte Einführung. Grundkurs Computerpraxis, hrsg. v. R. Hambusch, Reinbek bei Hamburg 1996

Programmiersprache DELPHI:

LANG, G., BOHNE, A.:
Delphi 6 lernen. Anfangen, anwenden, verstehen, 1. Aufl., München 2001

Programmiersprache C:

KERNIGHAN, B.W., RITCHIE, D.M.:
Programmieren in C: mit dem C Reference Manual in deutscher Sprache, 2. Ausg., ANSI C, München 1990

LOWES, M., PAULIK, A.:
Programmieren in C: ANSI Standard, 3., durchges. Aufl., Stuttgart 1995

WILLMS, G.:
Das C-Grundlagen-Buch, 2., überarb. Aufl., Düsseldorf 1995

ZEINER, K.:
Programmieren lernen mit C, 2., verb. Aufl, München 1996

Abbildungsverzeichnis

Bildquellennachweis:

Fotos von der IBM Deutschland Informationssysteme GmbH:

6, 11, 12, 16, 18, 21, 26, 27, 29, 31, 37, 38, 39, 41

Fotos von der Siemens Nixdorf Informationssysteme AG:

17, 23, 32, 33, 35, 36, 40

Stichwortverzeichnis

C

D

E

F

G

H

I

J

K

L

M

N

O

P

Q

R

S

T

U

www.ingramcontent.com/pod-product-compliance
Lightning Source LLC
LaVergne TN
LVHW042228300926
849161LV00003B/309
* 9 7 8 3 4 8 6 2 5 9 9 4 0 *